Bingener
Markenrecht

Markenrecht

Ein Leitfaden für die Praxis

von

Senta Bingener

Verlag C. H. Beck München 2007

Verlag C. H. Beck im Internet:
beck.de

ISBN 978 3 406 54923 6

© 2007 Verlag C.H. Beck oHG
Wilhelmstraße 9, 80801 München
Druck: Nomos Verlagsgesellschaft
In den Lissen 12, 76547 Sinzheim

Satz: ES-Editionssupport, München

Gedruckt auf säurefreiem, alterungsbeständigem Papier
(hergestellt aus chlorfrei gebleichtem Zellstoff)

Vorwort

Als Juristin und Prüferin in der Markenabteilung des Deutschen Patent- und Markenamtes (DPMA) hatte und habe ich anlässlich konkreter Verfahren vor dem DPMA, verschiedener Seminare und Messen regen Kontakt zu Privatanmeldern, mittelständischen Unternehmern und nicht auf gewerblichen Rechtschutz spezialisierten Rechtsanwälten. Der dabei immer wieder zu Tage tretende Bedarf nach einem griffigen Buch zum Einstieg in die Grundfragen zum Markenrecht veranlasste mich dazu, auch meinen Beitrag zum Verständnis der Markenanmelder beizutragen. Denn neben hervorragenden umfangreichen Fachbüchern, die sich eher an juristisch vorgebildete Personen richten und dem Internet, das eher demjenigen viele wertvolle Tipps liefert, der weiß, wonach und wie er suchen muss, erscheint ein Buch nützlich, das einem Ratsuchenden in allen Phasen der Planung einer Markenanmeldung, der Durchführung des Anmeldeverfahrens und nachfolgender Verfahren praktisch und mit den notwendigen juristischen Grundzügen begleitet und wichtige Informationsquellen zusammenstellt. Es soll zudem vermitteln, wie weit diese Verfahren kostengünstig selbst durchführbar sind und wann anwaltliche Unterstützung besser ist und wie man diese findet. Weiter kann es auch dem bereits anwaltlich vertretenen Markenanmelder bzw. Markeninhaber informativ zur Seite stehen, der mit Hilfe dieses Buchs die verschiedenen Vorgänge vor dem DPMA noch besser erkennen und für seine weiteren Markenaktivitäten vorteilhafte Erkenntnisse mitnehmen kann.

Dies alles in praktisch verwertbarer Form und mit wichtigen Tipps und Kniffen aus der mehrjährigen Praxis in der deutschen Monopolbehörde möchte ich mit diesem Buch weitergeben. Es soll den Einzelanmelder in die Lage versetzen, selbst zumindest tendenziell zu erkennen, ob und wann er eine Marke registrieren lassen sollte, welche Markenform für ihn taktisch die richtige ist, inwieweit er eine Anmeldung kostenbewusst selbst ohne Rechts- oder Patentanwalt durchführen kann, wann er doch besser einen solchen hinzuziehen sollte, wie er seine Marke nach Registrierung pflegen sollte sowie welche Möglichkeiten des Agierens bzw. Reagierens sich ihm in den einzelnen Verfahrenssituationen bieten. Alle diese Themen werden durch anschauliche Beispiele verdeutlicht.

Ich möchte mich an dieser Stelle herzlich bei Rechtsanwältin Dr. Bettina Thalmaier und Regierungsdirektor Michael Staats LLM Eur. bedanken, die mich im Vorfeld ermutigten, ein solches Projekt anzuge-

Vorwort

hen und dieses Buch zu verfassen. Herzlicher Dank gilt auch meinen Kollegen aus dem DPMA, vor allem Regierungsoberamtsrat Bernhard Weiser, die mich durch die tägliche Diskussion über verschiedenste Fragen des Markenrechts und -verfahrens immer wieder inspirierten sowie Dipl.-Bibl. Helmut Hargesheimer für die tatkräftige Unterstützung beim Auffinden elektronischer Markenabbildungen. Schließlich und vor allem gilt mein Dank aber meiner Familie und meinen Freunden, die die Entstehung des Buches mit Rat und Tat und viel Geduld mitgetragen haben und insbesondere Patentanwalt Dr. Michael Rein, der mir stets diskussionsbereit zur Seite stand, geduldig Korrektur las und zahlreiche Grafiken anfertigte.

München, im Mai 2007   *Senta Bingener*

Inhaltsübersicht

		Seite
Einführung		1
Teil 1.	Begriff. Arten von Marken	5
Teil 2.	Wahl und Konzeption der passenden Marke(nform)	15
Teil 3.	Das Markenregistrierungsverfahren vor dem DPMA	27
Teil 4.	Ablauf des Verfahrens beim DPMA und allgemeine Tipps	127
Teil 5.	Die Verwechslungsgefahr zwischen Marken	137
Teil 6.	Die Pflege einer eingetragenen Marke	199
Teil 7.	Das Löschungsverfahren vor dem DPMA	207
Teil 8.	Die Nebenverfahren vor dem DPMA	211
Teil 9.	Wirtschaftliche Transaktionen von Marken	219
Teil 10.	Außeramtliche (vor)gerichtliche Auseinandersetzungen mit anderen Kennzeichenrechten	221
Teil 11.	Checkliste	223
Sachregister		225

Inhaltsverzeichnis

	Seite
Vorwort	V
Literaturverzeichnis	XVII
Abkürzungsverzeichnis	XIX

Einführung 1

Teil 1. Begriff. Arten von Marken 5

A. Der Begriff der Marke 5
B. Arten von Marken 7
   1. Die Benutzungsmarken – nicht registrierte Marken 7
   2. Die eingetragenen Marken – Registermarken 8
      a) Die nationale Marke vor dem DPMA 8
      b) Die Marke nach dem Madrider Abkommen (MMA) – IR-Marke 9
      c) Die Gemeinschaftsmarke nach der GMV (vor dem Harmonisierungsamt) 9
      d) Das Zusammenwirken dieser Rechte 10
      e) Marken in Abgrenzung zu anderen Rechten 10
         aa) Unternehmenskennzeichen insbesondere Firmennamen 10
         bb) Namensrecht 10
         cc) Urheberrecht 11
         dd) Geschmacksmuster 11
         ee) Patente/Gebrauchsmuster 11
         ff) Wettbewerbsrecht 11
   3. Recherchen im gewerblichen Rechtschutz 11
   4. Das Finden des richtigen Anwaltes 12

Teil 2. Wahl und Konzeption der passenden Marke(nform) 15

A. Die Vorteile einer Markeneintragung 15
B. Wahl der richtigen Marke 17
C. Wahl der passenden Markenform 19
   I. Wortmarken 20
   II. Wort-/Bildmarken 21
   III. Bildmarken 22

Inhaltsverzeichnis

	Seite
IV. Dreidimensionale Marken	23
V. Kennfadenmarken	23
VI. Hörmarken (akustische Marke)	24
VII. Sonstige Markenformen	24
1. Abstrakte Farbmarken	24
2. Positionsmarken	25
3. Geruchsmarken (olfaktorische Marken)	25
4. Tastmarken (haptische Marken)	26
5. Bewegungsmarken (multimediale Marken)	26
6. Weitere Markenformen	26

Teil 3. Das Markenregistrierungsverfahren vor dem DPMA ... 27

A. Formelle Voraussetzungen ausgehend vom Anmeldeformular ... 29
    I. Allgemeine Formalien für alle Verfahrensschritte ... 30
    II. Die Voraussetzungen anhand des Formulars ... 30
       1. Anmelder (Formular Feld 4) ... 30
          a) Natürliche Personen § 7 Nr. 1 MarkenG ... 30
          b) Juristische Person § 7 Nr. 2 MarkenG ... 31
          c) Personengesellschaften § 7 Nr. 3 MarkenG ... 32
       2. Markenformen (Formular Felder 5, 6) ... 33
          a) Wortmarke §§ 6 Nr. 1 i.V.m. 7 MarkenV ... 33
          b) Bildmarken §§ 6 Nr. 2 i.V.m. 8 MarkenV ... 34
          c) Abgrenzung Wortmarke und Wort-/Bildmarke ... 34
          d) Dreidimensionale Marken §§ 6 Nr. 3, 9 MarkenV ... 35
          e) Hörmarken §§ 6 Nr. 5, 11 MarkenV ... 35
          f) Kennfadenmarken gemäß §§ 6 Nr. 4, 10 MarkenV ... 36
          g) Sonstige Markenformen gemäß §§ 6 Nr. 6, 12 MarkenV ... 36
          h) Positionsmarken ... 37
          i) Geruchsmarken ... 37
          j) Tastmarken ... 38
          k) Bewegungsmarken ... 38
       3. Verzeichnis der Waren und Dienstleistungen (Formular Feld 8) ... 38
       4. Vertretung (Formular Feld 4) ... 47
       5. Gebühren §§ 1 ff. PatKostG ... 48
       6. Beschleunigungsantrag § 38 MarkenG (Formular Feld 7) ... 51
       7. Bedeutung und Begründung des Zeitrangs einer Markenanmeldung ... 53
       8. Änderung der Anmeldung ... 57

Inhaltsverzeichnis

	Seite
B. Materielle Anforderungen an die Eintragung einer Marke	58
I. Schutzausschließungsgründe des § 3 MarkenG	60
1. Abstrakte Unterscheidungseignung § 3 Abs. 1 MarkenG	60
2. Ausschlussgründe des § 3 Abs. 2 MarkenG	61
3. Die grafische Darstellbarkeit § 8 Abs. 1 MarkenG	63
a) Unproblematisch: Klassische Markenformen	63
b) Problematischere moderne Markenformen	64
II. Die Schutzhindernisse des § 8 Abs. 2 MarkenG	67
1. § 8 Abs. 2 Nr. 1 MarkenG – Die fehlende Unterscheidungskraft	68
a) Allgemeine Grundsätze für die Beurteilung der Unterscheidungskraft	68
b) Die einzelnen Fallgruppen fehlender Unterscheidungskraft	70
c) Faustregel für die Prognose der Unterscheidungskraft	73
d) Praxisrelevante Typen von Marken und ihre Unterscheidungskraft	74
aa) Wortmarken	75
(1) Verständliche deutsche Worte und Wortkombinationen	75
(2) Deutsche Wortneuschöpfungen oder -neukombinationen	76
(3) Deutsche Slogans	78
(4) Fremdsprachige Worte und Wortkombinationen	79
(5) Englische Slogans	81
(6) Abwandlungen beschreibender Angaben	81
(7) Domainartige Kombinationen	82
(8) Buchstaben und Zahlen	83
bb) Bildmarken	86
(1) Grafisch oder farbig ausgestaltete Worte	87
(2) Kombinationen aus Wort und Bild	90
(3) Reine Bildmarken	90
(α) Einfache Formen und Gestaltungen	91
(β) Piktogramme	92
cc) Dreidimensionale Gestaltungen	92
dd) Hörmarken	95
ee) Abstrakte Ein- oder Mehrfarbmarken	96
ff) Positionsmarken	97
e) Aussagekraft der Eintragung identischer oder ähnlicher Marken	97

Inhaltsverzeichnis

Seite

2. § 8 Abs. 2 Nr. 2 MarkenG Freihaltebedürfnis am Markenzeichen 98
 a) Grundsätze für die Anwendung des § 8 Abs. 2 Nr. 2 MarkenG 99
 b) Anwendungsfälle 100
  aa) Tatbestandliche Fallgruppen 100
   (1) Art- und Beschaffenheitsangaben 100
   (2) Bestimmungsangaben 102
   (3) Geografische Herkunftsangaben 103
   (4) Zeitangaben 105
   (5) Mengen- und Wertangaben 105
   (6) Bezeichnung sonstiger Merkmale der Produkte 105
  bb) Konstellationen mit besonderen Rechtsfragen .. 106
   (1) Fremdsprachige Marken 107
   (2) Wortneubildungen und -neukombinationen 109
   (3) Kombinationsmarken jeder Art 110
   (4) Buchstaben und Zahlen sowie ihre Kombinationen 112
   (5) Abwandlungen beschreibungsgeeigneter Angaben 113
   (6) Bildmarken und dreidimensionale Marken . 114
   (7) Farbmarken 114
 c) Beseitigung der Erfüllung des § 8 Abs. 2 Nr. 2 durch Beschränkung des Verzeichnisses (Disclaimer) 115
3. § 8 Abs. 2 Nr. 3 MarkenG Übliche Bezeichnungen .. 116
4. Maßgeblicher Zeitpunkt für die Prüfung der Schutzhindernisse 117
5. Überwindung der § 8 Abs. 2 Nr. 1-3 durch Verkehrsdurchsetzung 117
6. § 8 Abs. 2 Nr. 4 MarkenG Täuschungsgefahr 118
7. § 8 Abs. 2 Nr. 5 Verstoß gegen öffentliche Ordnung und gute Sitten 121
8. §§ 8 Abs. 2 Nr. 6, 7, 8, Abs. 4 Hoheits- und Gewährzeichen und andere 122
9. § 8 Abs. 2 Nr. 9 Sonstige Benutzungsverbote 125
10. § 8 Abs. 2 Nr. 10 MarkenG Ersichtlich bösgläubige Marken 125

Inhaltsverzeichnis

Seite

Teil 4. Ablauf des Verfahrens beim DPMA und allgemeine Tipps 127

A. Der Ablauf des Anmeldeverfahrens 127
B. Das Erinnerungsverfahren gegen einen Zurückweisungsbeschluss 130
C. Das Beschwerdeverfahren zum BPatG 131
D. Inhaltliche Argumente zur Schutzfähigkeit einer Marke 131
  I. Sinnvolle Argumente gegen den Einwand fehlender Unterscheidungskraft gemäß § 8 Abs. 2 Nr. 1 132
  II. Sinnvolle Argumente gegen den Einwand eines Freihaltebedürfnisses gemäß § 8 Abs. 2 Nr. 2 134
  III. Sinnvolle Argumente gegen den Einwand einer üblichen Angabe gemäß § 8 Abs. 2 Nr. 3 MarkenG 135
  IV. Sinnvolle Argumente gegen den Einwand einer täuschenden Angabe gemäß § 8 Abs. 2 Nr. 4 MarkenG 135

Teil 5. Die Verwechslungsgefahr zwischen Marken 137

A. Arten der Verwechslungsgefahr 139
  I. Unmittelbare Verwechslungsgefahr – Grundsätze und Elemente 142
    1. Allgemeine Grundsätze für die Beurteilung der Verwechslungsgefahr 143
    2. Die drei Faktoren – Grundsätzliches, Prüfung und „Berechnung" 144
      a) Faktor 1 Die Ähnlichkeit der Waren und Dienstleistungen 144
        aa) Die Ähnlichkeit von Waren untereinander 147
        bb) Ähnlichkeit von Dienstleistungen zueinander .. 151
        cc) Ähnlichkeit von Waren und Dienstleistungen .. 152
      b) Faktor 2 Kennzeichnungskraft der älteren Registermarke 154
      c) Faktor 3 Die Ähnlichkeit der Markenzeichen 158
        aa) Allgemeine Beurteilungsgrundsätze 158
        bb) Arten der Ähnlichkeit von Markenzeichen 159
        cc) Die Ähnlichkeiten einzelner Markenformen ... 160
          (1) Ähnlichkeiten von Marken in ihrer Gesamtheit 160
            (α) Die Ähnlichkeiten von Wortmarken ... 160
            (β) Die Ähnlichkeit von reinen Bildmarken . 163
            (χ) Ähnlichkeit von Wort- und Bild-/dreidimensionalen Marken 164

XIII

Inhaltsverzeichnis

Seite

  (δ) Ähnlichkeiten moderner Markenformen
    untereinander/mit anderen 164
  (2) Ähnlichkeit von Marken auf Grund
    (prägender) Elemente – Prägetheorie 165
  (3) Ähnlichkeit der Markenzeichen infolge
    Abspaltung bei einteiligen Marken 175
 II. Verwechslungsgefahr durch gedankliche Verbindung
  (§ 9 Abs. 1 Nr. 2 letzter Halbsatz) 175
  1. Mittelbare Verwechslungsgefahr oder Serienzeichen .. 176
  2. Verwechslungsgefahr im weiteren Sinne 178
  3. Sonstige Verwechslungsfälle 178
 III. Entgegenstehende notorisch bekannte Marke mit älterem
  Zeitrang nach §§ 10 i.V.m. 9 Abs. 1 Nr. 1 oder 2 179
B. Praktisch relevante Situationen für die Berücksichtigung einer Verwechslungsgefahr 179
 I. Recherche auf verwechselbare ältere Marken vor Anmeldung einer Marke 179
  1. Ältere eingetragene Registermarken 180
  2. Ältere nicht eingetragene Benutzungsmarken und
   andere Kennzeichenrechte 185
 II. Die Einlegung eines Widerspruches – der Markeninhaber als Widersprechender 186
  1. Allgemeines zum Widerspruchsverfahren 187
  2. Voraussetzungen eines zulässigen Widerspruchs
   §§ 42–44 MarkenG, 29 ff. MarkenV und DPMAV ... 187
   a) Erhebung des Widerspruchs 188
   b) Widerspruchsgrund § 42 Abs. 1, 2 MarkenG 189
   c) Widerspruchsfrist § 42 Abs. 1 MarkenG 189
   d) Widerspruchsgebühr 189
   e) Widerspruchsberechtigter 190
  3. Sonstige Verfahrensfragen 190
   a) Fristverlängerungsgesuche 190
   b) Übersendung von Eingaben/Rechtliches Gehör .. 191
   c) Die Aussetzung von Widerspruchsverfahren 191
   d) Wirkungen von Insolvenz oder Tod eines Beteiligten 191
  4. Begründetheit des Widerspruches §§ 42 Abs. 2, 9 ff.
   MarkenG 191
  5. Sonstiges, insbesondere Kosten 194
 III. Der Markeninhaber in der Rolle des Inhabers einer angegriffenen Marke 195

Inhaltsverzeichnis

Seite

Teil 6. Die Pflege einer eingetragenen Marke 199

A. Überwachung der Register auf verwechselbare Marken 199
B. Benutzungszwang betreffend die Marke 200
  I. Inhaltliche Anforderungen an eine rechtserhaltende Benutzung 201
  II. Benutzungszwang und Benutzungsschonfrist 204
C. Vermeidung und Verfolgung beschreibender Verwendungen der Marke 205
  I. Konsequente Verwendung der Marke als solche durch ihren Inhaber 205
  II. Ergreifen von Maßnahmen gegen die beschreibende Verwendung seiner Marke durch Dritte 206

Teil 7. Das Löschungsverfahren vor dem DPMA 207

A. Voraussetzungen eines zulässigen Löschungsantrages – §§ 54, 50 ff. MarkenG, 29 ff. MarkenV 207
  I. Löschungsantrag § 54 MarkenG 207
  II. Löschungsgrund 208
  III. Fristen 208
  IV. Gebühr 208
B. Das Löschungsverfahren in inhaltlicher Hinsicht 209

Teil 8. Die Nebenverfahren vor dem DPMA 211

A. Das Verlängerungsverfahren §§ 47 Abs. 2–4 MarkenG 211
  I. Verlängerung mit unverändertem Schutzumfang 212
  II. Verlängerung unter Einschränkung des Schutzumfanges . 212
B. Verzicht auf eine Marke §§ 48 MarkenG, 39 MarkenV 213
C. Teilung einer Marke §§ 46 MarkenG, 36 MarkenV 214
D. Umschreibung einer Marke §§ 27 MarkenG, 28 DPMAV 215
E. Eintragung von Beschränkungen der Marke § 29 MarkenG 216
  I. Vertragliches Pfandrecht an der Marke § 29 Abs. 1 Nr. 1 MarkenG 216
  II. Sonstiges dingliches Recht an der Marke § 29 Abs. 1 Nr. 1 MarkenG – Nießbrauch 217
  III. Zwangsvollstreckung § 29 Abs. 1 Nr. 2 MarkenG 217

Inhaltsverzeichnis

Seite

Teil 9. Wirtschaftliche Transaktionen von Marken 219

A. Rechtsgeschäftliche Übertragung von Marken gemäß
 § 27 Abs. 1 i.V.m. 453, 413, 398 ff. BGB 219
B. Die Lizenzierung von Marken 220
C. Die Bewertung von Marken 220

Teil 10. Außeramtliche (vor)gerichtliche Auseinandersetzungen mit anderen Kennzeichenrechten 221

Teil 11. Checkliste 223

Sachregister 225

Literaturverzeichnis

Berlit	Markenrecht, 6. Auflage 2005
Fammler	Der Markenlizenzvertrag, 2. Auflage 2007
Fezer	Markengesetz, Kommentar, 3. Auflage 2001
Ingerl/Rohnke	Markengesetz, Kommentar, 2. Auflage 2003
Lange	Marken- und Kennzeichenrecht, 2006
Repenn/Weidenhiller	Markenbewertung und Markenverwertung, 2. Auflage 2005
Richter/Stoppel	Die Ähnlichkeit von Waren und Dienstleistungen, 13. Auflage, 2005
Stöckel/Lüken	Handbuch Marken- und Designrecht, 2. neu bearbeitete und erweiterte Auflage, 2006
Ströbele/Hacker	Markengesetz, Kommentar 8. Auflage, 2006

Abkürzungsverzeichnis

Abs. . . . . Absatz
Art. . . . . Artikel
AG . . . . Aktiengesellschaft
Beschl. . . . . . Beschluss
BGB . . . . . . Bürgerliches Gesetzbuch
BGH . . . . . . Bundesgerichtshof
BlPMZ . . . . Blatt für Patent, Muster und Zeichenwesen (Zeitschrift) – PMZ
BMJ . . . . Bundesministerium der Justiz
BPatG . . . . . Bundespatentgericht
BPatGE . . . . Bundespatentgerichtsentscheidungen (Entscheidungssammlung)
DPMA . . . . . Deutsches Patent- und Markenamt
DPMAV . . . . Verordnung über das Deutsche Patent- und Markenamt
EuGH . . . . . Europäischer Gerichtshof
GbR . . . . . . Gesellschaft Bürgerliches Rechtes
GebVZ . . . . Gebührenverzeichnis
GRUR . . . . Gewerblicher Rechtschutz und Urheberrecht (Zeitschrift)
GRUR Int. . . Gewerblicher Rechtschutz und Urheberrecht Internationaler Teil (Zeitschrift)
GMV . . . . . . Gemeinschaftsmarkenverordnung
HABM . . . . Harmonisierungsamt für den Binnenmarkt
KG . . . . Kommanditgesellschaft
MarkenG . . . Markengesetz
MarkenR . . . Zeitschrift für deutsches, europäisches und internationales Markenrecht (Zeitschrift)
MarkenVO . . Markenverordnung
Mitt. . . . . . . Mitteilungen der deutschen Patentanwälte
MMA . . . . . Madrider Abkommen über die internationale Registrierung von Marken
MRRL . . . . Markenrichtlinie (Erste Richtlinie 89/104/EWG des Rates vom 21,12,1998 zur Angleichung der Rechtsvorschriften der Mitgliedsstaaten über die Marken)
OAMI . . . . . Oficina de Armonizacion del Mercado Interior
OHG . . . . . . Offene Handelsgesellschaft
OMPI . . . . . Organisation mondiale de la Propriété Intellectuelle

Abkürzugsverzeichnis

OWiG	Gesetz über Ordnungswidrigkeiten
PartGG	Gesetz über Partnergesellschaften
PatKostG	Gesetz über die Kosten des Deutschen Patent- und Markenamts und des Bundespatentgerichts
PatKostZV	Patentkostenzahlungszahlungsverordnung
PVÜ	Pariser Verbandsübereinkunft zum Schutz des gewerblichen Eigentums
RVG	Rechtsanwaltsvergütungsgesetz
uU	unter Umständen
UWG	Gesetz gegen den unlauteren Wettbewerb
WBK	Wiener Bildklassifikation
WIPO	World Intellectual Property Organization
WRP	Wettbewerb in Recht und Praxis (Zeitschrift)
WZG	Warenzeichengesetz
ZPO	Zivilprozessordnung

Einführung

Nachdem die Medien schon seit geraumer Zeit fast täglich über Marken, ihren Wert und ihre Verletzung anhand der prominenten Beispiele der Großkonzerne berichten, stellt sich gleichzeitig die Frage, wie man diese Marken möglichst effizient nutzen und schützen kann. Schon seit längerem beschäftigt diese Frage nicht mehr nur große Unternehmen, sondern melden vermehrt auch mittelständische Unternehmen, Handwerksbetriebe, Einzelgewerbetreibende, Freiberufler und verschiedene Dienstleister Markenzeichen für ihr gewerbliches Tun an. Diese im Gegensatz zu den Großanmeldern häufig nicht anwaltlich vertretenen Einzelanmelder sind im Markenrecht und den angrenzenden Rechtsgebieten meist wenig erfahren und möchten ihre wertvolle Zeit auch eher ihrem Kerngeschäft zuwenden, scheuen zugleich aber häufig die Kosten für einen Markendesigner und einen Rechts- oder Patentanwalt. 1

Dieser Ausgangslage entsprechend versucht dieses Buch, möglichst knapp und fundiert das notwendige Know-How für die Entscheidung, ob eine Marke das richtige Schutzrecht ist und ob sie Registerschutz braucht, für den Entwurf einer passenden Marke und die möglichst effiziente Anmeldung zur Eintragung in das Register sowie die Pflege einer eingetragenen Marke zu vermitteln. Dabei wird dem Anmelder immer wieder aufgezeigt, welche dieser Schritte er kostensparend selbständig durchführen kann und in welchen Situationen die Zuziehung professioneller Hilfe ratsam ist. 2

Ein gelungenes Markenzeichen kann zwar nicht die permanent zu sichernde Qualität des damit gekennzeichneten Produktes ersetzen, aber es kann einem Produkt als gut erinnerbares Identifikationsmittel mit einer positiven Assoziation einen Startvorsprung bei den Konsumenten vermitteln. Weil ein gutes und originelles Markenzeichen im Gegensatz zu vielen anderen Wirtschaftsgütern jedermann selbst kreieren kann, lohnt sich die Beschäftigung mit dieser Materie. Die Lektüre dieses Buches vermittelt dem Leser die Voraussetzungen der Schutzfähigkeit einer Marke und wird dabei zugleich seine Kreativität in Richtung schutzfähiger Markenzeichen lenken. Beobachtet er sodann unter Berücksichtigung dessen aufmerksam sein kommerzielles Umfeld auf Markenzeichen, wird ihm dies genügend Inspiration für eine gelungene und tragfähige Marke vermitteln. 3

Damit der Einzelanmelder möglichst kosten- und zeitsparend die notwendigen Informationen zum Thema Marken erhält, wurde darauf 4

Einführung

geachtet, möglichst viele Informationen aus Quellen zu präsentieren, die bequem und möglichst kostenlos im Internet verfügbar sind.

5   Die benötigten Gesetzestexte sind über die Homepage des DPMA verlinkt[1] oder großteils über www.gesetze-im-internet.de verfügbar. Die immer wieder als Nachweise oder Beispiele zitierten Entscheidungen des BPatG sind erst ab dem Jahr 2006[2] und des BGH ab dem Jahr 2000[3] im Volltext online verfügbar. Die Entscheidungen von EuGH[4] und des HABM[5] sind ebenfalls online verfügbar. Dort kann der Interessierte die Entscheidung durch die Eingabe des stets mitzitierten Namens oder Aktenzeichens der Entscheidung abrufen oder aber allgemeiner Entscheidungen zu für ihn interessanten Themen suchen, indem er entsprechende Stichworte wie „Positionsmarke", „Slogan" o.ä. eingibt. Zusätzlich sind sehr viele Entscheidungen von BPatG und BGH inzwischen zumindest als Zusammenfassung im Internet in Foren oder Homepages von Instituten oder Kanzleien zugänglich. Man findet sie durch Eingabe des Gerichtes und des Namens des Falles in eine Metasuchmaschine wie Google (also beispielsweise „BPatG Tastmarke" „BGH Porsche Boxter"). Soweit dies nicht möglich oder nicht praktikabel ist, wie etwa bei Entscheidungen, die der Anmelder für seine Argumentation gegenüber den Registrierungsbehörden benötigt, wurden sie mit zitierfähigen Fundstellen aus Fachzeitschriften zitiert. Auf nur über Universitätsbibliotheken oder Patentinformationszentren zugängliche Quellen wurde nur zurückgegriffen, wenn es dazu keine Alternative gab.

Auch alle anderen notwendigen Informationen wurden möglichst in einfach verfügbarer Form aufbereitet.

6   Dieses Buch wurde in chronologischer Folge der Schritte von der Kreation und Definition einer Marke, über die Arten von Marken und deren Anmeldung und Erhaltung bis hin zur Verteidigung verfasst. Diese objektive Sicht auf das Procedere ermöglicht eine flüssige Darstellung und bietet in der Gänze einen runden Überblick. In welcher Reihenfolge der Leser dieses Buch studieren sollte, um selbst seinen besten (individuellen) Nutzen zu haben, hängt von seiner konkreten Situation betreffend seine (geplante) Marke ab:

Die folgenden Ausführungen geben die persönliche Auffassung der Verfasserin wieder.
[1] Siehe www.dpma.de Links.
[2] Siehe unter www.bpatg.de Entscheidungen. Die Beschlüsse sind dort nach folgendem Modell zitiert:
BPatG   24 W (pat)   098/01   Beschl. v. 26.2.2002   *webspace*
         Senat   Fall/Jahr Beschlussdatum   Name des Falls
[3] Siehe unter www.bundesgerichtshof.de oder auch www.it-rechtsinfo.de. Die Beschlüsse sind dort nach folgendem Modell zitiert:
BGH   I ZB 73/05   Beschl. v. 5.10.2006   Tastmarke Autositzhebel.
         Senat/Aktenzeichen   Beschlussdatum   Name des Falls
[4] Siehe unter www.curia.europa.int unter Rechtsprechung Suchformular.
[5] Siehe unter www.oami.europa.eu unter Datenbanken.

Einführung

Denkt er darüber nach, ob er eine Registermarke benötigt und anmelden soll, sollte er zunächst Teil 1 und 2 durcharbeiten, um sich zunächst darüber klar zu werden, ob die Marke das richtige gewerbliche Schutzrecht für ihn ist und ob er eine Marke braucht. Hier kann er auch feststellen, nach welchen Kriterien er sein Markenzeichen gestalten sollte und welche Markenform für ihn die richtige ist. Im Anschluss daran sollte er das gewählte Markenzeichen selbstkritisch anhand von Teil 3 B grob darauf untersuchen, ob es wohl schutzfähig sein wird und ob es entsprechend den Kriterien aus Teil 4 nicht schon von voneherein ersichtlich mit einer anderen älteren Marke verwechselbar ist. Erst wenn diese Recherchen und Prognosen positiv ausgefallen sind, sollte er sich anhand von Teil 3 und 4 über das Markenregistrierungsverfahren vor dem DPMA einschließlich der zu beachtenden taktischen Erwägungen informieren. Dort finden sich dann auch für den Fall der Beanstandung seiner Marke durch den Prüfer Vorschläge für Argumentationen etc.

Tipp: Obwohl die Rechtsprechung permanent negiert, dass eine Marke originell sein muss, um eingetragen zu werden, kann dem Anmelder nur empfohlen werden, eine originelle oder eigentümliche Marke zu kreieren. Denn dann ist er auf der sicheren Seite.

Wurde die Marke aufgrund dieses Verfahrens eingetragen oder hat der Leser schon eine Registermarke, sollte er sich anhand von Teil 5 über deren Verteidigung gegen andere jüngere Registermarken informieren um gegen diese ggf. Widerspruch einzulegen sowie sich anhand von Teil 6 über die notwendige rechtserhaltende Pflege seiner Registermarken informieren. Teil 7 und 8 liefern ihm weitere Informationen über verschiedene möglicherweise benötigte Nebenverfahren und Teil 10 über den Umgang mit zivilrechtlichen Auseinandersetzungen aufgrund Marken.

Teil 1. Begriff. Arten von Marken

Übersicht

	Rdnr.
A. Der Begriff der Marke............................	1
B. Arten von Marken................................	8
1. Die Benutzungsmarken – nicht registrierte Marken.......	9
2. Die eingetragenen Marken – Registermarken..........	10
a) Die nationale Marke vor dem DPMA..............	11
b) Die Marke nach dem Madrider Abkommen (MMA) – IR-Marke...................................	12
c) Die Gemeinschaftsmarke nach der GMV (vor dem Harmonisierungsamt).........................	13
d) Das Zusammenwirken dieser Rechte..............	14
e) Marken in Abgrenzung zu anderen Rechten..........	15
aa) Unternehmenskennzeichen insbesondere Firmennamen.................................	15
bb) Namensrecht............................	16
cc) Urheberrecht............................	17
dd) Geschmacksmuster........................	18
ee) Patente/Gebrauchsmuster...................	19
ff) Wettbewerbsrecht	20
3. Recherchen im gewerblichen Rechtsschutz.............	21
4. Das Finden des richtigen Anwaltes...................	25

A. Der Begriff der Marke

Der Begriff „Marke" reiht sich in eine Reihe verwandter Worte wie **1** „markieren", „Gemarkung" bis zum negativ besetzten Begriff „gebrandmarkt" ein. Diesen ist gemeinsam, dass sie etwas in einer bestimmten Hinsicht konkret zuordnen und damit gleichzeitig zu anderem abgrenzen. Genauso wirken Marken im hier interessierenden wettbewerbsrechtlichen Kontext: Eine Marke in diesem Sinne ist ein Zeichen, das Waren und/oder Dienstleistungen[1], also verkehrsfähige Produkte eines Anbieters von denen anderer Anbieter unterscheiden kann.

---

[1] Waren in diesem Sinne sind etwa Brot, Computer, Bekleidung jeweils betreffend Herstellung und Verkauf, Dienstleistungen sind Erbringung von Diensten für Dritte, etwa Finanzdienstleistungen (wie die einer Bank), Rechtsberatung (durch eine Kanzlei), Dienstleistungen eines Arztes etc..

Teil 1. Begriff. Arten von Marken

Eine Marke hat also mehrere Bezugspunkte:

2   Dies bedeutet zunächst auch hier zweierlei: Die Marke soll positiv die Leistungen (Waren und Dienstleistungen) als vom Markeninhaber stammend kennzeichnen (**Herkunftshinweis**). Gleichzeitig soll sie negativ diese Leistungen von den Leistungen anderer Anbieter in ihrer Herkunft unterscheiden (**Unterscheidungsfunktion**).
Dabei ist jede Funktion nur die Kehrseite der anderen, weil Zuordnung zum einen immer auch Abgrenzung vom anderen bedeutet. Wichtig ist dies für einen Unternehmer im Wirtschaftssystem des freien Wettbewerbs, weil seine (potentiellen) Kunden sich nur dann für seine Waren/Dienstleistungen frei entscheiden und sie in Anspruch nehmen können, wenn sie diese von den Produkten anderer unterscheiden können. Dies durch eine ansprechende und vernünftige Markierung zu erreichen und dauerhaft zu festigen und zu verbreiten, ist das Ziel einer guten Markenpolitik. Die Voraussetzungen dafür zu schaffen und die notwendige Rechtssicherheit für die Beteiligten zu bieten, ist die Aufgabe des Markenrechtes.

3   Daneben haben Marken weitere Funktionen, die auf diesen beiden Grundfunktionen basieren, nämlich **Werbe- und Vertrauensfunktion**. Jeder Anbieter möchte mit seiner Marke ein charakteristisches, positives Image transportieren. Gleichzeitig strebt er damit an, dass sein Kunde möglichst schnell bestimmte Erwartungen mit dem Produkt assoziiert und daraus eine enge Markenbindung entsteht.

Beispiel: Gelingt dies besonders gut, wie etwa bei Marken wie „Tiffany" für „Schmuck" oder „Rolls Royce" für „Autos", wo die Hersteller es geschafft haben, den meisten Menschen, auch wenn sie dieses Produkt persönlich nicht haben oder kennen, den Eindruck zu vermitteln, dass diese und im wesentlichen nur diese Marken diesen besonderen Luxus bieten, ist ein perfektes Markenimage entstanden.

4   Wie der Name eine bestimmte Person kennzeichnet und von anderen Personen unterscheidet, tut dies die **Marke** für die **Ware oder Dienstleistung**. Dabei kennzeichnet der **Nachname** die Zugehörigkeit zu einer Familie, die der Vorname weiter individualisiert. Genauso verhält sich die **Dachmarke** des Anbieters, unter der er alle Waren vermarktet (wie „Porsche") zu den Marken der einzelnen Produktreihen

B. Arten von Marken

(Porsche 911, Cayenne, Cayman). Wie der Personenname kann auch eine Marke geschrieben oder gesprochen werden.

Der aktuelle Fachbegriff **„Branding"** für das Aufbringen eines Markenzeichens auf ein Produkt folgt seiner traditionellen Bedeutung des Aufbringens des Brandzeichens auf Vieh, um dessen Herkunft aus einer bestimmten Zucht zu kennzeichnen. Weniger archaisch, aber ähnlich einprägsam gelangt das Markenzeichen heute eingebrannt auf dem Produkt zum Kunden und entfaltet dort seine Imagewirkung solange das Produkt es trägt.

Ziel jedes Anbieters ist es, seine Marke dem Kunden mit einem **positiven Image** ins Gedächtnis einzupflanzen. Weil der Aufbau eines solchen **Markenimages** auch im regionalen und mittelständischen Bereich lange dauert und kostspielig ist, noch am wenigsten wegen der relativ geringen Anmeldegebühren des DPMA, sondern vielmehr der Kosten von Katalogen, Werbung etc., lohnt sich dies am ehesten für eine gelungene und tragfähige Marke. Daher sollte jeder Anmelder der Auswahl, Konzeption- und Anmeldung seiner Marke im Vorfeld besondere Aufmerksamkeit unter verschiedensten Aspekten widmen.

> **Hinweis:** Zur Vermeidung von Begriffsverwirrung bei der Lektüre von Ausführungen zum Markenrecht wird darauf hingewiesen, dass der Begriff „Marke" einerseits pauschal für das Markenrecht eines Anbieters, also den Komplex Kennzeichen für bestimmte Produkte und andererseits nur für das Markenzeichen, also das reine Logo verwendet wird. Im folgenden wird deshalb – soweit möglich – für das Zeichen als solches immer der Begriff „Markenzeichen" verwendet.

B. Arten von Marken

Das Gesetz, das unter anderem die Registrierung von Marken vor dem Deutschen Patent- und Markenamt (DPMA) regelt, heißt seit 1995 Markengesetz (MarkenG).[2]

Im geschäftlichen Verkehr existieren verschiedene Arten von Marken, die sich unter verschiedenen Aspekten unterscheiden.

1. Die Benutzungsmarken – nicht registrierte Marken

Die Benutzungsmarke (§ 4 Nr. 1 MarkenG[3]) entsteht ohne Registrierung faktisch von selbst, indem ein Anbieter zur Kennzeichnung sei-

---

[2] Der frühere Name Warenzeichengesetz (WZG) erscheint vereinzelt immer noch. Der aktuelle Wortlaut des MarkenG, der allerdings wie bei vielen Gesetzen ohne Erläuterungen nicht immer hilfreich ist, findet sich auf der kostenlosen Plattform für alle Bundesgesetze und Bundesverordnungen www.gesetze-im-internet.de. und ist über die Homepage des DPMA www.dpma.de links verlinkt.
[3] Alle Paragraphenangaben ohne nähere Angabe sind solche des MarkenG.

Teil 1. Begriff. Arten von Marken

ner Leistungen im geschäftlichen Verkehr ein Zeichen verwendet, wenn und soweit es bei den Abnehmern räumlich **Verkehrsgeltung** erworben hat. Ihr Nachteil für ihren Inhaber ist, dass sie erst ab einer gewissen Verkehrsbekanntheit entsteht und er ihre Entstehung zu seinen Gunsten betreffend Zeitpunkt und Umfang in Auseinandersetzungen mit Konkurrenten beweisen muss.

2. Die eingetragenen Marken – Registermarken

10 Sie entstehen konstitutiv durch Eintragung in ein Markenregister. Sie werden – jedenfalls in Deutschland – durch das ®-Zeichen als solche markiert.[4] Je nach räumlichem Geltungsbereich gibt es verschiedene Arten von Registermarken. Welche Art dem Bedürfnis des Anmelders am meisten entspricht, hängt vor allem davon ab, wie groß sein wirtschaftlicher Aktionsradius aktuell ist und ob er in absehbarer Zeit ausgedehnt werden soll und welche finanziellen Möglichkeiten für eine Markenanmeldung zur Verfügung stehen. Während früher eine nationale Marke jedenfalls für eher regional und national aktive Einzelanmelder meist genügte, sollten gerade Anbieter, die ihre Produkte über Internet mit grenzüberschreitender Bestimmung (**„commercial effect"**) auch im Ausland anbieten, erwägen, sich die Marke auch dafür registrieren zu lassen. Generell sollte für die Entscheidung über die Registrierung immer zwischen vertretbarem finanziellen Aufwand und eingehbarem Risiko abgewogen werden.

a) Die nationale Marke vor dem DPMA

11 Die hier häufigste nationale Registermarke hat Deutschland als Geltungsbereich. Zuständig für ihre kostenpflichtige Registrierung nach den Vorschriften des MarkenG ist das DPMA[5] mit seinen Dienststellen München und Jena. Sie entsteht mit ihrer Eintragung durch das DPMA, gilt zunächst für 10 Jahre und ist danach für eine Verlängerungsgebühr jeweils immer wieder um 10 Jahre unendlich verlängerbar. Sie hat gegenüber der Benutzungsmarke den großen Vorteil, dass ihre Registrierung ihrem Inhaber in möglichen späteren Auseinandersetzungen mit anderen Marken den Beweis ihres **Zeitranges** (Priorität) ersetzt. Neben ihrer rechtlichen Wirkung entfaltet sie eine nicht zu unterschätzende, taktisch nutzbare Abschreckungswirkung gegenüber Konkurrenten.

---

[4] Demgegenüber steht das Zeichen™ nur für eine Trademark, also eine im verwendete Marke.

[5] Im Internet präsent unter www.dpma.de mit zahlreichen Tipps und Hilfestellungen für Anmelder.

B. *Arten von Marken*

b) Die Marke nach dem Madrider Abkommen (MMA) – IR-Marke

Aufgrund des MMA kann ein Anmelder oder Inhaber einer **natio- 12 nalen Heimatmarke (Basismarke)** der Mitgliedsländer dieses Abkommens wie Deutschland einen Antrag auf „Ausdehnung" seiner nationalen Marke auf beliebig viele andere Mitgliedstaaten des MMA stellen. Dieser Antrag ist über das DPMA an das internationale Büro der Weltorganisation für geistiges Eigentum in Genf (WIPO)[6] zu richten. Ist der Antrag für alle oder einige Länder erfolgreich – die Prüfung erfolgt vermittelt durch das internationale Büro in jedem einzelnen Land mit entsprechend großem Risiko des Scheiterns – entsteht ein mehr oder weniger großes Bündel nationaler Markenrechte. Sie bietet im Gegensatz zur Gemeinschaftsmarke den Vorteil, dass die nationalen Stränge des Bündels später isoliert übertragbar sind, aber den Nachteil eines komplizierten Procedere mit den Anforderungen verschiedener nationaler Prüfungsbehörden.

c) Die Gemeinschaftsmarke nach der GMV (vor dem Harmonisierungsamt)

Die Gemeinschaftsmarkenverordnung (GMV) von 1993 hat neben **13** den einzelnen nationalen Markenrechten der EU-Staaten und der IR-Marke als Bündel nationaler Einzelrechte mit der Gemeinschaftsmarke erstmals ein **einheitliches europäisches Markenrecht für das gesamte Gemeinschaftsgebiet** geschaffen. Zuständig für ihre Prüfung und Registrierung ist das Harmonisierungsamt für den Binnenmarkt (OAMI) in Alicante[7]. Sinnvoll ist die Gemeinschaftsmarke für Unternehmer, die weiträumig tätig sind oder in absehbarer Zeit werden wollen. Ihr Nachteil ist neben den Registrierungskosten[8], dass sie nur registriert werden kann, wenn sie in allen europäischen Ländern schutzfähig, insbesondere in keiner Sprache eine produktbeschreibende, allgemein übliche oder sittenwidrige Angabe[9] darstellt und aus keinem Mitgliedsland ein Widerspruch aus einem älteren entgegenstehendem Markenrecht durchgreift. Dies erfordert im Vorfeld umfangreiche Recherchen zur Zeichenbedeutung und konkurrierenden Rechten und

---

[6] Als WIPO oder OMPI bezeichnet und im Internet präsent unter www.wipo.int.
[7] Im Internet zu finden unter www.oami.europa.eu.
[8] Die Registrierung einer Gemeinschaftsmarke kostet ab etwa 2000 €.
[9] Zudem müssen nicht nur beschreibende Bedeutungen, sondern auch negative Assoziationen in den anderen Sprachen vermieden werden. Wie schwierig die Kreation international gut ankommender Markennamen ist, zeigen folgende Beispiele großer (Auto-)hersteller, die trotz sicherlich gründlichster Recherchen ihren Modellnamen immer wieder Flops produzieren: So hatten etwa die Modellnamen „Corsa" im Englischen die Assoziation „coarse" für „rau, ungehobelt" und „Silver Mist" von Rolls Royce den Anklang von „Mist" ebenso wie ein Lockenstab von Clairol namens „Mist stick".

Teil 1. Begriff. Arten von Marken

bleibt wegen der vielen Sprachen und entgegenstehenden Marken in Europa trotzdem risikoreich. Die Anmeldung einer Gemeinschaftsmarke ist daher nur bei internationaler Aktivität und mit Hilfe eines spezialisierten Anwaltes ratsam.

d) Das Zusammenwirken dieser Rechte

14　Diese Registermarken überschneiden sich in ihren räumlichen Geltungsbereichen. Diese Überschneidungen sollte jeder Anmelder kennen. Denn auch gegen eine eine nationale Marke können nicht nur Widersprüche aus älteren nationalen Marken, sondern auch aus älteren Gemeinschaftsmarken oder IR-Marken mit nationaler Geltung erhoben werden. Deshalb sollten die – noch nicht erörterten – Recherchen nach entgegenstehenden älteren Rechten nicht nur nationale Rechte, sondern auch Gemeinschaftsmarken und IR-Marken umfassen.[10]

e) Marken in Abgrenzung zu anderen Rechten

15　**aa) Unternehmenskennzeichen insbesondere Firmennamen.**
Neben den Marken gibt es andere Rechte aus dem Wettbewerbsrecht, deren Abgrenzung untereinander immer wieder Schwierigkeiten macht und für die Wahl des richtigen Schutzrechtes wichtig ist: Unternehmenskennzeichen wie Firmennamen identifizieren Unternehmen. Im Gegensatz zur Marke unterscheiden sie das gesamte Unternehmen von anderen. Zu diesen gehören vor allem der Name eines Unternehmens, die sog. **Firma**. Die Firma ist der Name, unter der ein Kaufmann sein Handelsgeschäft betreibt und unter dem er häufig auch im entsprechenden Register (Handelsregister o.ä.) eingetragen ist. Der Firmenname kann mit der Marke übereinstimmen (Beispiel Vodafone), hat aber anders als die Marke keine zwingende Verbindung zu damit gekennzeichneten Produkten. Der Firmenname unterscheidet ein Unternehmen von anderen im Gebiet des regionalen Handelsregisters und unterliegt dabei den Grundsätzen der Firmenwahrheit etc. Eine nationale Marke unterscheidet deutschlandweit die Produkte eines Anbieters von denen anderer. Der zusätzliche Bezugspunkt und das größere Gebiet lassen leicht erkennen, dass von einer Eintragung im Handelsregister **nicht auf Schutzfähigkeit als Marke** geschlossen werden kann.

16　**bb) Namensrecht.** Namensrechte individualisieren natürliche und juristische Personen oder Gegenstände und gewähren ein **subjektives Recht** gemäß § 12 BGB, das den Namensträger gegen **Namensleugnung und -anmaßung** schützt.

---

[10] Siehe zu den entsprechenden Recherchemöglichkeiten www.dpma.de Suche/Recherche Marken Infoblatt.

B. *Arten von Marken*

cc) Urheberrecht. Das Urheberrecht gewährt dem Urheber jeder 17
Art von geistiger oder kreativer Schöpfung (Kompositionen, Textdichtungen und Kunstwerken) ein **ausschließliches Recht an dem geschaffenen Werk,** wenn dieses eine gewisse Schöpfungshöhe hat. Das Urheberrecht entsteht von selbst mit der Schaffung des Werks und ist in keinem Register verzeichnet. Seine Entstehung und Innehabung hat sein Schöpfer in möglichen gerichtlichen Auseinandersetzungen nachzuweisen.

dd) Geschmacksmuster. Das Geschmacksmuster ist nach § 1 18
Nr. 1 GeschmMG ein Schutzrecht für die Erscheinungsform eines Erzeugnisses. Es erfordert nach § 2 GeschmMG Neuheit und Eigenart und bedarf der Eintragung. Weil das DPMA seine Eintragung aber abgesehen von einigen Formalien ungeprüft vornimmt, werden in **Verletzungsverfahren** meist Neuheit und Eigenart bestritten. Seine Schutzdauer beträgt 25 Jahre. Das Geschmacksmuster weist gewisse Überschneidungen zum Markenschutz auf, weil Marken inzwischen auch für dreidimensionale Formen eintragbar sind.

ee) Patente/Gebrauchsmuster. Patente und Gebrauchsmuster 19
(„kleines Patent") sind Schutzrechte für bestimmte technische Funktionalitäten von Waren. Ihr Schutz richtet sich nach dem PatG bzw. dem GbmG.

ff) Wettbewerbsrecht. Das Wettbewerbsrecht legt allgemeine Re- 20
geln für die **Lauterkeit** des wirtschaftlichen Wettbewerbs fest und ist im Gesetz gegen unlauteren Wettbewerb (UWG) geregelt. Weil auch das Markenrecht den Markeninhaber davor schützen soll, dass ein anderer durch Verwendung eines ähnlichen Zeichens den Eindruck erweckt, dass dessen Produkte von ihm stammen und der Verkehr dann möglicherweise diese kauft, schützt es auch vor besonderen Formen von Unlauterkeit. Daher weisen beide Rechtsgebiete zahlreiche Berührungspunkte auf.

3. Recherchen im gewerblichen Rechtschutz

Wie generell im Wettbewerbsrecht gilt auch für Marken das **Priori-** 21
tätsprinzip („wer zuerst kommt, mahlt zuerst"), so dass grundsätzlich der, der eine Marke zuerst „hatte" und dies durch Registereintrag oder Benutzung nachweisen kann, daran in seiner und verwandten Branchen immer die Vorrechte gegenüber allen hat, die diese später identisch oder ähnlich beanspruchen oder verwenden.[11] Deshalb ist es äußerst wichtig, sich vor der Wahl von Zeichen wie Firmennamen, geschäftlicher Be-

---

[11] Weil Wettbewerbsrecht aber auch in mehrfacher Hinsicht „Starkenrecht" ist, ist es unter gewissen Umständen möglich, dass der Inhaber eines älteren Rechtes dieses aufgrund der massiven Marktmacht eines anderen aufgeben muss.

Teil 1. Begriff. Arten von Marken

zeichnung (§ 5), Domains und vor allem (registrierter oder Benutzungs-) Marke intensiv über die **Drittzeichenlage** im kommerziellen Umfeld zu informieren. Dazu sollte möglichst engmaschig recherchiert werden, ob schon ein anderer das geplante oder ein ähnliches Zeichen in der eigenen oder verwandten Branchen angemeldet/registriert hat und/oder tatsächlich im Wirtschaftsverkehr verwendet.

22   Daran sollte der Markenanmelder schon bei der aufwändigen und kostenintensiven Entwicklung einer Marke denken, um Fehlplanungen und -investitionen zu vermeiden. An dieser Stelle wird darauf nur kurz als Merkposten hingewiesen, die Details aber erst in Teil 6 B dargestellt, weil sie erst vor dem Hintergrund der Kenntnis der Voraussetzungen der Schutzfähigkeit und Verwechselbarkeit von Marken verständlich werden.

23   Entgegen einem verbreiteten Irrtum besagt auch die erfolgreiche Registrierung, also Eintragung einer Marke beim DPMA nicht, dass keine konkurrierenden älteren Registerrechte bestehen. Diese prüft das DPMA nämlich im **Eintragungsverfahren** nicht. Das DPMA prüft nur, ob die Marke den formellen und materiellen absoluten Anforderungen des Markengesetzes genügt, insbesondere ob sie sich als Unterscheidungsmittel für diese Produkte eines Anbieters gegenüber denen anderer Anbieter eignet und kein Fachbegriff für ist. Soweit sie dem entspricht, wird sie in das Markenregister eingetragen und im Markenblatt[12] veröffentlicht. Nur wenn ein Inhaber einer älteren Registermarke für Deutschland innerhalb von drei Monaten nach Veröffentlichung der jüngeren Marke Widerspruch gegen diese erhebt, prüft das DPMA, ob die jüngere Marke der älteren zu nahe kommt, weil sie wegen der Markenzeichen- und Produktähnlichkeit sowie Kennzeichnungskraft der Widerspruchsmarke verwechselbar sind.

24   Selbst wenn kein Widerspruch eingeht, verbleibt ein **Restrisiko älterer Benutzungszeichen,** die später gegen die neue Registermarke vorgehen könnte. Weil auch nicht jeder Inhaber eines älteren Rechtes an der raschen Aufklärung der Konkurrenzlage und Untersagung der Markenbenutzung interessiert ist, sondern sich vielleicht erst später meldet, wenn der andere seine Marke am Markt etabliert hat, um dann eine günstigere „Verhandlungsposition" zu haben, kann dieser Zustand auch länger andauern.

4. Das Finden des richtigen Anwaltes

25   Das Markenrecht ist mittlerweile stark ausdifferenziert und durch seine vielfältigen Verbindungen zu verwandten Rechtsgebieten wie Wettbewerbs-, Urheber- und Domainrecht sehr komplex. Der Markenan-

---

[12] Das wöchentliche Markenblatt ist elektronisch unter www.dpma.de E-Dienstleistungen/Veröffentlichungen DPMAPublikationen kostenlos verfügbar.

B. Arten von Marken

melder/inhaber kann jedenfalls die Registerverfahren vor dem DPMA, wie die grundsätzlich weniger komplizierten Markenanmeldungen oder Widerspruchsverfahren kostensparend selbst mit den öffentlich zugänglichen Hilfsmitteln der Behörden durchführen. Möchte er dies nicht oder besteht für Verfahren vor den ordentlichen Gerichten **Anwaltszwang,** sollte er nur darauf wirklich spezialisierte Kanzleien beauftragen. Deren Tätigkeit kann auf den ersten Blick oft teurer erscheinen als die anderer, vor allem weil sie häufig nicht nach dem Rechtsanwaltsvergütungsgesetz (RVG), sondern nach Stunden abrechnen. Weil aber der geübte spezialisierte Anwalt in einer Stunde mehr erledigt, schon Problembewusstsein hat und nicht an diesem Fall erst entwickeln muss und Fehler hier letztlich (langfristig) weit mehr kosten als eine etwas teurere Beratung, ist dies letztlich doch der preiswertere Weg.

Solche **spezialisierten Rechts- oder Patentanwaltkanzleien** 26 lassen sich recherchieren, indem man beispielsweise im juristischen Fachbuchhandel die Fachbuchautoren im Markenrecht auf Anwälte durchsucht oder bei größeren Unternehmen anfragt, wer sie in Markensachen vertritt. Orientierung kann auch der Titel „Fachanwalt für gewerblichen Rechtsschutz" bieten, dessen Träger über eine theoretische Ausbildung, permanente Fortbildung und ein Mindestmaß an praktischer Erfahrung verfügen. Die Rechts- und Patentanwaltskammer bietet wegen ihrer Neutralitätspflicht nur Listen der Anwälte, die diese Rechtgebiete als Interessenschwerpunkt angeben[13], was nicht unbedingt den tatsächlichen Schwerpunkt der Tätigkeit und Erfahrung widerspiegeln muss. Die Auswahl des passend spezialisierten Anwaltes mag aufwändig wirken, wirkt sich aber nach meiner mehrjährigen Erfahrung als Prüferin im DPMA meist in Form besserer Beratung mit einem sicheren Blick aus.

---

[13] Ebenso wenig hilfreich ist die Orientierung an diesen Interessenschwerpunkten in Branchenverzeichnissen.

Teil 2. Wahl und Konzeption der passenden Marke(nform)

Übersicht

		Rdnr.
A.	Die Vorteile einer Markeneintragung	1
B.	Wahl der richtigen Marke	8
C.	Wahl der passenden Markenform	16
	I. Wortmarken	19
	II. Wort-/Bildmarken	23
	III. Bildmarken	27
	IV. Dreidimensionale Marken	30
	V. Kennfadenmarken	31
	VI. Hörmarken (akustische Marke)	32
	VII. Sonstige Markenformen	33
	1. Abstrakte Farbmarken	34
	2. Positionsmarken	36
	3. Geruchsmarken (olfaktorische Marken)	38
	4. Tastmarken (haptische Marken)	39
	5. Bewegungsmarken (multimediale Marken)	40
	6. Weitere Markenformen	41

A. Die Vorteile einer Markeneintragung

Die Markenanmeldungen beim DPMA haben sich seit 1995 von 50.000 auf fast 90.000 im Jahr 2000 verdoppelt. Dieser Wert konsolidiert sich seither auf hohem Niveau bei etwa 80.000 Anmeldungen pro Jahr. Dies und der große Registerbestand beim DPMA und HABM zeigen die große Akzeptanz von Registermarken bei Unternehmern, besagen aber nicht unbedingt, dass sie tatsächlich benötigt und/oder verwendet werden und erst recht nicht, dass sie auch in jedem Fall für jedes unternehmerische Tun sinnvoll sind. Gerade die Anmeldungen um die Jahrtausendwende waren häufig Ausdruck eines bloßen Trends zur Marke, wie die Gespräche mit Anmeldern zeigten, die häufig nicht genau wussten, was eine Marke ist und wie sie eingesetzt werden kann. 1

Vielmehr sollte eine Markenanmeldung angesichts des Aufwandes in jeder Hinsicht genau erwogen werden. 2

Eine gelungene, möglichst originelle Markenkreation als Erkennungsmittel für Produkte von einem bestimmten Anbieter kann selbst einem durchschnittlichem Produkt zu einem größeren Erfolg verhelfen. Zudem kann eine eingetragene Marke der Abgrenzung zwischen Wett- 3

Teil 2. Wahl und Konzeption der passenden Marke(nform)

bewerbern dienen. Weil die eingetragene Marke in einer Urkunde für ihren Inhaber verbrieft ist, kann sie in möglichen gerichtlichen Auseinandersetzungen ein effektives Verteidigungsmittel und einen Schutz gegen **Produktpiraterie** bieten. Auch wenn die Eintragung der Marke vor dem DPMA an absoluten Schutzhindernissen scheitern sollte, hindert dies ihn nicht daran, das Zeichen als Benutzungsmarke trotzdem zu benutzen.

4   Gleichzeitig birgt eine **Registermarke** aber auch folgende Risiken, die dagegen abzuwägen sind: Zunächst bringt eine Registermarke – auch wenn der Anmelder möglichst viel selbst erledigt – mit Recherchen, Durchführung des Anmeldeverfahrens ggf. durch mehrere Instanzen, möglichen Widerspruchsverfahren, späteren Überwachungskosten und gegebenenfalls Kosten gerichtlicher Auseinandersetzungen mit anderen einen großen finanziellen Aufwand mit sich. Hat ein Anmelder keine dafür ausreichenden Finanzmittel, sollte er erwägen, auf ein Registerrecht zu verzichten und mit einer Benutzungsmarke zu arbeiten. Auch dann sollte er aber vorbereitend für den möglicherweise später erforderlichen Nachweis deren Priorität permanent Unterlagen über die Benutzung seiner Marke auf seinen Produkten, in Prospekten etc. sammeln[1].

5   Etwas begrenzen lassen sich diese Risiken durch den Erwerb einer schon registrierten Marke. **Markenbroker**[2] vermitteln nicht benötigte Marken anderer oder selbst angemeldete Vorratsmarken. Der Erwerb einer „fertigen" Marke kann sinnvoll sein, wenn die Wunschmarke schon vergeben ist oder wenn Anmeldeverfahren und mögliche Folgeverfahren aus Zeitgründen nicht abgewartet werden können oder zur Vermeidung dieser Risiken. Der Kauf einer passenden und bereits eingetragenen Marke von ihrem Inhaber[3], der sie nicht mehr benötigt, ist zwar denkbar, aber wenig wahrscheinlich und aufwändig.

6   Der an einer Registermarke Interessierte sollte anhand dieser Faktoren, insbesondere des Finanzaufwandes, Chancen und Risiken einer Registermarke abwägen. Ist er nur regional begrenzt gewerblich tätig und/oder verwendet er schon ein Zeichen, das anderen zu nahe kommen kann, kann dessen Registrierung als Marke sogar riskant sein. Denn die Publizierung der Registrierung kann Inhaber identischer oder ähnlicher Marken in dieser oder ähnlichen Branchen erst auf diese Marke aufmerksam machen, die sie sonst aufgrund deren nur regionalen Wirkungskreises nie bemerkt hätten (Stichwort: „schlafende Hunde wecken").

---

[1] Dies entspricht inhaltlich dem später zur Pflege einer eingetragenen Marke Erörterten.
[2] Markenbroker lassen sich im Internet über die Suchmaschine recherchieren, wobei sich die Eingabe der Stichworte „Markenbroker" oder "Markenverkauf" als sinnvoll erwiesen hat.
[3] Über das kostenlose Recherchesystem DPINFO unter www.dpma.de lassen sich sämtliche Marken und deren Inhaber recherchieren.

B. Wahl der richtigen Marke

Soll grundsätzlich eine Marke zur Eintragung angemeldet werden, muss der Anmelder die passende Marke und Markenform für sein konkretes Bedürfnis auswählen.

7

B. Wahl der richtigen Marke

Nutzt der Anmelder unternehmerisch schon ein Kennzeichen als Firmenbezeichnung oder eine nicht eingetragene Marke zur Kennzeichnung seiner Waren und/oder Dienstleistungen, kann er versuchen, diese als Registermarke zu sichern. Wegen der unterschiedlichen Anforderungen muss eine für das Handelsregister zulässige Firmenbezeichnung[4] nicht als Marke schutzfähig sein. Die **Schutzfähigkeit** als Marke sollte vorab anhand der Voraussetzungen aus Teil 3 abgeklopft werden.

8

Beispiel: Firmiert eine Goldschmiedin seit Jahren unter ihrem Namen Marie Gold, kann sie versuchen, die Wortkombination „Marie Gold" als Marke anzumelden.

Es kann aber auch Modifikation oder Modernisierung des Zeichens gewünscht sein, um zwar an die Tradition anzuknüpfen, ihr aber auch eine neuen Touch zu geben.

9

Beispiel: Im letzten Fall könnte eine solche Modifikation lauten „Goldmariechen", um den Kunden in ihrer Gewohnheit entgegenzukommen und einen neuen Touch und eine witzige Anspielung hineinzubringen.

Für eine **zusätzliche Marke** neben einem existenten Firmenzeichen oder einer Marke, etwa für ein anderes Produktsegment oder eine andere Klientel, muss zunächst entschieden werden, ob die neue Marke passend zum bisherigen Zeichen oder eigenständig sein soll.

10

Beispiel: Hat ein kleines Immobilienmaklerbüro bisher unter dem Namen „Meier Mehr Immobilien ergattern" agiert und möchte sich nun das Luxusimmobiliensegment erschließen, stellt sich die markenstrategische Frage, ob die neue Marke dem bisherigen, eher markschreierischen Namen angepasst werden soll etwa mit „Meier Mondänien" oder ob für diesen Geschäftszweig besser eine unabhängige Marke geschaffen werden soll. Dies sollte von der anzusprechenden Klientel abhängig gemacht werden.

Bei der Gestaltung eines **unabhängigen Markenzeichens** sollte Verschiedenes berücksichtigt werden:

11

Das Markenzeichen sollte mit dem zu kennzeichnenden Produkt in **Produktgattung und -niveau** (Stichwort: Harmonie von Produkt

12

---

[4] Während die Eintragung eines Firmennamens im Handelsregister besagt, dass dieser Name in diesem regionalen Gebiet noch nicht anderweitig als Firmenname vorhanden ist, bezieht sich die Prüfung der Eintragungsfähigkeit als Marke darauf, ob die Angabe den Anforderungen des Markengesetzes genügt, also unterscheidungskräftig und insbesondere nicht beschreibend ist.

Teil 2. Wahl und Konzeption der passenden Marke(nform)

und Markenzeichen) harmonieren, muss das mit dem Produkt **angestrebte Lebensgefühl** verkörpern und darf keine widersprüchlichen Informationen vermitteln. Denn die Marke ist oft das erste, was der künftige Kunde vom Anbieter sieht; sie fungiert also zunächst als eine Art Visitenkarte und wird bestenfalls später zum Garanten. Diese Anforderung kann je nach den zu kennzeichnenden Produkten und deren Adressaten sehr unterschiedlich sein.

13   Dazu muss in die Gestaltung des Markenzeichens einbezogen werden, welche Kunden die damit zu kennzeichnenden Produkte überwiegend ansprechen (sollen) und welche **Eigenschaften** und welches **Flair** diese den Produkten zuschreiben. Dementsprechend sollten Anbieter in kreativen Branchen, wie Werbe- und trendige Modebranche Kreativität und Innovation auch im Markenzeichen ausdrücken. Das kann bei zeitgebundenen Wortkreationen oder grafischen Gestaltungen von Markenzeichen (wie derzeit der Retro-Stil) den Nachteil haben, dass eine Änderung bzw. Anpassung des Markenzeichens im Rahmen des **Relaunchs** eine Neuregistrierung erforderlich macht.[5] Konservativere Branchen wie Handwerk, Anwälte, Ärzte sollten eher klassische, zeitlose vertrauenserweckende Marken wählen. Gerade das Gegenteil kann für einen Anbieter sinnvoll sein, der sich von diesem Image lösen will, wie beispielsweise ein Anwalt für Designrecht, der durch ein stylisches Markenzeichen das Vertrauen seiner Klientel eher gewinnen kann. Dies sollen folgende Beispiele veranschaulichen:

Beispiele: Für technische Spezialwaren, die sich an Fachleute richten, empfehlen sich rational anmutende, nicht verspielte Markenzeichen. Das Markenzeichen einer Werbeagentur sollte möglichst schon selbst ein Beispiel grafischen und kreativen Könnens sein, was erstaunlicherweise oft nicht der Fall ist.

Dieses Markenzeichen könnte für Ökoprodukte ungeschickt sein, weil der ökologisch-bewusste Kunde – wenn auch weniger als früher, als Bioprodukte noch keine Massenwaren im Supermarkt waren – kein Markenzeichen erwartet, das aggressiv („King") und amerikanisierend (Anklang an „Burger King") wirkt und in seiner Farbgebung an Werbebriefe von Lotterien bzw. Spielhallen erinnert. Ein Markenzeichen für Bioprodukte sollte sich an den Eigenschaften von Produkt und Kunde orientieren: Da dieser Kunde Wert auf eine authentische, nicht effektheischende und freundliche Ansprache legt, sollten deutsche Worte und Farben, die Assoziationen an „gesundes" Landleben wecken, verwendet werden, was zugleich die Idee der regionalen Produktion verkörpert. Will der ökologisch orientierte Anbieter sich bewusst (weitere) dem Lifestyle verschriebene Stadtmenschen als Zielgruppe erschließen, sollte dies in der Markenkreation berücksichtigt bzw. ein Kompromiss zwischen dieser und der klassisch ökologischen „Hauptklientel" gesucht werden. Aber auch diese Zielgruppe wäre wohl weniger mit einem goldenen Label ansprechbar.

---

[5] Mehr dazu und wie es vermieden werden kann in Teil 2 C zu Auswahl der richtigen Markenform.

C. Wahl der passenden Markenform

Ein Markenzeichen für einen Securitydienst sollte Seriosität einerseits, aber auch (aggressive) Effizienz der Dienstleistung andererseits in Namens- und Farbgebung berücksichtigen. Daher wäre ein verspieltes Logo völlig verfehlt.

Demgegenüber sollte das zunehmend beliebtere Markenzeichen für Freiberufler wie Ärzte oder Kanzleien, das dem Patienten bzw. Mandanten meist vor dem Anwalt oder Arzt begegnet und daher den ersten Eindruck wesentlich prägt, Sachlichkeit und Vertrauenswürdigkeit verkörpern. Auch hier sollte Namensgebung und grafische Gestaltung Sachlichkeit und Zeitlosigkeit vermitteln

Das Markenzeichen sollte auch zum sonstigen Unternehmensauftritt 14 passen (Stichwort: Harmonie von Flair von Unternehmen und Zeichen). Grundsätzlich sollten im Interesse der Kontinuität der Kundenbindung unverständliche Brüche zum bisherigen Image vermieden werden. An eine **massive Imageänderung** sollte der Kundenstamm zur Vermeidung von Irritationen langsam gewöhnt werden (beispielsweise durch Ausschleichen des alten Markenzeichens, indem es zunächst eine Zeit lang zusammen mit dem neuen und erst dann dieses alleine verwendet wird[6]).

Diese Anforderungen lassen erahnen, dass gutes Markendesign nicht 15 ganz einfach ist. Professionelle Unterstützung bieten Markendesigner[7], die anhand ihrer Referenzen ausgewählt werden sollten. Weil Designer und Werbeagenturen als Kreative in ihre Vorschläge die juristische Realisierbarkeit, respektive Schutzfähigkeit als Registermarke leider oft wenig einbeziehen, sollte der Auftraggeber darauf während der Entwicklung der Marke durch diese selbst oder durch einen spezialisierten Anwalt achten (lassen), weil diese Entwicklungskosten für das Logo sonst fehlinvestiert sein könnten.

C. Wahl der passenden Markenform

Weil auch die Wahl der passenden Markenform sehr wichtig für 16 Schutzumfang und dauerhafte Verwendbarkeit der Marke ist, werden die verschiedenen Markenformen vorgestellt. Den meisten Menschen sind wohl nur Wortmarken (wie beispielsweise „Mercedes") und Bildmarken als Wort-/Bildmarke als grafisch gestaltetes Wort (Coca-Cola-Schriftzug) oder als reine Bildmarke (Mercedes-Stern) bekannt.

Das Markengesetz lässt aber daneben noch andere Markenformen zu: 17
- Dreidimensionale Marke
- Farbmarke
- Positionsmarke

---

[6] Sehr gelungen war der Wechsel von „Raider" zu „Twix" mit der Kampagne „Raider heißt jetzt Twix".
[7] Solche Anbieter sind im Internet über eine Metasuchmaschine über die Stichworte „Markendesign" und „Markengestaltung" zu finden.

Teil 2. Wahl und Konzeption der passenden Marke(nform)

- Hörmarke
- Geruchsmarke
- Tastmarke
- Bewegungsmarke
- Sonstige Marken

18 Diese sind zwar (noch) nicht so häufig wie die traditionellen Wort- und Wort-/Bildmarken, schon weil einige erst seit 1995 grundsätzlich eintragbar sind. Sie werden aber aus verschiedenen Gründen zunehmend interessanter. Zuerst werden diese Markenformen mit ihren Vor- und Nachteilen sowie ihrem Anwendungsbereich dargestellt. Grundsätzlich lassen sie sich nach ihrem Erscheinungsbild und ihrer Wahrnehmung mittels der menschlichen Sinne unterscheiden:

I. Wortmarke

19 Eine Wortmarke besteht in ihrem beim DPMA angemeldeten Schutzgegenstand ausschließlich aus Zeichen, die sich in der vom DPMA verwendeten Druckschrift darstellen lassen. Diese Liste von Zeichen[8] umfasst die üblichen Buchstaben in Klein- und Großschreibung, Zahlen und einige Sonderzeichen, neuerdings auch @ und €. Eine Marke, die andere Zeichen enthält, kann nicht als Wort-, sondern nur als Wort-/Bildmarke geschützt werden und wird für die Erfassung im DPMA gescannt.

20 Die wichtige Besonderheit der Wortmarke vor allem gegenüber der Wort-/Bildmarke ist, dass nur das Wort bzw. die Zeichenfolge den Schutzgegenstand bildet. Der dadurch auch entstehende, aber erst später genau zu definierende **Schutzumfang** (das, was im Konfliktfall mit anderen noch vom Schutz umfasst ist) umfasst hingegen alle üblichen grafischen Ausgestaltungen dieses „Grundmodells".

Beispiele: Wird auf dem Anmeldeformular die Wortmarke „Atsch" für „Klasse 25: Bekleidung, Schuhe" als Schutzgegenstand angemeldet, umfasst ihr Schutzumfang bei der späteren Abgrenzung gegen andere auch das Wort „Atsch" in bunter oder geschnörkelter Schrift, in einem roten Kasten oder als „@tsch", weil das @-Zeichen in Worten eine gebräuchliche Variante des Buchstaben „a" ist.

Weil den Schutzgegenstand dieser Wort-/Bildmarke für „Klasse 44: Tierzucht" alle Elemente, also Buchstaben und Grafik bilden, kann die Marke später auch nur in dieser konkreten Gestaltung als geschützt verteidigt werden. Aus ihrer Eintragung aufgrund aller Elemente kann für die spätere Verwendung und ihre Abgrenzung gegen andere nicht geschlossen werden, dass etwa auch das Wort „Provieh" alleine geschützt ist. Vielmehr wird dies erst später im konkreten Verfahren entschieden.

21 Demnach bietet eine eingetragene Wortmarke sehr umfassenden Schutz, weil ihr Schutzumfang die Buchstaben- bzw. Zeichenfolge in al-

---

[8] Siehe unter www.dpma.de Formulare/Merkblätter Hilfe zum Ausfüllen.

C. Wahl der passenden Markenform

len üblichen Darstellungsformen und Ergänzungen um einfache grafische Elemente umfasst. Das hat den großen Vorteil, dass sie immer wieder ohne Verlust der wertvollen alten Priorität der Registermarke dem Zeitgeist[9] angepasst werden können.

> **Tipp:** Besteht das geplante Markenzeichen nur aus Zeichen aus dieser Liste des DPMA und erscheint es als bloßes Wort ohne grafische Zusätze schutzfähig[10], so sollte es als Wortmarke angemeldet werden. Denn die Eintragung einer Wortmarke besagt, dass das Wort an sich für schutzfähig befunden wurde. Demgegenüber sagt die Eintragung eines grafisch gestalteten Wortes nur aus, dass diese Gesamtkombination aller Elemente für schutzfähig befunden wurde, während der genaue Grund unklar bleibt. Zudem bietet nur die Wortmarke langfristig weitgehendsten Schutz und Flexibilität für Facelifts, die die zeitlich unendlich verlängerbaren Marken irgendwann benötigen.

22

II. Wort-/Bildmarken

Diese bestehen aus einer Kombination von Zeichen und Grafik in Form von

23

Buchstaben, Zahlen oder sonstige Zeichen und Bildelement

Beispiele: Bärenmarke-Logo aus dem Wort „Bärenmarke" und Abbildung des Bären und BMW-Logo.

Buchstaben, Zahlen oder sonstige Zeichen in grafischer Gestaltung

24

Beispiele: Der Schriftzug von Coca-Cola in weißer Schnörkelschrift.

Buchstaben, Zahlen oder sonstige Zeichen in einer speziellen Anordnung

Beispiel:

```
                list
   r        pe  zia
Bö    s   ns
        e
```

für „Klasse 36: Vermögensberatung". Das Wort besteht zwar nur aus Zeichen aus der Liste des DPMA der als Wortmarken eintragbaren Zeichen, wird aber wegen der sig-

---

[9] Es wird unterschätzt, wie oft Schriftzüge bekannter Marken fast unmerklich dem Grafikzeitgeist angepasst werden, wie an den Schriftzügen von Nivea und Coca-Cola nachvollziehbar ist.

[10] Siehe zu den Voraussetzungen und Anforderungen unter Teil 3 B.

Teil 2. Wahl und Konzeption der passenden Marke(nform)

nifikanten Anordnung als Wort-/Bildmarke zu werten sein. Man erkennt hier deutlich, dass gerade die besondere grafische Gestaltung eines Markenzeichens die Unterscheidungskraft begründen kann, die das bloße Wort ohne besondere Gestaltung als Fachwort nicht hätte.

25 Eine Wort-/Bildmarke wird meist angemeldet, wenn das bloße Wort wegen produktbeschreibenden Gehaltes oder Allgemeinüblichkeit nicht schutzfähig wäre[11]. Dadurch bekommt der Anmelder sie zwar eingetragen, weil eine Marke nur in ihrer Gesamtheit schutzfähig sein muss. Er sollte sich aber bewusst sein, dass ihre Eintragung nichts über die Schutzfähigkeit des Wortelementes besagt und er aus dieser Marke wohl niemanden daran hindern kann, das bloße Wort oder anders ausgestaltet markenmäßig zu verwenden.

26 **Tipp:** Schutzunfähige Worte sollten nicht durch Ergänzung um ein Grafikelement knapp über die Schwelle der Schutzfähigkeit „gehoben" werden, weil solche Marken letztlich wenig wert sind, denn sie hindern Konkurrenten nicht an der Nutzung des (schutzunfähigen) Wortes, und Investitionen in ihren Markenwert sind schlecht angelegt.

III. Bildmarken

27 Bildmarken bestehen ausschließlich aus Bildern, Bildelementen oder Abbildungen ohne Buchstaben oder sonstige Zeichen. Sie kommen als Etiketten, Siegel, Hologramme und Abbildungen von Menschen oder Gegenständen vor.

Beispiele: Das bekannte Logo des Lifestyleherstellers Nike, das Krokodil der Firma Lacoste und der Mercedes-Stern.

28 Sie eignen sich besonders für die Anbringung auf ästhetisch orientierten Waren, oft besser als Marken mit Wortelementen. Sie haben aber auch Schwächen, weil sie häufig für die Kunden schwieriger und nur ungenauer benennbar sind als Worte und daher auch nur schwer bzw. unzuverlässiger erinnert werden. Daher werden sie oft – zumindest zunächst – zusammen mit einer Wortmarke und erst nach Etablierung isoliert verwendet.[12]

29 **Tipp:** Ist die Verwendung von Wort- und Bildmarke geplant und sind beide für sich schutzfähig, sollten beide und ihre Kombination angemeldet werden.

---

[11] Die Anforderungen an die Schutzfähigkeit werden im Detail unter Teil 3 B erläutert.
[12] Wie etwa „Polospieler" und Wortmarke „Ralph Lauren", das „Krokodil" und „Lacoste", das „!" und „Joop".

C. Wahl der passenden Markenform

IV. Dreidimensionale Marken

Sie bestehen aus einer dreidimensionalen Gestaltung. Ist diese von der beanspruchten Ware oder deren Verpackung verschieden, ist sie eine produktabstrakte Formmarke.[13] Stimmt sie mit der zu beanspruchten Ware oder ihrer Verpackung überein, ist sie eine **Waren(verpackungs)formmarke**. Warenformmarken werden immer häufiger, weil viele Anmelder durch sie die ästhetischen Elemente ihres Produktdesigns gegen Konkurrenten absichern wollen. Obwohl das richtige Schutzrecht für ästhetische Gestaltungen eigentlich das Geschmacksmuster[14] ist, ist wegen der theoretisch unendlichen Schutzdauer und ihres Abschreckungseffektes grundsätzlich auch eine Registermarke – nach Prognose der Erfolgsaussichten[15] – zu empfehlen. 30

Beispiele für Waren(verpackungs)formmarken: Dreidimensionale Form der Granini-Flasche für Getränke und der Kelly-Bag für Handtaschen.

Beispiele für produktabstrakte Formmarken: „Emily" von Rolls-Royce für PKW und das Michelin-Männchen für Reifen. Wären aber jeweils Kühlerfiguren beansprucht, würde die Marke der Form der Ware entsprechen und wäre Warenformmarke.

V. Kennfadenmarke

Diese traditionelle Markenform besteht im Einwirken, -weben, -gießen oder sonst festem Verbinden farbiger Fäden oder Streifen in Textilien, Kabel, Drähte, Schläuche o.ä. Sie bildet für Waren, die vor allem durch Abschneiden weiterverarbeitet werden, den haltbarsten Herkunftshinweis, wenn alles andere wie Rollen oder Etiketten schon entfernt sind. 31

---

[13] Sie sind sie aber nur bedingt zu empfehlen, weil ihre rechtserhaltende Benutzung schwierig ist (soll die dreidimensionale Form an die Waren gehängt werden?!).
[14] Das Geschmacksmuster heißt international „Design".
[15] Zu den Schutzvoraussetzungen und den vor ihrer Anmeldung abzuklärenden Fragen siehe Teil 3 B.

Teil 2. Wahl und Konzeption der passenden Marke(nform)

VI. Hörmarke (akustische Marke)

32   Hörmarken sind vom Gehör wahrnehmbare Zeichen wie Töne, Tonfolgen, Melodien oder sonstige Klänge und Geräusche wie Hupen, Zerbrechen von Glas, Donner sowie Klangbilder.[16] Diese wenig verbreitete Markenform, die bei entsprechenden Verwendungsmöglichkeiten für Produkte subtile Wiedererkennungseffekte ermöglicht, scheitert abgesehen von Tonfolgen meist an der mangelnden grafischen Darstellbarkeit von Geräuschen für das Register. Sie kann aber als Benutzungsmarke verwendet werden.

Beispiele: Radiojingles, Melodien von Schwäbisch Hall und Otto-Versand, der Startsound von Windows, die Herztöne von Audi.

VII. Sonstige Markenformen

33   Seit das Markengesetz infolge der europäischen Markenrichtlinie (MRRL) den Katalog erstmals für sonstige Markenformen öffnete, können stets neue Markenformen entstehen. Bisher brachte die faktische Entwicklung folgende hervor:

1. Abstrakte Farbmarken

34   Abstrakte Farbmarken haben als Schutzgegenstand eine konturunbestimmte, also von konkreter Darstellung und figürlicher Begrenzung losgelöste Farbe als Einfarbenmarke oder Mehrfarbenkombinationsmarke. Tritt eine figürliche Begrenzung hinzu, ist die/sind die Farbe(n) nicht mehr abstrakt beantragt, sondern beginnt eine Struktur einschließlich der Art der Begrenzung der Farbe(n).

Beispiele: Die wohl bekanntesten Einfarbenmarken sind das Milka-Lila und das Magenta (Pink) der Telekom. Mehrfarbenmarken sind die Hausfarben der Tankstellen, die Farbkombination grün/gelb des Landmaschinenherstellers John Deere sowie die Farbkombination der Telekom Magenta/Grau.

35   Der Inhaber einer Farbmarke kann alle Produkte seines Verzeichnisses mit der Farbe „anziehen", wie es beispielsweise die Telekom mit ihrer Zweifarbenmarke Magenta/Grau machte. Wegen der strengen Anforderungen der Rechtsprechung an die Eintragung von Farbmarken bleiben sie meist sehr bekannten Marken als „Starkenrecht" vorbehalten. Für die Wettbewerbsfreiheit hat dies den Vorteil, dass weniger Farben monopolisiert werden, denn zu viele monopolisierte Farben wären angesichts des sehr schwach ausgeprägten Farbunterscheidungsvermögens des Menschen problematisch. Von deren Anmeldung ist daher derzeit –

---

[16] Sie werden von Soundmarkendesignern kreiert, die man im Internet über die Eingabe der Stichworte „Soundmarkendesign" in eine Suchmaschine findet.

C. Wahl der passenden Markenform

jedenfalls ohne Unterstützung eines sehr versierten Anwaltes und ein großes Budget hierfür – abzuraten.

2. Positionsmarken

Diese haben als Schutzgegenstand ein Element (Buchstaben oder sonstige Zeichen, ein Bild) an einem gleichbleibenden Ort seiner Anbringung auf einer Ware.

Beispiele: Der Knopf im Ohr der Firma Steiff für Plüschtiere, der leicht diagonal verlaufende rote Balken im Schuhabsatz von Lloyd und die aktuellen verschiedenen Ziernähteverläufe auf Jeanstaschen.

Ihre Anmeldung ist nur sinnvoll, wenn das zu positionierende Element – etwa wegen seiner Allgemeinheit oder seiner Funktionalität – alleine möglicherweise nicht schutzfähig ist, sondern ihm nur durch die Festlegung einer ungewöhnlichen Positionierung Schutz vermittelt werden kann. Bei einem für sich schutzfähigen Element wäre die Festlegung der exakten Positionierung auf dem Produkt eine unnötige Einschränkung, weil die Positionierung bei einem „normalen", in jeder Verwendung auf dem Produkt geschützten Markenzeichen frei wählbar bleibt.

Beispiel: Nähte für Jeans wären per se nicht unterscheidungskräftig und nicht eintragbar, weil sie funktional die Jeansstücke zur Hose verbinden und an verschiedenen Stellen dekorativ eingesetzt werden. Weil der angesprochene Verkehr um die herkunftshinweisende Funktion von Nähten auf der Jeansgesäßtasche weiß, kann ihre positionierte Anmeldung auf der Gesäßtasche schutzbegründend wirken.

3. Geruchsmarken (olfaktorische Marken)

Geruchsmarken sind über den Geruchssinn wahrnehmbare Markenzeichen.[17] Düfte wären wegen ihrer **subtilen und nachhaltigen Wirkung** (jeder hat sich schon einmal an einen Jahre zuvor gerochenen Duft erinnert) sehr gut als Herkunftshinweis geeignet. Praktisch sind sie in der Form einer Parfümierung von Waren wie Telefonkarten oder besonders gut zur herkunftsmäßigen Kennzeichnung der Geschäftslokale von Dienstleistungen denkbar. So können Geschäftsräume parfümiert werden oder das mit Tabakduft parfümierte Briefpapier einer Kanzlei die Adressaten bei der aufmerksamen Lektüre gut und subtil erreichen. Auch von ihrer Anmeldung ist derzeit abzuraten, weil ihre Eintragung derzeit an reproduzierbarer Darstellbarkeit im Markenregister scheitert.

---

[17] Sie können aber nur für solche Produkte als Unterscheidungsmittel wirken, also unterscheidungskräftig sein, deren Wesen nicht der Duft ist. Daher wäre etwa „Blütenduft" für „Blumen" nicht unterscheidungskräftig.

Teil 2. Wahl und Konzeption der passenden Marke(nform)

4. Tastmarken (haptische Marken)

39 Sie identifizieren ein Produkt herkunftshinweisend über den Tastsinn, also unter Wegdenken des Sehens. Sie wären zwar durchaus attraktiv – man stelle sich nur die einprägsame Wirkung eines Geschäftspapiers mit einem tastbaren Emblem rechts unten, dort wo man blättert, vor – aber auch sie sind derzeit wegen der Schwierigkeiten ihrer grafischen Darstellung für das Register nur schwer eintragbar.

5. Bewegungsmarken (multimediale Marken)

40 Ihr Gegenstand ist ein natürlicher oder künstlicher Bewegungsablauf als Folge von (zwei-/dreidimensionalen) Bildern. Diese sind häufig als Bilderabfolge daumenkinoartig grafisch darstellbar.

Beispiele sind der „Brüllende Löwe" der Filmgesellschaft MGM, kurze Fernsehspots von Fernsehanstalten (ARD-Spot, Tatort-Vorspann). Gescheitert ist die Eintragung der Türbewegung einer Lamborghini-Tür (Schwingen nach oben), weil sie bei Sportwagen technisch bedingt ist und daher nicht als Herkunftshinweis wirken kann.

6. Weitere Markenformen

41 Die denkbaren virtuellen, Licht- und Geschmacksmarken sind noch reine Theorie.

Teil 3. Das Markenregistrierungsverfahren vor dem DPMA

Übersicht

Rdnr.

A. Formelle Voraussetzungen ausgehend vom Anmeldeformular.. 2
   I. Allgemeine Formalien für alle Verfahrensschritte 3
   II. Die Voraussetzungen anhand des Formulars. 6
      1. Anmelder (Formular Feld 4). 6
         a) Natürliche Personen § 7 Nr. 1 MarkenG 7
         b) Juristische Person § 7 Nr. 2 MarkenG. 10
         c) Personengesellschaften § 7 Nr. 3 MarkenG 11
      2. Markenformen (Formular Felder 5, 6). 13
         a) Wortmarken §§ 6 Nr. 1 i.V.m. 7 MarkenV 14
         b) Bildmarken §§ 6 Nr. 2 i.V.m. 8 MarkenV 16
         c) Abgrenzung Wortmarke und Wort-/Bildmarke. . . . 17
         d) Dreidimensionale Marken §§ 6 Nr. 3, 9 MarkenV . . 18
         e) Hörmarken §§ 6 Nr. 5, 11 MarkenV 20
         f) Kennfadenmarken gemäß §§ 6 Nr. 4, 10 MarkenV . 22
         g) Sonstige Markenformen gemäß §§ 6 Nr. 6, 12
            MarkenV 23
         h) Positionsmarken 25
         i) Geruchsmarken. 27
         j) Tastmarken 28
         k) Bewegungsmarken. 29
      3. Verzeichnis der Waren und Dienstleistungen
         (Formular Feld 8) 31
      4. Vertretung (Formular Feld 4) 55
      5. Gebühren §§ 1 ff. PatKostG 58
      6. Beschleunigungsantrag § 38 MarkenG
         (Formular Feld 7) 71
      7. Bedeutung und Begründung des Zeitrangs einer
         Markenanmeldung. 75
      8. Änderung der Anmeldung 88
B. Materielle Anforderungen an die Eintragung einer Marke 92
   I. Schutzausschließungsgründe des § 3 MarkenG 100
      1. Abstrakte Unterscheidungseignung § 3 Abs. 1
        MarkenG 101
      2. Ausschlussgründe des § 3 Abs. 2 MarkenG 103
      3. Die grafische Darstellbarkeit § 8 Abs. 1 MarkenG 109
         a) Unproblematisch: Klassische Markenformen 110
         b) Problematischere moderne Markenformen 111
   II. Die Schutzhindernisse des § 8 Abs. 2 MarkenG. 118
      1. § 8 Abs. 2 Nr. 1 MarkenG Die fehlende Unter-
        scheidungskraft 121

Teil 3. Das Markenregistrierungsverfahren vor dem DPMA

   a) Allgemeine Grundsätze für die Beurteilung der
      Unterscheidungskraft 122
   b) Die einzelnen Fallgruppen fehlender Unter-
      scheidungskraft 125
   c) Faustregel für die Prognose der Unterschei-
      dungskraft 133
   d) Praxisrelevante Typen von Marken und ihre
      Unterscheidungskraft 134
      aa) Wortmarken 135
         (1) Verständliche deutsche Worte und Wort-
            kombinationen 136
         (2) Deutsche Wortneuschöpfungen oder
            -neukombinationen 137
         (3) Deutsche Slogans 140
         (4) Fremdsprachige Worte und Wortkombi-
            nationen 142
         (5) Englische Slogans 146
         (6) Abwandlungen beschreibender Angaben . . . 148
         (7) Domainartige Kombinationen 150
         (8) Buchstaben und Zahlen 152
      bb) Bildmarken 157
         (1) Grafisch oder farbig ausgestaltete Worte 158
         (2) Kombinationen aus Wort und Bild 163
         (3) Reine Bildmarken 164
      cc) Dreidimensionale Gestaltungen 167
      dd) Hörmarken 175
      ee) Abstrakte Ein- oder Mehrfarbmarken 176
      ff) Positionsmarken 179
   e) Aussagekraft der Eintragung identischer oder
      ähnlicher Marken 180
2. § 8 Abs. 2 Nr. 2 MarkenG Freihaltebedürfnis am
   Markenzeichen 181
   a) Grundsätze für die Anwendung des § 8 Abs. 2
      Nr. 2 MarkenG 184
   b) Anwendungsfälle 185
      aa) Tatbestandliche Fallgruppen 186
         (1) Art- und Beschaffenheitsangaben 187
         (2) Bestimmungsangaben 190
         (3) Geografische Herkunftsangaben 191
         (4) Zeitangaben 197
         (5) Mengen- und Wertangaben 198
         (6) Bezeichnung sonstiger Merkmale der
            Produkte 199
      bb) Konstellationen mit besonderen Rechts-
         fragen 200
         (1) Fremdsprachige Marken 201
         (2) Wortneubildungen und -neukombina-
            tionen 205
         (3) Kombinationsmarken jeder Art 208
         (4) Buchstaben und Zahlen sowie ihre Kom-
            binationen 210

A. Formelle Voraussetzungen ausgehend vom Anmeldeformular

	(5) Abwandlungen beschreibungsgeeigneter Angaben	213
	(6) Bildmarken und dreidimensionale Marken..	214
	(7) Farbmarken	216
	c) Beseitigung der Erfüllung des § 8 Abs. 2 Nr. 2 durch Beschränkung des Verzeichnisses (Disclaimer)	217
3.	§ 8 Abs. 2 Nr. 3 MarkenG Übliche Bezeichnungen...	219
4.	Maßgeblicher Zeitpunkt für die Prüfung der Schutzhindernisse	222
5.	Überwindung der § 8 Abs. 2 Nr. 1-3 durch Verkehrsdurchsetzung............................	223
6.	§ 8 Abs. 2 Nr. 4 MarkenG Täuschungsgefahr	227
7.	§ 8 Abs. 2 Nr. 5 Verstoß gegen öffentliche Ordnung und gute Sitten	234
8.	§§ 8 Abs. 2 Nr. 6, 7, 8, Abs. 4 Hoheits- und Gewährzeichen und andere	239
9.	§ 8 Abs. 2 Nr. 9 Sonstige Benutzungsverbote	246
10.	§ 8 Abs. 2 Nr. 10 MarkenG Ersichtlich bösgläubige Marken	247

Soll nach positivem Abschluss der Erwägungen aus Teil 1 und 2 eine nationale Marke beim DPMA zur Eintragung in das Register angemeldet werden, muss das Anmelde- oder Registrierungsverfahren absolviert werden. Dazu werden nun die formellen und materiellen Voraussetzungen mit praktischen und taktischen Tipps erläutert.

A. Formelle Voraussetzungen ausgehend vom Anmeldeformular

Für die Anmeldung sollte das amtliche Anmeldeformular des DPMA für nationale Marken verwendet werden, weil es alle notwendigen formellen Voraussetzungen enthält. Es findet sich auf der **Homepage des DPMA**[1] zum Download, die auch zahlreiche aktuelle Hilfsmittel für Markenanmeldungen bietet. Im Anschluss an einige grundsätzliche Bemerkungen wird anhand dieses Formulars[2] erläutert, wie die einzelnen Felder richtig ausgefüllt werden und welche Fehler und Unklarheiten im Interesse schneller Bearbeitung vermieden werden sollten.

---

[1] www.dpma.de Formulare/Merkblätter Marken W7005. Alternativ können Formular und weitere Informationen auch bei der Auskunftsstelle des DPMA unter 089 2195 3402 bestellt werden.
[2] Aus drucktechnischen Gründen und um zu gewährleisten, dass immer das aktuelle Formular genau durchgesehen wird, wurde auf seinen Abdruck verzichtet. Der Leser möge sich das Formular ausdrucken und anhand dessen die folgenden Ausführungen nachvollziehen.

Teil 3. Das Markenregistrierungsverfahren vor dem DPMA

I. Allgemeine Formalien für alle Verfahrensschritte

3 Grundsätzlich sind die Anmeldung und alle weitere Eingaben und Anträge **schriftlich** im Original oder per Fax einzureichen gemäß §§ 32 Abs. 1 MarkenG i.V.m. 2 Abs. 1 MarkenV, 9 ff. DPMAV. Die elektronische Anmeldung erfordert eine qualifizierte elektronische Signatur des Anmelders nach dem Signaturgesetz und ist daher für Einzelanmelder noch wenig praktikabel.[3] Für die Anmeldung sollte nach § 2 Abs. 1 MarkenV das **amtliche Formular** verwendet werden.[4]

4 | **Tipp:** Die Erfahrung zeigt, dass bei allen wichtigen oder fristgebundenen Schreiben zusätzlich ein Fax gesendet werden sollte. Dies hat gegenüber dem Brief den großen Vorteil, dass der (unbedingt aufzuhebende!) Faxbericht unter Abdruck der ersten Seite des Schriftstückes (am Faxgerät entsprechend einstellen!) gegebenenfalls den Beweis für die (fristgerechte) Absendung wichtiger oder fristgebundener Schreiben, wie Anmeldungen und Rechtsmittel erbringt.

5 Die Amtssprache ist grundsätzlich Deutsch. Die gemäß § 15 Abs. 1 MarkenV möglichen fremdsprachigen Anmeldungen begründen bei Erfüllung der Voraussetzungen des § 33 Abs. 1 einen Anmeldetag und damit die wichtige Priorität[5], wenn nach Abs. 2 innerhalb eines Monats eine deutsche Übersetzung nachgereicht wird.

II. Die Voraussetzungen anhand des Formulars

1. Anmelder (Formular Feld 4)

6 Markenanmelder oder -inhaber kann jeder Rechtsfähige nach §§ 1, 21 BGB sein, genauso wie er Eigentum an Sachen und Immobilien haben kann. Dies sind gemäß § 7 Nr. 1 natürliche Personen, Nr. 2 juristische Personen und Nr. 3 Personengesellschaften, sofern sie mit der Fähigkeit ausgestattet sind, Rechte zu erwerben und Verbindlichkeiten einzugehend.

a) Natürliche Personen § 7 Nr. 1 MarkenG

7 Dass natürliche Personen (Menschen) Marken eintragen lassen können, ist eine wesentliche Neuerung gegenüber dem Warenzeichengesetz (WZG), wo die Registrierung einer Marke zur Kennzeichnung bestimmter Waren einen entsprechenden Geschäftsbetrieb erforderte. Der Wegfall dieser Abhängigkeit vom Geschäftsbetrieb – der Akzessorietät – steigerte die Zahl der Markenanmeldungen deutlich und veränderte die

---

[3] Diese Möglichkeit existiert seit dem 1.10.2006, nähere Informationen unter www.dpma.de E-Dienstleistungen/Veröffentlichungen DPMAdirekt.
[4] Dies liegt zur Vermeidung von Auslassungen auch im Anmelderinteresse.
[5] Siehe zu diesem sehr zentralen Begriff unter Teil 3 A II 7.

A. Formelle Voraussetzungen ausgehend vom Anmeldeformular

Struktur der Anmelderschaft, die jetzt zu erheblichen Teilen Einzelanmelder sind. Faktisch tritt allerdings nach einer gewissen **Benutzungsschonfrist** ab Eintragung der Marke jedenfalls bei Angriffen Dritter ein Benutzungszwang[6] ein, der dann doch einen „passenden" Geschäftsbetrieb erfordert. Dahinter steht der Gedanke, dass zwar jeder eine Marke anmelden können soll, auch wenn er die entsprechenden Verwendungsmöglichkeiten erst noch schaffen muss, aber gleichzeitig Markt und Konkurrenten vor ungenutzten Marken geschützt werden sollen.

Die Markenrechtsfähigkeit der natürlichen Person als Teil ihrer Rechtsfähigkeit hat jeder Mensch gemäß § 1 BGB ab der Vollendung der Geburt bis zum Tod einschließlich des werdenden Menschen, Babys, Kinder, Geisteskranke etc. Sie betrifft nur die Innehabung einer Marke, besagt aber nicht, ob eine Person geschäftsfähig ist und selbst aktiv an Verfahren teilnehmen und ihr Markenrecht geltend machen kann.[7]

Unproblematisch ist der Regelfall, dass eine natürliche Person Markeninhaber ist.

Sind mehrere natürliche Personen als natürliche Anmeldergemeinschaft Markeninhaber (wie bei gemeinsamem Eigentum an einem Haus), die etwa gemeinsam wirtschaftlich agieren oder das Label gemeinsam entwickelten, brauchen sie für die Verfahren vor dem DPMA, BPatG und ordentlichen Gerichten einen **gemeinsamen Zustellungsbevollmächtigten** (§ 73 Abs. 1 MarkenV), auf den sie sich als Kontaktperson einigen. Im gesamten Verfahren – das mit Anmelde- und Widerspruchsverfahren ggfs. in mehreren Instanzen Jahre dauern kann – ist dann für jede rechtserhebliche Handlung die Unterschrift aller erforderlich, wenn nicht einem Vollmacht erteilt wurde. Zudem sind alle Anmelder in allen Verfahren notwendige Streitgenossen nach § 62 ZPO.

> **Tipp:** Weil eine gemeinsame Markenanmeldung die Mitanmelder sehr bindet und diese Konstellationen erfahrungsgemäß streitträchtig sind, weil alle Anmelder immer nur gemeinsam über die Marke verfügen können, sollte diese gründlich überlegt werden. Ist eine gemeinsame Anmeldung unumgänglich, sollten die Beteiligten vorab – solange sie sich einig sind – detaillierte vertragliche Regelungen im Innenverhältnis treffen.

b) Juristische Person § 7 Nr. 2 MarkenG

Juristische Personen mit Rechtsfähigkeit können wie natürliche Personen Rechte und Pflichten ausüben und im eigenen Namen am Rechtsverkehr teilnehmen. Wie diese haben sie einen Namen, unter dem sie auch oft in einem anderen Register (wie Handelsregister, Vereinsregister) registriert sind. Neben juristischen Personen des öffentli-

---

[6] Siehe dazu im Detail unter Teil 6 B.
[7] Diese Frage wird später bei der Vertretung behandelt.

Teil 3. Das Markenregistrierungsverfahren vor dem DPMA

chen Rechtes[8] sind praktisch relevant vor allem die juristischen Personen des Privatrechtes, wie GmbH, rechtsfähiger Verein, Stiftung, AG, KGaA, eingetragene Genossenschaft, KapitalanlG, VVaG. Ihre Markenrechtsfähigkeit folgt ihrer Rechtsfähigkeit nach den jeweiligen Spezialgesetzen, wie dem GmbH-Gesetz für die GmbH. Danach beginnt sie meist mit konstitutiver Eintragung im jeweiligen Register (Handelsregister etc.) und endet auch entsprechend diesen Spezialregelungen.

Praktische Probleme:
- Die GmbH in Gründung (i. G.): Weil Einzelanmelder ihre Markenanmeldung oft parallel zur Gesellschaftsgründung betreiben, existiert die GmbH bei der Markenanmeldung noch nicht, weil sie erst mit Eintragung im Register entsteht. Die endgültige GmbH kann zwar noch nicht Anmelderin sein, gilt aber als Vorgesellschaft, die als Gesellschaft Bürgerlichen Rechtes (dazu Näheres nachfolgend) schon markenfähig ist und die die Marke später kostenfrei auf die dann eingetragene GmbH übertragen kann.
- Die GmbH in Auflösung: Auch in der Endphase einer GmbH stellt sich eine praxisrelevante Frage: Die GmbH verliert ihre Rechts- und Markenfähigkeit nicht schon durch ihre (im Handelsregister eingetragene) Auflösung, schon weil sie schon wegen des Aktivvermögens in Form der Marke als LiquidationsG fortbestehen kann. Auch ab Löschung mit Vermögenslosigkeit bleibt der letzte aus dem Handelsregister ersichtliche Inhaber legitimiert für Fragen im Kontext mit der Marke.

c) Personengesellschaften § 7 Nr. 3 MarkenG

11   Sie sind markenrechtsfähig, wenn sie Rechte erwerben und Verbindlichkeiten eingehen können wie die juristischen Personen angenäherten Personenhandelsgesellschaften wie OHG, KG und die Partnerschaften nach PartGG. Seit 2005 ist auch die Gesellschaft bürgerlichen Rechtes (GbR oder BGB-Gesellschaft genannt) nach § 5 Abs. 1 Nr. 2 Satz 2 MarkenV selbst markenrechtsfähig. In der Anmeldung und im Register muss wegen der Registerpublizität mindestens ein vertretungsberechtigter Gesellschafter mit Namen und Adresse gemäß § 25 Nr. 15 MarkenV erfasst werden.[9] Nicht dazu gehören stille Gesellschaften als reine Innengesellschaften, wo nur der Inhaber des Handelsgeschäftes die Marke als natürliche Person gemäß § 7 Nr. 1 innehaben kann.

12   Bei der in Feld 9 des Formulars vorgesehenen **Kollektivmarke** ist ein Verband Anmelder. Die Kollektivmarke (als Wort-/Bild-, Farbmarke etc.) unterscheidet im Gegensatz zum Regeltyp der Individualmarke nicht Produkte eines bestimmten Anbieters von denen anderer Anbieter, sondern die der Mitglieder eines Kollektives von Produkten anderer Unternehmen nach betrieblicher Herkunft, Art, Qualität oder sonstigen

---

[8] Beispielsweise Staat, Gebietskörperschaften wie Landkreise, Gemeinden, Unis, Kirchen, Anstalten, Stiftungen des öffentlichen Rechtes.
[9] Beispiel: ABC GbR (Vertretungsberechtigter Gesellschafter Herr/Frau XY, 11111 D-Stadt).

A. Formelle Voraussetzungen ausgehend vom Anmeldeformular

Eigenschaften. Sie steht im Eigentum eines Verbandes, der sie mehreren Produktanbietern unter bestimmten Voraussetzungen zur Nutzung überlässt. Sie erscheint meist als Gewährleistungs-, Garantie- oder Gütemarke (Bioland, Demeter) oder geografische Herkunftsangabe und wird wie Individualmarken behandelt, soweit §§ 97 ff. nichts anderes bestimmen.

2. Markenformen (Formular Felder 5, 6)

Die neben der Festlegung der Produkte wichtigste Entscheidung bei einer Anmeldung trifft der Anmelder durch Ankreuzen der gewünschten Markenform[10] in Feld 6. Zudem muss das Markenzeichen in Feld 5 oder auf beigefügten **Abbildungen** wiedergegeben und Eintragung in Farbe oder schwarz-weiss gewählt werden als Grundlage für die Veröffentlichung zur Information der Öffentlichkeit. Die Wahl der Markenform ist sehr wichtig, weil sie die Grundlage der Prüfung der Marke bildet. Ein Wechsel der Markenform ist nach Begründung der Priorität der Anmeldung[11] grundsätzlich nicht möglich, es sei denn die nun gewünschte Form war irgendwie schon enthalten, aber dann oft nur unter Verschiebung des Anmeldetages. Den gesetzlichen Rahmen für die Markenformen bilden § 3 Abs. 1 und die ergänzenden Verfahrensregelungen §§ 6 ff. MarkenV.

13

a) Wortmarke

Bei diesen[12] genügt neben Ankreuzen in Feld 6 handschriftliche Wiedergabe in Feld 5, wobei zur Klarheit Maschinenschrift empfohlen wird. Weil ihr Schutzgegenstand nur Art und Abfolge der Zeichen festlegt und Wortmarken für das Register ohnehin in der DPMA-Schrift „neutralisiert" wiedergegeben werden, entfällt die Auswahl von farbig oder schwarz-weiß. Ihr großer Vorteil ist ihre **Flexibilität und Zeitlosigkeit,** weil ihr Schutzumfang für die spätere Verwendung (und Verteidigung gegen andere) alle verkehrsüblichen Wiedergabearten umfasst.

14

Alle anderen Markenformen erfordern eine grafische Wiedergabe, damit das Register die Allgemeinheit in einer zugänglichen Weise über die geschützten Markenzeichen informieren kann. Die Markenformen, die den Anforderungen an die grafische Wiedergabe technisch nicht genügen, sind derzeit nicht ins Register eintragbar.

15

---

[10] Siehe detailliert zu den einzelnen Markenformen oben unter Teil 2 C.
[11] Siehe dazu unter Teil 3 A II 7.
[12] Geregelt in § 6 Nr. 1 MarkenG i.V.m. § 7 MarkenV: Zur Erinnerung: Wortmarken müssen vollständig aus Zeichen der Liste unter www.dpma.de/formulare/w7005hilfe.html bestehen und können Ein- und Mehrwortmarken mit Slogans, Buchstaben- und Zahlenkombinationen sein.

Teil 3. Das Markenregistrierungsverfahren vor dem DPMA

b) Bildmarken §§ 6 Nr. 2 i.V.m. 8 MarkenV

16 Diese existieren als reine Bildmarken oder Wort-/Bildmarken aus Wort- und Bildelement(en)[13]. Hier muss der Anmelder zwischen farbiger und schwarz/weißer Eintragung wählen. Bei farbiger Eintragung beschränkt sich der Schutzumfang exakt auf diese Gestaltung, während die Eintragung in schwarz/weiß nach überwiegender Ansicht die Verwendung in allen Farben umfasst, die die Farbkontraste des Markenzeichens nicht massiv verändern[14].
Ihre Wiedergabe in Feld 5 erfordert gemäß § 8 Abs. 1–5 MarkenV:
- Vier übereinstimmende[15] zweidimensionale grafische Wiedergaben
- Dauerhafte Wiedergabe auf Papier[16], die die Bestandteile auch bei schwarz-weißer Wiedergabe in Format von 8 cm Breite deutlich genau erkennen lässt ohne Überklebungen, Durchstreichungen, nicht dauerhafte Überdeckungen
- Fakultativ: Zusätzlich: Einreichung auf Datenträger gemäß § 8 Abs. 5 MarkenV
- Bezeichnung der richtigen Stellung der Marke durch „oben"
- Fakultativ: Beschreibung
- Ankreuzen von schwarz/weißer bzw. farbiger Eintragung[17] mit wörtlicher Bezeichnung der in der Marke vorkommenden Farben[18]

c) Abgrenzung Wortmarke und Wort-/Bildmarke

17 Diese erfolgt zunächst nach dem Anmelderwillen ((§ 6 MarkenV i.V.m. §§ 7 ff. jeweils Abs. 1). Das DPMA ist daran aber nicht gebunden, sondern entscheidet nach den genannten Kriterien.[19] Die Abgrenzung kann für Schutzfähigkeit, -gegenstand sowie -umfang und damit Verwechselbarkeit im Kollisionsverfahren relevant werden.

Beispiel: Die Schutzfähigkeit der auf diese Binnengroßschreibung festgelegten Wort-/Bildmarke „beOMA" wäre für „Betreuungsdienstleistungen für Kinder

---

[13] Dazu gehören auch Marken in nicht lateinischen Schriftzeichen, weil sie gescannt werden müssen. Bei ihnen muss der Anmelder zudem eine Translitteration (=buchstabengetreue Umsetzung in lateinische Schriftzeichen) einreichen, weil die Konkurrenten nur so eine verständliche Information zum Schutzgegenstand erhalten und dem DPMA die Prüfung der Marke auf Schutzhindernisse erleichtert wird. Diese wird im Register im „Markentext" erfasst und mit „Translit" gekennzeichnet.

[14] Wird die Bildmarke aus einem dunkelblauen Rechteck mit einem winzigen rosa Punkt in einer Ecke farbig eingetragen, könnte die spätere Verwendung als hellgelbes Rechteck mit braunem Punkt wegen des andersartigen Eindruckes nicht umfasst sein.

[15] Notwendig für Veröffentlichung, die Akte und zur Sicherheit.

[16] DIN A4, bestimmter Satzspiegel entsprechend § 8 Abs. 1–5 MarkenV und den Hinweisen auf der Homepage.

[17] Ist dieses Kästchen angekreuzt, scannt das DPMA auch farbige Darstellungen schwarz-weiss ein.

[18] Also etwa „grün, blau, orange", nicht angegeben werden muss, welcher Teil der Marke welche Farbe hat, weil dies aus der grafischen Wiedergabe klar wird.

[19] Siehe zu möglichen Problematiken bitte die letzte Fußnote.

A. Formelle Voraussetzungen ausgehend vom Anmeldeformular

durch Senioren" wegen ihres sich aufdrängenden beschreibenden Gehaltes anders zu beurteilen als das „bedeutungsneutrale" „beoma". Ebenso wäre die Ähnlichkeit der Wortmarke „Aldisign" mit „ALDI" anders zu beurteilen als „ALDIsign"

d) Dreidimensionale Marken §§ 6 Nr. 3, 9 MarkenV

Diese Waren(verpackungs)formmarken[20] oder produktabstrakte Formmarken unterliegen nach § 9 Abs. 1–5 MarkenV diesen formellen Voraussetzungen: 18

- Zwingend 4 übereinstimmende grafische Wiedergaben des Markenzeichens
- Darstellungen von bis zu 6 verschiedenen Ansichten (Lichtbilder oder Zeichnungen), die als Vorlage für Foto-Offsetdruck geeignet sind. Trotz der fakultativen Formulierung der MarkenV sollten so viele Ansichten eingereicht werden, wie die erschöpfende Darstellung erfordert, weil sonst nur die sichtbaren Merkmale Teil des Schutzgegenstandes werden.

Beispiel: Weil ein plastischer Gegenstand durch eine Darstellung fast nie in allen Details darstellbar ist, erfordert dies immer mehrere Ansichten. Denn selbst ein kugelartig erscheinendes Gebilde kann auf der „Rückseite" Ein- oder Auswölbungen haben, die bei nur einer Ansicht nicht vom Schutzgegenstand umfasst sind.

- Entsprechende Anwendung des § 8 Abs. 2–4 MarkenV
- Fakultativ: Beschreibung der Marke

Dreidimensionale Marke und Bildmarken, die die Ware oder den abstrakten Gegenstand abbilden, sind nur anhand der Wahl des Anmelders in Feld 5 voneinander abzugrenzen. 19

e) Hörmarken §§ 6 Nr. 5, 11 MarkenV

§ 11 MarkenV legt folgende formelle Anforderungen fest: 20

- 4 übereinstimmende zweidimensionale grafische Wiedergaben in üblicher Notenschrift (entsprechend § 8 Abs. 2 bis 4 MarkenV). Dies ist bei vielen Hörmarken derzeit juristisch und faktisch für das Register nicht realisierbar, weil die Vorgabe des EuGH[21] einer klaren, eindeutigen, in sich abgeschlossenen, leicht zugänglichen, verständlichen, dauerhaften und objektiven grafischen Darstellung nur bei Tonfolgen durch ein in Takte gegliedertes Notensystem mit Notenschlüssel, Noten- und Pausenzeichen, Notenwerten und Vorzeichen erfüllbar ist.

---

[20] Schutzgegenstand ist die Form der beanspruchten und zu kennzeichnenden Ware oder deren Verpackung *selbst.*
[21] EuGH MarkenR 2004, 26 ff. – *Shield Mark BV:* Das – wie häufig – nach der Markenanmelderin benannte Verfahren betraf verschiedene Klangmarken, nämlich Variationen des klassischen Musikstückes „Für Elise", das holländische Pendant „kukelekuuuuu" zum deutschen lautmalerischen „Kikerikii"-Krähen eines Hahnes. Die Melodie „Für Elise" wurde für grafisch darstellbar mittels eines Notensystemes erachtet, die lautmalerischen Marken nicht. Damit ist aber nur die grafische Darstellbarkeit für das Register, nicht die materielle Schutzfähigkeit als Herkunftshinweis für Produkte bejaht.

Teil 3. Das Markenregistrierungsverfahren vor dem DPMA

Grafik des Markenzeichens Nr. 30141251.0 „Otto Versand"

21   Weil Geräusche und Klangbilder[22] dem derzeit nicht genügen, sind sie nicht eintragbar und sollten vorbehaltlich einer Änderung der gesetzlichen/technischen Möglichkeiten nicht angemeldet, sondern als nicht registrierte Marke verwendet werden.
• Klangliche Wiedergabe auf Datenträger gemäß Abs. 5
• Fakultativ: Beschreibung[23]

f) Kennfadenmarken gemäß §§ 6 Nr. 4, 10 MarkenV

22   Sie werden wegen ihrer Ähnlichkeit mit Positions- und dreidimensionalen Marken deren formellen Anforderungen gemäß § 9 Abs. 1–4 MarkenV unterworfen. Eine Markenbeschreibung ist fakultativ möglich.

g) Sonstige Markenformen gemäß §§ 6 Nr. 6, 12 MarkenV

23   Farbmarken. Für abstrakte Einfarb- und Mehrfarbmarken gelten aktuell folgende formelle Anforderungen:
• 4 übereinstimmende zweidimensionale grafische Wiedergaben
Bei der Einfarbmarke muss die Wiedergabe insbesondere mit Hilfe von Figuren, Linien oder Schriftzeichen sichtbar die genaue Identifikation ermöglichen und klar, eindeutig, in sich abgeschlossen, leicht zugänglich, verständlich, dauerhaft und objektiv sein. Dies erfüllt derzeit die Benennung der Farbe anhand eines anerkannten Farbbezeichnungs- und Standardisierungssystems wie RAL, Pantone, HKS[24] und Einreichung eines damit übereinstimmenden Farbmusters in vierfacher Ausfertigung.[25]

24   Bei der Mehrfarbenmarke muss die grafische Darstellung das spätere tatsächliche Auftreten der Farbkombination auf dem Produkt schematisch vorwegnehmen, indem die Farben mit Farbmuster und Klassifizierungs-

---

[22] Nachdem das früher zulässige Sonagramm abgeschafft wurde, weil es mangels Lesbarkeit für jeden die Öffentlichkeit nicht über eingetragene Marken informieren kann.
[23] Anschauliche Beispiele für solche Beschreibungen finden sich auf der Homepage des HABM unter www.oami.europa.eu in der Gemeinschaftsmarkenrecherche nach Eingabe der Markenform „Hörmarke", wobei insbesondere die der Firma Microsoft positiv auffällt.
[24] Kontaktdaten der Farbklassifikationsanbieter und Bezugsmöglichkeiten für Farbfächer finden sich im Internet durch Eingabe deren Namen in eine Metasuchmaschine.
[25] Schon hier sei angemerkt, dass abstrakten Einfarbmarken von Haus aus die Gewöhnung des Verkehrs an die konkrete Farbe meist die Unterscheidungskraft fehlt. Da die Verbraucher Farben bisher meist nur als Eigenschaften von Waren (jeder Gegenstand hat irgendeine Farbe), Dekoration oder werbliche Ausschmückung bei Dienstleistungen (irgendeine Farbe muss Geschäftspapier haben) aufnehmen, verstehen sie sie –originär, ohne Gewöhnung an den Konnex von Farbe und Unternehmen wie bei der Telekom durch Verkehrsdurchsetzung– nicht als Hinweis auf ein Unternehmen.

A. Formelle Voraussetzungen ausgehend vom Anmeldeformular

nummern und ihrer systematische Anordnung zueinander festgelegt[26] und dargestellt werden. Wegen der noch unklaren Anforderungen daran sollten sie nur zurückhaltend angemeldet werden.

Beispiel: Weil die Anmeldung der bloßen Kombination eines Grün und eines Lila für „Gartengeräte und -maschinen" offen ließe, ob die Farbkombination später in Form großflächiger Streifen, Karos, Punkte oder so kleinteilig gestreift oder gerastert verwendet wird, dass beide Farben als Mischfarbe erscheinen, sind konkretisierende Angaben zum Verhältnis der Farben erforderlich.

h) Positionsmarken

Die Positionsmarke eines gleichbleibend auf einer Ware positionier- 25 ten Zeichens unterliegt den formellen Anforderungen des §§ 12 i.V.m. 8 Abs. 2–4 und 9 Abs. 1–3 MarkenV:
- 4 übereinstimmende zweidimensionale grafische Wiedergaben der Marke

Sie stellt besondere Anforderungen, weil der Schutzgegenstand der Positionsmarke nicht die gesamte abgebildete Ware ist, die nur exemplarisch die Anbringung des Zeichens an bestimmten Stelle des späteren Trägers illustriert. Deshalb muss die grafische Darstellung das zu positionierende Zeichen exakt wiedergeben und kann den Träger zur Angabe der Positionierung nur skizzenhaft darstellen.

Beispiel: Der „Knopf im Ohr" für „Stofftiere" der Firma Steiff hat den Schutzgegenstand, dass dieser Knopf mit Steiff-Schriftzug stets im Ohr des Stofftieres positioniert sein soll. Das als Träger dieser Positionierung abzubildende Stofftierohr ist jedoch nur ein Repräsentant für viele andere Tierohrarten und sollte daher nur skizzenhaft wiedergegeben werden.

Lassen sich mehrere beanspruchte Waren (was der Regelfall ist) nicht 26 durch eine Skizze repräsentieren, sollte der Anmelder eine möglichst offene, abstrakte Skizze dieser Trägerwaren machen und diese ggf. nach Rücksprache mit dem Prüfer abändern und im Extremfall auf die davon nicht erfassten Waren verzichten. Im Zweifel sollte die Skizze die Waren wiedergeben, die dem Anmelder am wichtigsten sind.
- Darstellungen von bis zu 6 verschiedenen Ansichten
- Zwingend: Beschreibung

i) Geruchsmarken

Diese den formellen Anforderungen des § 12 MarkenV unterliegenden 27 Marken gelten derzeit als nicht grafisch darstellbar und damit nicht eintragbar, weil sie nicht abgeschlossen, leicht zugänglich, verständlich, dauerhaft und objektiv mit Hilfe von Figuren und Linien grafisch darstellbar sind.[27]

---

[26] EuGH GRUR 2004, 858 ff. – *Heidelberger Bauchemie Blau/Gelb.*
[27] EuGH GRUR 2003, 145 ff. *Sieckmann/Zimtsäuremethylester.* Diesen Anforderungen genügt weder eine chemische Formel, eine Beschreibung, eine Geruchsprobe noch deren Kombination.

Teil 3. Das Markenregistrierungsverfahren vor dem DPMA

j) Tastmarken

28   Weil die grafische Darstellbarkeit von Tastmarken zwar möglich[28], aber noch wenig geklärt ist[29] – kann hier von ihrer Anmeldung – jedenfalls ohne hochspezialisierte anwaltliche Hilfe – derzeit nur abgeraten werden.

k) Bewegungsmarken

29   Ihre formellen Anforderungen orientieren sich an §§ 12 i.V.m. 8 Abs. 2–4 und 9 Abs. 1–3 MarkenV:
- 4 übereinstimmende zweidimensionale grafische Wiedergaben der Marke
Diese ist jedenfalls bei übersichtlichen Bewegungsabläufen daumenkinoartig durch eine Abfolge von Bildern möglich.[30] Diese muss durch eine Beschreibung ergänzt werden, die exakt deren Frequenz, d.h. die Abfolge mit den jeweiligen Zeitabständen beschreibt und sie ggfs. weiter konkretisiert.
- Zwingend Beschreibung

30   Von der Anmeldung der bisher eher theoretischen[31] weiteren virtuellen Marken, Licht- und Geschmacksmarken sollten Einzelanmelder absehen, bis entsprechende Anmeldeversuche größerer Unternehmen sie näher geklärt haben.

3. Verzeichnis der Waren und Dienstleistungen (Formular Feld 8)

31   Die Definition der Marke als Unterscheidungsmittel für Produkte von einem bestimmten Anbieter gegenüber denen anderer bedingt den Bezug von Marke und Produkt. Deshalb muss der Anmelder mit seiner Marke neben dem Markenzeichen auch bestimmte Branche(n) beanspruchen, für die sie gelten soll. Diese Festlegung und Ausarbeitung des Verzeichnisses der Waren- und Dienstleistungen (WDLVZ) durch den Anmelder ist genauso wichtig wie die Auswahl des passenden Markenzeichens. Materiellrechtlich ist das Zusammenwirken von Markenzeichen und Produkt für die Schutzfähigkeit der Marke von größter Bedeutung[32]. Da bei der Abfassung des Verzeichnisses viele Fehler gemacht,

---

[28] Etwa durch eine grafische Abbildung und eine zusätzliche Beschreibung wären wohl beispielsweise Schleifpapier bestimmter Körnung, Filz o.ä. grafisch darstellbar.
[29] Siehe BGH I ZB 73/05 Beschl. v. 5.10.2006 – *Tastmarke Autositzhebel*.
[30] So erachtete das HABM GRUR 2004, 63 ff. – die *Lamborghini-Türbewegung* für in diesem Sinne grafisch darstellbar, aber als rein technisch nicht herkunftshinweisend unterscheidungskräftig.
[31] Dazu bietet *Fezer*, MarkenG, § 3 Rn. 294e interessante, phantasievolle Ausführungen.
[32] So war das Wort „Apple" in seiner Fähigkeit, als Herkunftshinweis auf ein bestimmtes Unternehmen zu wirken für „Obst" schon immer anders zu beurteilen als für Computer.

A. Formelle Voraussetzungen ausgehend vom Anmeldeformular

aber auch vermieden werden können, sollte dem besondere Aufmerksamkeit gewidmet werden.

> **Tipp:** Bei allen Überlegungen zur Gestaltung des Verzeichnisses muss beachtet werden, dass das Verzeichnis während des Verfahrens nicht erweitert, sondern nur eingeschränkt werden kann. Daher ist eine – zunächst – weite und zu vage Formulierung im Zweifel für den Anmelder günstiger als eine unpassend gewählte präzise, die in diesem Verfahren (für diese Gebühr) kaum abänderbar ist, weil dies meist unzulässige Erweiterungen von Begriffen mit sich bringen würde.

32

Dazu muss der Anmelder zunächst die bisherigen und absehbaren künftigen wirtschaftlichen Aktivitäten ermitteln, die durch die Marke gekennzeichnet werden sollen.

33

Grundsätzlich werden alle Bereiche als die Summe dessen, was Menschen anderen „anbieten" können, in Waren und Dienstleistungen eingeteilt.

Waren sind alle beweglichen[33] Erzeugnisse, die Gegenstand des Handelsverkehrs sein können. Dies sind Erzeugnisse der land- und forstwirtschaftlichen Urproduktion und produzierender Unternehmen der Herstellung und des Handels.

34

Dienstleistung ist im Gegensatz zur materiellen Ware ein immaterielles Wirtschaftsgut. Sie wird definiert als wirtschaftliche Tätigkeiten, vor allem beruflicher Arbeit, die am Markt für einen anderen erbracht werden, ohne Herstellung, Vertrieb oder Urproduktion von Waren zu sein. Kurzum Leistungen, die in der Regel (aber nicht zwingend) gegen Geld erbracht werden.[34]

35

Zum Verständnis:
Sowohl der Anbieter, der selbst Waren herstellt und verkauft, wie Gärtner oder Designer, bietet die Ware „Pflanzen" oder „Möbel" an und auch der, der sie „nur" verkauft. Für beide sind die Warenklassen 31 bzw. 20 einschlägig, weil der Begriff Ware deren Herstellung und den Handel damit umfasst. Dieser Anmelder benötigt für die Aktivitäten anlässlich des Warenverkaufes, wie Kundenberatung, Verpackung und Transport der Waren nicht die entsprechenden Dienstleistungsklassen, weil sie den Verkauf nur als unselbständige Hilfsdienstleistungen begleiten und vom Handel mit diesen Waren umfasst sind.
Ein häufiges Missverständnis der Anmelder besteht darin, für die Unterstützung ihrer Verkaufsaktivitäten die Dienstleistungsklasse 35 „Werbung" zu beanspruchen. Dies ist überflüssig, weil die Aktivitäten zum Vertrieb der eigenen Waren, wie Verteilung von Prospekten, Bewerbung in Anzeigen von den entsprechenden Warenklassen umfasst sind. Es ist auch unrichtig, weil die Dienstleistung „Werbung" Werbung für Dritte (als Werbeagentur für gewerbliche Auftraggeber) meint, also nicht die beim Vertrieb der eigenen Waren. Die Klasse 35 wäre für einen Markeninhaber

---

[33] Dementsprechend gelten Immobilien nicht als Waren, so dass auch ihre Herstellung oder ihr Verkauf, der bei einer Ware in die entsprechende Warenklasse fiele, je nach Schwerpunkt nur durch Dienstleistungen wie „Immobilienwesen, Hausverwaltung, Dienstleistungen eines Bauträgers" erfasst werden kann. Ähnliches gilt für Wertpapiere und geistige Schutzrechte.
[34] EuGH GRUR 2005, 764 ff. – *Praktiker*.

Teil 3. Das Markenregistrierungsverfahren vor dem DPMA

ohne Werbeagentur auch nicht dauerhaft haltbar, weil er die Benutzung seiner Marke für „Werbung" nie nachweisen könnte[35].

36 Einem Anmelder, der als Händler mit Waren handelt, stellt sich die Frage, ob der (Einzel)handel mit diversen Waren eine eigene Dienstleistung – und damit nur eine **Dienstleistungsklasse** – oder als Verkauf vieler Waren entsprechend viele Warenklassen mit vielen Klassengebühren eröffnet. Nach langer Diskussion erkennt auch das DPMA die Dienstleistung „Handel mit Waren" nun in Klasse 35 in Form besonderer Warenauswahl, Komposition, Präsentation, Beratung, Einkaufsatmosphäre etc. über den reinen Verkauf hinaus an[36]. Dementsprechend lautet Klasse 35 in der 9. Auflage der Nizzaer Klassifikation nun „Diese Klasse enthält insbesondere – das Zusammenstellen verschiedener Waren für Dritte ... um den Verbraucher Ansicht und Erwerb dieser Waren zu erleichtern; diese Dienstleistungen können durch Einzelhandelsgeschäfte, Großhandelsverkaufsstellen, Versandkataloge oder elektronische Medien z.B. Websites oder Teleshoppingsendungen erbracht werden".

37 Somit können Händler verschiedener Waren für ihre Leistungen über reinen Verkauf hinaus Leistungen eine Dienstleistungsmarke in Klasse 35 eintragen lassen, wenn sie die Waren oder Arten von Waren, auf die diese Dienstleistungen sich beziehen, bezeichnen. Zulässige Formulierungen sind etwa „Einzelhandelsdienstleistungen mit Bau-, Heimwerker und Gartenartikeln, Onlineversandhandelsdienstleistungen mit Bekleidung, Schuhen und Kosmetik"[37].

38 Grundsätzlich sind alle denkbaren Produkte nach bestimmten Kriterien in **45 Waren- und Dienstleistungsklassen** eingeteilt. Die Klassen 1 bis 34 enthalten die Waren und 35 bis 45 die Dienstleistungen. Diese Reihenfolge ist historisch bedingt, weil das Warenzeichengesetz – wie der Name nahelegt – zunächst Markenschutz nur für Waren und erst lange nach dem Wandel zur modernen Dienstleistungsgesellschaft auch für Dienstleistungen ermöglichte.[38] Diese Klasseneinteilung folgt der europäischen Klassifikationsrichtlinie zur Rechtsvereinheitlichung,

---

[35] Siehe zu diesem Benutzungszwang und den Folgen seiner Nichterfüllung unter Teil 6 B.

[36] Die deutsche Praxis hatte dies in einem Alleingang entgegen den meisten anderen europäischen Ländern, die dies als retails services anerkannten, grundsätzlich als Verkauf aller verschiedener Waren eingeordnet. Die Änderung entspricht somit der europäischen Rechtsvereinheitlichung, der Ausweitung des Dienstleistungsgedankens und setzt vor allem die Entscheidung des EuGH GRUR 2005, 764 ff. – *Praktiker* um, zu finden unter www.curia.europa.eu Rechtsprechung Suchformular durch Eingabe des Stichwortes „Praktiker".

[37] Entsprechende Formulierungsvorschläge bietet die Suchmaschine unter www.dpma.de Formulare/Merkblätter Marken unter Anhang zur Markenverordnung oder Suche nach Waren- und Dienstleistungsbegriffen.

[38] Für die Bewertung der Ähnlichkeit von Dienstleistungen bei der Markenähnlichkeitsrecherche ist zu beachten, dass es bis Ende 2001 nur die Dienstleistungsklassen 35 bis 42 gab. Dementsprechend entspricht die Klasse 42 bei Marken vor diesem Zeitpunkt den jetzt in die Klassen 43 bis 45 aufgeteilten Dienstleistungen.

A. Formelle Voraussetzungen ausgehend vom Anmeldeformular

dient der Rechtssicherheit und Einheitlichkeit und bildet die Grundlage für die behördliche **Gebührenerhebung**. Die 45 Klassen sind so konzipiert, dass sie theoretisch jedes denkbare Produkt erfassen und einteilbar machen. Alles andere, insbesondere ein abschließend formulierter Katalog wäre auch im Ansatz innovationsfeindlich, weil er dauernd entstehende neue Produkte nicht erfassen würde. Obwohl Anmelder danach also theoretisch jedes Produkt mit einer Marke für die Registrierung beanspruchen können, ist praktisch nicht ausgeschlossen, dass gerade innovative Produkte noch nicht in eine „Schublade" eingeordnet wurden (obwohl diese Schubladen offen sind) und dass selbst gewählte Begriffe unzulässig sein können. Zwar kann der Anmelder versuchen, seine eigene Begrifflichkeit für sein Produkt durchzusetzen. Zielführender und schneller ist aber die Verwendung eines der zahlreichen existierenden und erprobten Begriffe.

Dem Anmelder wird daher empfohlen, bei der Abfassung des Waren- und Dienstleistungsverzeichnisses folgendermaßen vorzugehen:

Den Ausgangspunkt sollte sein aktueller (oder aktuell geplanter) Tätigkeitsbereich bilden. Er sollte aber auch überlegen, welche benachbarte oder ergänzende Tätigkeitsfelder er noch erschließen könnte und diese möglichst schon mit dieser Anmeldung beanspruchen[39]. Denn sonst besteht die Gefahr, dass sein Markenzeichen später für diese Branchen schon von einem anderen „besetzt" wurde und ihm damit eine einheitliche Kennzeichnung aller seiner Produkte nicht mehr oder nur noch durch – unwahrscheinlichen – Zukauf der anderen Marke möglich wäre. Weil die Anmeldegebühr für eine Marke von 300 € neben der Grundgebühr für die Bearbeitung ohnehin – ob der Anmelder sie nutzt oder nicht – auch Klassengebühren für bis zu drei Klassen enthält, sollte er diese jedenfalls auch über seine aktuellen Tätigkeitsfelder hinaus ausfüllen. Erst wenn die Ausdehnung auf potentielle Geschäftsfelder durch Eröffnung einer vierten (und jeder weiteren) Klasse eine eigene Gebühr auslöst, sollte er dies abwägen.

Beispiel: Plant die Inhaberin einer kleinen Schneiderei, die aktuell nur Änderungen anbietet, die Anmeldung der Marke „RotFädchen", sollte sie nicht nur Klasse 40 beanspruchen, sondern im Rahmen der in den 300 € inbegriffenen 3 Klassen auch einplanen, dass sie eventuell später Reinigungsdienstleistungen (Klasse 37) oder Secondhandmode anbietet (Klasse 25).

Sind die benötigten Branchen inhaltlich abgesteckt, muss der Anmelder feststellen, durch welche Begriffe welcher Klassen diese inhaltlich am besten erfasst werden. Er muss also seine wirtschaftlichen Aktivitäten in die Waren- und Dienstleistungsliste der Klassifikation „übersetzen",

---

[39] Dies ist möglich, weil Markenzeichen für jedermann für jedes Produkt eintragbar sind unabhängig davon, ob er sie mittels eines passenden Geschäftsbetriebes realisieren kann (kann aber später Benutzungsproblem werden).

Teil 3. Das Markenregistrierungsverfahren vor dem DPMA

um sie möglichst sofort richtig entsprechend den Vorgaben des DPMA zu formulieren. Die Feststellung der „richtigen" Klassen garantiert dem Anmelder, dass er auch objektiv den Schutzbereich bekommt, den er für seine Aktivitäten benötigt. Zudem vermeidet die korrekte Formulierung der Produkte Verzögerungen bei der Bearbeitung im DPMA und liegt damit im Anmelderinteresse.

42 Eine erste Groborientierung bieten die Bezeichnungen der amtlichen Klasseneinteilung (Anlage 1 zu § 19 Abs. 1 MarkenV)[40] mit den exemplarischen Oberbegriffen zu den Klassen und Anmerkungen zu deren Inhalt und Abgrenzung zu anderen. Anhand dessen kann sich der Anmelder grob orientieren, in welche Bereiche seine Aktivitäten fallen könnten. Dann sollte er die umfassendere alphabetische Liste der Waren und Dienstleistungen[41] nach dem Nizzaer Abkommen über die internationale Klassifikation (§ 19 Abs. 2 i.V.m. Anlage 2, 3 zur MarkenV) auf für ihn passende Begriffe durchsuchen und diese notieren. Ergänzend bietet das DPMA eine noch umfangreichere, permanent unter Einarbeitung der faktischen Entwicklung aktualisierte Suchmaschine[42] an, die alle beim DPMA anerkannten Formulierungen der Waren und Dienstleistungen einschließlich ihrer Zuordnung zu einer Klasse enthält. Hier kann der Anmelder durch Eingabe gewünschter Worte bzw. Wortfragmente feststellen, welche Begriffe in Frage kommen, zulässig sind und in welche Klassen fallen.

43 **Tipp:** Die Verwendung von Begriffen aus dieser Suchmaschine garantiert dem Anmelder die größte Chance der schnellen Akzeptanz der Begriffe durch das DPMA. Sollte der Prüfer einen Waren- oder Dienstleistungsbegriff aus dieser Liste trotzdem beanstanden, sollte der Anmelder darauf hinweisen, dass diese Liste ihn anbietet und auf seiner Zulassung bestehen, weil die Prüfer im DPMA diese beachten sollten. Ferner bietet die Liste einen Überblick benachbarter Waren oder Dienstleistungen, die für den Anmelder eventuell auch noch von Interesse sind.

44 Hat der Anmelder für die gewünschten Waren und Dienstleistungen passende Begriffe gefunden und ist jede einzelne gemäß § 20 Abs. 1 MarkenV in eine Klasse der Klasseneinteilung (§ 19 Abs. 1 MarkenV) einteilbar, muss er diese infolge der neuen[43] **Gruppierungspflicht** gemäß § 20 Abs. 3 MarkenV nach Klassen geordnet in der Reihenfolge ihrer Klasseneinteilung angeben. Dazu muss er zunächst nur auf dem Anmeldeformular oder Beiblatt die Klassenangabe und dahinter die in dieser Klasse

---

[40] www.dpma.de Marken unter Formulare/Merkblätter Marken.
[41] Siehe unter www.dpma.de Marken unter Suche/Recherche nach Waren- und Dienstleistungsbegriffen Anleitung und Information Anlagen 2 und 3.
[42] www.dpma.de/suche/wdsuche/suchen.html.
[43] Diese Gruppierungspflicht existiert seit Mitte 2004. Daher sind die zuvor eingetragenen Verzeichnisse noch nicht gruppiert, sondern beliebig aneinandergereiht mit dem massiven Nachteil, dass ihre Durchsicht etwa im Rahmen einer Recherche auf konkurrierende Marken wesentlich aufwändiger ist.

A. Formelle Voraussetzungen ausgehend vom Anmeldeformular

beanspruchten Waren oder Dienstleistungen notieren. Weil diese Klassenangabe aber auch inhaltlich die dahinter stehenden Begriffe näher bestimmt, sollte der Anmelder, der einen passend erscheinenden Begriff gefunden hat, stets nochmal anhand der Durchsicht der anderen Begriffe der Liste kontrollieren, ob nicht ein anderer seine Aktivitäten besser trifft.

Beispiel: Obwohl der – präzisierungsbedürftige – Begriff „Beratung" an sich in viele Klassen fallen kann (als organisatorische in Klasse 35, als finanzielle in Klasse 36 und als technische in Klasse 42) wird er durch Hinzufügung einer diese Ziffern dementsprechend beschränkt.

Obwohl diese Suchmaschine den großen **Erfahrungsschatz des** 45 **DPMA** vieler Jahre und aus Hunderttausenden von Markenanmeldungen verkörpert, kann es vorkommen, dass sich ein gewünschter Waren- oder Dienstleistungsbegriff dort nicht findet, weil er bisher nicht nachgefragt wurde, weil das beanspruchte Produkt neu ist oder weil er tatsächlich unzulässig ist. Die Frage nach dem weiteren Vorgehen in diesem Fall führt zu weiteren taktischen Fragen bei der Formulierung des Verzeichnisses:

Nachdem der Anmelder wegen der Klassifikationspflicht neben der 46 wörtlichen Formulierung seiner Ware/Dienstleistung auch die Klasse angeben muss, kann er eigentlich nicht mehr die in der Liste nicht enthaltene Ware/Dienstleistung umschreiben und die Klassifizierungsvorschläge des Prüfers abwarten. Da auch abstrakte Anfragen (noch) ohne konkrete Anmeldung mit Aktenzeichen unzulässig sind, weil die Antwort unzulässige, bestimmten Berufsgruppen vorbehaltene Rechtsberatung wäre, kann er bei massiver Unsicherheit bezüglich des Produktbegriffes nur die gewünschte Ware oder Dienstleistung möglichst vage umschreiben und auf die Klassenangabe verzichten, weil nur so die Gefahr einer unbeabsichtigten irreversiblen Einschränkung des Begriffes aus Unwissenheit vermeiden kann. Weil bisher weder die zu weite Formulierung noch das Fehlen der **Klassenangabe** sanktioniert sind, verbleibt als Risiko dieses Vorgehens schlimmstenfalls bei der Nichtvergabe eines Anmeldetages oder Verzögerung der Prüfung. Wenn kein Zeitdruck besteht, wird dies durch die Vermeidung einer irreversiblen unpassenden Formulierung aufgewogen.

Ob der Anmelder bei der Formulierung des Verzeichnisses besser all- 47 gemeinere Formulierungen, also weitere Begriffe oder Oberbegriffe oder präzise Formulierungen verwenden sollte, hängt von folgenden Erwägungen ab:

Beispiel: Produziert ein kleines Unternehmen spezielle elektronische Komponenten, die in Klasse 9 fallen, kann es nun entweder oberbegrifflich und allgemein „Klasse 9: elektronische Geräte und deren Teile" beanspruchen oder detailliert die genaue Art der elektronischen Komponenten spezifizieren.

Die allgemeine Formulierung, insbesondere mittels Oberbegriffen 48 hat folgende Vorteile: Sie ist bei der Anmeldung unproblematisch, weil

Teil 3. Das Markenregistrierungsverfahren vor dem DPMA

Oberbegriffe leicht zu finden sind, minimiert die Gefahr ungewollt zu stark einschränkender Formulierung und ermöglicht dem Anmelder die Expansion in nah verwandte Bereiche. Zudem eröffnet sie für den Fall des Widerspruches eines Mitbewerbers aufgrund einer älteren Marke einen Verhandlungs- und Kompromissspielraum, in dem der Markeninhaber sein Verzeichnis einschränken kann und zugleich handlungsfähig bleibt.

Beispiel: Hat eine Modedesignerin ihre Marke „AufderHut" allgemein für Klasse 25 mit den Oberbegriffen „Bekleidung, Schuhe, Kopfbedeckungen" beansprucht, obwohl sie aus Überzeugung nur Hüte gegen die zunehmende Sonneneinstrahlung aus ökologisch unbedenklichen Materialien herstellt, hat sie für den Fall eines Angriffes einer ältere Marke, die nur Gummischuhe aus Polyethylen beansprucht, eine taktische Verhandlungsposition gegenüber deren Inhaber, indem sie den Verzicht auf Schuhe anbietet. Diese würde ihr fehlen, hätte sie von Anfang an ihre Marke nur für Hüte beantragt.

49 Demgegenüber liegt der Nachteil insbesondere bei Beanspruchung nicht benötigter Klassen darin, dass der Markeninhaber sich Angriffen durch Widersprüche oder Abmahnungen von Markeninhabern aussetzt, denen seine Marke sonst nicht aufgefallen wäre. Dies kommt daher, dass viele Markeninhaber durch **professionelle Markenüberwachungsdienste**[44] permanent elektronisch die Veröffentlichungen der Markenämter darauf überprüfen lassen, ob eine Neueintragung betreffend Markenzeichen und Produkte ihrer Marke zu nahe kommt. Ein wesentlicher Suchparameter dabei sind die beanspruchten Klassen und Produkte. Diese Vor- und Nachteile muss der Anmelder abwägen.

50 Alternativ zu eigenen Formulierungsversuchen kann der **Einzelanmelder** auch kosten- und zeitsparend durchdachte und vom DPMA schon (mehrfach) akzeptierte Formulierungen für Waren und Dienstleistungen oder ganze Verzeichnisse finden, indem er möglichst zeitnah (wegen der neuen Gruppierungspflicht möglichst erst ab Mitte 2004) eingetragene Verzeichnisse professionell vertretener **Großanmelder** seiner Branche als Anregung verwendet (und in Feld 8 darauf hinweist, dass sie schon eingetragen wurden).[45]

51 Keinesfalls darf ein Verzeichnis Produkte mittels eines fremden Markenzeichens umschreiben, weil dies das andere Markenrecht verletzen würde. Weil nicht immer offensichtlich ist, was ein Markenname ist, ist hier besondere Vorsicht geboten. Auch hiergegen schützt die Verwendung der Begriffe aus der **Suchmaschine des DPMA** und/oder eine Internetrecherche, die bei Markenzeichen meist Nachweise unter Verwendung des ®-Zeichens ergeben wird.

---

[44] Diese sind die bereits eingangs beschriebenen Anbieter von Markenähnlichkeitsrecherchen.
[45] Diese findet er über die Recherchetools des DPMA DPInfo und DPMAPublikationen, indem er Marke oder den Inhabernamen angibt und sich das Verzeichnis ansieht.

A. Formelle Voraussetzungen ausgehend vom Anmeldeformular

Beispiel: Offensichtlich unzulässig wäre die Formulierung der Art der angebotenen EDV-Schulungen als „Schulungen betreffend Microsoft Office Produkte". Schwerer erkennbar registrierte Marken sind die fachbegrifflich anmutenden Worte „Perlator" (für die Vorsätze für Wasserhähne zur Erzeugung eines gleichmäßigen Wasserstrahls) und „Thermoskanne" (für Isolierkannen), „Klettband" (für Tentakelhaftband).

Hat der Anmelder sein Verzeichnis anhand all dieser Vorgaben erstellt 52 und auf dem Formular oder einem gesonderten Blatt eingefügt, sollte er in Feld 8 seinen fakultativen **Leitklassenvorschlag** entsprechend dem prognostizierten Schwerpunkt seiner wirtschaftlichen Betätigung machen[46]. Das DPMA folgt dem grundsätzlich, obwohl es daran nicht gebunden ist (§ 21 Abs. 2 Satz 2 MarkenV). Nur bei einer offensichtlich missbräuchlichen Wahl legt der Prüfer – für den Anmelder unangreifbar – die Leitklasse fest. Die Leitklasse bestimmt die Zuständigkeit in der Markenabteilung[47], sie wirkt sich auf die Reihenfolge der Berücksichtigung bei unzureichender Gebührenzahlung[48] und auch darauf aus, unter welcher Klasse die Marke bei Eintragung veröffentlicht wird.

Wurde dieses Verzeichnis schon einmal eingetragen, sollte der An- 53 melder darauf in Feld 8 hinweisen. Dies verpflichtet die Markenstelle zwar nicht zu erneuter Eintragung, weil es keine Selbstbindung an – ggf. nicht ganz korrekte oder nicht mehr adäquate – Verzeichnisse gibt, kann aber indiziell wirken.

Hilfreich ist auch Feld 11 für Markenanmeldungen, die einer Anmel- 54 deserie mit demselben Leitklassenvorschlag von demselben Anmelder angehört, die am gleichen Tag in einem gemeinsamen Poststück beim

---

[46] Die Übung einiger (erfahrener) Anmelder, auch eine Klasse ohne Zusammenhang zu ihrer Tätigkeit und zugleich als Leitklasse zu beantragen, um so nach der Geschäftsverteilung im DPMA eine bestimmte Markenstelle und ggf. für ein Beschwerdeverfahren zum BPatG einen bestimmten Senat anzusteuern, funktioniert zwar oft, weil das DPMA dem Leitklassenvorschlag abgesehen von offenkundig anderem wirtschaftlichen Schwerpunkt der Anmeldung und Rechtsmissbräuchlichkeit meist folgt. Sie kommt jedoch nur für Anmelder in Betracht, die (meinen zu) wissen, welche Stelle, insbesondere welcher Senat beim BPatG die großzügigere Haltung zur Schutzfähigkeit hat. Zudem ist das Hauptmotiv, eine auf dem Schwerpunktsektor weniger kompetente Markenstelle anzusteuern, die schutzhindernde beschreibende Fachbegriffe weniger erkennt, weitgehend entfallen, weil jede Markenstelle diese Wissenslücken außerhalb ihrer Fachklassen durch Internetrecherchen kompensiert.

[47] Zudem wirkt sich die Leitklasse auch bei einem Beschwerdeverfahren beim BPatG fort, weil die Verteilung der Fälle auf die Senate danach erfolgt.
Zur Orientierung ein kurzer Überblick über die deutsche Monopolbehörde für Marken: Das Markenamt ist eine Hauptabteilung des DPMA in München als der Behörde für gewerblichen Rechtsschutz. Diese Hauptabteilung 3 ist in 4 Abteilungen gegliedert, von denen 3.2 bis 3.4 in München und 3.1 in Jena angesiedelt ist. 3.1-3.3 führen als prüfende Abteilungen Anmelde- und Widerspruchsverfahren durch. Dort arbeiten jeweils Markenstellen in Teams mit nichtjuristischen Erstprüfern (in erster „Instanz") und juristischen Erinnerungsprüfern (in zweiter „Instanz"), Sachbearbeitern und Registratoren. Die etwa 75000 Anmeldungen jährlich werden auf die Abteilungen nach Leitklassen und dann nach Leitklassen bzw. Endziffern (also nach Eingang) auf Teams verteilt. Die Löschungsabteilung 3.4 entscheidet über die Löschung eingetragener Marken und ist jeweils mit drei Juristen besetzt.

[48] Siehe dazu genauer unter Teil 3 II A 4.

Teil 3. Das Markenregistrierungsverfahren vor dem DPMA

DPMA eingehen und für die einheitlich ein **Beschleunigungsantrag**[49] gestellt oder nicht gestellt ist. Diese Angabe garantiert dem Anmelder die Bearbeitung seiner Serie durch eine Prüfer als Ansprechpartner.[50] Jede Anmeldung erfordert als selbständige Marke mit eigenem Aktenzeichen ein Antragsformular. Sicherheitshalber sollte der Serie einmal das Vorblatt für Anmeldeserien[51] beigefügt und Gesamtzahl der Anmeldungen und die Nummer der laufenden Anmeldung angegeben werden.

Abschließendes Beispiel zu diesem Komplex:
Der Unternehmer Umtriebig hat zwei Unternehmensbereiche, eine Ledergerberei mit Schuhmanufaktur und einen landwirtschaftlichen Betrieb mit Viehzucht, deren Produkte er ab Hof verkauft, Teichanlagen für Dritte und eine Reitschule. Für diese Aktivitäten möchte er die Marke „Teichmann" anmelden.

Zunächst sollte er mit Hilfe der Suchmaschinen auf der Homepage des DPMA feststellen, in welche Klassen diese Aktivitäten fallen:
Ledergerberei als Herstellung und Verkauf von Leder fällt in die Warenklasse 18. Die Schuhmanufaktur ist Schuhherstellung und -verkauf und fällt in Warenklasse 25. Wird auch Reparatur fremder Schuhe angeboten, steht das Tätigwerden für den Kunden als Reparaturdienstleistung und damit Klasse 37 im Raum. Landwirtschaft umfasst Urproduktion und Verkauf von Fleisch also Warenklasse 29. Reitunterricht ist Dienstleistung für Dritte und fällt in Klasse 41. Teichanlage für Dritte fällt unter Gartenbauarbeiten und damit in Klasse 44.

Dann sollte er in den Registern nach dem Markenzeichen „Teichmann" oder ähnlichen recherchieren und die Treffer anhand der Klassen auf Branchenidentität oder -ähnlichkeit untersuchen. Denn dies entspricht der Prüfung der Verwechslungsgefahr beider Marken aufgrund Marken- und Branchenähnlichkeit des Prüfers im DPMA, falls gegen die Eintragung der Marke des Umtriebig aus einer älteren Marke Widerspruch eingelegt wird. Um so besser dies auf der Basis gründlicher Recherchen vorweggenommen wird, um so geringer ist das Risiko eines erfolgreichen Angriffes eines anderen nach Eintragung. Dies spart Geld und Nerven. Diese „Vorwegnahme" der späteren Kollisionsprüfung ergibt diese Problemfelder: Die Wortmarke „Teichmann" ist der bekannten Schuhmarke „Deichmann" akustisch sehr nah. Auch die für den Schuhverkauf in der Schuhmanufaktur beanspruchte Klasse 25 entspricht der Branche der Firma Deichmann. Hier wäre die Überschneidung daher gefährlich stark. Auch „Schuhreparatur" ist branchenmäßig dem Schuhanbieter „Deichmann" höhergradig, die „Ledergerberei" zumindest überdurchschnittlich ähnlich. Für diese Klassen wäre die Anmeldung dieser Wortmarke daher mit dem großen Risiko behaftet, dass der Schuhriese Deichmann gegen die Eintragung Widerspruch aus seiner älteren Marke einlegt, bei dessen Erfolg die Marke des Umtriebig wieder gelöscht wird. Hingegen sind die im Bereich der Landwirtschaft beanspruchten Waren und Dienstleistungen trotz ihrer Berührungspunkte (Leder, Tiere ...) dem Schuhverkauf entfernter und das Risiko der späteren Bejahung einer Verwechslungsgefahr geringer. Unter anderem Aspekt problematisch ist die Anmeldung des Wortes „Teichmann" für die Dienstleistung „Anlage von Teichen für Drit-

---

[49] Siehe dazu genauer unter Teil 3 A II 6.
[50] Warum und welche Vorteile dies bieten kann ergibt sich aus den Ausführungen in Teil 3 B.
[51] Siehe unter www.dpma.de Formulare Merkblätter Marken Formular W 7002.

A. Formelle Voraussetzungen ausgehend vom Anmeldeformular

te", weil sie dafür sachlich beschreibend und daher möglicherweise nicht herkunftshinweisend auf einen Anbieter wirkt.

Weil sich diese Wortmarke schon nach dieser Kurzrecherche nicht einheitlich für alle Unternehmensbereiche des Umtriebig eignet, müsste er mehrere Marken anmelden oder ein anderes Markenzeichen suchen.

4. Vertretung (Formular Feld 4)

Das für die Angabe von Vertretern vorgesehene Feld 4 umfasst zwei 55 Arten von Vertretern: Einerseits gesetzliche oder gewillkürte Vertreter von Anmeldern, die wegen ihres Alters oder Zustandes (Minderjährige und geistig Eingeschränkte) oder ihrer Rechtsform (juristische Personen wie GmbH) einen Vertreter brauchen. Andererseits die Vertretung durch einen Rechts- oder Patentanwalt. Ist beides der Fall, werden beide in Feld 4 erfasst.

Beispiel: Dies betrifft etwa die häufigen Fälle, dass die Markenanmelderin eine juristische Person (GmbH, AG etc) ist (in Feld 4 vorne), die gesetzlich durch ihren Geschäftsführer/Vorstand vertreten wird (Feld 4 rechts) und sich zudem von einem Rechtsanwalt vertreten lässt, der dann auch in Feld 4 rechts anzugeben ist.

Grundsätzlich kann sich der Anmelder vor DPMA und BPatG – wie 56 bei Amtsgerichten – selbst vertreten und braucht keinen Rechts- oder Patentanwalt, kann aber in jedem Verfahrensstadium einen Vertreter hinzuziehen (§§ 81 Abs. 1, 13 Abs. 1 DPMAV – freiwillige Vertretung). Der Vertreter muss grundsätzlich eine vom Anmelder unterschriebene Vollmachtsurkunde nach den Vorschriften über die Bevollmächtigung einreichen (§ 15 Abs. 1 DPMAV). Ihr Fehlen ist bei Rechts- oder Patentanwalt[52] unschädlich, weil diese aus standesrechtlichen Gründen nicht ohne **Vollmacht** agieren werden. Andere vollmachtslose Vertreter ignoriert das DPMA und korrespondiert mit dem Anmelder.

Auswärtige ohne Wohnsitz, Sitz oder Niederlassung im Inland müs- 57 sen durch einen Rechts- oder Patenanwalt als Inlandsvertreter gemäß § 96 vertreten sein (notwendige Vertretung), wenn dies die Teilnahme des Auswärtigen am Rechtsverkehr erleichtert und Auslandszustellungen vermeidet. Kann dem Antrag des Anmelders ohne zustellungsbedürftige Entscheidung oder ohne seine Beteiligung stattgegeben werden, ist kein Vertreter nötig. Weil dies nicht sicher absehbar ist, sollten Auswärtige stets einen Inlandsvertreter bestellen. Weil die Niederlegung dieser Vertretung nach § 96 oder der Mandatsentzug erst wirksam wird, wenn Ausscheiden des alten und Bestellung des neuen Vertreters dem DPMA angezeigt wurde, muss der vorherige Vertreter bis dahin tätig bleiben.

---

[52] Oder Erlaubnisscheininhaber und Patentassessoren gemäß §§ 155 Abs. 1 Nr. 2, 178 PatAnwO sowie ausländische Anwälte aus EU-Ländern/EWR mit Zustellungsbevollmächtigten im Inland (§ 96 Abs. 2 Satz 1, 2).

Teil 3. Das Markenregistrierungsverfahren vor dem DPMA

5. Gebühren §§ 1 ff. PatKostG

58 Markenanmeldungen unterliegen als gewerbliche Schutzrechte **Anmeldegebühren**. Dementsprechend ist gemäß §§ 64a i.V.m. Nr. 331 100 GebVerz zu § 2 Abs. 1 PatKostG mit der Anmeldung eine Gebühr nach Tarif zu bezahlen. Diese Verfahrensgebühr wird mit Antragstellung fällig und verfällt mit ihr sowohl, wenn die Marke eingetragen und auch wenn sie zurückgewiesen wird. Diese vielen Anmeldern unverständliche Tatsache erklärt sich daraus, dass die Bearbeitung einer Markenanmeldung beim DPMA in beiden Fällen denselben Aufwand verursacht, weil jeweils eine Akte angelegt, die Marke elektronisch erfasst, das Verzeichnis geklärt und auf **Schutzhindernisse** recherchiert werden muss. Meist ist die Markeneintragung, die als begünstigender Verwaltungsakt unbegründet erfolgt, sogar deutlich weniger aufwändig als die Zurückweisung einer Marke nach Beanstandung durch mehrseitigen Beschluss. Schon deshalb wäre eine Vermutung falsch, das DPMA weise „lieber" oder großzügig Marken zurück als sie einzutragen. Es widerspräche auch dem gesetzlichen Auftrag der Eintragung einer Marke, wenn ihr keine Schutzhindernisse entgegenstehen. Davon abgesehen sind die Anmeldegebühren in Deutschland im Verhältnis zu anderen Ländern und dem großen Arbeitsaufwand spezialisierter Mitarbeiter sehr gering.

59 Daher ist in den meisten Fällen, in denen die Eintragung der Marke scheitert, wie bei kompletter Zurückweisung wegen Schutzhindernissen oder Einschränkung des Verzeichnisses der Waren und Dienstleistungen betreffend bereits angefallene gebührenpflichtige Klassen keine Rückzahlung der Anmeldegebühr möglich. Sie kann nur in den seltenen Fällen zurückgezahlt werden, wenn die Markenanmeldung im Zahlungszeitpunkt bereits zurückgewiesen war oder als zurückgenommen galt (§ 64 a i.V.m. § 6 Abs. 2 PatkostG). Weil Akten grundsätzlich erst nach vollständiger Bezahlung bearbeitet werden sollen, ist dies selten. Nutzen die Anmelder aber die Kulanz des DPMA aus, die Bearbeitung ausnahmsweise ohne vollständige Zahlung aufzunehmen, wird dies letztlich zur Versagung dieser Kulanz – die pünktliche Schuldner gegenüber Säumigen benachteiligt – auch in dringenden Fällen führen.

60 Die Höhe der selten und moderat steigenden Gebühren ergibt sich selbsterklärend und detailliert aus dem **Kostenmerkblatt**[53] und wird nur grob dargelegt. Die Gebühren setzen sich aus einer (Grund-)Anmeldegebühr und Klassengebühren für Waren und Dienstleistungen zusammen, die in mehr als drei Klassen fallen. Die Anmeldegebühr von 300 € umfasst als Pauschalgebühr neben den Gebühren für 3 Klassen den Beitrag für die Veröffentlichung und die Eintragung im Register. Die Klas-

---

[53] Zu finden unter www.dpma.de Formulare Merkblätter/Allgemeine Informationen A 9510.

A. Formelle Voraussetzungen ausgehend vom Anmeldeformular

sengebühr von 100 € fällt für jede weitere angefallene Klasse (§ 64 a i.V.m. Nr. 331 300 GebVerz zu § 2 Abs.1 PatkostG) entsprechend der endgültigen Klassifizierung durch das DPMA an. Höhere Gebühren fallen für Kollektivmarken an (§ 64a i.V.m. Nr. 331 200 und 331 400 GebVerz zu § 2 Abs. 1 PatKostG).

Diese Gebühr deckt zunächst den Schutz der Marke für zehn Jahre ab der Anmeldung ab. Nach diesen und allen weiteren zehn Jahren entscheidet der Markeninhaber, ob er die Marke weiter behalten möchte. Will er das, so kann er sie jeweils um 10 Jahre (also theoretisch unendlich) durch Zahlung der **Verlängerungsgebühr** verlängern. Diese erscheint mit 750 € Grundtarif und 260 € für jede weitere Klasse zunächst sehr hoch, insbesondere, da keine Prüfung mehr anfällt. Sie erklärt sich aber aus der Annahme, dass Markeninhaber, die mit der Marke in den zehn Jahren wirtschaftlich erfolgreich gearbeitet haben, dies bezahlen können und dem Ziel, die Inhaber nicht mehr benötigter Marken davon abzuhalten, Register und wirtschaftliche Freiheit der Mitbewerber durch „Karteileichen" zu blockieren. 61

Die Gebühr wird sofort mit der tatsächlichen Einreichung der Anmeldung fällig (§ 3 Abs. 1 PatkostG). Schwierig an dieser Vorauszahlungspflicht ist, dass die Höhe der Zahlungspflicht häufig erst nach endgültiger Klärung der angefallenen Klassen durch das DPMA feststeht. Der Anmelder kann entweder sofort bei Einreichung die selbst berechnete Gebühr oder nach Erhalt der Empfangsbestätigung die dort festgesetzten Gebühren entrichten oder als sichersten Weg mit der Anmeldung sofort eine Dauereinzugsermächtigung erteilen. In jedem Fall sollte er im Eigeninteresse möglichst rasch bezahlen, weil die Sachbearbeitung nach § 64 a i.V.m. § 5 Abs. 1 Satz 1 PatkostG erst nach Gebühreneingang aufgenommen werden soll. 62

Dem Anmelder stehen für die Gebührenzahlung gemäß Feld 12 und § 1 PatKostZV[54] diese Zahlungsmodalitäten zur Verfügung: 63
- Barzahlung auf ein Konto oder bei der Zahlstelle des DPMA
- Überweisung auf ein Konto der Zahlstelle
- Einzugsverfahren als Einmal- oder Dauereinzug

Das unbedingt empfehlenswerte Formular A 9507 auf der **Homepage des DPMA**[55] ermöglicht die **Einmaleinzugermächtigung** nur für den explizit benannten Betrag[56] und die unbezifferte Dauereinzugsermächtigung für zukünftig fällig werdende Gebühren und Auslagen betreffend das bezeichnete Schutzrecht. Die mit Anmeldung oder während der Fälligkeit der Gebühren eingereichte Dauereinzugsermächti- 64

---

[54] Die PatKostZV findet sich unter www.gesetze-im-internet.de.
[55] Zu finden unter www.dpma.de Formulare/Merkblätter Gebührenzahlung per Einzugsermächtigung.
[56] Demgegenüber lässt das BPatG bei der Zahlung der Beschwerdegebühr auch einen unbezifferten Auftrag genügen, vgl. BPatG Mitt 2004, 451 f. – *Deutsche Heimtier*.

49

Teil 3. Das Markenregistrierungsverfahren vor dem DPMA

gung erfasst auch die bereits fälligen Gebühren für dieses Schutzrecht. Soll die Einzugsermächtigung für mehrere Aktenzeichen gelten, ist dem Formular eine Einzahlungsliste mit allen Angaben zur bestimmungsgemäßen Zuordnung der amtlichen Gebühr (Az. Gebührencode, Verwendungszweck, Betrag) beizufügen. Zur Vermeidung von Doppelabbuchungen sollte sie entweder per Fax oder in Papierform erteilt werden.

65 **Tipp:** Am besten sollte der Anmelder sofort mit der Einreichung der Anmeldung eine Dauereinzugsermächtigung erteilen. Dies vermeidet jede Verzögerung und Versäumen der Zahlung und beinhaltet kein Risiko übermäßiger oder unrechtmäßiger Abbuchungen, weil das DPMA Überzahlungen zurückerstattet.

66 Ist die auf der Empfangsbestätigung ausgewiesene Gebühr nicht in 3 Monaten nach Fälligkeit der Anmeldung (§ 6 Abs. 1 PatKostG, also ab Einreichung!) gezahlt, gilt die Anmeldung ohne weitere Zahlungsaufforderung als ganz oder teilweise zurückgenommen (§§ 64 a i.V.m. 6 Abs. 1, 2 PatKostG). Weil **Fristablauf** und **Rücknahmefiktion** nicht durch Meinungsdifferenzen mit dem DPMA über die Gebührenhöhe gehindert werden, sollte der Anmelder den ausgewiesenen Betrag zur Vermeidung von Risiken auch bezahlen, wenn er ihn für ungerechtfertigt hält, und später dann ggf. zu Unrecht erhobene Gebühren zurückfordern.

67 Weil die Zahlungsfrist schon ab der Einreichung läuft, der Anmelder die Empfangsbestätigung aber erst später erhält, verkürzt sich die faktisch verbleibende Frist deutlich. In diese muss der Anmelder zudem – je nach **Zahlungsmodalität** unterschiedlich – noch eine gewisse Laufzeit der Zahlung einkalkulieren. Gemäß § 2 PatKostG gilt als Einzahlungstag bei Bareinzahlungen der Tag der Einzahlung, bei Überweisungen der Tag der Gutschrift auf dem Konto der Bundeskasse Weiden, bei Einzugsermächtigungen der Tag des Eingangs beim DPMA und bei Dauereinzugsermächtigungen für künftig fällig werdende Gebühren der Tag der Fälligkeit der Gebühr, wenn der Einzug gelingt (auf Deckung des Kontos achten!).

68 Wird die Anmeldegebühr nicht vollständig fristgerecht bezahlt, gilt die Anmeldung als zurückgenommen. Bezahlte Teilbeträge erstattet das DPMA zurück, es sei denn die Marke wurde trotzdem, etwa nach Widerruf der Einzugsermächtigung gegenüber der Bank, eingetragen und der Anmelder hat dadurch einen ungerechtfertigten Vorteil. In diese Frist kann Wiedereinsetzung nach § 91 beantragt werden.[57]

---

[57] Dazu muss der Anmelder innerhalb von 2 Monaten ab Wegfalls des Hindernisses, das ihn an der Einhaltung der Frist hinderte und er das erkennen musste und vor Ablauf von einem Jahr ab dem Ablauf der versäumten Frist einen schriftlichen Antrag auf Wiedereinsetzung in den vorigen Stand stellen. In diesem Antrag muss er detailliert ausführen, welche Tatsachen ihn an der Einhaltung der Frist hinderten und sein Verschulden daran ausschließen. Die Details der umfangreichen Rechtsprechung lassen sich am besten einem Kommentar zu § 233 ZPO entnehmen.

A. Formelle Voraussetzungen ausgehend vom Anmeldeformular

Werden **Klassengebühren** (also die jenseits der 300 € Anmeldegebühr) nicht oder nur teilweise fristgerecht bezahlt, wird die Anmeldung nach dem MarkenG aufrechterhalten, weil die angefallenen Klassen unklar sein können: § 36 Abs. 3 Satz 3 sieht die Möglichkeit der Nachzahlung dieser Klassengebühren in einer vom DPMA bestimmten behördlichen Frist von meist 1 Monat (§ 18 Abs. 1 DPMAV) vor. Werden in dieser Nachzahlungsfrist[58] die Klassengebühren nicht oder nicht vollständig gezahlt, setzt das DPMA wegen der unklaren Regelung des § 36 Abs. 3 zur **Rechtssicherheit** dem Anmelder eine Frist zur Bestimmung der Reihenfolge, die mit der Empfangsbescheinigung oder einem weiteren Bescheid verbunden sein kann. Trifft der Anmelder in dieser Frist eine Bestimmung, gilt diese. Trifft er keine Bestimmung, werden zuerst die genannte Leitklasse und dann die übrigen Klassen entsprechend der Reihenfolge der Klasseneinteilung berücksichtigt (§ 36 Abs. 3 Satz 1). Im übrigen – wenn die Höhe der Gebühr nicht mehr reicht – gilt die Anmeldung als zurückgenommen (§ 36 Abs. 3 Satz 2). **69**

Keine Verfahrenskostenhilfe. Anders als andere Gesetze zum gewerblichen Rechschutz sieht das Markengesetz bewusst keine Verfahrenskostenhilfe für weniger bemittelte Markenanmelder vor[59], weil Marken meist von Unternehmen angemeldet werden, die die relativ geringen Gebühren wenig belasten und Marken im Gegensatz zu Patenten nicht die Innovation (auch des Landes) sichern, sondern eher Produkterfolg begleiten. Daher haben entsprechende Anträge keinerlei Aussicht auf Erfolg.[60] **70**

6. Beschleunigungsantrag § 38 MarkenG (Formular Feld 7)

Der Anmelder kann einen Beschleunigungsantrag stellen, um eine schnellere Bearbeitung seiner Anmeldung zu erreichen. Dies kann sinnvoll sein, weil er eine schnelle Entscheidung benötigt, weil er das Produkt schnell unter dieser Marke auf den Markt bringen will und vor allem im Hinblick auf die **6-monatige Unionsprioritätsfrist** (Art. 4 II MMA i.V.m. Art. 4 Abschn. C PVÜ). Denn der **Zeitrang** (Anmeldetag) der deutschen Markenanmeldung kann ihrer internationalen Schutzerstreckung auf andere Länder nur zugrundegelegt werden, wenn sie innerhalb von 6 Monaten eingetragen ist. Weil der gebührenpflichtige Beschleunigungsantrag (200 €) nur bei aktuell langen Bearbeitungsdauern im DPMA notwendig ist, kann es sinnvoll sein, dies vorab zu erfragen. Ein Grund für einen Beschleunigungsantrag kann auch die derzeit teilweise in der Markenabteilung geübte Praxis sein, dass Marken mit Beschleunigungsantrag nicht vom Erstprüfer, sondern direkt von einem Ju- **71**

---

[58] Auch in diese Frist ist Wiedereinsetzung möglich.
[59] In diesem Sinne BPatG 24 W (pat) 098/01 Beschl. v. 26.2.2002 – *webspace*.
[60] Daran änderte es auch nichts, dass der erste Grund durch den Wegfall der Bindung der Marke an einen Geschäftsbetrieb überwiegend auch entfiel, weil der zweite Aspekt überwiegt.

Teil 3. Das Markenregistrierungsverfahren vor dem DPMA

risten entschieden werden und so in der nächsten Instanz direkt zum BPatG führen[61] und damit das Verfahren insgesamt verkürzen kann.

72 Ein Beschleunigungsantrag erfordert den Antrag durch Ankreuzen von Feld 7 oder bloße Zahlung der **Beschleunigungsgebühr**[62] bei Anmeldung oder durch entsprechende schriftliche Äußerung im Verfahren und Zahlung der Beschleunigungsgebühr von 200 € (§ 64 a i.V.m. Nr. 331 500 GebVerz zu § 2 Abs. 1 PatkostG). Auch dieser gilt bei Nichtzahlung in 3 Monaten ab Antragstellung als zurückgenommen. Der Anmelder sollte die dreimonatige Zahlungsfrist keinesfalls ausschöpfen, weil er sonst die Bearbeitung in 6 Monaten ab Anmeldung selbstverschuldet gefährdet.

73 Daraufhin wird die Prüfung nach §§ 38, 36, 37 beschleunigt durchgeführt. Die Marke muss also im Fall ihrer (teilweisen) Schutzfähigkeit im Hinblick auf die 6-monatige Unionsprioritätsfrist spätestens in 6 Monaten (teilweise) eingetragen sein, wenn keine besonderen, vom Anmelder zu vertretenden Schwierigkeiten vorliegen. Der Anmelder sollte darauf bestehen, dass neuerdings auch die Zurückweisung bei **Schutzunfähigkeit** in 6 Monaten erfolgen muss[63], weil § 38 nicht nur auf beschleunigte Eintragung, sondern Prüfung abstellt. Bei erfolgter beschleunigter Eintragung und bevorstehendem Ablauf der 6-Monats-Frist muss das DPMA den Anmelder ggf. telefonisch über die Eintragung unterrichten[64], um ihm die internationale Registrierung mit der Priorität der deutschen Anmeldung nach § 108 Abs. 2 zu ermöglichen, weil der Zweck des § 38 auch mangels rechtzeitiger Information über die Eintragung verfehlt würde. Weil trotzdem Fehler mit u.U. irreversiblen Folgen unterlaufen können, sollte der Anmelder bei Unklarheiten oder Bedenken beim zuständigen Prüfer im DPMA (telefonisch) nachfragen. Dieser wird dem Anmelder – wenn er ihm die Sachlage darlegt – soweit möglich in der Regel gerne entgegenkommen.

74 Blieb diese Beschleunigung aus, sollte der Anmelder einen formlosen, schriftlichen Antrag auf Rückzahlung der Beschleunigungsgebühr stellen. Denn anerkanntermaßen[65] besteht aus verfassungsrechtlichen Erwägungen gemäß § 63 Abs. 2 ein Anspruch auf **Rückzahlung aus Billigkeitsgründen,** weil die zusätzlichen Gebühren eine zusätzliche Leistung des DPMA abgelten muss. Diese fehlt, wenn die Gründe für mangelnde Beschleunigung überwiegend beim DPMA liegen, wie Arbeitsüberlastung/personelle Unterbesetzung als organisatorische Defizi-

---

[61] Siehe dazu näher unter Teil 4 B und C.
[62] Dies erfolgt bei der Dauereinzugsermächtigung nicht automatisch, sondern muss angestoßen werden.
[63] Argumente liefern BPatG 29 W (pat) 393/00 Beschl. v. 4.12. 2002 – *woman* und 28 W (pat) 094/02 Beschl. v. 15.1.2003 – *1. Klasse im Auto.*
[64] BPatGE 43, 272 – *Sprinta,* das Pinrollo stellt insoweit sehr strenge Anforderungen an die Pflichten des DPMA; BPatG MarkenR 2003, 311 f. – *COOL GIRL.*
[65] BGH GRUR 2000, 325 ff. – *Beschleunigungsgebühr I.*

A. *Formelle Voraussetzungen ausgehend vom Anmeldeformular*

te. Weil nicht fristgemäße oder unzureichende Reaktionen auf Benachrichtigungen ein Eigenverschulden des Anmelders begründen und die Rückzahlung hindern kann, sollte er dies vermeiden und immer möglichst rasch reagieren. Haben er und das DPMA die Verzögerung verursacht, sollte der Anmelder in seinem Rückzahlungsantrag möglichst detailliert ausführen, warum sein Verschulden geringer wiegt.

7. Bedeutung und Begründung des Zeitrangs einer Markenanmeldung

Immer wieder erwähnt wurde der Zeitrang der Markenanmeldung 75 und seine immense Bedeutung etwa für den Vorrang ähnlicher Marken, welche Marke die frühere Priorität genießt. Weil eine Marke ab dem Zeitpunkt ihres Zeitranges Schutz genießt, richtet sich das Interesse der Beteiligten meist auf einen möglichst frühen Zeitrang. Die Zeitrangbegründung basiert bei Registerrechten regelmäßig auf ihrem Anmeldetag gemäß § 33 Abs. 1 oder einem Prioritätstag nach §§ 34, 35[66].

Der Anmeldetag gemäß § 33 Abs. 1 ist der Tag an dem die Unterla- 76 gen mit den Angaben nach § 32 Abs. 2 beim DPMA in München oder Jena (Nr. 1) oder einem Patentinformationszentrum (Nr. 2) eingegangen sind.

Nach dem Wortlaut des § 32 Abs. 2 muss die Anmeldung enthalten[67]
1. Angaben, die es erlauben, die Identität des Anmelders festzustellen
2. Wiedergabe der Marke
3. Verzeichnis der Waren und DL, für die die Eintragung beantragt wird

Nr. 1 erfordert zur Begründung des Anmeldetages nur objektive 77 Identifizierbarkeit des Anmelders. Wenn die Angaben das DPMA in die Lage versetzen, mit diesem in Kontakt zu treten, können Name, Adresse usw. unvollständig sein, müssen dann aber bis zur Eintragung im Register gemäß § 5 MarkenV komplettiert sein.

Die Wiedergabe der Marke nach Nr. 2 muss zur Begründung des 78 Anmeldetages erkennen lassen, was nach dem Willen des Anmelders Anmeldegegenstand sein soll. Diese Ausprägung des zentralen **Bestimmtheitsgrundsatzes** für das Registerrecht soll sicherstellen, dass die Öffentlichkeit jederzeit ersehen kann, welche Marken bereits eine Priorität genießen, um ihre wirtschaftlichen Aktivitäten darauf einstellen zu können. Dazu muss die Marke so eindeutig und klar bestimmt und dargestellt sein, dass der Schutzgegenstand genau identifiziert und bestimmt werden kann und nachträgliche Änderungen zweifelsfrei ausgeschlossen sind. Dies ist nur durch eine grafische Wiedergabe, nicht durch bloße Beschreibung der Marke möglich. Rein drucktechnische Defizite im Sinne von Abs. 3 sind unschädlich. Die Markenform muss

---

[66] Ausnahmen für Sonderfälle enthält unter anderem § 156.
[67] Die Zuerkennung eines Anmeldetages erfordert hingegen keine Gebührenzahlung.

Teil 3. Das Markenregistrierungsverfahren vor dem DPMA

grundsätzlich endgültig vorliegen. Die Anforderungen ähneln denen an die grafische Darstellbarkeit gemäß § 8 Abs. 1[68], sind aber weniger streng. Weil die Anforderungen infolge einer aktuellen Entscheidung des BPatG[69] sehr im Fluss sind, sind hier verbindliche Aussagen kaum möglich.

79 **Probleme** stellen sich hier vor allem bei Bildmarken, dreidimensionalen Marken und den **neuen Markenformen:** Mangelnde Farbigkeit der Abbildungen von Wort-/Bild, Bild- und dreidimensionalen Marken mit Farbangaben[70] bei Einreichung per Fax ist meist unschädlich, weil der Schutzumfang in der Regel aus der Gestalt und den Farbangaben ersichtlich wird. Bei Farbmarken ist dies schwieriger, aber meist durch Angabe des zwingenden Farbklassifikationssystemcodes zu lösen. Ob der Zweifel, ob die Marke eine Bild- oder eine 3-D-Marke ist (wenn die Abbildung eines dreidimensionalen Gegenstandes eingereicht ist und keine Markenform angekreuzt ist), die Begründung des Anmeldetages hindert, wird im Einzelfall unterschiedlich beantwortet. Alle diese Fragen sollte der Anmelder telefonisch mit dem zuständigen Prüfer klären und Defizite möglichst rasch beseitigen, da sich sonst der Anmeldetag zu seinen Lasten weiter verzögert.

80 Gerade bei der **Markenwiedergabe** wirkt sich der Grundsatz massiv aus, dass in dem Moment, in dem die (Mindest-)Voraussetzung des § 32 Abs. 2 Nr. 2 erfüllt ist, gleichzeitig auch jede Veränderung über diesen Rahmen hinaus verwehrt ist.

Beispiel: Wurde im Beispielsfall eine zweidimensionale Abbildung eines dreimensionalen Gegenstandes eingereicht und keine Markenform angekreuzt, war zunächst offen, ob eine Bild- oder dreidimensionale Marke beantragt war. Hat sich der Anmelder dann – auf Nachfrage oder selbstständig – auf eines festgelegt, wird dafür der Anmeldetag begründet und ist gleichzeitig kein Wechsel zur anderen Markenform mehr möglich. Im Eintragungsverfahren muss er noch die weiteren Anforderungen an die Wiedergabe der gewählten Markenform erfüllen, bevor diese eingetragen werden kann.

81 Bei ersichtlichen Unklarheiten aufgrund verschieden auslegbarer Willenserklärungen kann der Anmelder dies nachträglich festlegen, unter Umständen unter Verschiebung des Anmeldetages.

82 Das Verzeichnis der Waren und Dienstleistungen gemäß Nr. 3 muss nach noch herrschender Praxis zur Begründung des Anmeldetages nur den äußersten Bereich der beanspruchten Produkte feststellbar machen, um Öffentlichkeit und Konkurrenten zu informieren. Dazu muss es

---

[68] Dazu näher unter Teil 3 B.
[69] BPatG 29 W (pat) 88/02 Beschl. v. 17.5.2006 – *Kielnet* und BPatG MarkenR 2006, 422 ff. – *Rätsel Total*.
[70] Dazu sollte der Anmelder neben der Abbildung die Farben angeben ggfs. sogar unter Angabe, welcher Teil welche Farbe hat. Keinesfalls darf diese durch in das Markenzeichen hineinreichende Striche verdeutlicht werden, weil dann auch dies – ungewollt – Bestandteil der anmeldetagbegründenden Markenwiedergabe würden.

A. Formelle Voraussetzungen ausgehend vom Anmeldeformular

nicht sofort den Erfordernissen der §§ 3 Abs. 1 Nr. 3, 14 MarkenV entsprechen, also nicht gruppiert, perfekt klassifiziert sein und nur zulässige Begriffe enthalten. Vielmehr kann dafür ein unbestimmtes, nicht klassifiziertes oder -bares Verzeichnis, eventuell sogar bloße Klassenangabe genügen, wenn der äußerste Bereich der beanspruchten Produkte feststellbar ist.[71] Hier ist der Maßstab großzügiger als bei der Markenwiedergabe, weil das Verzeichnis im Gegensatz zur (unteilbaren und unveränderbaren) Marke jederzeit ohne Verlust des Anmeldetages einschränkbar ist (§ 39 Abs. 1).

Bei einem Defizit vergibt das DPMA keinen Anmeldetag für den Einreichungszeitpunkt, sondern fordert den Anmelder zur näheren Klärung auf. Zum Anmeldetag nach § 36 Abs. 2 Satz 2 wird dann der Tag der Erfüllung der Voraussetzungen des § 32 Abs. 2. Erfolgt keine Klärung, gilt die Anmeldung gemäß § 36 Abs. 2 Satz 1 nach Ablauf einer vom DPMA gesetzten Frist als zurückgenommen. 83

Bei allen diesen Fragen und Zweifeln sollte der Anmelder sich immer vor Augen führen, dass die Entscheidung über die Vergabe des Anmeldetages für seine Marke vor dem Hintergrund der **Publizitätsfunktion** des Registers erfolgt. Genügt seine Einreichung unter diesen drei Aspekten, vor allem der Wiedergabe der Marke zur Information der Öffentlichkeit und der Konkurrenten darüber, was bereits „besetzt ist", begründet dies einen Anmeldetag. Dies macht er am besten, indem er mit den Augen eines potentiellen Konkurrenten auf seine eigene Anmeldung blickt und sich fragt, ob diese so klar ist, dass er seine Marke „an ihr vorbei" konzipieren kann. Gründlichkeit bei der Konzeption der Anmeldung liegt aber vor allem im Interesse des Anmelders selbst, weil notwendige Klärungen jedenfalls zeitlich zu seinen Lasten gehen. 84

Daneben kann der Anmelder für seine Marke auch einen früheren Zeitrang beanspruchen, wenn er für sie eine anderweitige **frühere Priorität** hat und diese dem DPMA nachweisen kann. Dies kann eine ausländische Priorität gemäß § 34 sein, wenn der Anmelder eine frühere ausländische Voranmeldung hat. Die Voraussetzungen des Procedere, das eher anwaltlich vertretene Anmelder nutzen, wird in der Fußnote kurz dargestellt[72]. 85

---

[71] BPatGE 31, 168 ff. Angabe der *Klasse 33* soll genügen, weil der von dieser Klasse umfasste Bereich „alkoholische Getränke, ausgenommen Biere" übersichtlich und hinreichend klar ist, BPatG MarkenR 2004, 196 ff. – *what's live:* Die Angabe „alle denkbaren Waren und Dienstleistungen" genügt den Anforderungen des § 32 Abs. 2 Nr. 3, da sie jedermann ersichtlich klarstellt, dass der maximale Schutz für alle gegen Entgelt produzier- und handelbaren Waren und erbringbare Dienstleistungen beansprucht wird.

[72] Voraussetzungen:
Staatsvertrag mit dem Land, aus dem Priorität beansprucht wird (insbesondere Art. 2 TRIPs) oder im BGBl bekannt gemachte Gegenseitigkeitsvereinbarung (§ 34 Abs. 2).
Vorschriftsmäßige Hinterlegung ausländischer Voranmeldung in einem, der PVÜ angehörigem Staat (Art. 4 A I PVÜ). Dazu genügt auch die Anmeldung einer Gemeinschaftsmarke

Teil 3. Das Markenregistrierungsverfahren vor dem DPMA

86 Daneben kann er unter bestimmten Voraussetzungen eine **Ausstellungspriorität** gemäß § 35 beanspruchen. Diese auch für **Einzelanmelder** nutzbare Regelung gibt Anmeldern, die die beanspruchten Produkte unter der angemeldeten Marke vor der Markenanmeldung auf einer anerkannten Messe oder Ausstellung ausstellten, einen früheren Zeitrang als den Zeitpunkt der Einreichung der Anmeldung. Dies gibt dem Anmelder einerseits die Möglichkeit, eine Marke erst anzumelden, wenn er ein erstes Feedback des Publikums hat, birgt aber gleichzeitig das Risiko, dass es im Zusammenhang mit der Inanspruchnahme der Priorität zu Problemen kommen kann und dann ein Konkurrent die Marke schon zwischenzeitlich angemeldet hat. Daher ist es nach derzeitiger Gesetzeslage eine gangbarere Lösung der Prioritätssicherung bei gleichzeitigem Vorbehalt der Entscheidung, die Marke schon vor der Zurschaustellung anzumelden und erst hinterher innerhalb der Zahlungsfrist durch Zahlung oder Nichtzahlung über ihre Inanspruchnahme zu entscheiden.

87 Für diese **Ausstellungspriorität** muss der Anmelder folgende **Voraussetzungen** beachten: Die Marke muss für die in der Anmeldung beanspruchten Produkte auf einer anerkannten amtlichen oder internationalen Ausstellung[73] gemäß § 35 Abs. 1 Nr. 1 oder auf einer sonstigen in- oder ausländischen Ausstellung (vgl. zu deren Kreis Abs. 2 und 3) zur Schau gestellt worden sein. Da diese Zurschaustellung durch Fotos vom Messestand und umfassende Bescheinigungen der Messeleitung belegt werden muss, sollte der Anmelder die Beanspruchung dieser Priorität gründlich vorbereiten bzw. die soeben beschriebene Alternative wählen. Weiter muss er die Anmeldung erst innerhalb von 6 Monaten seit der erstmaligen Zurschaustellung einreichen. Dies ermöglicht ihm gegenüber der genannten Alternative zur Zeitrangsicherung eine längere Er-

---

durch Inländer, weil dadurch eine nationale Anmeldung in jedem Land der Gemeinschaft, also auch in PVÜ-Staaten fingiert wird (Art. 32 GMV).
Vorliegen ausländischer Voranmeldung spätestens im Zeitpunkt inländischer Nachanmeldung, wobei weiteres Schicksal (auch Zurückweisung) für Priorecht irrelevant ist.
Inländische Nachanmeldung in 6 Monaten nach Auslandsanmeldung (Art. 4 C PVÜ) durch Erstanmelder oder Rechtsnachfolger (Art. 4 C PVÜ); auch isolierte Übertragung Priorecht unabhängig von Erstanmeldung möglich.
Identität von Vor- und Nachanmeldung (völlig belanglose Abweichungen unschädlich).
Weiteres Procedere:
Wer eine Unionspriorität beansprucht, muss in 2 Monaten ab Anmeldetag Datum und Staat der Voranmeldung angeben (§ 34 Abs. 3 S 1 i.V.m. Art. 4 D I PVÜ) = Prioritätserklärung. Sodann fordert das DPMA den Anmelder zur Angabe von Aktenzeichen und Abschrift der Voranmeldung auf (Art. 34 Abs. 3 S2 i.V.m. Art. 4 D III PVÜ). Erfolgt dies nicht rechtzeitig, ist der Prioritätsanspruch für dieAnmeldung verwirkt (§ 34 Abs. 3 S 4 i.V.m. Art . 4 D IV 2 S 2 PVÜ).

[73] Dazu gehören nur Ausstellungen i.S.d. Abkommens über internationale Ausstellungen, die das Bundesministerium der Justiz bekannt machte, zu finden im Taschenbuch des gewerblichen Rechtsschutzes Nr. 698.

A. *Formelle Voraussetzungen ausgehend vom Anmeldeformular*

probungsphase der wirtschaftlichen Aussichten seines Vorhabens. Das weitere Procedere findet sich in der Fußnote[74].

8. Änderung der Anmeldung

Die Regeln zur Begründung eines Anmeldetages haben für den Anmelder relevante Auswirkungen auf seine Möglichkeit, seine Anmeldung zu ändern. Grundsätzlich kann eine Markenanmeldung als unveränderbare Einheit ab der Begründung des Anmeldetages und des Anwartschaftsrechts des Anmelders auf Eintragung nicht mehr geändert werden. Dies bringt dem Anmelder den Vorteil der **Prioritätsbegründung** und den Nachteil des Wegfalls der Veränderungsoption, es tritt eine Zementierung in jeder Hinsicht ein. Als einzige Ausnahme kann nach § 39 Abs. 1 die Anmeldung jederzeit (partiell) zurückgenommen werden durch Einschränkung des Waren- und Dienstleistungsverzeichnisses. Dabei sind auch Änderungen, die den Schutzumfang nicht berühren – deren Vorliegen allerdings eine komplizierte Frage ist – zulässig. 88

Beispiele: Solche Einschränkungen sind die Fälle, in denen der Anmelder auf ganze Klassen verzichtet oder aus einer Klasse einzelne Begriffe herausnimmt, aber auch Einschränkungen solcher Begriffe durch Zusätze, also etwa „Druckereierzeugnisse, nämlich Zeitschriften".
Keine Einschränkung, aber eine zulässige Änderung wäre etwa die Ergänzung des Begriffes „Druckereierzeugnisse" um den Zusatz „... insbesondere zum Markenrecht" als nur beispielhaft erläuternder Ergänzung.

Problematischer ist es, wenn der Anmelder einen aus seiner Sicht weiten Oberbegriff einschränken möchte und sich das dann zu einer – unzulässigen – Erweiterung auswächst. 89

Beispiel: Hat der Anmelder in seinem Verzeichnis „Alkoholische Getränke" (Klasse 33) beansprucht und möchte diese nun in „Biere" ändern. Diese Änderung ist keine Einschränkung, sondern durch die Veränderung in der Klasse (Biere fallen in die Klasse 32) vornehmlich eine – unzulässige – Erweiterung .

Tipp: Weil der Einzelanmelder wegen der komplizierten Hintergründe der Klassenteilung kaum erkennen kann, wann eine zulässige Umformulierung oder Einschränkung vorliegt und wann der Bereich der unzulässigen Erweiterung beginnt bzw. nicht bemerkt, wann er unbewusst sehr weite und möglicherweise ungewollte irreversible Einschränkungen vornimmt, sollte er dies – möglichst telefonisch – vorher mit dem zuständigen Prüfer absprechen. Denn dieser kann ihm mündlich Formulierungen für seine Bedürfnisse vorschlagen, die ihm nach Eingang einer schriftlichen, stets irreversiblen Einschränkung verstellt wären, wenn sie dieser gegenüber eine – unzulässige – Erweiterung darstellen. 90

---

[74] Der Anmelder muss innerhalb von 2 Monaten nach der Einreichung der Anmeldung den Tag der erstmaligen Zurschaustellung und die Ausstellung angeben (§ 35 Abs. 4 Satz 1). Sodann fordert das DPMA den Anmelder zur Beibringung von Nachweisen auf (Art. 34 Abs. 3 S2 i.V.m. Art 4 D III PVÜ). Erfolgen diese nicht rechtzeitig, ist der Prioritätsanspruch für diese Anmeldung verwirkt.

Teil 3. Das Markenregistrierungsverfahren vor dem DPMA

91 § 39 Abs. 2 bietet die Möglichkeit zur Berichtigung offensichtlicher eher formaler Fehler in der **Willensäußerung** (nicht der Willensbildung), wenn also etwas anderes gesagt, aber das Richtige gewollt wurde. Unter diesem Aspekt sind zulässige Berichtigungen der Marke kaum denkbar. Der **Anmeldereinwand,** er habe die Marke falsch geschrieben, ist insoweit nutzlos, da oft gerade dies als (schutzbegründendes) Charakteristikum der Marke fungiert und daher für das DPMA nicht als reiner Willensäußerungsfehler erkennbar und akzeptabel ist. Fälle des § 39 Abs. 2 sind in der Praxis sehr selten.

Beispiele: Typische Beispiele sind Korrekturen bei Namen oder Telefonnummer des Anmelders.

B. Materielle Anforderungen an die Eintragung einer Marke

92 Der Prüfer im DPMA trägt eine angemeldete Marke nur in das Register ein, wenn sie den materiellen Voraussetzungen des Markengesetzes entspricht. Der Anmelder hat also gemäß §§ 41, 37 Abs. 1, 33 Abs. 2 einen Anspruch auf Eintragung seiner Marke, wenn ihr keine Schutzausschließungsgründe entgegenstehen. Weil eine Marke ihrem Inhaber gemäß § 14 ein ausschließliches Benutzungsrecht und Verbietungsrecht gegenüber anderen Teilnehmers des Wirtschaftsverkehrs gewährt, muss ihr Erwerb an Voraussetzungen geknüpft sein.

93 Entgegen verbreiteter (Anmelder-)Ansicht ist die Entscheidung über Eintragung oder (teilweise) Zurückweisung der Marke eine **gebundene Entscheidung,** bei der DPMA oder BPatG kein Ermessen zukommt[75]. Die Erfüllung des Tatbestands eines Schutzhindernisses lässt dem Prüfer also **keinen Spielraum** für die Berücksichtigung spezifischer **Anmelderbelange.** Dies ist auch sachgerecht, weil die Eintragung einer Marke nicht nur die Rechtsposition des Inhabers verbessert, sondern zugleich die der Allgemeinheit verschlechtert, die von freier Verwendung der Angabe ausgeschlossen wird. Daher müssen **ungerechtfertigte Monopolrechte** zur Verhinderung unberechtigter Abmahnungen, aufwendiger Löschungs- und Verletzungsverfahren möglichst frühzeitig vermieden werden, um Unternehmen nicht wirtschaftlich zu stark zu belasten.

---

[75] Dies zeigen auch die Formulierungen des § 41 „Entspricht die Anmeldung den Anmeldungserfordernissen und wird sie nicht gemäß § 37 zurückgewiesen, so wird die angemeldete Marke in das Register eingetragen" und § 37 Abs. 1 „Ist die Anmeldung nach § 3, 8 oder 10 von der Eintragung ausgeschlossen, so wird die Anmeldung zurückgewiesen", weil das Wort „wird ..." in der Gesetzessprache die Rechtsfolge bei Erfüllung der Voraussetzungen auf der Tatbestandsseite zwingend vorsieht. Soll einem Entscheidungsgremium bei der Festlegung der Rechtsfolge ein Ermessen verbleiben, werden die Worte „kann", „soll" verwendet.

B. Materielle Anforderungen an die Eintragung einer Marke

Das Verständnis der **Grundzüge der Schutzfähigkeit** einer Marke ist für den Markenanmelder unter mehreren Aspekten sehr wichtig. Zunächst kann er damit schon im Vorfeld der aufwändigen Konzeption, Anmeldung und Investitionen in die Etablierung der Marke grob abschätzen, ob sie wohl überhaupt schutzfähig ist. Dies ist eine grobe Prognose dessen, was der Markenprüfer im DPMA tun wird. Zudem kann das Wissen darum, was eine Marke schutzfähig macht, die Kreativität des Anmelders bei der Gestaltung seiner Marke lenken. Schließlich kann er auf Grund dessen die – für mögliche Kollisionen mit Konkurrenten wichtige – Kennzeichnungskraft seiner Marke abschätzen. 94

Entsprechend seinem Zweitnamen „absolutes Verfahren" orientiert sich das Eintragungsverfahren an absoluten Maßstäben des Markengesetzes. Entgegen verbreitetem und tückischem Irrtum prüft der Prüfer im DPMA im Verfahren bis zur Eintragung grundsätzlich nicht, ob die Marke anderen Marken zu nahe kommt. Diese Entscheidung über das – relative – Verhältnis der Marke zu anderen überlässt das Markengesetz einem nachgeschalteten **Widerspruchsverfahren,** dem Kollisionsverfahren. Dort prüft das DPMA nach Eintragung einer Marke auf kostenpflichtigen Antrag (200 €) des Inhabers einer älteren Marke, den die jüngere Marke stört, ob beide markenrechtlich verwechselbar sind. Dieses Konzept hat den Vorteil, dass das DPMA nur Fragen zum Verhältnis von Marken zueinander klären muss, an denen ein Interesse besteht und seine Effizienz nicht sinnlos belastet wird. Es bedeutet aber für die Registermarkeninhaber, dass sie permanent die Neueintragungen beobachten (lassen) müssen.[76] 95

> **Wichtig:** Die bloße Eintragung einer Marke garantiert ihrem Inhaber nicht, dass und inwieweit sie gegenüber älteren Registermarken Bestand haben wird. Erste Sicherheit entsteht erst[77], wenn in der 3-monatigen Widerspruchsfrist nach der Veröffentlichung der Eintragung kein Widerspruch im DPMA eingegangen ist.[78] Daher sollte sich der Anmelder davor bzw. vor Abschluss eines Widerspruchsverfahrens nicht auf die Marke verlassen. 96

Für eine möglichst realitätsnahe Simulation der Schutzfähigkeitsprüfung, wie sie im DPMA stattfinden wird, sollte der Anmelder seinem oft verklärt betrachteten „Markenbaby" möglichst neutral gegenübertreten. Zudem sollte er sich vergegenwärtigen, dass eine Marke betreffend ihre Schutzfähigkeit nicht danach beurteilt wird, was er sich bei ihr gedacht hat, sondern nur danach, wie sie objektiv wirkt. Dazu sollte er sich in die 97

---

[76] Siehe dazu im Detail unter Teil 6.
[77] Immer vorbehaltlich möglicher späterer Verfahren vor ordentlichen Gerichten.
[78] Dies lässt sich unter www.dpma.de E-Dienstleistungen/Veröffentlichungen DPMA-Publikationen im Markenblatt feststellen. Dies sollte ab dem Fristablauf von 3 Monaten für einige Zeit durchgesehen werden, bis Einlegung oder Nichteinlegung eines Widerspruches veröffentlicht wird.

Teil 3. Das Markenregistrierungsverfahren vor dem DPMA

Lage des Konkurrenten und des Adressaten der im Verzeichnis beanspruchten Produkte versetzen und sich aus deren Sicht folgende Fragen stellen:

- Stört mich als Konkurrent das Markenzeichen wegen produktbeschreibenden Gehaltes beim Vertrieb meiner Produkte dieser Branche?
- Sehe ich als Endabnehmer dieser Produkte im Markenzeichen einen beschreibenden Sachhinweis oder nur eine allgemeine Angabe?

98 Ist nur eine Antwort unter den im Folgenden dargestellten Kriterien ein „Vielleicht", sollte er auf die Anmeldung dieser Marke verzichten. Denn selbst wenn er sie auf Grund der veränderlichen und uneinheitlichen Entscheidungspraxis eingetragen bekommt, wird ihre **Kennzeichnungsschwäche** sie kaum zu einer gut merkbaren, starken Marke werden lassen. Eine solche sollte aber das Ziel sein. Diese selbstkritische Perspektive sollte der Anmelder bei der Lektüre der folgenden Ausführungen beibehalten, um die Schutzfähigkeit vor Anmeldung realistisch einzuschätzen. Die Perspektive wird aber während der Darstellung immer wieder gewechselt, um dem Anmelder für den Fall einer Beanstandung wegen **Schutzunfähigkeit** seiner Marke vom DPMA eine Argumentationshilfe für deren Schutzfähigkeit zu geben.

99 Die materiellen Eintragungsvoraussetzungen werden nun anhand der gesetzlichen Vorgaben in §§ 41, 33 Abs. 2, 37 Abs. 1 erläutert. Danach ist eine Marke einzutragen, wenn sie nicht nach §§ 3, 8 oder 10 von der Eintragung ausgeschlossen ist.

I. Schutzausschließungsgründe des § 3 MarkenG

100 Weil diese Schutzausschließungsgründe die Eintragung einer Marke nur selten hindern, werden sie nur kurz und mit Blick auf ihre Bedeutung als allgemeine Grundlage und -aussagen für den Markenbegriff dargestellt. Das Bestehen eines dieser **Schutzausschließungsgründe** hat allerdings für den Anmelder die gravierende Konsequenz, dass es – anders als die häufigsten absoluten Schutzhindernisse des § 8 Abs. 2 – nicht durch **Verkehrsdurchsetzung**[79] überwindbar ist.

1. Abstrakte Unterscheidungseignung § 3 Abs. 1 MarkenG

101 Der Wortlaut des § 3 Abs. 1
„Als Marken können alle Zeichen, insbesondere Wörter ... Abbildungen, Buchstaben, Zahlen, Hörzeichen, dreidimensionale Gestaltungen sowie sonstige Aufmachungen einschließlich ... geschützt werden, die geeignet sind, Waren oder Dienstleistungen eines Unternehmens von denjenigen anderer Unternehmen zu unterscheiden"

---

[79] Siehe dazu näher unter Rdnr. 223 ff.

B. Materielle Anforderungen an die Eintragung einer Marke

enthält programmsatzartig die wesentlichsten Aussagen über das Wesen der Marke – Herkunftshinweis und Unterscheidungsfunktion – und zählt verschiedene Markenformen auf. Zudem statuiert er durch seine Formulierung[80] „alle Marken" einen offenen Markenbegriff, der erstmals grundsätzlich alle (auch innovative) Arten von Marken ermöglicht, die auf einen menschlichen Sinn wirken können. Weiter wird ihm das Erfordernis der einheitlichen Erfassbarkeit des Markenzeichens entnommen. Sie fehlt, wenn seine visuellen, akustischen oder sonstigen Elemente erst durch einen Denkvorgang als zusammengehörend erfassbar sind.

An dieser fehlenden **Herkunftshinweisfunktion** abstrakt von den beanspruchten Produkten scheitern nur die äußerst seltenen Markenzeichen, die unter keinen Umständen für irgendeine Ware oder Dienstleistung als Herkunftshinweis wirken können. **102**

Beispiel: Mangels praktischer Fälle gibt es nur theoretische Beispiele wie Markenzeichen in Form eines schlichten schwarzen Punktes wie das Satzzeichen angemeldet für „Briefpapier".
Dies würde schon an § 3 Abs. 1 scheitern, weil der Verkehr einen normalen Punkt nicht nur für „Briefpapier", sondern auch für jedes andere Produkt wie „Lippenstift" oder „Finanzberatung" nicht als Herkunftshinweis auf einen Anbieter ansieht. Weil er ihn auf jedem Produkt gar nicht oder einfach als Punkt, nicht als Herkunftshinweis wahrnehmen würde, fehlt ihm schon abstrakt (vom Produkt) diese Eignung. Ebenso wären längere Texte, lange Bildersequenzen zu beurteilen.

2. Ausschlussgründe des § 3 Abs. 2 MarkenG

Diese Vorschrift schließt Zeichen aus, die ausschließlich aus einer Form bestehen, **103**
1. die durch die Art der Ware selbst bedingt ist
2. die zur Erreichung einer technischen Wirkung erforderlich ist
3. die der Ware einen wesentlichen Wert verleiht
Nach Formulierung und Kontext betrifft sie nur Warenformmarken und bestimmte Warenverpackungsformmarken[81] sowie Bildmarken mit Darstellung einer Ware[82] oder Verpackung. Dieser kleine Anwendungsbereich macht sie und diese Ausführungen für die meisten Fälle und Anmelder irrelevant. **104**

---

[80] „... alle Marken ..." sowie das beispielhaft aufzählende „...insbesondere ...".
[81] So EuGH MarkenR 2004, 116 ff. – *Henkel*: Er ist auf die Verpackung solcher Waren wie Flüssigkeiten anwendbar, denen erst die Verpackung die für die Vermarktung erforderliche Form verleiht, weil dann unter der Ware die Form der Verpackung zu verstehen sei, weil dann nicht zwischen Behältnis und Inhalt bei Flüssigkeiten unterschieden und nur der Inhalt als Ware qualifiziert werden dürfe. Die Verpackung entscheide über Menge, Funktionalität und Gewicht und ist die einzige für den Verbraucher wahrnehmbare Form. Sie gilt nicht für nicht zwingend verpackte Waren wie Nägel.
[82] Dies soll verhindern, dass Anmelder durch den Wechsel der Markenform diese Vorschrift umgehen und letztlich fast denselben Schutzgegenstand haben. Anders sehen dies *Ingerl/Rohnke* § 3 Rn. 43 unter Berufung auf den Ausnahmecharakter des § 3 Abs. 2.

Teil 3. Das Markenregistrierungsverfahren vor dem DPMA

105 Die Ausnahmevorschrift soll zum Ausgleich der Zulassung moderner Markenformen die **zeitlich unbegrenzte Monopolisierung** von Gestaltungen zentraler technischer oder ästhetischer Elemente von Waren über den Markenschutz im Allgemeininteresse verhindern, die nach dem einschlägigen Gebrauchs- und Geschmacksmusterrecht nur unter qualifizierten Voraussetzungen und zeitlich begrenzt Schutz bekämen. Weil sein Obersatz erfordert, dass das Markenzeichen ausschließlich aus einer der Formentypen der Ziffern 1, 2 und 3 besteht, gilt § 3 Abs. 2 ohnehin nicht für Markenzeichen, die noch weitere Merkmale wie Dekorationen, Aufschriften o.ä. enthalten.

Beispiel: Während die Eintragung der dreidimensionalen Marke in Form einer üblichen Form einer Taschenlampe mit üblichen technischen Merkmalen für die Waren „Taschenlampen" hieran scheitern könnte, wäre dies nicht mehr so, wenn sie besondere, für Taschenlampen unübliche Muster oder den Schriftzug „Bählite" aufweist, weil sie dann nicht mehr ausschließlich aus den in § 3 Abs. 2 genannten Merkmalen besteht.

106 § **3 Abs. 2 Nr. 1** schließt durch die Art der Waren selbst bedingte Formen aus. Hiermit sind Formen gemeint, die durch die Gattung der beanspruchten Waren selbst bedingt sind, also wenn kein Merkmal weggelassen werden kann, ohne dass die Warengattung nicht mehr passt[83].

Beispiel: Die Warengattung Auto ist durch die Merkmale Fahrzeug mit Rädern, Motorhaube, Fahrgastraum, die Warengattung Messer ist durch Griff und Klinge definiert, die Warengattung Flasche ist ein verschließbares Gefäß für bestimmten Rauminhalt. Alle darüber hinaus gehenden Gestaltungen scheitern nicht hieran, sondern sind unter dem Aspekt konkreter Unterscheidungskraft des § 8 Abs. 2 Nr. 1 darauf zu untersuchen, ob sie sich innerhalb des marktüblichen Formenschatzes dieser Waren halten oder ihn erheblich übersteigen und als Herkunftshinweis auf einen Anbieter wirken.

107 § **3 Abs. 2 Nr. 2** schließt Formen aus, die zur Erreichung einer technischen Wirkung erforderlich sind, unabhängig davon, ob mit anderen möglichen Formen die gleiche technische Wirkung erzielt werden kann[84]. Er erfasst nicht nur Warenformen, die ausschließlich aus technisch notwendigen Merkmalen bestehen, sondern alle, deren wesentliche funktionelle Merkmale technisch bedingt sind.

108 § **3 Abs. 2 Nr. 3** schließt Formen aus, die den wesentlichen ästhetischen Wert der Ware ausmachen.[85] Diese wenig relevante Norm wird nur auf Warenformen angewandt, bei denen der ästhetische Wert durch die Form so im Vordergrund steht, dass er die Waren ausmacht und der

---

[83] So sehr eingängig *Ströbele/Hacker* § 3 Rn. 92.
[84] EuGH GRUR 2002, 804 ff. – *Philips Remington*.
[85] Aber hier ist vieles umstritten, wie die andere Auslegung bei *Ingerl/Rohnke* § 3 Rn. 58 belegt.

B. Materielle Anforderungen an die Eintragung einer Marke

Verkehr nicht an einen markenmäßigen Hinweis denkt, wie vor allem bei Kunstwerken, Schmuck und Mode.[86]

3. Die grafische Darstellbarkeit § 8 Abs. 1 MarkenG

Die in § 8 Abs. 1 geforderte grafische Darstellbarkeit soll bei Registermarken, die im Eintragungszeitpunkt am Markt oft noch nicht verwendet werden, im Interesse der Information der Öffentlichkeit den Schutzgegenstand möglichst konkret zeigen. Bei der Benutzungsmarke nach § 4 Nr. 2 ist dies nicht nötig, weil sich ihr Schutzgegenstand in der – schutzbegründenden – Benutzung am Markt sichtbar präsentiert. Soweit die grafische Darstellung zudem für das DPMA das Prüfungsobjekt festlegen soll, überschneidet sie sich mit der grafischen Wiedergabe der Marke auf dem Anmeldeformular („Einklebbarkeit" in die Akte). Soweit sie eine zuverlässige Grundlage für die Unterrichtung der Öffentlichkeit über den Schutzgegenstand der Marken und für die Beurteilung von Markenkollisionen und -verletzungen geben soll, erfordert sie **Reproduzierbarkeit** für das elektronische Register, was mehr als Einklebbarkeit in die Akte sein kann.

109

Beispiel: Ein augenfälliges Beispiel für diese unterschiedlichen Anforderungen bildete jüngst der Fall eines kartonartiges Papiers mit Hologrammoberfläche[87] für Parfümeriewaren. Die hologrammartig schillernde Oberfläche war in der Akte auf eingeklebten Musterkartonstücken wiedergegeben, ihre Einspeisung in das elektronische Register und Veröffentlichung war aber unmöglich, weil diese Oberflächeneffekte dort nicht sichtbar sind.

a) Unproblematisch: Klassische Markenformen

Klassische Markenformen wie Wort-, Wort-/Bild-, Bild- und dreidimensionale Marken machen insoweit kaum Probleme, weil ihre grafische Darstellung unproblematisch ist[88], da sie mit ihrer späteren Erscheinung am Markt übereinstimmt. Weil diese (noch) den Großteil der Anmeldungen ausmachen, entstehen hier für die meisten Anmelder keine Probleme.

110

Beispiel: So sind Wort- oder Wort-/Bildmarken wie „Henkel, La Perla, Escada" und Bildmarken wie das „Krokodil" von Lacoste durch Wiedergabe oder Einscannen des Logos, das später auf der Bekleidung erscheinen wird, für das elektronische Register darstellbar.

---

[86] Dieser Ausschlussgrund wurde erstmals vom BPatG Bl. 2002, 228 – *Schmuckring* angewendet, indem angenommen wurde, dass die ästhetischen Elemente bei diesen Schmuckringen nicht mehr als bloße Zutat zur Ware angesehen werden, sondern ihr Wesen ausmachen, weil die Kaufentscheidung wesentlich durch designbetonte Produktgestaltung der Form beeinflusst wird.
[87] BPatG GRUR 2005, 594 ff. – *Hologramm*.
[88] Abgesehen von gewissen Farbtreueproblemen.

Teil 3. Das Markenregistrierungsverfahren vor dem DPMA

b) Problematischere moderne Markenformen

111 Bei modernen Markenformen macht die grafische Darstellbarkeit häufig Probleme, weil die grafische Darstellung bei ihnen wesensgemäß nur eine Annäherung an ihre spätere Erscheinung auf dem Markt sein kann. Die aktuelle Praxis stellt an die grafische Darstellbarkeit bei allen Markenformen die Anforderung, dass sie es ermöglichen muss, das Zeichen insbesondere mit Hilfe von Figuren, Linien oder Schriftzeichen sichtbar so wiederzugeben, dass es genau identifiziert werden kann.[89] Dazu muss die Darstellung in sich geschlossen, leicht zugänglich und für die Benutzer des Markenregisters verständlich sowie dauerhaft, unzweideutig und objektiv sein. Ergänzend können begrenzt Markenbeschreibungen, die diesen Anforderungen genügen, Unklarheiten überwinden. Einige moderne Markenformen sind derzeit unter Schwierigkeiten und manche nicht grafisch darstellbar:

112 Unter Schwierigkeiten und meist ergänzt durch eine Markenbeschreibung grafisch darstellbar sind die modernen Markenformen[90], die sich an den Sehsinn richten, wie Farb-, Positions- und Bewegungsmarken.

- Abstrakte Farbmarken

Bei der Einfarbmarke erfüllt die Anforderungen an die grafische Darstellung derzeit ein Farbmuster plus Benennung der Farbe anhand eines anerkannten Farbbezeichnungscodes[91].

113 Bei Mehrfarbmarken genügen bloße Farbmuster mit Farbangabe nicht mehr, weil sie nie alle Varianten des späteren Marktauftrittes der Farben für die Produkte festlegen können[92], die schon bei zwei Farben zahlreiche Kombinationen zum „Anziehen" der Produkte umfasst von eng gestreift mit dem optischen Effekt einer Mischfarbe über Punkte oder Tigermuster bis zu Verteilungen, die eine Farbe fast verschwinden lassen. Nach den neuen Vorgaben des EuGH[93] muss diese bloß farbbestimmte Markenbildungsoption[94] vielmehr so konkretisiert werden, dass die Kombination der Farbmuster abstrakt die spätere Erscheinungsform

---

[89] Diese Anforderungen entstammen den Grundsatzentscheidungen EuGH GRUR 2003, 145 ff. – *Sieckmann* betreffend eine Riechmarke, EuGH GRUR 2004, 54 ff. – *Shield Mark BV* betreffend Hörmarken und EuGH GRUR 2004, 858 ff. – *Heidelberger Bauchemie* betreffend eine Zweifarbenmarke.

[90] Weil die Konzeption einer ordnungsgemäßen grafischen Darstellung großer Erfahrung bedarf, sollte ein spezialisierter Anwalt beauftragt werden.

[91] Dies sind die üblichen Farbbezeichnungssysteme Pantone, HKS und RAL. Für Mischfarben außerhalb dieser Systeme lässt die Praxis des DPMA – nicht höchstrichterlich abgesichert- die Angabe der am nächsten kommenden Ziffer eines Farbklassifikationssystems und Farbmuster genügen. Bloße Farbmuster sind wegen ihrer Veränderlichkeit nicht dauerhaft.

[92] Ob also beim Magenta/Grau der Telekom bei der Telefonzelle der Korpus Grau und das Dach Magenta oder die gesamte Telefonzelle gestreift oder gepunktet sein wird.

[93] EuGH GRUR 2004, 858 ff. – *Heidelberger Bauchemie*.

[94] So m.E. sehr treffend der 33. Senat des BPatG GRUR 2002, 429 ff.– *Abstrakte Farbmarke*.

B. *Materielle Anforderungen an die Eintragung einer Marke*

auf den Produkten vorwegnimmt. Dazu muss sie das Verhältnis der Farben und feste Schnittstellen bestimmen, wie gerade oder gezackte Linie, Kreise mit andersfarbigen Zwischenräumen o.ä. und dies durch eine Beschreibung genau erläutern[95]. Weil hier noch viel unklar ist, sollten diese nur mit Unterstützung eines hochspezialisierten Anwaltes angemeldet werden.

- Positionsmarke
Diese Zeichen in gleichbleibender Positionierung auf einem Träger **114** sind meist durch die Wiedergabe und ergänzende Beschreibung grafisch darstellbar[96]. Weil ihr Schutzgegenstand nur das positionierte Zeichen, nicht den Gesamtgegenstand umfasst, der nur beispielhaft die spezifische Anbringung des Zeichens an der bestimmten Stelle des späteren Trägers illustriert, muss die grafische Wiedergabe das zu positionierende Zeichen exakt abbilden, während der Träger skizzenhaft wiedergegeben werden kann. Die bei mehreren beanspruchten Waren notwendige Abstrahierung dieser Skizze so, dass sie diese Positionierung für alle Waren darstellt, ist oft schwierig. Beschränkt sich der Anmelder auf wenige Waren, deren Gestalt skizzenhaft grob auf einen Nenner zu bringen ist und fügt er eine Beschreibung bei, kann – oft nach Abstimmung mit dem Prüfer – eine grafische Darstellung gefunden werden.

Beispiel: Die grafische Darstellung der Positionsmarke „Stern im Fuß" für Stofftiere muss eine Skizze möglicher Stofftierfüße auf dem kleinsten gemeinsamen Nenner sein, um darauf die Positionierung des Sternes festzulegen. Dies kann für Vogelfüße, Elefantenfüße, Pferdehufe schon schwierig sein.

- Bewegungsmarken können durch eine überschaubare, lückenlose **115** Folge zwei- oder dreidimensionaler Bilder daumenkinoartig grafisch dargestellt werden. Die Beschreibung muss zusätzlich die zeitliche Abfolge der Bilder angeben. Weil auch hier im Detail noch vieles ungeklärt ist, birgt deren Anmeldung insoweit gewisse, wenn auch beschränktere Risiken.

Nicht grafisch darstellbare moderne Markenformen **116**
Bei den nicht an den Sehsinn gerichteten modernen Markenformen ist das Erfordernis der grafischen Darstellbarkeit für das Register zur In-

---

[95] Ein Beispiel für eine ausreichende Darstellung mit Beschreibung ist BPatG 29 W (pat) 68/03 Beschl. v. 14.10.2005 – *Hellblau/Dunkelbau*, wo neben der Abbildung zweier horizontaler Streifen übereinander ohne Abstand folgende Erklärung vorlag: „Die Farben dunkelblau und hellblau sind in Streifenform zueinander angeordnet, nämlich je im selben Breitenverhältnis".

[96] Ein anschauliches Beispiel bildet der Fall 33 W (pat) 315/01 Beschl. v. 26.8.2003 – *Grünes Plättchen an silberner Farbspitzpistole* für Farbspritzpistolen mit Abbildung und der Beschreibung „Markenschutz wird beansprucht für eine am Griffboden einer Farbspritzpistole angeordnete grüne Markierung. Die Markierung hat etwa die Form eines Plättchens und ist von unten sowie von mindestens drei Stellen sichtbar. Sie ist etwa 3–10 mm stark und hat seitliche Abmessungen von etwa 10–20 mm. Sonstige, auf der Abbildung der Farbspritzpistole erkennbare Angaben und Gestaltungsmerkmale sind nicht Bestandteil der Marke".

Teil 3. Das Markenregistrierungsverfahren vor dem DPMA

formation der Öffentlichkeit naturgemäß schwieriger erfüllbar. Selbst die dazu nunmehr grundsätzlich ausreichende mittelbare grafische Darstellung mit Beschreibung entsprechend den dargestellten Anforderungen des EuGH scheitert häufig aus technischen Gründen.

- Hörmarken in Form von Lautfolgen sind mittelbar nur durch die von § 11 Abs. 2 Satz 1 MarkenV zugelassene Notenschrift mit in Takte gegliedertem Notensystem mit Notenschlüssel und Vorzeichen, Noten- und Pausenzeichen unter Angabe deren relativen Wertes, die Kombination, Höhe und Dauer der Töne festlegen[97] und ergänzende Beschreibung mit Angabe von Tempo, Dynamik, Artikulation und Instrumentierung darstellbar. Die für die Corporate Identity von Firmen oft besonders interessanten Klangbilder sind dadurch nicht darstellbar und daher derzeit nicht eintragbar.[98]

  Beispiele: So sind die Tonfolgen des Otto Versand, Schwäbisch Hall „Auf diese Steine können Sie bauen" und der Telekom eingetragen, während Geräusche wie Tierlaute oder Klangkulissen nicht eintragbar sind.

- Tastmarken können unter noch nicht genauer geklärten Umständen durch eine Wiedergabe und eine Beschreibung der Tasteindrücke grafisch darstellbar sein[99]. Einzelanmelder sollten daher die Rechtsentwicklung[100] abwarten.

- Geruchsmarken scheitern als Registermarken derzeit an fehlender grafischer Darstellbarkeit von Gerüchen mit den verfügbaren technischen Mitteln für das Register in einer Weise[101], dass jeder ihren Schutzgegenstand erkennen kann.

- Hologramme sind derzeit wohl eher nicht grafisch darstellbar. Zwar wurde ihre grafische Darstellbarkeit in einigen Fällen darin gesehen, dass die für sie typische bestimmte Anzahl von Motiven, die aus verschiedenen Blickwinkeln jeweils sichtbar werden[102], als Einzelbilder nebeneinander abgebildet wurden. Dies kann aber wohl nicht mehr genügen, weil dies ihre typische schillernde, mangels Scanbarkeit nicht elektronisch sichtbar zu machende Oberfläche[103] nicht erfasst.

---

[97] EuGH GRUR 2004, 54 ff. – *Shield Mark BV.*
[98] Das früher zur mittelbaren grafischen Darstellung zugelassene Sonagramm, das auch Geräusche darstellen kann, ist mangels Lesbarkeit für jedermann nicht mehr zulässig.
[99] Siehe BGH I ZB 73/05 Beschl. v. 5.10.2006 – *Tastmarke Autositzhebel.*
[100] Siehe auf den Homepages von BPatG und BGH.
[101] Siehe Grundsatzentscheidung EuGH GRUR 2003, 145 ff. – *Sieckmann Zimtsäuremetylesther,* die die früher in Europa vereinzelt geschehene Eintragung von Geruchsmarken ausschließt.
[102] Dies lässt sich etwa gut an den Hologrammen auf Geldscheinen und EC-Karten sehen.
[103] Dies stellte BPatG GRUR 2005, 594 ff. – *Hologramm* betreffend ein nur aus dieser Hologrammoberfläche ohne Motive bestehendes Markenzeichen fest.

B. Materielle Anforderungen an die Eintragung einer Marke

> **Fazit:** Finanzbewussten Anmeldern, für die ein Verfahren durch mehrere Instanzen mit Rechtsbeistand eine merkliche Einbuße wäre, wird von diesen Markenformen abgeraten solange bis Verfahren von Großkonzernen, die diese für ihr multisensuales Branding „brauchen", den Weg geebnet haben.

117

II. Die Schutzhindernisse des § 8 Abs. 2 MarkenG

Die praxisrelevanteste Hürde für die Eintragung einer Marke bildet § 8 Abs. 2 MarkenG, der Art. 2 und 3 MRRL umsetzt und primär das **Allgemeininteresse an Wettbewerbsfreiheit** durch freie Verwendung bestimmter Angaben sichern soll. Dabei dienen § 8 Abs. 2 Nr. 1 bis 3 markenrechtlichen Belangen und Nr. 4–10 allgemeinen Gründen des öffentlichen Interesses. Weil Markenanmeldungen zu etwa 20% daran scheitern, sollte sich jeder Markenanmelder zumindest grob mit ihnen vertraut machen, um die Eintragbarkeit (aber auch die spätere Kennzeichnungskraft) seiner Marke prognostizieren zu können. Dieses Wissen und die Beispiele eintragungs(un)fähiger Marken werden auch konstruktiv seine Kreativität lenken. Denn wer weiß, was Marken schutz- oder schutzunfähig macht, kann besser eine „gute" Marke kreieren.

118

Der Anmelder sollte die folgenden Ausführungen auch vor dem Hintergrund seiner möglichen Situation im Anmeldeverfahren vor dem DPMA lesen: Weil die (teilweise) Zurückweisung einer Marke erst nach Gewährung rechtlichen Gehörs gemäß § 59 Abs. 2 erfolgen darf, müssen dem Anmelder zuvor deren Gründe mit Gelegenheit zur Stellungnahme mitgeteilt werden. Dies erfolgt durch eine schriftliche Beanstandung, in der der Prüfer die Bedenken gegen die Schutzfähigkeit der Marke so detailliert mit Nachweisen darlegen muss, dass der Anmelder sich damit auseinandersetzen kann. Hierauf kann und sollte dieser seine Argumente gegen die Schutzhindernisse und für **Schutzfähigkeit** seiner Marke schriftlich darlegen. Dabei sollen ihn die folgenden Ausführungen zur Schutzfähigkeit und die Liste tauglicher Argumente[104] unterstützen. Hat er den Eindruck, dass die **Schutzhindernisse** nicht (detailliert) dargelegt wurden, sollte er dies unter Berufung auf die eindeutige Entscheidung des BPatG[105] monieren. Erfolgt eine Zurückweisung unter Verletzung des rechtlichen Gehörs, kann er unter Berufung darauf auch einen Antrag auf Rückerstattung der Erinnerungsgebühr stellen.

119

---

[104] Siehe dazu Teil 4 D.
[105] BPatG 33 W (pat) 163/02 Beschl. v. 26.4.2005 – *ABC Design,* wonach das DPMA dem Anmelder schon mit der Beanstandung die Belege für die angenommene Schutzunfähigkeit mitteilen muss. Ebenso für den Fall, dass eine Stellungnahme des Anmelders nicht berücksichtigt wurde BPatG 32 W (pat) 120/99 Beschl. v. 17.5.2000 – *Dog Holiday.*

Teil 3. Das Markenregistrierungsverfahren vor dem DPMA

120 Im folgenden werden schwerpunktmäßig die Ziffern § 8 Abs. 2 Nr. 1 und 2 erörtert, weil diese Marken am häufigsten entgegengehalten werden, die anderen nur knapp.

1. § 8 Abs. 2 Nr. 1 MarkenG – Die fehlende Unterscheidungskraft

121 Diese Norm schließt Marken von der Eintragung aus, denen für die Waren oder Dienstleistungen jegliche Unterscheidungskraft fehlt. Dieses **meistangewendete Schutzhindernis** betrifft die zentrale Frage der Marke, ob das Markenzeichen in den Augen der angesprochenen Verbraucher als Hinweis auf die Herkunft der konkret beanspruchten Produkte von einem Anbieter gegenüber denen anderer Anbieter dienen kann. Dieses Schutzhindernis soll im Allgemeininteresse ungerechtfertigte Rechtsmonopole verhindern, um die freie Entfaltung aller zu sichern. Dies wirkt sich für den Anmelder, dessen Marke auf Grund dessen zurückgewiesen wird, negativ aus, aber für ihn und jeden anderen (potentiellen) Markenanmelder-/inhaber auch positiv, indem es ihn vor Monopolen anderer bewahrt.

Für die Beurteilung der Unterscheidungskraft muss prognostiziert werden, wie die Verbraucher das Markenzeichen unbefangen im Kontext mit dem Produkt, also auf der Ware oder als Bezeichnung einer Dienstleistung verwendet, verstehen werden. Dabei bezieht sich die konkrete Unterscheidungskraft gemäß § 8 Abs. 2 Nr. 1 auf diese Fähigkeit in Bezug auf jedes einzelne im Verzeichnis beanspruchte Produkt.[106]

a) Allgemeine Grundsätze für die Beurteilung der Unterscheidungskraft

122 Für die Beurteilung der Unterscheidungskraft bilden sich folgende wichtige allgemeine Grundsätze heraus. Anhand dieser werden alle Fallgruppen beurteilt, teils durch weitere Grundsätze für einige Markenformen und Konstellationen ergänzt.

- Keine analysierende Betrachtung von Markenzeichen durch den Verkehr, der ein als Marke verwendetes Zeichen in der Regel so aufnimmt, wie es ihm entgegentritt, ohne es einer analysierenden Betrachtung zu unterziehen.
- Abzustellen ist auf den durchschnittlich informierten, aufmerksamen und verständigen Durchschnittsverbraucher des jeweiligen Produktes, dessen Verständnis in jeder Hinsicht nicht zu gering zu veranschlagen ist.

---

[106] Bei der abstrakten Unterscheidungseignung gemäß § 3 Abs. 1 kam es demgegenüber auf diese Fähigkeit für irgendwelche Produkte an.

B. Materielle Anforderungen an die Eintragung einer Marke

- Die Prüfung der Unterscheidungskraft erfolgt vollständig und sorgfältig betreffend ihre Voraussetzungen.[107]
- Die Bewertung der Unterscheidungskraft unterliegt einem großzügigen Maßstab. Es sind also nur Marken von der Eintragung ausgeschlossen, denen für die konkreten Produkte jegliche Unterscheidungskraft fehlt, und schon ein geringes Maß an Eigentümlichkeit einer Kombination kann das Schutzhindernis überwinden.[108]
- Der rechtliche Maßstab ist für alle Markenformen gleich, was Differenzierungen auf Grund tatsächlicher Unterschiede nicht ausschließt.

Für die Prognose der Unterscheidungskraft eines Markenzeichens für den von jeder Ware oder Dienstleistung angesprochenen inländischen Verkehr muss dieser erst bestimmt und dann entschieden werden, ob ein erheblicher Teil davon dem Markenzeichen einen Herkunftshinweis entnimmt oder nicht. Zum Verkehrskreis gehören alle mit dem Markenzeichen über die damit gekennzeichneten Produkte Konfrontierten wie Hersteller, Vertreibende, Dienstleister und vor allem Endabnehmer. Diese können sich je nach Ware/Dienstleistung unterschiedlich zusammensetzen[109].

Beispiel: Wird eine Marke für „Chirurgische Instrumente für den OP, Pflaster, Gummibärchen, Rollatoren" beansprucht, sind die angesprochenen Verkehrskreise folgende: „Chirurgische Apparate" richten sich an alle Stufen des Medizinvertriebes, Einkäufer von Kliniken und Praxen, Ärzte und medizinisches Personal, „Pflaster" richtet sich an alle Stufen des Medizin- und Drogerievertriebes, Apotheker und Endverbraucher von jung bis alt, „Gummibärchen" richten sich an alle Vertriebsstufen des Handels und Endabnehmer, „Rollatoren" richten sich an alle Vertriebsstufen des Sanitätsbedarfes, medizinische Berufsgruppen und ältere/gehbehinderte Endabnehmer und deren Angehörige.

Dabei wird jeweils auf die mutmaßliche Erwartung des durchschnittlich informierten, aufmerksamen und verständigen Durchschnittseinkäufers, -zwischenhändlers, -chirurgen, MTA oder dergleichen abgestellt. Ob prognostisch ein (zahlenmäßig oder wertend in der Bedeutung) erheblicher Teil des von einem Produkt angesprochenen Verkehrs dem Markenzeichen einen Herkunftshinweis entnehmen wird[110], unterliegt infolge

---

[107] EuGH WRP 2003, 735 ff. – *Libertel,* BPatG 25 W (pat) 46/02 Beschl. v. 3.7.2003 – *Projekt Magazin.*
[108] BGH GRUR 1995, 269 ff. – *U-Key*; GRUR 1999, 1089 ff. – *Yes;* GRUR 2001, 151 – *markfrisch.*
[109] Das Thema des angesprochenen Verkehrskreises erläutert schön BGH GRUR 1999, 495 f. – *Etiketten* betreffend eine zweidimensionale Darstellung eines Warenetikettes alter Manier mit rechts und links ausgewölbtem Rand für „Etiketten". Der von diesen „nackten" Etiketten angesprochene Verkehr besteht nur aus professionellen Zwischen-/Einzelhändlern, weil Endverbraucher die Etiketten erst mit Preis/Zeichen eines Händlers bedruckt sehen, und fasst diese Etikettenform als Herkunftshinweis auf einen Anbieter auf.
[110] EuGH GRUR 1999, 723 ff. – *Chiemsee* und BPatG GRUR 1995, 734 ff. – *While you wait.*

Teil 3. Das Markenregistrierungsverfahren vor dem DPMA

verschiedener Verständnishorizonte einem Bewertungsspielraum, den der Anmelder argumentativ nutzen sollte.

b) Die einzelnen Fallgruppen fehlender Unterscheidungskraft

125 In der Rechtsprechung haben sich **drei Fallgruppen** herausgebildet, in denen der Verkehr ein Markenzeichen für ein Produkt nicht als Herkunftshinweis auf einen Anbieter in Abgrenzung zu anderen auffassen wird. Dementsprechend fehlt ihm daher die (konkrete) Unterscheidungskraft bei jeglichen Angaben
1. bei denen für die konkreten Produkte eine produktbeschreibende Aussage oder Sachinformation im Vordergrund steht
2. die – ohne die Produkte unmittelbar zu beschreiben – so gebräuchlich im Deutschen oder einer geläufigen Fremdsprache sind, dass der Verkehr sie nur als solche, nicht als Hinweis auf ein bestimmtes Unternehmen auffasst und
3. sonstige, die der Verkehr aus irgendeinem Grund nicht als Herkunftshinweis auffasst, mittelbar beschreibende oder Angaben mit nur assoziativen Verbindungen zu den Produkten[111]

126 **Fallgruppe 1: im Vordergrund stehender produktbeschreibender Gehalt**

Diese häufigste Fallgruppe bilden die Fälle, in denen der angesprochene Verkehr dem Markenzeichen unbefangen nur eine im Vordergrund stehende (sachlich) beschreibende Aussage oder eine Sachinformation für das Produkt entnimmt. Denn dann hat er keinen Anlass, es für einen Herkunftshinweis auf einen bestimmten Anbieter zu halten. Positiv formuliert wird der Verkehr also nur dann, wenn er das Markenzeichen nicht als Sachhinweis auf Eigenschaften der konkreten Produktgattung auffasst und sonst kein Grund dagegen spricht, annehmen, dass es das Produkt als nur von einem bestimmten Anbieter stammend herkunftshinweisend kennzeichnet.[112] Der Herkunftshinweis ist umso wahrscheinlicher, je ferner ein beschreibender Gehalt liegt bzw. je diffuser und verschwommener dieser ist. Dabei ist ein Markenzeichen schon dann für Produktoberbegriffe beschreibend, wenn es dies für ein darunter fallendes Produkt ist.

127 Für diese Beurteilung muss man sich vorstellen, was der Konsument bei unbefangenem Kontakt mit diesem Markenzeichen auf dem konkreten Produkt denkt. Weil jeder Mensch bei Erstkonfrontation ein Zeichen auf einem Produkt – weil am naheliegendsten – intuitiv auf das Produkt bezieht und innerlich einen beschreibenden Gehalt für dieses

---

[111] *Ströbele/Hacker* § 8 Rn. 53.
[112] Kein Argument für Unterscheidungskraft ist, dass sich der Verkehr im theoretischen Fall isolierter Verwendung des Zeichens auf einer sonst kennzeichnungsfreien Verpackung zwangsläufig daran orientiert, weil nur von Haus aus als betrieblicher Herkunftshinweis geeignete, nicht nur notgedrungen mangels anderer Bezeichnungen herangezogene genügen.

B. Materielle Anforderungen an die Eintragung einer Marke

vermutet, wird der Verkehr – je nach seiner Art unterschiedlich ausgeprägt – intuitiv vor allem „abklopfen", ob das Zeichen für das Produkt ohne weiteres erkennbar eine beschreibende Sachaussage darstellt. Nur wenn es das nicht tut oder durch sprachregelwidrige Bildung, Verwendung von Begriffen im übertragenen Sinne, ironische Verfremdung oder Erkennbarkeit seiner Bedeutung erst nach mehreren gedanklichen Schritten ein Mehr über die reine Beschreibung hinaus aufweist, wird er ihm einen Herkunftshinweis entnehmen.[113]

Beispiel: Wenn man zum ersten Mal eine Fischkonserve mit der Aufschrift „Ökofisch" sieht, entnimmt man ihr ohne weiteres eine Sachbeschreibung der Fischqualität, keinen Hinweis auf einen bestimmten Anbieter. Ihr fehlt daher die Unterscheidungskraft.
Bei der Aufschrift „Fisch Müller" würde man auch kurz intuitiv eine sinnvoll sachbeschreibende Bedeutung suchen, keine finden und dann einen Herkunftshinweis annehmen.
Bei „Fishing for Compliments" oder „Foolfish" würde man ebenfalls intuitiv kurz nach einer Beschreibung suchen, wäre aber wohl auf Grund der Unüblichkeit der Kombination irritiert und würde auf eine stylische, lustig anmutende Lebensmittelmarke als Herkunftshinweis schließen.

Diese Prognose hat sich am durchschnittlich informierten, aufmerksamen und verständigen Durchschnittsverbraucher des jeweiligen Produktes zu orientieren, dessen Verständnis in jeder Hinsicht, also auch produktbeschreibender Aussagen, nicht zu gering zu veranschlagen ist. Dieser nimmt ein als Marke verwendetes Zeichen in der Regel so auf, wie es ihm entgegentritt, ohne es zu analysieren. Weil er bei Konfrontation mit einem neuen Zeichen dieses – überspitzt ausgedrückt – nicht zerlegt und recherchiert, um einen beschreibenden Gehalt zu „erforschen", steht § 8 Abs. 2 Nr. 1 nur entgegen, wenn sein sachbeschreibender Gehalt so deutlich hervortritt, dass der unbefangene Durchschnittsverbraucher ihn unmittelbar und ohne weiteres Nachdenken erkennt.[114] Dies schließt es aber nicht aus, dass er verständliche beschreibende Zeichenelemente zu einem Gesamtsinngehalt kombiniert, der – wenn auch er beschreibend und sprachüblich ist – dann wegen seines im Vordergrund stehenden beschreibenden Gehaltes nicht unterscheidungskräftig wirkt. Denn dies entspricht der natürlichen Herangehensweise des Menschen an neue Kombinationen. Weil diese Fallgruppe des § 8 Abs. 2 Nr. 1 sich stark mit Nr. 2 überschneidet, werden beide dem Anmelder in Beanstandungen oft als „Doppelpack" entgegengehalten.[115]

Die Frage, ob der angesprochene Verkehr das Markenzeichen im konkreten Kontext mit der Ware oder Dienstleistung beschreibend ver-

---

[113] Dazu sehr eingängig *Ingerl/Rohnke* § 8 Rn.129.
[114] EuGH GRUR 2003, 58 ff. – *Companyline*, BGH GRUR 2001, 162 ff. – *Rational Software Corporation*.
[115] Siehe dazu und zu den Unterschieden unter Rdnr. 181 ff.

Teil 3. Das Markenregistrierungsverfahren vor dem DPMA

steht, wird oft nur für einige Produkte bejaht, sodass die Marke nur teilweise schutzfähig ist.

Beispiel: Die Wortmarke „Polierwonder" für „Poliermittel, Dienstleistungen eines Maurers, Betrieb einer Disko" soll auf konkrete Unterscheidungskraft untersucht werden. Dazu wird erst festgestellt, was die Wortkombination bei unbefangener Betrachtung im Kontext mit den einzelnen Waren und Dienstleistungen bedeutet, weil Menschen bei Konfrontation mit unbekannten Begriffen intuitiv erst versuchen, diese in ihr Bedeutungsraster zu „sortieren": Dies ergibt für „Poliermittel" die Beschaffenheitsangabe „Polierwunder" also ein sehr gutes, wunderartiges Poliermittel. Für „Dienstleistungen eines Maurers" kann dies besagen, dass diese von einem sehr guten Polier (Vorarbeiter) erbracht werden. Für „Betrieb einer Disko" fehlt ein naheliegender beschreibender Gehalt. Soweit für Produkte ein beschreibender Gehalt festgestellt wurde, wird geprüft, ob dieser dem von ihnen angesprochenen Verkehr sprachüblich erscheinen wird. Wirkt er nämlich so eigentümlich, dass er nicht mehr als beschreibende Sachangabe verstanden wird, könnte er doch als Herkunftshinweis auf einen Anbieter wirken. Die deutsch-englische Kombination „Polierwonder" erscheint insoweit für „Poliermittel", wo der angesprochene Verkehr daran gewöhnt ist, dass Sachaussagen oft übertrieben und englisch ausgedrückt werden, sprachüblich und wird als Sachaussage verstanden. In der Handwerksbranche ist dies fragwürdiger, weil dort – bisher – Anglizismen und Übertreibungen unüblich sind und der Verkehr das Zeichen als Herkunftshinweis auffassen könnte. Es besteht also Unterscheidungskraft für „Betrieb einer Disko", für „Poliermittel" nicht und für „Dienstleistungen eines Maurers" vielleicht.

130 Schon dieses Beispiel zeigt die Komplexität allein der Prüfung der Unterscheidungskraft (als einem von mehreren Schutzhindernissen) und lässt erahnen, wie schwierig schon in einem so einfach wirkenden Fall die Entscheidung über den beschreibenden Gehalt sein kann. Berücksichtigt man zudem, dass Menschen und auch Prüfer auf Grund unterschiedlicher Erfahrungshorizonte eine Sprachüblichkeit oder Eigentümlichkeit unterschiedlich beurteilen, ist klar, dass die Entscheidung über das Bestehen von Schutzhindernissen/Eintragbarkeit weder „schwarz/weiss" noch eindeutig, sondern eine Abschichtung von Graustufen ist. Dementsprechend ist sie letztlich für Anmelder, Anwälte und auch Entscheidungsträger nicht sicher prognostizierbar.

131 Fallgruppe 2: Nur als solche verstandene „für sich stehende" Zeichen

Diese Fallgruppe fehlender Unterscheidungskraft begegnet Anmeldern viel seltener als die erste. Wenn sie greift, betrifft sie aber häufig alle Produkte des Verzeichnisses und führt zur kompletten Zurückweisung der Marke für alle beanspruchten Produkte. Denn ihre Voraussetzung einer allgemein verständlichen Angabe, die stets nur als solche verstanden wird, erfordert keinen unmittelbaren Bezug zu den einzelnen Produkten und ist oft für alle erfüllt. Nach den aktuellen Vorgaben des EuGH[116] er-

---

[116] EuGH GRUR 2004, 1027 ff. – *Das Prinzip der Bequemlichkeit*. Weil diese Beurteilung in den letzten Jahre von gegensätzlichen Tendenzen geprägt war, sind ältere Entscheidungen als Maßstab hinfällig.

B. Materielle Anforderungen an die Eintragung einer Marke

fasst sie vor allem allgemeine Anpreisungen, Mode- und Werbeschlagworte, bloße Kaufaufforderungen, Gebrauchshinweise, alltägliche Worte, einfache grafische Gestaltungen und gebräuchliche Waren oder Verpackungsformen. Ihre vagen Voraussetzungen und ihre seltene Anwendung[117] machen sie wenig fass- und prognostizierbar. Zur größeren Anschaulichkeit nun einige typische theoretische Beispiele und einige Fälle aus der Rechtsprechung, die auch angesichts der Vorgabe des EuGH noch Bestand haben.

Beispiele: Werbeschlagworte wie „billig, super, günstig, prima", Kaufaufforderungen wie „Angebot", allgemeine Worte „ich, wir, immer, heute, morgen" und Grafiken wie einzelne farbige Punkte oder Quadrate.

Beispiele aus der Rechtsprechung für die 2. Fallgruppe fehlender Unterscheidungskraft:
BPatG 26 W (pat) 115/03 Beschl. v. 22.6.2005 – **Bei uns** für Getränke, Partyservice ... nicht unterscheidungskräftiges Wort der Alltagssprache, das für jegliche Produkte immer nur als Vertrauenserweckung des Anbieters gegenüber dem Kunden wirkt.
BPatG 32 W (pat) 332/99 Beschl. v. 19.4.2000 – **Danke Schön** für Getränke inflationäre Dankesformel für alles mögliche.
BPatGE 26, 258 ff. – **UND** für Pharmazeutika allgemeines, nur als solches verstandenes Wort.
BPatG PMZ 2001, 155 ff. – **HAPPINESS** für Kosmetik verständliches englisches Wort, das sich umgangssprachlich über seine ursprüngliche Bedeutung hinaus zu einem Mode- oder Reklamewort für Glück als zentralem Wertversprechen entwickelt hat und jedenfalls für Produkte, wo oft rein subjektive Empfindungen sehr wichtig sind, werbemäßig wirkt.
BPatG 32 W (pat) 192/04 Beschl. v. 10.8.2005 – **Jederzeit** für diverse Produkte gebräuchliches, werbeübliches deutsches Wort.

Fallgruppe 3: Sonstige Fälle mangelnder Unterscheidungskraft 132

Diese nicht allgemein, aber vom für die Praxis des DPMA wichtigen Kommentar[118] anerkannte dritte Fallgruppe sonstiger Fälle, wie mittelbar beschreibende Angaben für die Produkte oder solche mit bloß assoziativen Verbindungen zu diesen soll der Tatsache Rechnung tragen, dass die Unterscheidungskraft aus vielen, offenen Gründen fehlen kann. Sie wurde bisher so selten angewandt, dass sich eine weitere detailliertere Darstellung erübrigt.

c) Faustregel für die Prognose der Unterscheidungskraft

Für die Entscheidung über die Unterscheidungskraft einer Marke 133 wurde am BPatG[119] ein sehr **empfehlenswerter Test** entwickelt: Das Markenzeichen wird in einen sachlichen Fließtext betreffend die kon-

---

[117] BPatG 27 W (pat) 337/00 Beschl. v. 22.10.2002 – *Polizei* für Bekleidung zurückgewiesen.
[118] So *Ströbele/Hacker* § 8 Rn. 53.
[119] Er geht auf die Vorsitzende Richterin des 29. Senates des BPatG *Marianne Grabrucker* zurück.

Teil 3. Das Markenregistrierungsverfahren vor dem DPMA

krete Ware oder Dienstleistung eingesetzt und gefragt (hier muss der Anmelder besonders selbstkritisch sein), ob es in diesem Kontext unpassend wirkt oder sich einfügt. Fügt es sich ein, wirkt es wie eine Sachangabe für das Produkt und nicht wie ein **Herkunftshinweis** auf einen bestimmten Anbieter. Wirkt es eigentümlich, wird es als Herkunftshinweis aufgefasst.

Beispiel:
Modifiziert man folgenden Sachtext zu Zahncremes
Durch die Verwendung von Zahncreme wird der Wirkungsgrad der mechanischen Zahnreinigung erhöht und die Putzdauer verkürzt (Zahnbürste ohne Zahncreme: 10–15 Min. und mit Zahncreme: 2–3 Min.). **Zahncreme** ist eine Paste oder ein Gel. Ihre Hauptbestandteile sind Putzkörper, Schaumbildner, Netz- und Feuchthaltemittel, Geschmacks- und Aromastoffe, Konservierungsmittel, Farb- und Zusatzstoffe und spezielle Wirkstoffe zur Parodontal- und zur Kariesprophylaxe.
einmal so
Durch die Verwendung von Zahncreme wird der Wirkungsgrad der mechanischen Zahnreinigung erhöht und die Putzdauer verkürzt (Zahnbürste ohne Zahncreme: 10–15 Min. und mit Zahncreme: 2–3 Min.). **Brilliant-Zahncreme** ist eine Paste oder ein Gel. Ihre Hauptbestandteile sind Putzkörper, Schaumbildner, Netz- und Feuchthaltemittel, Geschmacks- und Aromastoffe, Konservierungsmittel, Farb- und Zusatzstoffe und spezielle Wirkstoffe zur Parodontal- und Kariesprophylaxe.
und einmal so
Durch die Verwendung von Zahncreme wird der Wirkungsgrad der mechanischen Zahnreinigung erhöht und die Putzdauer verkürzt (Zahnbürste ohne Zahncreme 10–15 Min. und mit Zahncreme: 2–3 Min.). **Dr. Papagei** bzw. **Dollissimo Zahncreme** ist eine Paste oder ein Gel. Ihre Hauptbestandteile sind Putzkörper, Schaumbildner, Netz- und Feuchthaltemittel, Geschmacks- und Aromastoffe, Konservierungsmittel, Farb- und Zusatzstoffe und spezielle Wirkstoffe zur Parodontal- und Kariesprophylaxe.
... sieht man, dass die ersten Varianten wie eine sachbeschreibende Angabe für eine Art von Zahncremes, die die Zähne brilliant und weiß macht oder Werbeaussage wirken, während die weiteren als Hinweis auf eine bestimmte Zahncreme von einem bestimmten Anbieter wirken. Also hat nur die zweite für Zahncreme Unterscheidungskraft.

d) Praxisrelevante Typen von Marken und ihre Unterscheidungskraft

134 Um dem Anmelder ein Gespür dafür zu vermitteln, wann ein Markenzeichen als unterscheidungskräftig beurteilt werden wird und wann eher nicht, werden die praxisrelevantesten Fallgruppen vorgestellt. Dies ist für die modernen Markenformen teils schwieriger, weil die Schutzhindernisse, ihre Definitionen und Fallgruppen für die klassischen Wort-, Wort-/Bild- und Bildmarken gemacht waren und für moderne Markenformen nur fallweise, nicht umfassend entwickelt wurden. Es wird nun für jeden relevanten Markentyp theoretisch erläutert, wann

B. Materielle Anforderungen an die Eintragung einer Marke

ihm die Unterscheidungskraft fehlt und jeweils **charakteristische Beispiele für die Abgrenzung** unterscheidungskräftig und nicht unterscheidungskräftig dargestellt.

aa) Wortmarken. Entsprechend der für sie entwickelten Definition fehlt ihnen die Unterscheidungskraft, wenn sie einen im Vordergrund stehenden beschreibenden Gehalt[120] für das konkrete Produkt aufweisen, allgemeine Worte der deutschen oder einer bekannten Fremdsprache sind, die stets nur als solche verstanden werden oder sonst nicht unterscheidungskräftig wirken.

(1) Verständliche deutsche Worte und Wortkombinationen. Hier kommt es darauf an, ob das Wort oder die Wortkombination für den erheblichen Teil des angesprochenen Verkehrs für das einzelne Produkt oder dessen wesentliche Eigenschaften einen im Vordergrund stehenden beschreibenden Gehalt hat oder ohne Produktbezug nur als solches verstanden wird. Die Bedeutung deutscher Worte ist tendenziell leicht zu ermitteln, wobei allerdings auch der permanente Bedeutungswandel berücksichtigt werden muss.[121] Schwieriger und weniger eindeutig ist häufig die Abgrenzung, wann ein für die 1. Fallgruppe noch hinreichend im Vordergrund stehender beschreibender Gehalt für ein Produkt vorliegt und wann der Zusammenhang zu entfernt wird. Diese Entscheidung – die einen Wertungsspielraum enthält – wird oft für die beanspruchten Produkte unterschiedlich ausfallen. Zur Verdeutlichung einige Beispiele:

Unterscheidungskräftig:
BPatG 33 W (pat) 59/01 Beschl. v. 24.4.2001 – **HIT** für Maschinen, elektronische Geräte unterscheidungskräftig mangels im Vordergrund stehenden beschreibenden Gehaltes, weil der angesprochene Fachverkehr einen so allgemeinen Begriff nicht als beschreibend oder sonst gebräuchlich empfindet.

Nicht unterscheidungskräftig:
BPatG 26 W (pat) 114/03 Beschl. v. 8.6.2005 – **Nebenan** für Produkte aus dem Lebensmittel- und Gastronomiebereich beschreibende Angabe zur Bezeichnung der Nähe ihres Verkaufsortes.
BPatGE 17, 267 ff. – **Der Flüsternde** für Körperpflegegeräte, weil „flüstern" hier im übertragenem Sinn verwendet und als werbeüblich beschreibender Hinweis auf Geräuscharmut verstanden wird.
BPatG 25 W (pat) 069703 Beschl. v. 23.6.2005 – **Akzente** für diverse Produkte eine bloße Sachinformation, dass diese herausgehoben, neuartig, richtungsweisend sind und Akzente setzen.

---

[120] Diese Fallgruppe entspricht unter Berücksichtigung der u.U. abweichenden Verkehrskreise den Fallgruppen des § 8 Abs. 2 Nr. 2.

[121] So können sich Worte zu Fachbegriffen entwickeln, wie etwa der Begriff „Navigator", das von einem reinen Nautikfachwort zu einem allgemeinem Wort für wegweisende Einrichtungen wurde oder das Wort „Scout", das sich von der Bedeutung „Späher" über den „Trendscout" insbesondere im Internet zu einem Synonym für Suchmaschinen entwickelte. Zudem können altmodische Worte auch einen neuen beschreibenden Gehalt erlangen, wie die Worte „Manufaktur" und „Schmiede" jetzt wieder generell auch im übertragenen Sinne für Dienstleistungen den Anbieter als individuell und handwerklich arbeitend beschreiben.

Teil 3. Das Markenregistrierungsverfahren vor dem DPMA

137 **(2) Deutsche Wortneuschöpfungen oder -neukombinationen.** Bei einer Wortneuschöpfung oder -kombination aus bekannten Elementen, die weder in Lexika noch im Internet nachweisbar ist, muss unterschieden werden: Ist sie sprachüblich gebildet und/oder reiht sich in eine Reihe existenter entsprechend gebildeter Kombinationen ein, begründet Neuheit alleine keine Unterscheidungskraft. Denn der Verkehr ist gewöhnt, dass Sprache sich gerade durch Neukombinationen bekannter Elemente, auch zu neuen Sachbegriffen weiterentwickelt und dies wird – je nach Branche unterschiedlich stark – durch die **Werbesprache** mit ihren sachbezogenen Informationen in einprägsamer, neuer Form verstärkt. Daher versucht er bei Konfrontation mit einer **neuen Wortkombination** intuitiv zunächst, dieser durch Summierung der beschreibenden Einzelgehalte einen sinnvollen Gesamtgehalt für das damit bezeichnete Produkt zu entnehmen. Wenn sich ohne Analyse und weiteres Nachdenken unmissverständlich kein solcher ergibt, er für das Produkt sinnlos ist oder die Kombination irgendwie sprachunüblich oder ungewöhnlich wirkt, kann dies die geringfügige Unterscheidungskraft begründen. Typisch für diese Gratwanderung zwischen beschreibend und hinreichend eigentümlich sind Markenzeichen, die ein Wort in einen anderen thematischen Kontext unter Kombination mit einem weiteren Wort übertragen.

Beispiel: Die Unterscheidungskraft der Wortneukombination „Sparplatz" für „Finanzdienstleistungen" könnte so geprüft werden: Dieser nicht nachweisbaren Kombination der verständlichen Worte „Spar" und „Platz" könnte in der Summe die Bedeutung eines Ortes entnommen werden, an dem gespart werden kann bzw. soll. Weil sie aber in der Kombination seltsam anmutet und sich weder in vergleichbare Kombinationen „Arbeitsplatz, Handelsplatz" einreiht, weil der Sparvorgang nicht örtlich, sondern zeitlich gebunden ist, führt dies von der beschreibenden Summe weg und erlangt daher die erforderliche geringfügige Unterscheidungskraft. Dies beruht aber nicht auf ihrer Neuheit, sondern der Eigentümlichkeit ihrer Kombination.

Beispiele aus der Rechtsprechung:
Unterscheidungskräftig:
BPatG 25 W (pat) 260/03 Beschl. v. 15.4.2005 **Dermadirekt** für Werbung, Verpflegung, wissenschaftliche Forschung …: Weil der verständlichen Kombination des eingedeutschten Wortes für „Haut" mit dem Wort „direkt" im Sinne von „Hautdirekt" ein sinnvoller, im Vordergrund stehender beschreibender Bezug zu den Dienstleistungen fehlt, wird der angesprochene Verkehr sie als Hinweis auf einen bestimmten Anbieter verstehen.
BPatG 24 W (pat) 241/02 Beschl. v. 8.6.2004 **Das Speisesyndikat** für Gastronomieprodukte ist wegen der Ungewöhnlichkeit der Kombination von „Syndikat" als bestimmtes Vertriebssystem und „Speise", die üblicherweise kein Betätigungsfeld eines Syndikates ist, unterscheidungskräftig.

Nicht unterscheidungskräftig:
BPatG 25 W (pat) 191/03 Beschl. v. 14.11.2005 – **Internetkanzlei** für Rechtsberatung, auch über das Internet als aus zwei beschreibenden Worten kombinierte,

B. Materielle Anforderungen an die Eintragung einer Marke

sprachübliche Kombination mit dem im Vordergrund stehenden beschreibenden Gehalt einer Kanzlei, die ihre Dienstleistungen über das Internet erbringt bzw. anbietet kein Hinweis auf einen bestimmten Anbieter.
BPatG 32 W (pat) 169/03 Beschl. v. 10.8.2005 – **Frucht Frisch** für konserviertes Obst, Konfitüren, Speiseeis, Fruchtgetränke etc. wirkt auf den angesprochenen Endverbraucher als werbliche Sachaussage, dass diese Waren frische Früchte enthalten bzw. einen frischen Fruchtgeschmack haben können, was für diese Lebensmittel plausibel ist, nicht wie ein Hinweis auf einen bestimmten Anbieter.
BPatG 25 W (pat) 210/03 Beschl. v. 1.11.2005 – **Freie Erfindungskünstler** für Marketing, Unternehmensberatung, Schutzrechtsverwertung ... nicht unterscheidungskräftig: Der sprachüblichen Verbindung des Wortes „Künstler", das anerkennend oder ironisch allgemein eine Person mit besonderen Fähigkeiten bezeichnet und dem Bezugswort „Erfindungs" wird der angesprochene Verkehr für diese Dienstleistungen nur den im Vordergrund stehenden beschreibenden Gehalt entnehmen, dass der Dienstleister über besonderen Ideenreichtum bei der Aufgaben- und Problemlösung verfügt. Dies wird durch das vorangestellte Adjektiv „Freie" nur dahin ergänzt, dass die Dienstleister frei und unabhängig agieren.

Ob ein Markenzeichen das notwendige „Fünkchen" an Besonderheit hat, kann häufig unterschiedlich beurteilt werden. Dies zeigt sich auch daran, dass nicht selten Marken im DPMA vom Erstprüfer komplett zurückgewiesen, vom Erinnerungsprüfer für einige Produkte und vom BPatG ganz eingetragen werden oder (bei Löschungsverfahren) umgekehrt. Weil sich daher eine Argumentation immer lohnen kann, sollten Anmelder auf **Beanstandungen erwidern** und ggf. auch **Rechtsmittel** einlegen. Zur Vermeidung dieses Risikos und Aufwandes sollte möglichst anhand dieser Maßstäbe gleich eine höchstwahrscheinlich über diese Zweifel erhabene originelle und merkfähige Marke gewählt werden. Dass dies immer wieder möglich ist, zeigen die permanent, auch von Einzelanmeldern angemeldeten originellen Marken. **138**

Beispiele für originelle Wortmarken: „Bionergy" für regenerative Energien, „Markomat" für Markendesign, „Scho-Time" für Schokolade, „Wir haben nur Ihre Augen im Kopf" für Dienstleistungen eines Optikers, „Hollyfood" für mobile Verpflegung, „Gärhard der Helle" für Biere und alkoholische Getränke, „Mein Bauch sagt hier" für diverse Produkte aus dem Lebensmittelhandel.

Eine Wortkombination mit beschreibendem Gehalt kann durch Voranstellung deren Initialen schutzfähig gemacht werden, wenn diese nicht objektiv einen anderen beschreibenden Gehalt haben. **139**

Beispiele: Die Marke „Die Designer" wäre für „Dienstleistungen eines Designers" beschreibend und nicht schutzfähig und könnte in den Varianten „DD" oder „DD Die Designer" schutzfähig sein.
Ein schönes Beispiel dafür bildet die Marke „DH Die Haptiker" für Designerdienstleistungen.
BPatG 30 W (pat) 229/01 Beschl. v. 16.9.2002 SAT – *Systeme für Automatisierungstechnik.*

Teil 3. Das Markenregistrierungsverfahren vor dem DPMA

140 **(3) Deutsche Slogans.** Die auch bei Einzelanmeldern immer beliebteren Slogans unterliegen grundsätzlich denselben Anforderungen an die Unterscheidungskraft wie alle Marken[122] und müssen nicht besonders originell sein. Sie werden aber aus faktischen Gründen etwas strenger behandelt, weil in die Prognose, wie der Verkehr sie auffassen wird, einbezogen werden muss, dass dieser traditionsgemäß (noch) nicht so stark mit einem Hinweis auf einen bestimmten Anbieter durch einen Slogan, wie durch die klassischen Markenzeichen Wort oder Logo rechnet. Ergänzend zu den allgemeinen Anforderungen spricht bei Slogans ein verschwommener, unterschiedlichen Interpretationen zugänglicher Aussagegehalt ohne unmittelbaren Bezug zum konkreten Produkt sowie Kürze, Originalität, Prägnanz und Mehrdeutigkeit für Unterscheidungskraft. Gegen diese spricht größere Länge und ein Aussagegehalt, der sich in beschreibenden Angaben, allgemeinen Anpreisungen und Werbeaussagen erschöpft. Eine auch enthaltene Werbewirkung hindert die Herkunftshinweisfunktion auf einen bestimmten Anbieter nicht, solange letztere hervortritt.

141 Einzelanmelder sollten sich aber nicht von den erfolgreichen Slogans großer Konzerne täuschen lassen, weil Erfolg und Reiz von Slogans wie „Wir kümmern uns um die Details", „Vorsprung durch Technik" oft in ihrem sehr beschreibenden Anklang an die Produkte und ihre Güte liegt, der aber zugleich die Unterscheidungskraft hindert. Sind sie eingetragen, erfolgte dies häufig erst durch **Verkehrsdurchsetzung**, also Bekanntheit infolge massiver Werbekampagnen. Einzelanmelder ohne diese Möglichkeit sollten auf die Anmeldung zu beschreibender Slogans verzichten. Daher nun einige Beispiele aus der Rechtsprechung ohne Beteiligung von Verkehrsdurchsetzung:

Beispiele für unterscheidungskräftige Slogans:
BPatG 28 W (pat) Beschl. v. 2.6.2004 – **sonne downloaden** für Solaranlagen und deren Planung auf Grund der ungewöhnlichen Kombination zweier nicht passender Begriffe, weil Downloaden noch nicht im übertragenen Sinne verwendet wird.
BGH WRP 2000, 298 ff. – **Radio von hier, Radio wie wir** für einschlägige Produkte als kurze, prägnante, verschwommene Aussage in Reimform.
BPatG 33 W (pat) 431/02 Beschl. v. 17.2.2004 – **Kinder sind der Rhythmus** für Werbung, Telekommunikation, Unterhaltung dieser Welt wegen seiner Diffusität.

Beispiele für nicht unterscheidungskräftige Slogans:
BGH Bl. 2000, 331 – **Bücher für eine bessere Welt** für Bücher im Vordergrund stehende unmittelbare Sachbeschreibung für Druckwerke, die der Schaffung einer besseren Welt dienen sollen. Ihre Vagheit, inwiefern die Welt besser werden soll, hindert den beschreibenden Charakter nicht, weil sie für diese erkennbare Sammelbezeichnung, die Bücher verschiedenen Inhaltes erfassen soll, zwingend nötig ist.

---

[122] So BGH GRUR 2002, 1070 – *Bar jeder Vernunft* und bestätigt von EuGH GRUR 2004, 1027 ff. – *Das Prinzip der Bequemlichkeit*.

B. Materielle Anforderungen an die Eintragung einer Marke

BPatG 25 W (pat) 115/03 Beschl. v. 10.3.2005 – **Das Prinzip der Gerechtigkeit** für diverse Dienstleistungen im Vordergrund stehender beschreibender Gehalt als Themenangabe, für die Rechtsberatung berücksichtigtes Prinzip oder sonst wesentlicher Umstand deren Erbringung.
BPatG 33 W (pat) 112/04 Beschl. v. 7.9.2004 – **Mit Sicherheit eine gute Verbindung** für Dienstleistungen der Kl. 35, 38, 42 beschreibende Kombination von „mit Sicherheit" und „eine gute Verbindung" für eine Geschäfts-, telefonische oder sonstige technische Verbindung in der Gesamtbedeutung, dass die Inanspruchnahme der Dienstleistungen eine gute Geschäftsverbindung darstellt oder ihr förderlich ist und die Telekommunikationsdienstleistungen technisch gute Daten- oder Sprachverbindungen sichern.

(4) Fremdsprachige Worte und Wortkombinationen. 142
Auch ihnen fehlt die Unterscheidungskraft, wenn ein erheblicher Verkehrsteil ihnen ohne weiteres einen im Vordergrund stehenden produktbeschreibenden Sinngehalt oder ein allgemein gebräuchliches Wort entnimmt. Dazu muss der vom konkreten Produkt angesprochene inländische Verkehr das Fremdwort aber überhaupt ohne weiteres verstehen oder dies zumindest meinen. Dies hängt maßgeblich davon ab, welche **Fremdsprachenkenntnisse** beim konkreten inländischen Verkehr zu Grunde gelegt werden können. Die in der Praxis unterstellten umfangreichen und detaillierten Fremdsprachenkenntnisse kann und sollte der Anmelder zur Begründung der Eintragbarkeit seiner Marke durchaus anzweifeln, weil die Unverständlichkeit der Angabe für den Verkehr ihre Unterscheidungskraft begründen kann.

Weil allgemeine Endabnehmer im Italienischen, Französischen und 143 Spanischen wohl nur den Touristen- und Gastronomiewortschatz kennen, werden Markenzeichen mit Worten und Wortkombinationen außerhalb dessen für **Endverbraucherprodukte** schutzfähig sein. Anders kann dies bei Produkten sein, die sich (nur oder überwiegend) an Fachkreise richten, wo branchenspezifisch die Kenntnis der konkreten Fremdsprache – wie Italienisch in der Mode – unterstellt werden kann. Die Grundzüge der in allen Schulen gelehrten **Welthandelssprache Englisch** setzt die Praxis auch bei allgemeinen Endabnehmern voraus und bewertet daher englische Wortkombinationen weitgehend als verständlich und bei beschreibendem Produktbezug nicht unterscheidungskräftig. Angesichts einer Umfrage, die derart umfangreiche allgemeine Englischkenntnisse widerlegt[123], sollten Anmelder auf die Beanstandung wegen mangelnder Unterscheidungskraft auf Grund verständlichen beschreibenden Gehaltes infolge pauschal unterstellter Englischkenntnisse der Endverbraucher entsprechend argumentieren. Nicht gelingen wird dies für Fachkreise aus Branchen wie Elektronik, Management und Wissenschaft, wo Englisch generell Fachsprache ist.

---

[123] Siehe dazu die Ergebnisse der Umfrage der Endmark AG zur Verständlichkeit englischer Slogans, zu finden über Google durch Eingabe der Stichwortkombination „englische Slogans verständlich" oder unter www.slogans.de.

Teil 3. Das Markenregistrierungsverfahren vor dem DPMA

144 Nach der vorgeschalteten **Prüfung der Verständlichkeit** der Wortelemente für einen erheblichen Teil des konkreten Verkehrs wird wie bei deutschen Wortmarken geprüft, ob sie für die einzelnen beanspruchten Produkte einen im Vordergrund stehenden beschreibenden Gehalt haben. Anders als dort kann aber hier Sprachregelwidrigkeit der Kombination oder ironische Verfremdung nur schwerer den beschreibenden Gehalt überwinden und Unterscheidungskraft begründen, weil diese Feinheiten eben auch kein erheblicher Teil des Verkehrs bemerken wird.

Beispiele aus der Rechtsprechung:
Unterscheidungskräftig:
BPatG 33 W (pat) 082/01 Beschl. v. 23.7.2002 – **Bank One** für Finanzdienstleistungen unterscheidungskräftig. Die Kombination englischer Grundbegriffe ist dem inländischen Verkehr als „Bank eins" verständlich. Sie ist aber diffus, weil „one" bei gattungsbegrifflicher Anhängung sprachüblich für die Ziffer 1 zur Nummerierung, nicht als Wertaussage oder Größenangabe steht und erkennbar sprachunüblich, weil Banken nicht mit nachgestellten Zahlen nummeriert werden.
BPatG 27 W (pat) 248/04 Beschl. v. 5.7.2005 – **Globegolfer** für Werbung, Geschäftsführung… unterscheidungskräftig. Der angesprochene Verkehr wird diese nicht nachweisbare Neukombination aus Worten des englischen Grundwortschatzes analog zu „Globetrotter" als „Weltengolfer" verstehen. Dies ist angesichts des Zieles vieler Golfer, möglichst viele Golfplätze weltweit gespielt zu haben, eine plausible Angabe. Sie hat aber keinen im Vordergrund stehenden beschreibenden Gehalt für diese Dienstleistungen, weil diese sich nicht spezifisch auf diesen Zweck beziehen werden.
BPatG 24 W (pat) 215/01 Beschl. v. 29.4.2003 – **JURAWEB** für organisatorische und technische Beratung im EDV-Bereich unterscheidungskräftig mangels Sachkontextes.

Nicht unterscheidungskräftig:
BPatG 27 W (pat) 103/02 Beschl. v. 29.4.2003 – **Future** für elektrische und elektronische Geräte nicht unterscheidungskräftig wegen im Vordergrund stehender Beschreibung zukunftsweisender Eigenschaften.
BPatG 24 W (pat) 103/00 Beschl. v. 16.10.2001 **Impressive** für Parfümeriewaren, Mittel zur Körperpflege… nicht unterscheidungskräftige verständliche allgemeine Anpreisung „eindrucksvoll, stark".
BPatG 33 W (pat) 142/00 Beschl. v. 9.1.2001 – **easytrade** u.a. für Finanzdienstleistungen nicht unterscheidungskräftige werbemäßige Sachangabe „Handel mit geringem Aufwand", die sich in übliche Kombinationen wie easy–going einreiht.
BPatG 29 W (pat) 45/05 Beschl. v. 21.12.2005 – **Interactive Promotion** nicht unterscheidungskräftig für einschlägige Dienstleistungen, die eine – mittlerweile übliche – interaktive Werbung gegenüber dem Kunden zum Gegenstand haben können, nen, für Computervermietung mangels dieses beschreibenden Kontextes unterscheidungskräftig.
BPatG 27 W (pat) 159/01 Beschl. v. 18.2.2003 – **ECOSTAR** für Antriebe und deren Teile nicht unterscheidungskräftige beschaffenheitsbeschreibende sprachübliche Kombination von „eco" für „ökologisch, ökonomisch" und der Qualitätsangabe „Star", denen die Varianz „ökologisch/ökonomisch" als zwei Aspekte eines Ziels keine schutzbegründende Diffusität vermittelt.

B. Materielle Anforderungen an die Eintragung einer Marke

BPatG 30 W (pat) 282/03 Beschl. v. 18.9.2005 – **La Dolce Vita** für Beherbergung, Gesundheitspflege, Partnervermittlung u.ä. nicht unterscheidungskräftiger Ausdruck aus dem gleichnamigen Film, der sich auch beim deutschen Verkehr zu einer verständlichen Bezeichnung eines Lebens in Luxus und Müßiggang entwickelte und den Zweck dieser Dienstleistungen, ein solches Leben zu ermöglichen beschreiben kann.

Auch in der jeweiligen Fremdsprache sprachregelwidrigen oder nicht existenten Worten kann die Unterscheidungskraft fehlen, weil sie nur auf Grund des Verständnisses des angesprochenen inländischen Durchschnittsverkehrs beurteilt wird. Hält dieser das Markenwort wegen seiner geringen Fremdsprachenkenntnisse für beschreibend (Scheinentlehnung), ist es nicht unterscheidungkräftig. **145**

Beispiele: Das wohl bekannteste Beispiel ist das Wort „Handy", das in Deutschland für Mobiltelefone beschreibend und damit nicht unterscheidungskräftig ist, aber im Englischen nicht existiert (dort heißt es „mobile", „cell phone" oder „cellulare"). Ebenso der im Deutschen allgegenwärtige Begriff „Wellness", den es im Englischen nicht gibt.

(5) Englische Slogans. Auch hier ist entscheidend, ob der inländische Verkehr Einzelelemente und Kombination versteht und sie nach allgemeinen und den Kriterien für deutsche Slogans unterscheidungskräftig sind. **146**

Beispiele unterscheidungskräftiger Slogans aus der Rechtsprechung:
BGH PMZ 2001, 317 f. – **Local Presence, Global Power** für Druckereierzeugnisse zwar im Sinne von „lokale Präsenz, globale Kraft" verständlich, aber wegen der Kürze und Prägnanz und des Gegensatzes der Elemente, die zum Nachdenken anregen, unterscheidungskräftig. Für Transportwesen wegen beschreibenden Bezuges und werblichen, inhaltlich relevanten Gehaltes in dieser Branche nicht unterscheidungskräftig.
BPatG 33 W (pat) 287/01 Beschl. v. 9.4.2002 – **Knowledge at work** für Geräte unterscheidungskräftig wegen Diffusität und Interpretationsbedürftigkeit des vorrangigen Bedeutungsgehaltes, weil Wissen bzw. Kenntnisse nicht arbeiten. Der beschreibende Gehalt, dass die Anbieterin bei der Geräteherstellung Spezialwissen einsetzt oder die Geräte nutzbares Wissen enthalten, erfordert mehrere Zwischenschritte, die ihn nicht mehr ohne weiteres ersichtlich erscheinen lassen.

Beispiele nicht unterscheidungskräftiger Slogans aus der Rechtsprechung:
BPatG GRUR 99, 108 – **Create (y)our future** für Marketing, Personalanwerbung wegen Gehaltes der beschreibenden Aufforderung, die eigene und gemeinschaftliche Zukunft zu gestalten.

> **Tipp:** Obwohl Unterscheidungskraft generell keine Originalität erfordert, erhöht sie diese immer und sollte daher angestrebt werden. **147**

(6) Abwandlungen beschreibender Angaben. Diesen fehlt die Unterscheidungskraft, wenn ihre Abweichung von der korrekten beschreibenden Angabe nur so gering ist, dass der Verkehr sie nicht be- **148**

Teil 3. Das Markenregistrierungsverfahren vor dem DPMA

merkt oder für einen Hör- oder Druckfehler hält. Denn nur Wahrgenommenes kann die Unterscheidungskraft begründen. Abwandlungen, die bemerkt werden und von der beschreibenden Angabe hinreichend entfernt sind, können individualisierend und unterscheidungskraftbegründend wirken. Was bemerkt wird, hängt auch von Aufmerksamkeit und Sorgfalt des angesprochenen Verkehrs ab. So wird ein allgemeiner Endverbraucher bei einem Computerkabel weniger aufmerksam sein, Fachbegriffe weniger genau kennen und daher eine Abweichung weniger bemerken als ein Biochemiker bei einem Laborgerät, für den jede Abweichung vom Fachbegriff auf Grund seiner berufsmäßigen Präzision Unterscheidungskraft begründen kann.

Beispiel: Der Endverbraucher wird das Wort „Flexo" für Computerkabel als geringfügige Abwandlung von „flexibel" ansehen und nicht beschreibend auffassen. Für einen OP-Spezialschlauch kann diese Abweichung vom korrekten Wort schon wieder unterscheidungskraftbegründend wirken, weil insoweit die Sensibilität für sprachliche Präzision größer ist.

149 Dies offenbart wieder stark die Gratwanderung bei der Markenkreation, die den „sprechenden" Anklang des Markenzeichens an Produkt und dessen Eigenschaften wegen der **größeren Merkfähigkeit** anstrebt, der aber zugleich als Abwandlung einer beschreibenden Angabe zu fehlender Unterscheidungskraft führen kann. Dessen und des Wertungsspielraums des Prüfers sollten sich Anmelder von Grenzfällen bewusst sein.

Beispiele aus der Rechtsprechung:
Unterscheidungskräftig:
BPatG 33 W (pat) 17/04 Beschl. v. 22.6.2004 – **Gastronomya** für Dienstleistungen aus dem Lebensmitteleinkauf, Marketing, Unternehmensberatung ... unterscheidungskräftig, weil der angesprochene Fachverkehr erkennen wird, dass diese Schreibweise von gängigen Schreibweisen anderer Sprachen „Gastronomia" bzw. „Gastronomie" abweicht und es als Kunstwort auffasst.

Nicht unterscheidungskräftig:
BPatG 24 W (pat) 317/03 Beschl. v. 20.7.2004 – **Plisée** für Bekleidung nicht unterscheidungskräftig. Das korrekte Wort „Plissee" ist dem allgemeinen Endverbraucher als spezielle Stofffältelung dieser Waren bekannt und verständlich, der die leicht abgewandelte Schreibweise sehr häufig nicht bemerken wird, weil Französisch im Detail weniger bekannt ist und Irritationen wegen der Rechtschreibreform herrschen.

150 **(7) Domainartige Kombinationen.** Domainartige Wortmarken aus der Subdomain „www", einer Topleveldomain[124] und einer unterscheidungskräftigen Angabe als Second-Level-Domain[125] sind insgesamt

---

[124] Als geografische wie „de", „at", „it",„eu" etc., generische wie „net", „org", „edu", „com" etc. oder andere wie „biz", „info" etc.
[125] Zum besseren Verständnis der Aufbau einer Internetadresse (näher dazu unter www.wikipedia.org):

B. Materielle Anforderungen an die Eintragung einer Marke

auf Grund dieses einen Elementes unterscheidungskräftig. Die Registrierung der Domain zusätzlich zur Wortmarke ist markenrechtlich aber überflüssig, weil der Schutzumfang der Registerwortmarke die entsprechende Domain umfasst und gegen die Verwendung in Domainform durch andere schützt.[126] Markenanmelder/–inhaber sollten aber versuchen, die entsprechende Domain bei der Vergabestelle DENIC[127] für sich zu registrieren und/oder ein Markenzeichen wählen, zu dem die Domain frei ist.

Beispiel: Möchte der Inhaber der Firma Trigema auch www.trigema.de als Registermarke, begründet allein das originär schutzfähige Fantasiewort der Second-Level-Domain die Unterscheidungskraft.

Ist die Second-Level-Domain für die beanspruchten Produkte nicht **151** unterscheidungskräftig, insbesondere beschreibend, ist die Gesamtdomain als Marke nicht unterscheidungskräftig. Denn obwohl jede Domain von der Vergabestelle nur einmal – ungeprüft – vergeben wird, wirkt eine solche Domain auf den Verkehr nicht als Herkunftshinweis auf einen bestimmten Anbieter dieser Produkte, sondern als Internetadresse für Sachinformationen über diese Produktgattung[128], wo sich dann erst Hinweise auf einzelne Anbieter finden können.

Beispiel: Kombinationen wie www.tarifrechner.de für „Mobiltelefone, Telekommunikationsdienstleistungen" oder „handy.de" für Telekommunikationsprodukte wirken als sach-/themenbeschreibende Internetadressen.

(8) Buchstaben und Zahlen. Auch Wortmarken nur aus Einzel- **152** buchstaben, Kürzeln oder Zahlen werden danach beurteilt, ob der Verkehr ihnen für die konkreten Produkte einen im Vordergrund stehenden beschreibenden Gehalt entnehmen oder sie sonst nur als solche verstehen wird. Nur wenn das nicht so ist, kann er sie als Herkunftshinweis auf einen bestimmten Anbieter verstehen. Die Prognose, wie der angesprochene Verkehr sie auffasst, muss verschiedene Faktoren berücksichtigen, insbesondere die üblichen Gepflogenheiten jeder einzelnen Produktbranche (also in einem Produktverzeichnis häufig verschiedene). Werden in einer Branche Firmennamen häufig kürzelhaft gebildet, wird der angesprochene Verkehr auch kürzelhafte Zeichen auf Produkten eher als Herkunftshinweis auf einen bestimmten Anbieter auffassen. Sind in einer Branche wie der Technik Kürzel tendenziell Typenbe-

---

http://	www.	Bundesgerichtshof	.de, com, eu, org, info ...
Protokoll	Subdomain	2nd-Level-Domain	Top-Level-Domain

[126] Diese Registrierung einer solchen Domain fällt unter die Verwendung eines identischen Zeichens gemäß § 14 Abs. 2 Nr. 1, die Dritten ohne Zustimmung des Markeninhabers untersagt ist.

[127] der Institution für die Registrierung für Domains mit der Endung „.de", vgl. www.denic.de.

[128] So BPatG GRUR 2004, 336 ff. – *beauty24.de,* BPatG Mitt. 2003, 569 – *handy.de* für einschlägige Produkte und BGH GRUR 2005, 678 ff. – *weltonline.de.*

Teil 3. Das Markenregistrierungsverfahren vor dem DPMA

zeichnungen, technische Standards, DIN-Normen o.ä., wird er sie eher nicht als Herkunftshinweis auffassen. Weil der Prüfer solche besonderen Umständen auch von Amts wegen nur berücksichtigen kann, wenn er dafür Anhaltspunkte hat, sollte der Anmelder die für Unterscheidungskraft seiner Marke sprechenden Gepflogenheiten seiner ihm bekannten Branche in seiner Erwiderung auf eine Beanstandung möglichst mit Belegen vortragen.

Beispiel: Möchte ein Anmelder aus der Finanzbranche die Marke „BOW" anmelden, sollte er vorbringen, dass es in dieser Branche viele Dreibuchstabenfirmen, aber wenige derartige Fachkürzel gibt.

153 **Einzelbuchstaben und Buchstabenkombinationen.** Dieser theoretisch wirkende Fall wird durch einen Blick auf die Tradition anschaulich. Wie dort Monogramme und Namenskürzel zur herkunftshinweisenden Kennzeichnung von Dingen oder Äußerungen von einer bestimmten Person dienten, kann in der kommerziellen Welt das Namenskürzel einer Person[129], ein Firmenkürzel[130] oder ein sonstiges Kürzel[131] als Herkunftshinweis auf einen bestimmten Anbieter wirken.

Beispiele: Derzeit haben die Firmen großen Erfolg, die ihre Marke an traditionell anmutende Monogramme anlehnen und sie auf ihren Produkten auffällig zur Schau stellen, wie „LV" für „Louis Vuitton" und „CD" für „Christian Dior".

154 Auch diesen fehlt die Unterscheidungskraft, wenn sie einen dem angesprochenen Verkehr erkennbaren, im Vordergrund stehenden beschreibendem Gehalt haben oder nur als solche verstanden werden. Neuerdings begründet es keine Unterscheidungskraft mehr, dass ein **Kürzel** neben einer objektiv beschreibenden Bedeutung (Recherche in Abkürzungslexika und Internet) andere nicht beschreibende Bedeutungen hat. **Fehlende Unterscheidungskraft** eines Kürzels mit zumindest einer beschreibenden Bedeutung für das Produkt wird auch nicht dadurch beseitigt, dass der Anmelder das Kürzel – auch mit einer ganz anderen Bedeutung – erdacht hat.

Beispiele aus der Rechtsprechung:
Unterscheidungskräftig:
BGH GRUR 2003, 343 ff. – **Z** für Zigaretten … mangels beschreibenden Gehaltes oder sonstiger Gründe.
BPatG 27 W (pat) 257/99 Beschl. v. 29.10.2002 – **E** für Windkraftanlagen unterscheidungskräftig, weil der angesprochene Fachverkehr dies als Kürzel für „Ener-

---

[129] Bekannte Beispiele sind: ADIDAS für ADIDASler, CHIO Chips für Carlo, Heinz und Irmgard von Opel, Eduscho für EDUard SCHOpf oder kombiniert mit dem Ort HARIBO für HAns RIegel BOnn
[130] Bekannte Beispiele sind WMF für Württembergische Metallwaren Manufaktur, AEG für Allgemeine Electricitäts Gesellschaft, BMW für Bayerische MotorenWerke oder DENIC für DEutsches Network Information Center.
[131] Beispiele dafür sind METABO für METAllBOhrer, SINALCO für SIneALCOhole oder VARTA für Vertrieb, Aufladung, Reparatur, Tragbarer Akkumulatoren.

B. Materielle Anforderungen an die Eintragung einer Marke

gie" für diese Waren nur mit einem Sachwort (E-Werk, E-Motor) kombiniert beschreibend kennt und es daher mangels anderer Hinweis auf Gewöhnung dieser Branche an solche Typbezeichnungen isoliert nicht beschreibend auffasst.

Nicht unterscheidungskräftig:
BPatG 32 W (pat) 204/01 Beschl. v. 23.10.2002 – **M** für UV-Lampen beschreibend als mittelgroß, weil diese Größenangaben auch im technischen Bereich üblich wurden und bei Lampen viele solche Sachkürzel existieren, so dass der Verkehr auch das „M" nur als Sachbezeichnung auffasst.
BPatG 27 W (pat) 95/01 Beschl. v. 8.10.2002 – **QC** für technische Geräte nicht unterscheidungskräftig, weil der Fachverkehr dieses Kürzel für „Quality Control" sachbeschreibend auffasst.
BPatG GRUR 2003, 794 ff. – **@** Für diverse Produkte nicht unterscheidungskräftiger beschreibender Buchstabe und allgemeines Symbol der Moderne.
BPatG 27 W (pat) 112/01 Beschl. v. 12.8.2003 – **de.** in grau und blau für Kl. 9, 38, 42, 35. Das Kürzel „de" mit dem Punkt in unüblicher Form dahinter, was dem Verkehr überwiegend nicht auffallen wird, wird mit oder ohne Punkt allgemein als kürzelhafter Hinweis auf Deutschland verwendet, so dass der Verkehr es als Sach-, nicht als Herkunftshinweis erkennt. Dies ändert auch die grafische, werbeübliche Ausgestaltung nichts, insbesondere weil grau die gängigste Gehäusefarbe für Computer ist.

Zahlen. Zahlen sind nur unterscheidungskräftig, wenn sie keinen im Vordergrund stehenden beschreibenden Gehalt für das Produkt haben oder nicht sonst nur als solche verstanden werden. Gegen ihr Verständnis als Herkunftshinweis spricht zudem, dass sie meist als Preis-, Maß-, Mengenangaben oder sonst sachbezogen wirken wie „2" für „two" oder englisch „to", „4" für „vier" oder englisch „for", „24" für Produktverfügbarkeit rund um die Uhr und in der Zukunft liegende Jahreszahlen als Hinweis auf Zukunftsfähigkeit der Produkte. Wie bei den Buchstaben hängt diese Beurteilung stark von den Branchenverhältnissen ab, tendenziell sind aber Grundzahlen weniger unterscheidungskräftig als höhere, vor allem speziellere Zahlen.

Beispiele aus der Rechtsprechung:
Unterscheidungskräftig:
BPatG 24 W (pat) 201/99 Beschl. v. 12.6.2001 – **1928** für Putzmittel … ohne Bezug zum Jahr 1928 mangels im Vordergrund stehenden beschreibenden Gehaltes und Branchenübung sachbezogener Verwendung solcher Zahlen unterscheidungskräftig.
BPatG 26 W (pat) 176/05 Beschl. v. 24.5.2006 – **1308** für Biere und andere Getränke und Dienstleistungen der Gastronomie unterscheidungskräftig, weil der Hinweis auf ein Gründungsjahr und eine entsprechend lange Tradition zu fern liegt.

Nicht unterscheidungskräftig:
BPatG 28 W (pat) 065/03 Beschl. v. 1.10.2003 – **4** für Kraftfahrzeuge und deren Teile nicht unterscheidungskräftig, weil Zahlen, insbesondere Grundzahlen wegen ihrer großen sachlichen Bedeutung in der Autobranche etwa zur Beschreibung von Motorleistung, Ventile pro Zylinder, Gangzahl und Antriebsart nur als Sachangabe verstanden werden.

Teil 3. Das Markenregistrierungsverfahren vor dem DPMA

BPatG 33 W (pat) 9/00 Beschl. v. 5.5.2000 – **2001** für Putzmittel, chemische Erzeugnisse für den Haushalt als im Entscheidungszeitpunkt in der Zukunft liegende Jahreszahl, die der Verkehr als Sachhinweis auf die Zukunftsfähigkeit der Waren auffasst, nicht unterscheidungskräftig.

156 **Kombinationen aus Zahlen und Buchstaben.** Diesen fehlt die Unterscheidungskraft, wenn sie als im Vordergrund stehende beschreibende Angabe oder sonst nur als solche wirken, was stark von den Verhältnissen der durch die beanspruchten Produkte festgelegten Branche abhängt. Auch hier kann das Fehlen der Unterscheidungskraft schon daraus resultieren, dass der Verkehr einen sachlichen Gehalt unterstellt, weil er ihr dann – unabhängig davon, ob sie diesen hat – keinen Herkunftshinweis mehr entnehmen wird. Deren Anmelder sollten bei einer Beanstandung darauf dringen, dass diese Annahme durch tatsächliche Umstände wie **Branchengewohnheiten** belegt wird und dies ggf. widerlegen.[132]

Beispiele aus der Rechtsprechung:
Unterscheidungskräftig:
BPatG 32 W (pat) 454/99 Beschl. v. 4.4.2001 – **94.3 r.s.2 Oldie-Nacht** Beschl. v. 4.4.2001 für Datenträger, Druckereierzeugnisse, Rundfunkunterhaltung etc. unterscheidungskräftig, weil „r.s." nicht beschreibend, insbesondere nicht kürzelhaft für „Radiosender" ist, was ihr insgesamt trotz der möglichen Wellenlängenbezeichnung „94.3" und der Themenangabe „Oldie-Nacht" Unterscheidungskraft verleiht.
BPatG 29 W (pat) 50/04 Beschl. v. 12.7.2006 – **RTF.1** für Telekommunikation, Ausstrahlen von Rundfunksendungen unterscheidungskräftig, weil die Kombination des Kürzels „RTF" für „Rich Text Format" und „1" als erstes Textverarbeitungsprogramm für diese Dienstleistungen keinen beschreibenden Gehalt hat und die Kombination von Kürzel und Zahlen in dieser Branche herkunftshinweisend wirkt.

Nicht unterscheidungskräftig:
BPatG 33 W (pat) 006/02 Beschl. v. 30.6.2003 – **IPO 4 U** für Finanzwesen beschreibende Kombination der üblichen Abkürzung „IPO" für „Inital Public Offering" als ersten Börsengang einer Aktiengesellschaft und „4U" für „for you", die der Verkehr großteils als werblichen Hinweis auf den Dienstleistungsgegenstand für an Neuemissionen interessierte Anleger versteht.
BPatG 33 W (pat) 357/02 Beschl. v. 8.6.2004 – **59 Plus** für Versicherungs- und Finanzwesen nicht unterscheidungskräftige Kombination mit im Vordergrund stehendem beschreibenden, branchenüblichen Gehalt einer Zweckbestimmung für bzw. spezieller Ausrichtung auf über 59-Jährige.

157 **bb) Bildmarken.** Die sehr praxisrelevanten Bildmarken umfassen die sehr häufigen grafisch ausgestalteten Worte, Kombinationen von Wort und Bild und die selteneren reinen Bildmarken. Auch hier fragt sich, ob der Verkehr dem Markenzeichen in seiner Gesamtheit den Hinweis darauf entnimmt, dass das damit gekennzeichnete Produkt nur von einem bestimmten Anbieter angeboten wird oder nur auf Produktei-

---

[132] Dass eine Zurückweisung nur dann möglich ist, stellte BGH I ZB 016/99 Beschl. v. 14.3.2002 – **B-2 Alloy** ausdrücklich fest.

B. Materielle Anforderungen an die Eintragung einer Marke

genschaften. Für einen **Herkunftshinweis** genügt in der Regel ein schutzfähiges Element, das so unübersehbar hervortritt, dass es im Gesamteindruck als Herkunftshinweis wirkt. Dies ist bei Beteiligung von Grafik- und Bildelementen noch weniger objektivier- und prognostizierbar, weil diese im Internet und sonst nur schwerer als Worte auf beschreibende Bedeutungen, Gebräuchlichkeit und Verbrauchtheit recherchierbar sind. Bei der Prognose, ob der Verkehr der grafischen Gestaltung oder der Bildwirkung einen Herkunftshinweis auf einen Anbieter entnimmt, sind wieder die massiven Branchenunterschiede zu beachten. So kann eine grafische Gestaltung in der konservativen Zigarrenbranche ausgefallen und unterscheidungskraftbegründend wirken, die sich in der Grafik- oder Designbranche im üblichen Rahmen bewegt oder kann eine verspielte Schrift in der „rationalen" Computerbranche eine Sachangabe unterscheidungskräftig machen, die für Bioprodukte die Natürlichkeit beschreibend unterstützen würde.

(1) Grafisch oder farbig ausgestaltete Worte. Grafisch ausgestaltete Wortmarken sind praktisch sehr häufig, obwohl ihre Schutzfähigkeit besonders unsicher ist und sie in Benutzung und Verteidigung Nachteile haben. Typische grafisch ausgestaltete Worte sind Worte in besonderer Schreibweise, wie spezifischen Schrifttypen, atypischer Getrennt- oder Zusammenschreibung und Binnengroßschreibung, Ersatz von Buchstaben durch Symbole bzw. Ersatz ganzer Worte durch lautmalerische Zeichen und sonstige grafische oder farbige Ausgestaltungen. **158**

Einige Beispiele zu den – sich in der Werbegrafik ständig weiterentwickelnden – **Arten:** Besondere oder selbst entworfene Schrifttypen, untypische Lücken oder Bindestriche oder sonstige Satzzeichen sowie zäsurlose Verbindung, farbige und/oder grafische Ausgestaltung der Worte durch (teils) farbige Buchstaben sowie sonstige farbige Verzierungen wie Unterlegung, Umrahmung, Einkreisung der Worte, Bögen etc.

Für ihre Unterscheidungskraft in der Gesamtheit genügt in der Regel ein **schutzfähiges Element,** das nicht im Gesamteindruck untergeht. Ob dies der Fall ist, hängt vom Einzelfall ab und ist schwer prognostizierbar. Für die Prognose, ob ein grafisch ausgestaltetes Wort als Markenzeichen insgesamt unterscheidungskräftig ist, sind zunächst zwei Konstellationen zu unterscheiden: **159**

Ist das ausgestaltete Wort weder produktbeschreibend noch sonstwie verbraucht oder gängig, ist das Markenzeichen insgesamt schon auf Grund dessen unterscheidungskräftig. Insoweit hätte der Anmelder auch eine Wortmarke anmelden können.[133]

---

[133] Die er mit geringfügigen grafischen Ausgestaltungen – nach den jeweiligen Moden – meist rechtserhaltend benutzen könnte und er die Sicherheit hätte, dass seine Marke tatsächlich auf Grund des Wortelements eingetragen wurde.

Teil 3. Das Markenregistrierungsverfahren vor dem DPMA

Beispiel: Das Wort „Schokolatur" für Schokolade ist schon wegen der eigentümlichen Wortbildung unterscheidungskräftig und bedarf dazu keiner Retro-Schrift und Umrahmung als Wort-/Bildmarke.

160 Hat das ausgestaltete Wort selbst keine Unterscheidungskraft, kann diese insgesamt auf Grund der grafischen Gestaltung entstehen, wenn der angesprochene Verkehr sie als ungewöhnlich bzw. werbeunüblich empfindet. Gemäß einer Faustregel muss die grafische Gestaltung um so origineller sein, je glatt beschreibender das Wort für das jeweilige Produkt ist.

Beispiel: Ein Anmelder wünscht sich für die Dienstleistungen Werbung und Finanzberatung und Bücher das Wort „Kiesgrube". Für Werbung ist es weder beschreibend noch nur als solches verständlich und somit unterscheidungskräftig. Für Finanzberatung könnte es wegen der Bedeutung im übertragenen Sinn originell wirken oder einen im Vordergrund stehenden beschreibenden Anklang an deren Zweck der „Geldgewinnung" haben. Zur Minimierung dieses Schutzfähigkeitsrisikos könnte es sinnvoll sein, das Wort mit farbiger Schrift oder grafischer Gestaltung zu versehen. Für Bücher, die sich naheliegender weise auch mit herkömmlichen Kiesgruben beschäftigen können, wäre es als glatte Inhaltsangabe auch durch geringfügige Grafik nicht unterscheidungskräftig zu machen.

161 Weil Grafik-„Trends" durch die rasante multimediale Verbreitung schnell werbeüblich werden und die Prüfer dies wissen bzw. recherchieren, sollte der Anmelder vorab alle zugänglichen Informationsquellen, insbesondere das Internet auf Sachangaben in entsprechenden Gestaltungen recherchieren und schon bei geringen Anhaltspunkten für deren Üblichkeit eine andere Grafik wählen. Zudem kann sich eine Üblichkeit auch noch in der – teilweise längeren – Zeitspanne von Anmeldung bis zur Entscheidung über die Schutzfähigkeit der Marke entwickeln. Weil sich schutzbegründende Grafiken rasch zu werbeüblichen entwickeln können, ist auch die Eintragung vieler entsprechender Markenzeichen in jüngerer Zeit kein klarer Hinweis.

Beispiele: So findet man im Markenregister aus den Jahren vor dem Internet-Boom viele produktbeschreibende Worte, deren Eintragung auf ihrer Ausgestaltung durch das „@"-Symbol beruhen muss. Ebenso wurde der bogenartige Swoosh (wie im Logo der HVB oder das von Nike) oder die hälftige Hinterlegung mit einem hellen oder dunklen Kasten für beschreibende Worte für schutzbegründend gehalten. Beide Ausgestaltungen sind mittlerweile werbeüblich abgenutzt und verleihen Markenzeichen keine Unterscheidungskraft mehr.

Beispiele aus der Rechtsprechung:
Nicht unterscheidungskräftig:

VISAGE BGH GRUR 2005, 337 – **Visage** für Kosmetik beschreibende Zweckbestimmungsangabe in werbeüblicher Gestaltung in branchenüblicher Farbe, sehr lesenswert!

Color **BPatG** GRUR 1996, 410 – **Color Collection** für Schönheitspflegemittel beschreibende Wortkombination für ein Farbsortiment, der die grafische Gestaltung keine Unterscheidungskraft vermittelt.

B. Materielle Anforderungen an die Eintragung einer Marke

BPatG Mitt. 2000, 507 f. – **Cool Mint** für Diätlebensmittel verständliche, im Vordergrund stehende Sachangabe „kühle Minze", der die grafische Gestaltung keine Unterscheidungskraft vermittelt, weil der interpretierbare grafische Effekt eines Drops zwischen „M" und „N" um das „I" herum zu unauffällig und nicht auf einen Blick erfassbar ist.

BPatG 25 W (pat) 152/00 Beschl. v. 2.8.2001 für Kl 5, 29, 30 – **1xtäglich** bloße Kaufaufforderung und allgemeine Anpreisung in üblicher Gestaltung.

BPatG 25 W (pat) 207/01 Beschl. v. 19.9.2002 – **Beauty 24** in farbiger Schrift für Schönheitspflege, Beratung … beschreibende Sachangabe „rund um die Uhr verfügbarer Produkte für die Schönheit", der auch diese – übliche – Schreibweise keine Unterscheidungskraft vermittelt.

BPatG 25 W(pat) 220/02 Beschl. v. 18.9.2003 – **Backforum** in grafischer Gestaltung für Nahrungsmittel und entsprechende Dienstleistungen beschreibende Angabe für Angebot in einem Forum oder dies betreffend, dem auch die werbeübliche grafische Gestaltung keine Unterscheidungskraft vermittelt.

BPatG 30 W (pat) 331/03 Beschl. v. 5.12.2005 – **Land und Leute für uns in Mecklenburg Vorpommern** für Datenträger, Ausbildung, Telekommunikation glatt beschreibende Sachaussage betreffend ein geografisches Gebiet, seine Bewohner und den angesprochenen Verkehr, dem die insgesamt zu wenig charakteristische grafische Gestaltung keine Unterscheidungskraft verleiht.

BPatG 25 W (pat) 150/03 Beschl. v. 14.7.2005 – **PatentBerlin** in spezieller Schrift für Datenträger und Software, Übsetzungen … glatt beschreibende Angabe, die die grafische Gestaltung nicht unterscheidungskräftig macht.

BPatG MarkenR 2006, 422 ff. – **Rätsel Total** für Klasse 16, 38, 42 beschreibende Wortkombination, der die grafische Gestaltung aus Farben, Schriftarten und Umrahmungen keine Unterscheidungskraft vermittelt.

BPatG 24 W (pat) 49/05 Beschl. v. 1.8.2006 für wissenschaftliche Untersuchungen, Schulungen und Beratung betreffend KfZ bloßer Sachhinweis auf elektronische Reparaturen in werbeüblicher Gestaltung.

Unterscheidungskräftig:

BGH GRUR 1991, 136 f. – **NEW MAN** für Sonnenbrillen, Schmuck, Kosmetik … insgesamt unterscheidungskräftig, weil die Zielgruppenbeschreibung „neuer Mann" durch die das Werbübliche deutlich übersteigende Grafik, die es auch umgedreht als „neuer Mann" lesbar macht, insgesamt aufgehoben wird.

BPatG 27 W (pat) 175/02 Beschl. v. 9.4.2003 – **PC Fit** für Kl. 9, 37, 38, 41, 42 trotz beschreibender Wortkombination eines Hinweises auf deren Eignung oder Bestimmung, etwas für die Aufgaben der EDV fit zu machen, entsteht Unterscheidungskraft durch die noch hinreichend eigentümliche Grafik und Farbigkeit, weil „fit" wie mit Pinselstrichen dargestellt ist und dies für den eher sachlichen Computersektor untypisch ist.

BPatG 25 W (pat) 145/04 Beschl. v. 29.6.2006 – **SaTVision** für diverse Apparate und Geräte zur Übertragung von Daten etc. ist in der Gesamtkombination unterscheidungskräftig. Selbst wenn die Kürzel-/Wortkombination als „Satellitvision" verstanden würde, begründet die grafische und farbige Gestaltung die Unterscheidungskraft, weil die Schreibweise von „TV" dazu führt,

Teil 3. Das Markenregistrierungsverfahren vor dem DPMA

dass diese beiden Buchstaben das Wortzentrum bilden und eine Auffassung als „Satvision" eher hindern oder aber diese jedenfalls irritieren.

162 **Tipp:** Anmeldern wird vom Versuch abgeraten, schwache oder schutzunfähige Worte durch einfache Grafiken über die Schwelle ausreichender Unterscheidungskraft zu heben, weil deren Unterscheidungskraft sehr zweifelhaft und die Anmeldung daher riskant ist. Zudem wäre aber die Eintragung eines produktbeschreibenden grafisch gestalteten Wortes kein besonders guter Hinweis auf den Anbieter, weil die „originelle" Grafik akustisch nicht mitklingt. Zudem bietet sie nur wenig Abwehrmöglichkeiten gegen Mitbewerber, weil der Schutz auf das Wort in dieser Gestaltung beschränkt ist, aber nicht seine Benennung nur durch das – kaum oder nicht unterscheidungskräftige – Wort umfasst. Ihr Inhaber läuft daher Gefahr, eine weitgehend wertlose Marke aufzubauen und zu pflegen. Der Anmelder, der trotzdem eine solche Marke möchte, sollte aber vorab – auch wenn er meint, diese Gestaltung erfunden zu haben – im Internet, Prospekten etc. recherchieren, ob seine Grafik nicht doch werbeüblich ist.

163 **(2) Kombinationen aus Wort und Bild.** Auch die Kombination nicht unterscheidungskräftiger Elemente kann in der Gesamtheit des Markenzeichens unterscheidungskräftig sein, wenn sie mehr als die schlichte Summe der Einzelteile ist und dadurch ein herkunftshinweisender Gesamteindruck entsteht.

Beispiele aus der Rechtsprechung:
Unterscheidungskräftig:
BPatG 26 W (pat)126/02 Beschl. v.16.3.2003 – **Weltstar** für diverse Haushaltsgeräte unterscheidungskräftig, weil die beschreibende Wortkombination im Sinne einer weltweit besten Qualität durch die grafische Gestaltung einen herkunftshinweisenden Überschuss erhält.
BPatG 30 W (pat) 92/03 Beschl. v. 13.9.2004 – **Click'n Fix** für Fußböden, Dielen und Faserboden in der Gesamtkombination unterscheidungskräftig, weil der beschreibende Gehalt der Wortkombination „einklicken und befestigen" durch die unterscheidungskräftigen Bildelemente in der Gesamtheit überwunden wird.

Nicht unterscheidungskräftig:
BGH PMZ 2001, 397 f. – **Anti Kalk** für Wasserenthärtungsmittel glatt warenbeschreibende, sprachübliche Wortkombination, der die grafische und farbige Gestaltung keine Unterscheidungskraft vermittelt, weil sie einfach und werbeüblich ist und die Wortbedeutung durch das aggressive, rote Dreieck eher unterstützt.

Ein Beispiel für eine sehr gelungene Wort-/Bildmarke bildet dieses Markenzeichen für eine Gebärdensprachenschule.

164 **(3) Reine Bildmarken.** Reine Bildmarken als klassische Logos oder Abbildungen von Gegenständen sind nur unterscheidungskräftig, wenn der Verkehr ihnen einen Herkunftshinweis auf einen Anbieter entnimmt. Dazu wiederum dürfen sie die konkreten Produkte nicht be-

B. Materielle Anforderungen an die Eintragung einer Marke

schreiben oder sich in gängigen Motiven oder Bildern erschöpfen. Zur Illustrierung wieder einige Beispiele aus der Rechtsprechung.[134]

Beispiele aus der Rechtsprechung:
Unterscheidungskräftig:

BPatG 27 W(pat) 162/01 Beschl. v. 5.11.02 – **Bildmarke Boxer** für Druckereierzeugnisse, Lederwaren, Spielzeug unterscheidungskräftig. Die Hundekopfabbildung kann zwar auch für Hunde bestimmte Waren in ihrer Zweckbestimmung beschreiben, wenn sie bildliche Sachinformation durch eine naturgetreue Hundedarstellung wie oft bei Hundefutter oder gängig piktogrammartig liefert. Die vorliegende Darstellung im Stil einer Radierung ist keine einfache werbeübliche Wiedergabe eines Hundes als Produktzweck, sondern hat charakteristische Merkmale.

Nicht unterscheidungskräftig:

BGH WRP 2005, 217 ff. – **Bürogebäude** für Dienstleistungen aus dem Baubereich nicht unterscheidungskräftig, weil sie sich in der Darstellung des wesentlichen Gegenstandes der Dienstleistung erschöpft. Für Geschäftsführung und Unternehmensverwaltung ist sie unterscheidungskräftig mangels beschreibenden Gehaltes, der der wörtlichen Benennung gleichkommt, sondern dieser vage und wegen Assoziationen wie modern, hochwertig diffus bleibt.

BPatG 27 W (pat) 163/01 Beschl. v. 11.2.2003 – **Farbige Batterieabbildung** für Batterien glatt beschreibende Angabe bzw. werbeübliche Ausgestaltung dieser Waren.

BPatG 25 W (pat) 142/04 Beschl. v. 6.7.2006 – **Dreidimensionales farbiges Paragraphensymbol** für diverse Dienstleistungen, auch Rechtsberatung bloße Sachangabe über deren Zusammenhang zu Rechtsberatung, den auch die grafische Verfremdung nicht beseitigt.

(α) **Einfache Formen und Gestaltungen.** Ihnen fehlt nach allgemeinen Kriterien die Unterscheidungskraft, wenn der Verkehr sie schlicht als für sich stehend dekorativ oder aufmerksamkeitserregend empfindet, wie geometrische Formen wie Kreise, Dreiecke, Rechtecke, Wellenlinien und typische werbeübliche Symbole wie Herzen, Sterne, Sprechblasen o.ä. Sie können Unterscheidungskraft haben, wenn sie durch Kombination mehrerer Elemente oder ihre spezielle Anordnung oder Farbigkeit als Herkunftshinweis aufgefasst werden.

165

Beispiele aus der Rechtsprechung:
Unterscheidungskräftig:

BPatG 33 W (pat) 212/03 Beschl. v. 30.6.2005 – **Geschwungene Linie** für Dienstleistungen der Unternehmens- und Personalberatung, Marketing und Kommunikation unterscheidungskräftig, weil weder beschreibend noch werbeüblich.
HABM MarkenR 1999, 321 f. – **Dreiecke** unterscheidungskräftig, da spezielle Kombination.

---

[134] Die Marken werden abgebildet, um dem Leser ein realistisches Bild zu vermitteln. Die Datenbanken des DPMA enthalten die Markendarstellungen bei rechtskräftig zurückgewiesenen Marken zum Schutz deren Inhaber nicht.

Teil 3. Das Markenregistrierungsverfahren vor dem DPMA

Nicht unterscheidungskräftig:
BPatG 27 W (pat) 182/00 Beschl. v. 16.10.2001 – **Stern** für Bekleidung, Schuhwaren nicht unterscheidungskräftig, weil ein erheblicher Verkehrsteil in diesem Stern nur eine Verzierung oder einen werblichen Hinweis sieht und verschiedenste Sterne im Modesektor häufig sind.
BPatG 30 W (pat) 28/01 Beschl. v. 28.1.2002 – **Fünf Sterne** für diverse Waren nicht unterscheidungskräftig, weil Sterne zu Weihnachten und ganzjährig für alle Produktarten werbemäßig verzierende Gestaltungen und damit allgemein üblichen Gestaltungselemente sind.
BPatG 28 W (pat) 189/00 Beschl. v. 9.1.2002 – **Geschenkband mit Schleife** für Messer, kunstgewerbliche Gegenstände, Bekleidung, Spiele eine fast schon piktogrammartige Abbildung, die für diese sämtlich als Geschenk geeignete Waren ein typisches Warenverpackungselement, keinen Herkunftshinweis bildet.

166   (β) **Piktogramme.** Infolge seiner Gewöhnung an die zunehmende bildhafte Vermittlung von Sachinformationen und Hinweisen durch Internationalisierung und Zusammenleben verschiedensprachiger Menschen entnimmt der Verkehr einfachen, klar beschreibenden Piktogrammen keinen Herkunftshinweis auf einen bestimmten Anbieter, sondern bloße versinnbildlichte Sachangaben. Dies gilt vor allem, wenn sie an geläufige Piktogramme erinnern. Unterscheidungskräftig können hingegen sehr starke Stilisierungen, künstlerische Ausgestaltungen oder ungewöhnliche Kombinationen sein.

Beispiele aus der Rechtsprechung:
Unterscheidungskräftig:
BPatGE 32, 264 ff. – **Hand mit Bierglas** für diverse Waren wegen seiner zumindest geringfügigen Originalität.

Nicht unterscheidungskräftig:
BPatG GRUR 1997, 530 – **Rohrreiniger** für chemische Erzeugnisse nicht unterscheidungskräftig als typische Abbildung der Wirkungsweise der Ware.

167   cc) **Dreidimensionale Gestaltungen.** Bei der Beurteilung ihrer Unterscheidungskraft wird folgendermaßen differenziert:
Einer produktabstrakten Formmarke (die also nicht der Form der beanspruchten Waren entspricht wie das Michelinmännchen für Reifen) fehlt entsprechend allgemeinen Kriterien die Unterscheidungskraft bei einem im Vordergrund stehenden beschreibenden Gehalt oder wenn sie sonst nur als solche aufgefasst wird. Beurteilung und Kriterien entsprechen etwa denen für Bildmarken.

168   Die Unterscheidungskraft der immer beliebteren Warenformmarken, die das Warendesign gegenüber der Konkurrenz schützen sollen, hängt davon ab, ob der Verbraucher der Form den Hinweis entnimmt, dass diese Ware nur von einem Anbieter angeboten wird. Trotz des theoretisch identischen Maßstabes ist die Unterscheidungskraft hier schwerer zu bejahen, weil der Verkehr an den Herkunftshinweis durch die Form der Ware selbst noch nicht gewöhnt ist. Deshalb wird sein naheliegender

B. Materielle Anforderungen an die Eintragung einer Marke

Gedanke, wenn er zum ersten Mal[135] eine Ware in einer bestimmten Form sieht, eben oft nur sein, dass die Ware eine schöne, hässliche, besondere Form hat, nicht aber, dass diese Form darauf hinweist, dass diese Ware nur von einem Hersteller stammt. Dies liegt schon deshalb nicht nahe, weil hier Ware und Marke quasi eins sind.

> **Beispiel:** Soll die Zitronenpresse von Philippe Starck als Warenformmarke für Zitronenpressen angemeldet werden, wäre zur Unterscheidungskraft Folgendes zu überlegen: Würde der angesprochene allgemeine Küchengerätekäufer, wenn er diese Presse zum ersten Mal sieht (also sie nicht seit Jahren x-fach in allen Magazinen mit dem Designer- bzw. Herstellernamen Philippe Starck/Alessi verbunden gesehen hat) annehmen, dass diese Form nur von einem Anbieter kommt oder würde er sie schlicht als neue Art einer Zitronenpresse auffassen? Letzteres wäre wohl der Fall.

Die aktuelle Rechtsprechung beurteilt ihre Unterscheidungskraft **169** nach den Vorgaben des EuGH[136] nach folgenden Grundsätzen. Trotz theoretisch identischen Maßstabes für die Unterscheidungskraft muss berücksichtigt werden, dass der Verkehr Markenzeichen, die mit der Form der Ware übereinstimmen, nicht primär als **Herkunftshinweis** auffasst. Diese sind vielmehr nur unterscheidungskräftig, wenn sie Merkmale aufweisen, die über die technisch-funktionellen oder typisch ästhetischen Merkmale dieser Ware erheblich hinausgehen und charakteristisch und erheblich[137] vom branchenüblichen und naheliegenden Formenschatz dieser Warengattung abweichen und der Verkehr diese Abweichung ohne besondere Aufmerksamkeit, Analyse oder Vergleich erkennen kann. Weil diese Prognose stark von den Branchenverhältnissen abhängt, muss erst der übliche Formenbestand im konkreten Warengebiet ermittelt und dann prognostiziert werden, ob der Verkehr die angemeldete Form als erheblich darüber hinausgehend empfinden wird. Dafür kommt es neben der **Designorientiertheit** der Branche auch darauf an, wie stark der Verkehr schon an **Design als Herkunftshinweis** gewöhnt ist. Die Aussagen der Rechtsprechung, dass eine Form bei technischen Produkten eher für funktionsbedingt, bei Produkten des täglichen Bedarfes für zweckmäßig oder infolge der Ästhetisierung vieler Lebensbereiche dekorativ und bei ästhetisch orientierten Waren wie Mode, Möbeln, Schmuck auch eher nicht als herkunftshinweisend ge-

---

[135] Es ist ganz wichtig, für diese Beurteilung von der ersten Wahrnahme dieser Form auszugehen, weil alles andere Gewöhnung an diese Form als von einem bestimmten Warenanbieter stammend wäre und daher eher in den Bereich der Verkehrsdurchsetzung im Sinne von § 8 Abs. 3 gehört, aber keine Unterscheidungskraft aus sich heraus begründen kann.
[136] EuGH GRUR 2003, 514 ff. – *Linde, Winward, Rado*, EuGH GRUR 2004, 428 – *Henkel*, EuGH GRUR Int 2004, 631 ff. – *Dreidimensionale Tablettenform*. Seitdem ist die von gegensätzlichen Strömungen geprägte ältere Rechtsprechung unverwertbar und Anmelder sollten sich zur Begründung der Unterscheidungskraft ihrer Marke nur auf neuere Rechtsprechung ab 2004 beziehen und berufen.
[137] EuGH GRUR 2006, 235 ff. – *Standbeutel*, EuGH GRUR Int. 2005, 135 ff. – *Maglite*.

Teil 3. Das Markenregistrierungsverfahren vor dem DPMA

halten wird, zeigen, dass Warenformmarken oft nicht eintragungsfähig sind.

170 Begehrt der Anmelder trotzdem eine Warenformmarke, sollte er wie folgt vorgehen:
Zunächst sollten vorab die Gestaltungs- und Wahrnehmungsgewohnheiten der gewünschten Branche recherchiert und die gewünschte Form kritisch darauf überprüft werden, ob sie vom branchenüblichen Formenschatz dieser Waren erkennbar erheblich abweicht. Je größer die Formenvielfalt auf dem Warengebiet ist, um so schwieriger ist die Ermittlung des typischen Formenschatzes und Feststellung einer erheblichen Abweichung. Dafür sind gestalterische Originalität und Eigentümlichkeit jedenfalls hilfreich.

171 Nach Einreichung der Anmeldung sollte Folgendes beachtet werden:
Weil die Prüfer die Ausnahme vom tatsächlichen Grundsatz, dass der Verkehr einer Warenform grundsätzlich keinen Herkunftshinweis entnehmen wird, positiv feststellen müssen, sollten anmelderseitig Gründe für eine andere Wahrnahme im konkreten Fall dargelegt werden. Dazu sollte der Anmelder zur Ergänzung der **Branchenrecherchen** des DPMA (ähnlich auch beim BPatG) im eigenen Interesse unaufgefordert ihm günstige Informationen zum (erheblich von seiner Form abweichenden) üblichen Formenschatz seiner Branche und zur Gewöhnung des Verkehrs an den Herkunftshinweis von Warenformen liefern und anhand dessen begründen, dass der Verkehr der angemeldeten Warenform auf den ersten Blick einen Hinweis auf einen bestimmten Anbieter entnehmen wird. Dies gilt auch für die Verpackungsformen von Waren, die üblicherweise nur verpackt Gegenstand des Wirtschaftsverkehrs sind.[138]

172 Dazu nun einige, wegen des starken Branchenbezuges sehr einzelfallbezogene Beispiele[139].

Beispiele aus der Rechtsprechung:
Unterscheidungskräftig:

BPatG 32 W (pat) 1/02 Beschl. v. 17.7.2002 – **Pralinenform** für Schokolade und Schokoladewaren unterscheidungskräftig, weil sie sich durch die Kombination der Gestaltungsmerkmale (andersfarbige Rosette, welliger Körper und Rosettenmuster) deutlich von den branchenüblichen Formen unterscheidet.

---

[138] EuGH MarkenR 2004, 116 ff. – *Henkel Waschmittelflasche:* Bei inhärenten Waren wie Flüssigkeiten, die üblicherweise verpackt vermarktet werden, ist die Ware der Form der Verpackung gleichzusetzen, weil es nicht den Marktverhältnissen entspricht, wenn zwischen Behältnis und Inhalt bei Flüssigkeiten unterschieden und nur der Inhalt als Ware qualifiziert wird, weil das Behältnis über Menge, Funktionalität und Gewicht entscheidet und die einzige für den Verbraucher wahrnehmbare Form ist.

[139] Einen ausführlichen Überblick über die Entscheidungspraxis des BPatG der letzten Jahre bieten die Jahresberichte auf der Homepage www.bpatg.de.

B. Materielle Anforderungen an die Eintragung einer Marke

Nicht unterscheidungskräftig:
BPatG 26 W (pat) 342/03 Beschl. v. 31.5.2006 – **Carving-Ski** für Sportartikel, Bekleidung, Schuhe nicht unterscheidungskräftig, weil diese Form eines taillierten Ski mit wulstförmigen Erhebungen lediglich die Form der Ware wiedergibt oder auf deren Verwendungszweck hinweist. Eine leichte Taillierung sei ebenso üblich und technisch bedingt, ebenso die übrigen Merkmale.
EuGH MarkenR 2006, 322 ff. – **Storck (Form eines Bonbons)** für einschlägige Waren naheliegende Kombination von Gestaltungselementen, die sich nicht erheblich von anderen Bonbonformen unterscheiden.

BPatG MarkenR 2006, 426 ff. – **Taschenlampen II** für einschlägige Waren bloße Kombination technisch bedingter oder sich im Rahmen üblicher Gestaltungen haltender Formmerkmale.

Der Anmelder kann seiner dreidimensionalen Warenformmarke – in ihrer maßgeblichen Gesamtheit – auch Unterscheidungskraft vermitteln, indem er auf die Form ein erkennbares unterscheidungskräftiges Wort- oder Bildelement aufbringt. Dann besteht zwar kein Schutz der reinen Warenform, aber trotzdem ein Abschreckungspotential gegenüber Mitbewerbern. **173**

Beispiele aus der Rechtsprechung:
BPatG GRUR 2001, 163 ff. – **Sechseckiger Stift mit Aufschrift „BIG"** unterscheidungskräftig nicht auf Grund seiner Form, die nicht erheblich von den vielfältigen Gestaltungsformen von Kugelschreibern mit transparenten, mehreckigen Schäften und verschieden spitzen Abdeckkappen abweicht, sondern für den Verkehr eine beliebige Kombination üblicher Gestaltungselemente ist, sondern des kleinen reliefartigen Schriftzuges „BIG".

BPatG Beschl. v. 19.12.2003 – **Kelly-Bag** für Lederwaren ... unterscheidungskräftig auf Grund der ungewöhnlichen Gestaltung des Schlosses und der Ersichtlichkeit des Buchstaben „H" als Hersteller-Kürzel.
BGH I ZB 19/01 Urt. v. 12.8.2004 – **Stabtaschenlampe Maglite** für Taschenlampen unterscheidungskräftig, jedenfalls auf Grund des erkennbaren Wortelementes „Maglite".

Diesen Anforderungen an die Unterscheidungskraft unterliegen auch die zweidimensionalen Abbildungen von Waren- oder Warenverpackungen. **174**

Beispiel aus der Rechtsprechung einer nicht unterscheidungskräftigen Marke:

BPatG 30 W (pat) 108/03 Beschl. v. 19.7.2004 – **Handytastatur** für einschlägige Waren nicht unterscheidungskräftig als Abbildung der typischen Merkmale der Ware LCD-Display selbst.

dd) Hörmarken. Den wenigen grafisch darstellbaren Hörmarken fehlt die Unterscheidungskraft, wenn sie für die Produkte einen im Vordergrund stehenden beschreibenden Gehalt aufweisen (wie Weihnachtsmusik für Weihnachtsartikel oder Blasmusik für Bierausschank) oder sonst als verbrauchte Tonfolgen (wie Fanfaren) oder nur als solche **175**

Teil 3. Das Markenregistrierungsverfahren vor dem DPMA

verstandene aufmerksamkeitserregende Töne oder unübersichtliche Melodien nicht als Herkunftshinweis wirken.

176 **ee) Abstrakte Ein- oder Mehrfarbmarken.** Ihre Unterscheidungskraft ist ähnlich problematisch wie die der Warenformmarken, weil auch sie mit den Produkten verschmelzen, die sie als „farbige Haut" bekleiden und daher eher nicht als Herkunftshinweis wirken. Weil die Waren selbst oder bei Dienstleistungen Werbematerial und Rechnungen meist farbig (dekoriert) sind, wird der Verkehr beim Erstkontakt mit einem farbigen Produkt der Farbe in der Regel keinen Hinweis auf einen bestimmten Anbieter entnehmen. Dementsprechend hält die neuere Praxis seit einer Grundsatzentscheidung des EuGH[140] Farben eher nicht für unterscheidungskräftig, auch weil Farben für die Allgemeinheit frei verfügbar bleiben müssen. Daher wirken Farben – außer durch Gewöhnung des Verkehrs **(Verkehrsdurchsetzung)** an eine bestimmte Farbe als Herkunftshinweis wie das Lila von Nestlé und Magenta/Grau der Telekom – nur noch ausnahmsweise auf Grund spezieller branchenbedingter Umstände herkunftshinweisend.

177 Weil die meisten Einzelanmelder eine Verkehrsdurchsetzung ihrer Marke mangels Marktmacht[141] nicht erreichen, ist die Eintragung einer Farbe für sie nur möglich, wenn diese ausnahmsweise in einem spezifischen Produktsektor als Herkunftshinweis verstanden werden kann. Dazu darf/dürfen diese Farbe(n) zunächst für die Waren oder deren Verpackung der konkreten Branche weder zwingend (bspw. bei Kosmetik) noch typisches Wesensmerkmal (bei Mode) sein und auch sonst nicht sachbeschreibend (wie z.B. Braun für Schokolade bzw. Weiß für deren Verpackung) oder symbolisch wirken (wie etwa grün für ökologisch etc.). Ist insofern der Einsatz von Farben als Herkunftshinweis überhaupt denkbar, muss untersucht werden, ob der Verkehr diese Farbe(n) nicht sachbezogen oder als solche auffassen wird, sondern ausnahmsweise als Herkunftshinweis wie etwa bei farblosen Waren wie Strom oder unkörperlichen Dienstleistungen.

178 Angesichts dieser sehr **strengen Anforderungen** wird Einzelanmeldern derzeit grundsätzlich von der Anmeldung einer Farbmarke abgeraten. Für die wenigen sehr speziellen Produkte, die sich nur an besonders aufmerksamen Fachverkehr in einer Branche richten, wo nur wenige Farben verwendet werden etc., muss der Anmelder für eine Anmeldung – mit großem Begründungsaufwand – konkret darlegen, dass Farben in

---

[140] EuGH GRUR 2003, 814 ff. – *Libertel* und zu den abstrakten Mehrfarbenmarken EuGH GRUR 2004, 858 ff. – *Heidelberger Bauchemie*. Weil diese Entscheidungen die bisherige Rechtsprechung überholten, kann für die Schutzfähigkeit von Farbmarken nur die spätere Rechtsprechung des BPatG argumentativ herangezogen werden.

[141] Siehe zu den sehr hohen Anforderungen an eine solche Verkehrsdurchsetzung Teil 3 B II 5.

B. Materielle Anforderungen an die Eintragung einer Marke

dieser Branche allgemein nicht nur sachbezogen oder dekorativ vorkommen oder der konkrete Farbton erkennbar unüblich ist.

ff) Positionsmarken. Diese sind unterscheidungskräftig, wenn ihre **179**
Gesamtheit aus einem Zeichen in bestimmter Positionierung auf einer Ware als Herkunftshinweis auf einen bestimmten Anbieter wirken kann. Dazu muss entweder das positionierte Zeichen als solches, seine Positionierung auf der Ware oder deren Kombination nicht sachbeschreibend, funktional, üblich in seiner Branche oder dekorativ, sondern ungewöhnlich und als Hinweis auf einen bestimmten Anbieter wirken.

Beispiele aus der Rechtsprechung:
Unterscheidungskräftig:

BPatG GRUR 1998, 390 ff. – **Roter Streifen im Schuhabsatz** für Schuhwaren unterscheidungskräftig, weil erheblicher Verkehrsteil diesem Streifen in dieser Position einen Herkunftshinweis entnimmt.

BPatG GRUR 1998, 819 ff. – **Jeanstasche mit Ausrufezeichen** für Bekleidung unterscheidungskräftig (damals noch nicht verkehrsdurchgesetzt).

Nicht Unterscheidungskräftig:

BPatG 27 W (pat) 139/04 Beschl. v. 10.5.2005 – **Rechteckiges Zusatzetikett** für Hosen nicht unterscheidungskräftig, weil derartige Etiketten den Verbraucher über die Marke oder sonstige wesentliche Angaben zur Ware informieren und auch deren Positionierung nicht herkunftshinweisend aus dem üblichen Rahmen fällt.

BPatG 29 W (pat) 068/01 Beschl. v. 5.2.2003 – **Farbige Streifen für verschließbare Kunststoffbeutel** nicht unterscheidungskräftig, weil der Verkehr den farbigen Streifen entlang des Druckverschlusses nur als Ordnungsmerkmal oder dekoratives Element, nicht als Herkunftshinweis auffasst.

e) Aussagekraft der Eintragung identischer oder ähnlicher Marken

Die Eintragung einer Marke in ihrer Gesamtheit durch das DPMA als **180** einziger dafür in Deutschland zuständiger Behörde, bindet das DPMA und folgende Instanzen in Kollisionsverfahren und Zivilgerichte in **Verletzungs- und Kollisionsprozessen** betreffend diese Marke. Diese Bindung kann nur durch eine Löschung der Marke nach §§ 49 ff. beseitigt werden. Wurde früher bereits ein identisches oder vergleichbares Markenzeichen für identische oder vergleichbare Produkte eingetragen, kann der Anmelder einer später angemeldeten Marke daraus keinen Anspruch auf deren Eintragung herleiten.

Für Registrierungen durch eine ausländische Behörde resultiert dies schon aus den anderen oder fehlenden inhaltlichen Prüfungsmaßstäben und aus der in verschiedenen Ländern oft **unterschiedlichen Verkehrsauffassung** von Markenzeichen. Auch die Eintragung einer Gemeinschaftsmarke durch das HABM begründet keinen Anspruch auf Eintragung einer nationalen Marke, weil die Rechtsver-

Teil 3. Das Markenregistrierungsverfahren vor dem DPMA

einheitlichung die national eigenständigen Prüfungsmaßstäbe nicht gleichschaltet.[142] Selbst die frühere Eintragung identischer oder vergleichbarer Marken durch das DPMA begründet keinen solchen Anspruch, weil die Entscheidung über die Markeneintragung **keine Ermessensentscheidung** ist und sich daher kein Ermessen durch Verwaltungspraxis reduzieren kann. Ferner muss der Gleichbehandlungsgrundsatz mit dem Gebot rechtmäßigen Handelns vereinbart werden, der einen Anspruch auf Gleichheit im Unrecht ausschließt.[143]

2. § 8 Abs. 2 Nr. 2 MarkenG Freihaltebedürfnis am Markenzeichen

181 Dieses auf Art. 3 I Buchst c MRRL beruhende **absolute Schutzhindernis** steht Markenanmeldungen neben fehlender Unterscheidungskraft am häufigsten entgegen. Es soll im Interesse der Allgemeinheit, insbesondere der Mitbewerber verhindern, dass Angaben, die Merkmale der konkreten Produkte beschreiben können, für Einzelne monopolisiert werden, weil dies den freien Wettbewerb unzumutbar behindern würde. Dazu schließt es Marken von der Eintragung aus, die ausschließlich aus Zeichen oder Angaben bestehen, die im Verkehr zur Bezeichnung, der Art, der Beschaffenheit, der Menge, der Bestimmung, des Wertes, der geografischen Herkunft, der Zeit der Herstellung der Waren oder der Erbringung der Dienstleistungen oder zur Bezeichnung sonstiger Merkmale der Waren oder Dienstleistungen dienen können.

182 Anders als bei fehlender Unterscheidungskraft, weil das Markenzeichen auf den Verkehr nicht als Herkunftshinweis wirkt, erfasst dieses in Deutschland als **Freihaltebedürfnis** bezeichnete Schutzhindernis[144] Markenzeichen, die Eigenschaften des konkreten Produktes beschreiben können. § 8 Abs. 2 Nr. 2 überschneidet sich stark mit der ersten Fallgruppe fehlender Unterscheidungskraft eines im Vordergrund stehenden beschreibenden Gehalt für die Produkte, umfasst aber auch weitere Fälle.

183 Um dem Anmelder eine Vorstellung zu vermitteln, wann dieses Schutzhindernis seiner Marke entgegenstehen kann[145], werden erst die Grundsätze zu § 8 Abs. 2 Nr. 2 und dann im Detail erläutert, wann ein

---

[142] BPatG 29 W (pat) 40/99 Beschl. v. 19.1.2000 – *Bench Breaking Strategies* sowie generell zum Gemeinschaftsmarkenrecht EuGH MarkenR 2006, 19 ff. – *Standbeutel*.

[143] BPatGE 13, 113 – *men's club* und BPatG GRUR 1989, 420 – *K SÜD*.

[144] Dieser Name stammt noch aus dem älteren deutschen Verständnis des § 8 Abs. 2 Nr. 2, das ihn nur bei konkreten Anhaltspunkten für ein Freihaltungsbedürfnis der Mitbewerber an einer Angabe als erfüllt ansah und das Schutzhindernis insgesamt darauf beschränkt benannte. Daher kann Rechtsprechung vor 2004 nicht mehr verwendet werden, weil sie § 8 Abs. 2 Nr. 2 zu eng anwandte. Die neuere Praxis infolge der Rechtsprechung des EuGH schließt bei beschreibungsgeeigneten Angaben regelmäßig auf ein Allgemeininteresse an Freihaltung, wenn es nicht ausnahmsweise Hinweise auf dessen Fehlen gibt.

[145] Basierend auf EuGH GRUR Int. 2004, 500 ff. – *Postkantoor* als der zentralen Entscheidung.

B. *Materielle Anforderungen an die Eintragung einer Marke*

Markenzeichen zur Beschreibung von Merkmalen der konkreten Produkte dienen kann. Denn nur wenn der Anmelder seinen „Gegner" Schutzhindernis kennt, kann er seine Marke so gestalten, dass sie nicht darunter fällt und Argumente gegen eine Beanstandung wegen § 8 Abs. 2 Nr. 2 durch das DPMA finden.

a) Grundsätze für die Anwendung des § 8 Abs. 2 Nr. 2 MarkenG

- Das Markenzeichen in der maßgeblichen Gesamtheit erfüllt § 8 Abs. 2 Nr. 2 nur, wenn es ausschließlich aus beschreibungsgeeigneten Angaben besteht. Daher lässt schon ein nicht beschreibendes Element ihn entfallen. **184**
- Das Markenzeichen muss das konkrete Produkt[146] unmittelbar betreffend einen Umstand beschreiben können, der keine wesentliche Eigenschaft sein muss.

Dazu muss es das Produkt zunächst objektiv beschreiben. Weiter muss es beschreibungsgeeignet für das Produkt sein, indem sich sein beschreibender Gehalt ohne Ergänzung, gedankliche Analyse oder Zwischenschritte aufdrängt und nicht nur angedeutet wird.

- Die Beschreibungseignung kann entweder daher kommen, dass der angesprochene verständige und aufmerksame Verkehr (je nach Produkt allgemeiner Verkehr oder Fachverkehr) die Angabe versteht. Hier fehlt der Marke dann wegen des beschreibenden Gehaltes oft auch die Unterscheidungskraft.
- Die Beschreibungseignung kann auch daher kommen, dass das Markenzeichen in Fachkreisen oder im Im- und Export beschreibend verwendet werden kann (Stichwort: Profiinteresse). Damit erfasst § 8 Abs. 2 Nr. 2 auch allgemein noch unbekannte oder unverständliche (fremdsprachige) Angaben.
- Weil § 8 Abs. 2 Nr. 2 nur Beschreibungseignung erfordert, erfasst er nicht nur aktuell nachweisbare, sondern auch künftig naheliegende beschreibende Angaben. Denn sonst könnte der Erstverwender eine Angabe monopolisieren.
- Beschreibungsgeeignet sind nicht nur unersetzliche Angaben, sondern auch alle gleichwertigen oder noch gebräuchlicheren Varianten, weil die freie Wahl zwischen allen unmittelbar beschreibenden Angaben erhalten werden muss.
- Auch eine Mehrdeutigkeit der Angabe mit produktbeschreibenden und auch nicht produktbeschreibenden Bedeutungen hindert § 8 Abs. 2 Nr. 2 nicht[147], eine diffuse Angabe hingegen schon.

---

[146] Nicht ein nur Ähnliches, wie BGH GRUR 1999, 988 ff. – *House of Blues* feststellte.
[147] So inzwischen eindeutig EuGH GRUR 2004, 146 ff. – *Doublemint,* EuGH GRUR 2004, 680 ff. – *Biomild,* GRUR 004, 674 ff. – *Postkantoor* gegenüber früheren Aussagen.

Teil 3. Das Markenregistrierungsverfahren vor dem DPMA

- § 8 Abs. 2 Nr. 2 steht wegen des erforderlichen unmittelbar beschreibenden Bezuges zum Produkt oder einem einheitlichen Sortiment[148] häufig nur einigen beanspruchten Produkten entgegen und führt daher zu Teilzurückweisung der Marke für einige Produkte.

b) Anwendungsfälle

185 Ausgehend von diesen Grundsätzen und Anforderungen werden erst die tatbestandlichen Fallgruppen und dann weitere Konstellationen des § 8 Abs. 2 Nr. 2 mit Beispielen erläutert.

186 **aa) Tatbestandliche Fallgruppen.** Der offen formulierte Tatbestand des § 8 Abs. 2 Nr. 2 erfasst nicht nur Angaben zu den ausdrücklich genannten Produktmerkmalen, sondern auch sonstige Merkmale im Sinne wichtiger Umstände betreffend das konkrete Produkt.[149]

187 **(1) Art- und Beschaffenheitsangaben.** Diese ineinander übergehenden Angaben beschreiben Gattung, Zusammensetzung, Herstellungsverfahren, Bestandteile, Rohstoffe, Darstellung, Wirkungsweise und bei Dienstleistungen besondere Erbringungsmodalitäten (Serviceleistungen) und andere wesensbestimmende, wesentliche oder nebensächliche **Produkteigenschaften**. Dazu gehören auch eine besondere Produktqualität, ein konkreter Stil (kein nur vages Flair), bei Medien ernsthaft in Betracht kommende inhaltsbeschreibende Titel und Namen berühmter Persönlichkeiten, die einen bestimmten Stil verkörpern oder Synonym für Produkte sind. Alle diese Angaben fallen umso eher unter § 8 Abs. 2 Nr. 2, je konkreter und detaillierter sie sind. Aber auch vage Sammelbezeichnungen können beschreibend wirken, wenn sie verschiedene Produkte erfassen oder gerade einen vagen Gehalt beschreiben sollen. Weil der Verkehr sich an diesen produktbeschreibenden Angaben sachlich besonders stark orientiert, sind sie im Interesse von Allgemeinheit und Mitbewerbern von Monopolen unbedingt freizuhalten. Ob eine Angabe objektiv beschreibungsgeeignet für die Produkte ist, richtet sich nach der jeweiligen Branche. Dies sollte ein Anmelder vor Konzeption eines Markenzeichens gründlich recherchieren, weil es der Prüfer später genauso tut. Den Beurteilungsspielraum bei Grenzfällen sollte der Anmelder argumentativ zu seinen Gunsten nutzen.

Beispiele aus der Rechtsprechung:
§ 8 Abs. 2 Nr. 2 bejaht und daher **schutzunfähig**:
BPatG 24 W (pat) 163/03 Beschl. v. 11.1.2005 – **Bau-Medien-Zentrum** für Geschäftsführung, Ausbildung beschreibungsgeeignete Angabe, die zwar nicht lexikalisch nachweisbar, aber im Sprachgebrauch vorhanden und als Einrichtung verständlich ist, die Infos und Dienstleistungen für den Gesamtbereich des Bauwesens anbietet.

---

[148] BPatG Bl. 2000, 61 ff. – *Take It-Shake It-Use It.*
[149] So etwa BGH GRUR 1999, 1093 ff. – *Bonus.*

B. Materielle Anforderungen an die Eintragung einer Marke

BPatG 25 W (pat) 63/03 Beschl. v. 3.8.2004 – **Deutsche Gesellschaft für Religionsfreiheit** für Förderung der Wahrung der Grundsätze der Religionsfreiheit durch Herausgabe von Zeitschriften ... beschreibungsgeeignete Angabe über Bestimmung und Thema der Vereinsaktivität.
BPatG 30 W (pat) 145/01 Beschl. v. 4.2.2002 – **MEGAFORM** für Körperpflegemittel, Bekleidung beschreibungsgeeignete sprachübliche Kombination i.S.v. „besonders hervorragende, leistungsfähige Form", die auf die figurerhaltende Wirkung und bei Kleidung auf „hervorragende (Pass-)Form" hinweist.
BGH GRUR 2000, 882 f. – **Bücher für eine bessere Welt** für Druckereierzeugnisse beschreibungsgeeignete Sammelangabe, unter der Bücher verschiedenen Inhaltes zusammengefasst werden sollen, die die Welt besser machen sollen. Ihre Vagheit, inwieweit die Welt durch diese Bücher besser wird, hindert ihre Beschreibungseignung für Bücher nicht, weil Sammelbezeichnungen allgemein sein müssen.
EuGH MarkenR 2003, 450 ff. – **Doublemint** für Kaugummi künftig beschreibungsgeeignete Beschaffenheitsangabe im Sinne von doppelter Minze als zwei Minzarten oder doppelter Minzgeschmack.

Keine Erfüllung von § 8 Abs. 2 Nr. 2 und daher **schutzfähig**:
BPatG 24 W (pat) 131/01 Beschl. v. 11.3.2003 – **Deutsche Venen LIGA E.V.** für Werbung nicht beschreibungsgeeignet. Diese Wortkombination kann zwar eine sachliche Angabe zu Gegenstand und Rechtsform des Anbieters bilden, aber nicht für Dienstleistungen einer Werbeagentur, weil Werbeagenturen nicht thematisch spezialisiert sind und der Verkehr dies auch nicht annimmt.

§ 8 Abs. 2 Nr. 2 erfasst auch Abkürzungen beschreibender Angaben, **188** die wegen ihrer Griffigkeit besonders beschreibungsgeeignet und stark freihaltebedürftig sind. Genau wie ausgeschriebene Angaben müssen sie aktuell oder künftig beschreibungsgeeignet sein, weil sie allgemein oder für Profis verständlich sind. Dass das Kürzel – wie fast immer – für das Produkt auch andere nicht beschreibende Bedeutungen aufweist, hindert § 8 Abs. 2 Nr. 2 nicht[150]. Er greift erst dann nicht mehr, wenn es so viele diffuse Bedeutungen hat, dass die Beschreibungseignung fehlt.

Beispiele aus der Rechtsprechung:
§ 8 Abs. 2 Nr. 2 bejaht und daher **schutzunfähig**:
BPatG 25 W (pat) 196/03 Beschl. v. 21.3.2005 **UCM** für Produkte der elektronischen Kommunikation beschreibungsgeeignetes Kürzel für „Unified Commerce Management" als System/Software, die zur Ermöglichung der Kommunikation in/zwischen bestimmten Systemen bestimmt sein kann.
BPatG 30 W (pat) 207/97 Beschl. v. 26.4.1999 **EAD** für Anschlussdosen für Nachrichtentechnik beschreibungsgeeignete Beschaffenheitsangabe als gebräuchliches Kürzel für „Ethernet-Anschluss-Dose" bzw. – „Anschlusssystem".
BPatG 27 W (pat) 17/02 Beschl. v. 3.6.2003 **PatOrg** für „Software für Patentverwaltung..." beschreibungsgeeignete, griffige Kombination zweier Kürzel als Inhaltsangabe „Patentorganisation".

---

[150] Weil früher eine gleichrangige Mehrdeutigkeit mit teils nicht beschreibenden Bedeutungen § 8 Abs. 2 Nr. 2 entfallen ließ, ist bei der Lektüre älterer Entscheidungen vor 2005 Vorsicht geboten.

Teil 3. Das Markenregistrierungsverfahren vor dem DPMA

§ 8 Abs. 2 Nr. 2 verneint und daher **schutzfähig:**
BPatG 25 W (pat) 035/01 Beschl. v. 13.2.2003 **GSI** für Securitydienstleistungen keine beschreibende Angabe, weil ihre Bedeutungen „General Safety Inspection/Inspector" nicht verständlich genug sind.

189 Tipp: Möchte ein Anmelder eine selbst erfundene (Fach- oder Fantasie-) Abkürzung anmelden, sollte er vorher ausschließen (Abkürzungslexika, Internet), dass sie für seine Produkte objektiv eine Fachabkürzung ist. Denn sonst scheitert sie wegen dieser allein maßgeblichen objektiven Beschreibungseignung an § 8 Abs. 2 Nr. 2, weil es nicht aber darauf ankommt, was das Markenzeichen aus der Anmeldersicht bedeutet. Hat sie objektiv keine beschreibende Bedeutung für die Produkte, wird § 8 Abs. 2 Nr. 2 nicht dadurch erfüllt, dass der Anmelder sie als beschreibendes Kürzel konzipiert hatte[151]. Er sollte dann aber die fachbegriffliche Erklärung des Kürzels möglichst auch nicht auf seiner Homepage oder sonst kundtun, weil er damit möglicherweise Indizien für eine künftige Beschreibungseignung schafft und die Gefahr begründet, dass bis zur Entscheidung andere Anbieter sein Kürzel fachbegrifflich übernommen haben.

Beispiele: Hat der Anmelder für „Telekommunikation, nämlich Partnervermittlungs-Plattformen" das Kürzel „SMS" angemeldet, scheitert dieses objektive Kürzel für „Short Message Service" an § 8 Abs. 2 Nr. 2, weil es diese Dienstleistung dahin beschreiben kann, dass dort via Short Message Service kommuniziert wird. Daran ändert es nichts, dass der Anmelder dies als Abkürzung für die schutzfähige Wortkombination „Sharon meets Steve" gedacht hatte.
Ein Beispiel für originelle Kürzel ist „DH" (für „Die Haptiker") für „Designerdienstleistungen".

190 **(2) Bestimmungsangaben.** Der Bestimmungsangabencharakter von Markenzeichen für die konkreten Produkte steht wegen ihrer Weite der Eintragung häufig entgegen. Bestimmungsangaben können allgemeiner Art sein oder einzelne Bestimmungen wie Abnehmerkreise, Verwendungszweck, Vertriebs- oder Erbringungsart, -ort oder –zeit betreffen. Diese Bestimmung muss nicht der ausschließliche Zweck des Produktes sein, sondern kann auch nur neben anderen in Betracht kommen. Nicht ausreichend sind entfernte unrealistische Bestimmungen[152] und nur assoziative Zusammenhänge, die nicht mehr als Bestimmungsangabe wirken. Einer Beanstandung wegen einer entfernt wirkenden Bestimmungsangabe sollte der Anmelder in seiner Erwiderung entgegentreten.

---

[151] So auch BPatG 28 W (pat) 66/01 Beschl. v. 17.4.2002 – *ATR* für Test-Kit aus Spritzen, Kanülen etc. keine beschreibungsgeeignete Angabe gemäß § 8 Abs. 2 Nr. 2, weil das Kürzel keine nachweisbare fachbegrifflich beschreibende Bedeutung hat. Die bloße Verwendung durch die Anmelderin selbst kürzelhaft für „Accelerat Tissue Regeneration" genügt dazu mangels objektiver Verständlichkeit nicht.
[152] Sonst wäre auch das Wort „Gummi" beschreibend für Telekommunikation, weil Gummi zur Kabelummantelung, diese für die Kabel und diese für die Datenübertragung bestimmt sind.

B. Materielle Anforderungen an die Eintragung einer Marke

Beispiele aus der Rechtsprechung:
§ 8 Abs. 2 Nr. 2 bejaht und daher **schutzunfähig:**
BPatG GRUR 1997, 640 f. – **Asthma Brause** für Medikamente beschreibungsgeeignete Wortneukombination zur Bestimmung der Produkte.
§ 8 Abs. 2 Nr. 2 vermeint und daher **schutzfähig:**
BGH PMZ 2001, 316 ff. – **GENESCAN** für Software zur DNS–Sequenzierung keine ausgeschlossene Bestimmungsangabe mangels unmittelbaren Bezuges der Bedeutung „Genabtastung", weil die DNS-Sequenzierung stets auf einer chemischen Aufbereitung der zu analysierenden DNS-Sequenzen beruht, deren Daten erst dann per PC mittels einer Software ausgewertet werden. Dementsprechend beschreibt diese Wortkombination nur die chemischen Apparaturen/Verfahren zur physischen Untersuchung und chemischen Analyse des Genmaterials durch „scan" i.S.v. Abtasten unmittelbar in ihrer Bestimmung.
BPatG 29 W (pat) 146/01 Beschl. v. 22.10.2003 – **Family Matters** für Werbeagenturdienstleistungen keine beschreibungsgeeignete Bestimmungsangabe, weil Werbeagenturen üblicherweise nicht auf bestimmte Themengebiete wie Familienangelegenheiten spezialisiert sind. Hingegen für Telekommunikation, Datenverarbeitung Zweckbestimmungsangabe für den Einsatz für Familienangelegenheiten.

(3) Geografische Herkunftsangaben. Geografischen Angaben 191 steht § 8 Abs. 2 Nr. 2 häufig entgegen, weil Allgemeinheit und insbesondere Mitbewerber ein starkes Interesse an der Angabe des geografischen Bezuges ihrer Produkte zu einer bestimmten Gegend oder einem Ort haben. Dabei schließt er Angaben von der Eintragung aus, die zur Bezeichnung der geografischen Herkunft der Produkte dienen können. Darunter fallen nicht nur Namen von Ländern, Regionen, Städten und Orten, sondern auch Ortsnamen im weiteren Sinne wie Namen von Flüssen, Seen und Bergen, die zugleich auch die Region bezeichnen sowie von Stadtteilen, Straßen und Plätzen oder Bauwerken und Wahrzeichen, wenn sie mit einem Gebiet identifiziert werden. Über seinen Wortlaut hinaus erfasst er nicht nur Angaben zur geografischen Herkunft der Produkte, die für deren Wertschätzung wichtig und daher besonders freihaltebedürftig sind, sondern auch andere wichtige geografische Angaben für das Produkt, wie Aussagen zur Herkunft der Rezeptur, der Rohstoffe oder der Entwürfe, wenn sie eine Verbindung von Produkt und Ort etwa als positive Vorstellung hervorrufen. Auch hier kommt es nur darauf an, dass es sich objektiv um eine geografische Angabe handelt, so dass die Intention des Anmelders oder das Zusammenfallen dieser Angabe mit seinem Familiennamen irrelevant ist.

Beispiele aus der Praxis: Praktisch sind Anmeldungen einzelner geografischer Herkunftsangaben wie „Luxor" und vor allem Kombinationen glatt produktbeschreibender und geografischen Angaben wie „Röntgenzentrum München", „Deutsches Osteopathieforum", „Pensionskasse Hannover" häufig. Diesen steht sämtlich § 8 Abs. 2 Nr. 2 entgegen, weil die Allgemeinheit, insbesondere die Mitbewerber der jeweiligen Branche solche Angaben frei verwenden können müssen. Meldet ein Anmelder namens Regensburger das Wort „Regensburger Lichttechnik" für Dienstleistungen eines Lichttechnikers an, so wird ihm wohl § 8 Abs. 2

Teil 3. Das Markenregistrierungsverfahren vor dem DPMA

Nr. 2 wegen einer beschreibungsgeeigneten Sach- und Herkunftsangabe entgegengehalten.

192 Neben aktuell[153] beschreibungsgeeigneten geografische Angaben für die konkreten Produkte sind auch solche ausgeschlossen, deren beschreibende Verwendung für diese Produkte bei realitätsbezogener Prognose einschließlich möglicher nicht unwahrscheinlicher künftiger wirtschaftlicher Entwicklungen zu erwarten ist. Dies kann nicht rein spekulativ angenommen werden, sondern erfordert gewisse Anhaltspunkte:

193 Indizien für ein **erhebliches Allgemeininteresse** an einer geografischen Angabe sind die aktuelle Existenz einschlägiger Produktanbieter dort oder seine objektive Eignung zu einer wahrscheinlichen Entwicklung dahin auf Grund wirtschaftlicher Bedeutung und Infrastruktur der Region. Diese (künftige) Eignung wird bei Namen von Ländern, Regionen, Großstädten oder sonst wirtschaftlich bedeutenden Orten vermutet, weil diese für alle Produktarten frei verwendbar bleiben müssen.

194 Indizien dagegen und für **Schutzfähigkeit** sind fehlende aktuelle Eignung als Sitz für Anbieter solcher Produkte, Fehlen sonstiger Anknüpfungspunkte und Unwahrscheinlichkeit einer solchen Entwicklung auf Grund der geografischen Eigenschaften (etwa eine felsige Schlucht für größere Fabrikanlagen) und eine Irrelevanz der geografischen Herkunft für eine Produktart.

Beispiele aus der Rechtsprechung:
§ 8 Abs. 2 Nr. 2 bejaht und daher **schutzunfähig:**
BPatG MarkenR 2006, 356 ff. – **Portland** für Lebensmittel beschreibungsgeeignete geografische Angabe einer dem deutschen Verkehr bekannten amerikanischen Großstadt, weil es dort sehr wahrscheinlich Lebensmittelhersteller geben wird bzw. die Waren einen Bezug zu den dortigen Lebensgewohnheiten aufweisen können.
BPatG GRUR 2000, 1050 f. – **Cloppenburg** für diverse Produkte beschreibungsgeeignete geografische Angabe, weil die Entwicklung der jetzt noch strukturschwachen Stadt bzw. des Landkreises Cloppenburg zu einem Sitz für Hersteller solcher Produkte nicht völlig unwahrscheinlich ist.
BPatG GRUR 2000, 149 – **Wallis** für Kosmetik beschreibungsgeeignete geografische Herkunftsangabe, weil der drittgrößte Schweizer Kanton als Kosmetikherstellersitz nicht völlig unwahrscheinlich ist, weil es dort bereits chemische Industrie gibt und Naturprodukte in der Kosmetik immer wichtiger werden und diese häufig aus kleineren Herstellungsorten stammen, man denke nur an Tiroler Nussöl.
BPatG GRUR 2005, 865 ff. – **Spa** für diverse Produkte – sehr aufschlussreiche Entscheidung.
BPatG 24 W (pat) 120/98 Beschl. v. 20.7.1999 – **CALIFORNIA** für Kosmetika beschreibungsgeeignete geografische Herkunftsangabe wegen der herausragenden wirtschaftlichen Bedeutung Californiens und seines erheblichen Einflusses auf die

---

[153] Infolge der grundlegend neuen Maßstäbe betreffend die Auslegung des Art. 3 Abs. 1 c. MRRL (der § 8 Abs. 2 Nr. 2 zugrunde liegt) aus der Grundsatzentscheidung EuGH *Chiemsee* GRUR 99, 723 ff. wurde die Rechtsprechung vor 2000 unverwertbar.

B. Materielle Anforderungen an die Eintragung einer Marke

Meinungsbildung betreffend äußere Erscheinung von Menschen, wodurch es eine sonstige Verbindung und eine positiv besetzte Vorstellung hervorruft. **BPatGE** 4, 74 f. – **Champs-Elysee** für Briefpapierausstattungen …: ernsthaft zur Beschreibung der Herkunft geeignete Angabe der für ihren luxuriösen Charakter bekannten Hauptstraße für diese luxuriös aufgemachten Waren.

Überwindbar ist der Ausschluss der Eintragung geografischer Angaben neben der schwierigen[154] **Verkehrsdurchsetzung** durch ihre Anmeldung als Kollektivmarke gemäß §§ 99, 97 ff. durch eine juristische Person, insbesondere einen Verein. Dann unterscheidet sie aber nicht mehr Produkte eines Anbieters von denen anderer Anbieter, sondern Produkte aus diesem Gebiet von denen nicht aus diesem Gebiet. 195

Als Ausgleich für dieses Monopol muss diese Kollektivmarke anderen Anbietern aus diesem Gebiet entsprechend der Markensatzung offen stehen. 196

(4) Zeitangaben. Angaben über die Zeit der Herstellung von Waren oder Erbringung der Dienstleistungen erfüllen § 8 Abs. 2 Nr. 2 nur selten dann, wenn dieser Zeitpunkt für den Verkehr in Bezug auf die Produkte relevant ist, wie etwa bei Wein, Bier (Märzenbier etc.). Weiß der Verkehr um die permanente Herstellung der Produkte oder ist die Zeitangabe sehr allgemein wie Aktualität oder mögliche Zeitpunkte des Warenkonsums oder der Inanspruchnahme von Dienstleistungen wie „Today, Weekend, Holiday" greift nicht § 8 Abs. 2 Nr. 2, sondern allenfalls mangelnde Unterscheidungskraft gemäß Nr. 1. 197

(5) Mengen- und Wertangaben. Auch ihnen steht seltener § 8 Abs. 2 Nr. 2, sondern eher Nr. 1 entgegen. 198

Mengenangaben in diesem Sinne sind sinnvolle Angaben zu Anzahl, Größe oder Menge des konkreten Produktes in Maßeinheiten (Kilo, Meter, Gramm, auch abgekürzt kg, m, g) und gewöhnliche Zahlen, weil diese wenigen praktikablen Mengenangaben, insbesondere Grund- oder runde Zahlen freizuhalten sind.

Wertangaben sind zur klaren Abgrenzung zu Beschaffenheitsangaben nur unmittelbar qualitativ beschreibende Aussagen. Sie können allgemein, speziell, ausgeschrieben oder abgekürzt sein. Hierunter fallen aktuelle in- und ausländische Währungs- und Münzbezeichnungen, während allgemeine Wertangaben wie „preisgünstig, exklusiv, echt" eher nicht unterscheidungskräftige Anpreisungen sind,

(6) Bezeichnung sonstiger Merkmale der Produkte. Dieser Auffangtatbestand entsprechend Art 3 Abs. 1 Buchst. c MRRL erfasst nach jetzt[155] herrschender Praxis Angaben und Zeichen, die für Produktverkehr und Abnehmer irgendwie bedeutsame wesentliche oder unwesentliche Merkmale mit unmittelbarem Bezug zu den konkreten Produkten 199

---

[154] Zu den entsprechenden Voraussetzungen und Anforderungen unter Rdnr. 223 ff.
[155] Wiederum nach einer wechselvollen Geschichte der Rechtsprechung, die ältere Entscheidungen argumentativ unverwendbar macht.

Teil 3. Das Markenregistrierungsverfahren vor dem DPMA

beschreiben. Angaben mit nur mittelbarem Produktbezug wie Vertriebsmodalitäten steht nicht § 8 Abs. 2 Nr. 2, aber möglicherweise fehlende Unterscheidungskraft entgegen, wenn sie nur als solche verstanden werden. Unter **sonstige Merkmale** fallen daher allgemeine Angaben wie Hinweise auf überragende Eigenschaften oder branchenbeherrschende Stellung, Qualität, besondere Exklusivität, Preisgünstigkeit, Verwendbarkeit, Modernität, Erfüllung besonderer Güte- und Sicherheitsstandards, besondere Zugänglichkeit oder Symbolfarben und sonstige positive Umstände, die mit dem Produktkonsum unmittelbar verbunden sind. Diese können bei Branchenüblichkeit auch werbemäßig übertrieben oder verfremdet sein. Die Beispiele sollen eine Vorstellung vom Anwendungsbereich dieser bisher selten angewandten Fallgruppe vermitteln, die den Anmelder wegen ihrer Offenheit für neue Anwendungen überraschen kann:

Beispiele aus der Rechtsprechung:
§ 8 Abs. 2 Nr. 2 letzte Variante bejaht und daher **schutzunfähig:**
BPatG 32 W (pat) 253/99 Beschl. v. 1.12.99 – **The price is right** für diverse Produkte Bezeichnung eines sonstigen Merkmals dieser Waren mit Relevanz für den Kaufentschluss.
BPatG 30 W (pat) 130/01 Beschl. v. 3.2.2003 – **Advantage** für Sonnenbrillen ein sonstiges Merkmal, weil es im Sinne von „Vorteil, Nutzen, Gewinn" eine sonstige für den Warenverkehr wichtige Eigenschaft beschreibt, die als Vorteil mit den Brillen verbunden ist.

§ 8 Abs. 2 Nr. 2 letzte Variante verneint und daher **schutzfähig:**
BGH GRUR 1998, 465 f. – **BONUS** für Chemieerzeugnisse für Garten- und Landwirtschaft keine Angabe in diesem Sinne, weil es anders als „Premiere" für eine erste Warenvorstellung keinen unmittelbaren Bezug zu Warenmerkmalen selbst hat, sondern eher mittelbar Vertriebsmodalitäten im Sinne einer von der Ware selbst verschiedene Zusatzleistung betrifft.
BGH GRUR 1998, 813 f. – **CHANGE** für Tabakerzeugnisse keine Angabe gemäß § 8 Abs. 2 Nr. 2 letzter Variante, weil es keine sonstigen, für den Verkehr bedeutsamen Umstande mit unmittelbarem Warenbezug, sondern wie „Bonus" Verkaufs-/Vertriebsmodalitäten beschreibt, indem es auffordernd werbend den Wechsel von einem Markenprodukt zum anderen suggeriert.
BGH GRUR 2005, 417 ff. – **BerlinCard** für verschiedene Produkte wie Computer, Lampen etc. eine solche Angabe, nicht aber für Multifunktionskarten mangels hinreichend engen Bezuges zwischen der Bezeichnung und Produkt, weil der genaue Kontext unklar ist.

200 bb) **Konstellationen mit besonderen Rechtsfragen.** Im Folgenden werden **Einzelfragen** zu Markentypen dargestellt, die in jeder der geschilderten Tatbestandsvarianten des § 8 Abs. 2 Nr. 2 vorkommen können. Treffen in einem Markenzeichen **mehrere Einzelfragen** zusammen – wie etwa bei einer Neuschöpfung aus einer Zahl und einer fremdsprachigen Wortkombination – muss der Anmelder die jeweiligen Maßstäbe kombinieren.

B. Materielle Anforderungen an die Eintragung einer Marke

Beispiele: Die Marke „Hairmax" für „Friseurdienstleistungen" ist ein fremdsprachiges Wort, das tatbestandlich unter dem Aspekt einer Bestimmungsangabe zu untersuchen wäre.
Die Wort-Zahlenkombination „Milkbar 1" für „Dienstleistungen einer Bar" ist aus einer Zahl und einer Neukombination zweier englischer Worte zusammengesetzt, die unter dem Aspekt einer Beschaffenheitsangabe zu prüfen wäre.

(1) Fremdsprachige Marken. Fremdsprachige werden deutschen Markenzeichen für die Beurteilung, ob sie eine Angabe gemäß § 8 Abs. 2 Nr. 2 darstellen, nicht grundsätzlich gleichgestellt. Weil auch ihnen ein Allgemeininteresse an freier Verwendung nur entgegensteht, wenn sie beschreibungsgeeignet sind, müssen sie nicht nur eine objektiv beschreibende Bedeutung für das konkrete Produkt haben, sondern muss diese entweder dem angesprochenen inländischen verständigen Verkehr verständlich sein oder muss der professionelle Verkehr sie etwa für Im- und Export benötigen. 201

Der erste Fall, dass der angesprochene Verkehr die fremdsprachige Angabe ohne weiteres versteht, wird ähnlich geprüft und beurteilt wie die **Unterscheidungskraft**[156] in ihrer **ersten Fallgruppe**. Fremdsprachliche Inkorrektheit einer Angabe hindert ihr beschreibendes Verständnis jedenfalls beim allgemeinen Verkehr eher nicht, weil er diese meist nicht wahrnimmt. 202

Beispiele aus der Rechtsprechung für Erfüllung des § 8 Abs. 2 Nr. 2:
BGH Mitt 1999, 69 ff. – **Tour de Culture** für Studienreisen erfüllt § 8 Abs. 2 Nr. 2 als dem angesprochenen gebildeteren Verkehr verständliche französische Wortkombination im Sinn von „Kulturtour", die den Bildungs-/Kulturbezug der Reisen verdeutlicht.
BPatG 32 W (pat) 404/02 Beschl. v. 18.2.2004 – **Collection** für Badlinien erfüllt § 8 Abs. 2 Nr. 2 unabhängig davon, ob das französische und deutsche Wort deckungsgleich sind, weil beide in dieser Branche die Beschaffenheitsangabe einer vor allem designmäßig abgestimmten Produktserie bilden.
BPatG PMZ 2001, 221 f. – **FAJITAS** für Lebensmittel erfüllt § 8 Abs. 2 Nr. 2 als ein dem allgemeinen deutschen Verkehr bekanntes Fachwort für eine Speise aus der Tex-Mex-Küche.
BPatG 29 W(pat) 397/00 Beschl. v. 27.11.2002 – **Hometech** für Messeveranstaltung erfüllt § 8 Abs. 2 Nr. 2. Diese Kombination wird vom deutschen Verkehr unabhängig von englischer Sprachkorrektheit mit deutschem Sprachverständnis eingeordnet und wegen der Üblichkeit von Anglizismen im Deutschen, die als „Ginglish" gewertet werden, ohne weiteres ein beschreibendes Verständnis als Heim- oder Haustechnik ergeben.

Erkennt der angesprochene Verkehr den beschreibenden Gehalt nicht, kann Nr. 2 nur greifen, wenn eine beschreibende Verwendung 203

---

[156] Siehe zu dieser Prüfung II 1. Weil die Wertungen insoweit sehr ähnlich sein können, werden dann häufiger beide Schutzhindernisse vorliegen. Auch hier sollte der Anmelder bei Entgegenhaltung eines beschreibenden englischen Gehaltes auf die Studie betreffend das geringe/sehr vage Verständnis englischer Slogans beim inländischen Verkehr hinweisen, vgl. unter www.edings.de.

Teil 3. Das Markenregistrierungsverfahren vor dem DPMA

unter dem Aspekt des „Profiverständnisses" denkbar ist. Dies ist vor allem bei Sach- und Werbeangaben für den inländischen Vertrieb, Im- und Export, mehrsprachigen beschreibenden Ankündigungen, Hinweisen und Gebrauchsanleitungen möglich. Dies wurde lange abstrakt nur für die **Welthandelssprachen** Englisch, Italienisch, Französisch, Spanisch und Portugiesisch bejaht, während bei andersprachigen Zeichen zur Rechtfertigung des Allgemeininteresses Wirtschaftsbeziehungen zwischen Deutschland und dem jeweiligen Land in der konkreten Branche erforderlich waren. Inzwischen werden infolge der weltweiten Wirtschaftsbeziehungen alle warenbeschreibenden Angaben in Sprachen der WTO-Staaten unter diesem Aspekt unter § 8 Abs. 2 Nr. 2 gefasst, weil auch in Deutschland ein Allgemeininteresse der Mitbewerber an deren freier Verfügbarkeit in allen wichtigen Sprachen[157] besteht. Besondere Umstände zur Belegung des Gegenteils sollte der Anmelder selbst vortragen.

Beispiele aus der Rechsprechung:
BPatG GRUR 1997, 268 f. – **VODNY STYVBY** u.a. für Baumaterialien, transportable Bauteile ... fällt unter § 8 Abs. 2 Nr. 2. Das tschechische Wort für „Wasserbauten" beschreibt objektiv unmittelbar die Warenbeschaffenheit. Seine Beschreibungseignung resultiert mangels Verständlichkeit des Tschechischen für den Endabnehmer (daher ist es unterscheidungskräftig) nur aus einem Profiinteresse für Im- und Export, weil es als Sachangabe möglich und sehr wahrscheinlich ist, weil in der Baubranche besonders seit der Grenzöffnung intensive Wirtschaftsbeziehungen bestehen.
BPatG 28 W (pat) 145/96 Beschl. v. 9.4.1997 – **BAYAZ-PEYNIR** für Milchprodukte begründet § 8 Abs. 2 Nr. 2 als türkisches Wort für Weichkäse, das jedenfalls im Im- und Export benötigt wird.
BPatG 32 W (pat) 014/02 Beschl. v. 13.3.2002 – **Falun Dafa** für Informationsprodukte, die sich inhaltlich auf die fernöstliche Meditationsmethode beziehen jedenfalls künftig beschreibungsgeeignet, weil diese sich zunehmend etablieren.
BGH GRUR 1994, 366 f. – **RIGIDITE** für Verbundwerkstoff .. zur Weiterverwendung in Industrie fällt nicht unter § 8 Abs. 2 Nr. 2, weil dieser französische Begriff weder vom Endabnehmer verstanden wird noch wegen eines „Profiinteresses" freizuhalten ist, weil seine schlagwortartige Bedeutung „Steifigkeit" dafür zu unexakt ist.
BPatG GRUR 2001, 263 – **Avena** für Agrarprodukte erfüllt § 8 Abs. 2 Nr. 2 nicht. Diese lateinische botanische Fachbezeichnung für Hafer ist zwar nicht allgemein, aber den Fachkreisen verständlich und wäre daher grundsätzlich beschreibungsgeeignet. Weil dies aber der botanische Oberbegriff für 30 verschiedene Süß-

---

[157] Fachworte toter Sprachen scheitern nur selten dann an § 8 Abs. 2 Nr. 2, wenn sie ihr Stamm eingedeutscht sind oder wenn die tote Sprache in der konkreten Branche Fachsprache ist, wie Latein in der Medizin, Chemie und Botanik und teils bei Kosmetik und Lebensmitteln, aber schon nicht mehr generell in der Rechtswissenschaft und überhaupt nicht in der Elektronik. BPatG GRUR 1998, 58 – *JURIS LIBRI* für Druckereierzeugnisse § 8 Abs. 2 Nr. 2 nicht erfüllt, weil Latein auch dort nur von rechtsgeschichtlicher Bedeutung ist, aber keine neuen Fachbegriffe mehr in Latein gebildet werden; BPatG Mitt 1987, 76 – *Ars Electronica* für Elektronikprodukte § 8 Abs. 2 Nr. 2 nicht erfüllt, weil dort Wortkombination einer toten Sprache unüblich und nicht beschreibungsgeeignet sind.

B. Materielle Anforderungen an die Eintragung einer Marke

gräsersorten ist, ist er zur (notwendigerweise) professionellen präzisen Beschreibung dieser Produkte durch Profis ungeeignet.

Tipp: Wird einem Anmelder diese Beschreibungseignung entgegengehalten, sollte er Voreintragung(en) dieses Markenzeichens im entsprechend fremdsprachigen Ausland immer einwenden, weil dies zumindest indiziell für Schutzfähigkeit wirken kann. | **204**

(2) Wortneubildungen und -neukombinationen. Weil § 8 Abs. 2 Nr. 2 nur auf die Eignung der Angabe zur Beschreibung der Produkte abstellt, kann er auch bei einer neuen, nicht nachweisbaren Wortkombination erfüllt sein. Weil jede Sprache vorhandene Worte stets neu zu beschreibenden Gehalten verknüpft, ist der Verkehr an Wortneukombinationen gewöhnt. Hat die Wortneukombination einen objektiv deutlich beschreibenden, sich ohne Analyse erschließenden, jetzt oder künftig beschreibungsgeeigneten Gehalt für die Produkte und ist sie sprachüblich gebildet, kann sie unter dem **Aspekt des Allgemeininteresses** an der **Freihaltung** beschreibungsgeeigneter Angaben unter § 8 Abs. 2 Nr. 2 fallen. **205**

Weil es nur auf diese objektive Eignung ankommt, ist es entgegen einer verbreiteten Fehlvorstellung der Anmelder irrelevant, ob die Kombination vom Anmelder erfunden wurde.

Tipp: Wirkt die Feststellung des beschreibenden Gehaltes einer Wortneukombination in der Beanstandung gekünstelt und umständlich, kann und sollte der Anmelder dies einwenden. | **206**

Kombinationen verständlicher beschreibender Worte. Aus verständlichen Worten kombinierte Markenzeichen scheitern nur an § 8 Abs. 2 Nr. 2, wenn die Kombination insgesamt beschreibungsgeeignet ist, nicht schon, wenn die Elemente für sich dies sind. Eine Kombination für sich beschreibender Angaben ist regelmäßig auch beschreibungsgeeignet, wenn zwischen der Summe der Elemente und ihrem Gesamteindruck kein merklicher Unterschied besteht[158]. Dieser kann aus einer sprachlichen, begrifflichen oder semantischen Besonderheit entstehen, die die Kombination für die Produkte irgendwie ungewöhnlich erscheinen lässt, wie etwa die eigenwillige Kombination von Begriffen verschiedener Gebiete. Die **schutzbegründende Besonderheit** kann auch daraus entstehen, dass die Kombination in den allgemeinen Sprachgebrauch mit einer eigenen, nicht beschreibenden Bedeutung eingegangen ist, die sie von den Elementen loslöst. Umgekehrt kann auch ein für sich diffuses Element durch eine Ergänzung eine Konkretisierung erfahren, die die Kombinati- **207**

---

[158] So die Anforderung der deutschen Rechtsprechung seit EuGH GRUR 2004, 674 ff. – *Postkantoor* und EuGH GRUR 2004, 680 ff. – *Biomild*, wonach dieser Unterschied visuell und klanglich bestehen muss.

Teil 3. Das Markenregistrierungsverfahren vor dem DPMA

on beschreibungsgeeignet werden lässt (etwa die Ergänzung von „Vario" zu „Variotec" für technische Produkte).

Beispiele aus der Rechtsprechung:
§ 8 Abs. 2 Nr. 2 nicht erfüllt und daher **schutzfähig:**
BGH WRP 2001, 35 ff. – **Rational Software Corporation** für Software, Computerzubehör erfüllt § 8 Abs. 2 Nr. 2 nicht, weil weder Elemente noch Gesamtheit einen klar beschreibenden Gehalt haben.
BPatG 29 W (pat) 84/00 Beschl. v. 24.10.2001 – **First German** für diverse Produkte erfüllt § 8 Abs. 2 Nr. 2 nicht, weil die Kombination zweier verständlicher Begriffe des englischen Grundwortschatzes keinen verständlichen beschreibungsgeeigneten Gehalt aufweist, sondern ohne Ergänzung interpretationsbedürftig bleibt und nur bei unzulässiger Analyse als „vom besten deutschen Anbieter" verständlich wäre.

§ 8 Abs. 2 Nr. 2 erfüllt und daher **schutzunfähig:**
BPatG 27 W (pat) 40/03 Beschl. v. 6.4.2004 – **ComBridge** für Elektronikprodukte § 8 Abs. 2 Nr. 2 erfüllt als sprachübliche beschreibende Angabe im Sinne von „Kommunikationsbrücke".
BPatG 24 W (pat) 271/99 Beschl. v. 19.9.2000 – **PHYTO CARE** für Körperpflegemittel ... erfüllt § 8 Abs. 2 Nr. 2 als Kombination des im Englischen und in der Werbung verwendeten „Phyto" griechisch für „pflanzlich, Pflanzen" und „Care" für „Pflege(mittel), Behandlung" mit der sprachregelgerechten, beschaffenheitsbeschreibenden Gesamtbedeutung „pflanzliche Pflegemittel". Für diätetische Lebensmittel ist sie nicht beschreibungsgeeignet, weil diese zwar auf überwiegend pflanzlicher Basis beruhen können, aber „Care" nicht unmittelbar auf Lebensmittelversorgung beziehbar ist.
BPatG GRUR 2001, 509 ff. – **EUROTAX** unterliegt einem künftigen Freihaltebedürfnis, weil angesichts der intensiven Bemühungen der EU um die Realisierung der Harmonisierung der rechtlichen und technischen Bedingungen, auch im Steuerrecht schon jetzt konkret absehbar ist, dass es in der EU weiträumig harmonierte Steuern geben wird.

208   **(3) Kombinationsmarken jeder Art.** Auch alle sonstigen kombinierten Markenzeichen wie Kombinationen von Wort und Bild/Grafik, von Bildern untereinander sowie farbige Gestaltungen von Elementen fallen nur unter § 8 Abs. 2 Nr. 2, wenn sie ausschließlich aus beschreibungsgeeigneten Angaben bestehen. Demnach macht grundsätzlich schon ein schutzfähiges, erkennbares (nicht zwingend dominierendes) Element die **Gesamtmarke schutzfähig,** wenn es sie insgesamt nicht mehr rein beschreibend wirken lässt und ihr einen hinreichend schutzfähigen Überschuss verleiht, auf den der Schutz beziehbar ist. Diese Art der Schutzbegründung kann sich aber in späteren **Kollisionsverfahren** „rächen", wo dann auch nur dieses schutzbegründende „kleinere" grafische/farbige Element verteidigt werden kann, nicht das – wenn auch eventuell einzig artikulierbare – beschreibungsgeeignete, aber schutzunfähige Element. Ist ein Element der Marke zweifelsfrei schutzfähig, entfällt § 8 Abs. 2 Nr. 2 meist schon deshalb und der Anmelder muss sich darüber keine Gedanken mehr machen.

B. Materielle Anforderungen an die Eintragung einer Marke

- Die über die beschreibende Angabe hinausgehende Grafik in Form **209**
eines hinzugefügten Bildes, einer besonderen Schrift oder Farbigkeit o. ä.
muss zur Überwindung der **Beschreibungseignung des Gesamtzeichens** für die Produkte um so „origineller" sein, je glatt beschreibender
das Wort ist. Denn glatt beschreibende Angaben sind auch bei grafischer
Ausgestaltung noch beschreibungsgeeignet und müssen der Allgemeinheit zur Verfügung stehen. Diesen schutzbegründenden Überschuss liefern eher nicht einfache Ausgestaltungen wie übliche farbige oder grafische Gestaltungen und Schriftarten, Leerstellen, Punkte, Bindestriche,
unübliche Groß-, Klein- oder Binnengroßschreibung. Alles deutlich
stärkere, wie starke oder unübliche grafische Gestaltungen, Schriftarten
oder Bildelemente, die den Gehalt der Wortelemente konterkarieren
oder davon wegführenden können, genügen.

Trotzdem wird von produktbeschreibenden Markenzeichen mit geringem grafischen Überschuss dringend abgeraten, weil sie kaum Verteidigungsmöglichkeit gegen ähnliche Marken bieten, sondern in ihrem
Schutzumfang auf exakt diese Gestaltung beschränkt sind.

Beispiele aus der Rechtsprechung:
In Kombination der Elemente **schutzfähig** unter dem Aspekt des § 8 Abs. 2
Nr. 2:

FRISH BPatG GRUR 2004, 873 − **FRISH** für Gastronomiedienstleistungen in der Gesamtheit nicht beschreibungseignet wegen der Schreibweise des Wortelementes, während das grafische Element als glatt beschreibendes Piktogramm gewertet wurde.

BPatG 29 W(pat) 337/00 Beschl. v. 17.9.2001 − **Infomotion** für diverse Dienstleistungen § 8 Abs. 2 Nr. 2 nicht erfüllt wegen der Überwindung der glatt produktbeschreibende Wortkombination durch die grafische Gestaltung.

BPatGE 33, 62 ff. − **FLAMINGO** für Bekleidung erfüllt § 8 Abs. 2
Nr. 2 nicht. Obwohl „flamingo" auch eine beschreibungsgeeignete Farbangabe ist, hebt die Flamingo-Abbildung die Beschreibungseignung in der
Gesamtheit auf.

In Kombination der Elemente **schutzunfähig** unter dem Aspekt § 8 Abs. 2
Nr. 2:
BPatG GRUR 1998, 1023 f. − **K.U.L.T.** für Bekleidung, Schuhe angesichts der
glatt beschreibenden Angabe grafisch unzureichend ausgestaltet.

BARCODE BPatG 30 W (pat) 040/00 v. 29.1.2001 − **BARCODE Manager** erfüllt § 8 Abs. 2 Nr. 2, weil die farbige Gestaltung den beschreibenden Gehalt wegen ihrer Üblichkeit nicht hindert.

POWERLINE BPatG 29 W (pat) 207/02 Beschl. v. 23.3.2005 − **PowerLine** für
Produkte der Klassen 9, 38 und 42 erfüllt § 8 Abs. 2 Nr. 2 als gängige
Bezeichnung des Internet aus der Steckdose, die nicht durch die werbeübliche Gestaltung durch Binnengroßschreibung und vergrößerte Buchstaben
überwunden wird.

Teil 3. Das Markenregistrierungsverfahren vor dem DPMA

210 **(4) Buchstaben und Zahlen sowie ihre Kombinationen.**
Auch ihnen steht § 8 Abs. 2 Nr. 2 nur entgegen, wenn sie wegen ihrer **Beschreibungseignung** für das konkrete Produkt freizuhalten sind[159]. Erwägungen und Beispiele entsprechen grob denen des im Vordergrund stehenden beschreibenden Gehaltes zur ersten Fallgruppe fehlender Unterscheidungskraft, wobei hier zusätzlich künftig beschreibungsgeeignete Angaben erfasst werden.

Buchstaben können aktuell oder wahrscheinlich künftig unmittelbar produktbeschreibungsgeeignete Typ-, Maß-, Größen- oder Qualitätsangaben für die Produkte sein. Ob er für diese aktuell beschreibend ist, ist anhand einer Internetrecherche durch Eingabe des Buchstaben und der Produktbezeichnungen und/oder in einschlägigen Abkürzungsverzeichnissen recherchierbar. In die Prognose einer künftigen Beschreibungseignung sollte der Anmelder einbeziehen, ob Buchstaben in dieser Branche eher als Sachangaben wie Typenbezeichnungen o.ä. oder als Firmenkürzel wirken. Im zweiten Fall liegt eine Beschreibungseignung als Sachangabe deutlich ferner als im ersten, ist aber nicht ausgeschlossen. Darauf, dass diese Beschreibungseignung vom DPMA nicht schlicht behauptet werden darf, sondern ihre hinreichende Wahrscheinlichkeit für die einzelnen Produkte dargelegt werden muss[160], sollte der Anmelder ggf. auch hinweisen.

Beispiel: So ist die Größenangabe XL für Bekleidung stark beschreibend, für üblicherweise in detaillierteren Maßen gemessene Schuhe weniger und hat sich „XXL" mittlerweile für fast alle Produkte zu einer Angabe für etwas besonders großes/gutes entwickelt.

Beispiele aus der Rechtsprechung:
§ 8 Abs. 2 Nr. 2 erfüllt und daher **schutzunfähig:**
BPatG 30 W (pat) 18/98 Beschl. v. 12.11.2001 – C für Computerprodukte erfüllt § 8 Abs. 2 Nr. 2 als übliches Symbol für Festplatte.
BPatG 26 W (pat) 159/99 Beschl. v. 7.6.2000 – XXL für Tabak-/Raucherartikel § 8 Abs. 2 Nr. 2 erfüllt, weil die inzwischen auf vielen Produktgebieten für etwas sehr Großes/Gigantisches verwendete Größenangabe auch Zigaretten als besonders groß, lang oder zahlreich in übergroßer Verpackung beschreiben kann und dem Trend zu „jungen" Ausdrücken wie „Super, Mega, Turbo" entspricht.

§ 8 Abs. 2 Nr. 2 nicht erfüllt und daher **schutzfähig:**
BPatG 27 W (pat) 100/04 Beschl. v. 5.10.2004 – VLE für Datenträger mit Programmen erfüllt § 8 Abs. 2 Nr. 2 nicht mangels aktueller Gängigkeit als Abkürzung und wahrscheinlicher Eignung als solche.

211 Zahlen scheitern ebenfalls bei aktueller oder künftig wahrscheinlicher Beschreibungseignung für die Produkte. Dies ist tendenziell bei Grundzahlen, runden und allen anderen Zahlen mit Bedeutung für die Produkte wegen starken Freihalteinteresses der Fall. Vor allem bei aktuell

---
[159] Weil das WZG bis 1995 an diesen ein Freihaltebedürfnis unwiderlegbar vermutete, ist ältere Rechtsprechung unverwertbar.
[160] So BGH GRUR 2002, 261 ff. – *AC*.

B. Materielle Anforderungen an die Eintragung einer Marke

nicht nachweisbaren, potentiellen Mengenangaben muss der Anmelder mit der Annahme der künftige Beschreibungseignung rechnen, weil sich permanent beliebige Packungsgrößen und Stückzahlen entwickeln können (wie etwa Doppel-, Single-, Spargrößen). Abgesehen von der meist auch wenig markanten Wirkung als Markenzeichen sollten jedenfalls ein- und zweistellige Grund- und runde Zahlen sowie relevante Jahreszahlen der Vergangenheit, Gegenwart und Zukunft (2000, 2050) nicht angemeldet werden.

Beispiele aus der Rechtsprechung:[161]
§ 8 Abs. 2 Nr. 2 erfüllt und daher **schutzunfähig:**
BPatG 28 W (pat) 106/02 Beschl. v. 26.2.2003 – **20** für Druckertinten, Toner und -patronen § 8 Abs. 2 Nr. 2 erfüllt als typische Ordnungshilfe.
BPatG 33 W (pat) 9/00 Beschl. v. 5.5.2000 – **2001** damals für diverse Waren beschreibungsgeeignet für deren Zukunftsfähigkeit.

§ 8 Abs. 2 Nr. 2 nicht erfüllt und daher **schutzfähig:**
BPatG GRUR 1998, 403 – **442** für Sturm- und Firstklammern aus Metall § 8 Abs. 2 Nr. 2 nicht erfüllt mangels beschreibenden Gehaltes zu Material oder Maß, zu deren präziser Beschreibung es stets weiterer beschreibender Angabe bedürfte.

Kombinationen von Buchstaben und Zahlen sind auch nur beschreibungsgeeignet, wenn sie in der Gesamtheit aktuell oder künftig für die Produkte beschreibungsgeeignet sind. Dies ist eher selten und nur bei Normen o.ä. zu bejahen.

Beispiele aus der Rechtsprechung:
BPatG GRUR 1998, 404 – **A3** für KfZ wegen Willkürlichkeit der Kombination § 8 Abs. 2 Nr. 2 nicht erfüllt.
BPatG GRUR 99, 999 f. – **K 50** für Halbzeug aus Kupfer, -legierungen § 8 Abs. 2 Nr. 2 als DIN-Norm-Bezeichnung erfüllt.

(5) Abwandlungen beschreibungsgeeigneter Angaben. Sie werden nur von § 8 Abs. 2 Nr. 2 erfasst, wenn die Abwandlung nur so wenig verfremdet und erkennbar an eine produktbeschreibungsgeeignete Angabe angelehnt ist, dass diese für den Verkehr ohne weiteres Nachdenken erkennbar ist. Denn nur dann ist sie im Allgemeininteresse freizuhalten.[162]

Beispiele aus der Rechtsprechung:
Beispiel einer Abwandlung, die § 8 Abs. 2 Nr. 2 nicht mehr erfüllt:
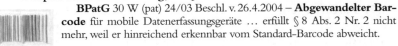
BPatG 30 W (pat) 24/03 Beschl. v. 26.4.2004 – **Abgewandelter Barcode** für mobile Datenerfassungsgeräte ... erfüllt § 8 Abs. 2 Nr. 2 nicht mehr, weil er hinreichend erkennbar vom Standard-Barcode abweicht.

Beispiel einer Abwandlung, die § 8 Abs. 2 Nr. 2 erfüllt:
BPatG GRUR 2001, 741 – **Lichtenstein** für diverse Produkte als geografische Herkunftsangabe aus dem Staat Liechtenstein, weil diese Abwandlung wegen häufiger Falschschreibung nicht bemerkt wird und klanglich nicht erscheint.

---

[161] Im übrigen wird auf die Beispiele zu deren Unterscheidungskraft verwiesen.
[162] Vgl. in diesem Sinne BGH GRUR 1984, 815 ff. – *Indorektal.*

Teil 3. Das Markenregistrierungsverfahren vor dem DPMA

214 **(6) Bildmarken und dreidimensionale Marken.** Auch diesen steht § 8 Abs. 2 Nr. 2 entgegen, wenn sie für die Produkte beschreibungsgeeignet sind. Dies wird bei reinen Bildmarken vor allem bei piktogrammartigen Darstellungen mit Produktbezug und Warenabbildungen der Fall sein. Piktogrammartige Darstellungen sind beschreibungsgeeignet und freihaltebedürftig, wenn sie in ihrer beschreibenden Aussage für die konkreten Produkte sofort erkennbar, einfach und verständlich sind.

Beispiele aus der Rechtsprechung:
Auf Grund § 8 Abs. 2 Nr. 2 **schutzunfähig:**
BPatG 30 W (pat) 222/03 Beschl. v. 19.4.2004 – **Grünes Ginkgo-Blatt auf blauem Untergrund** für Medizinprodukte § 8 Abs. 2 Nr. 2 erfüllt, weil als typisches Heilpflanzen-Extrakt und Symbol für langes Leben sachbeschreibende Angabe, die durch die Farbigkeit beschreibend unterstützt wird (sehr detaillierte und differenzierte Entscheidung).
BPatG 28 W (pat) 140/00 Beschl. v. 27.6.2001 – **Westie-Kopf** für Hundefutter beschreibungsgeeignete Bestimmungsangabe als naturgetreuer Hundekopf, dessen Stilisierung der Verkehr nicht erkennt.

§ 8 Abs. 2 Nr. 2 nicht erfüllt und **schutzfähig:**
BPatG 32, 264 – **HAND MIT BIERGLAS** für Bier eine über ein einfaches Piktogramm hinausgehende und daher unterscheidungskräftige Gestaltung.

215 **Waren(verpackungs)abbildungen** der konkreten Waren können besonders beschreibungsgeeignet und freihaltebedürftig sein[163]. Weil § 8 Abs. 2 Nr. 2 auch alle künftig wahrscheinlichen Gestaltungen umfasst und die zunehmende Gestaltungsvielfalt in vielen Branchen zahlreiche Formen wahrscheinlich macht, müssen Anmelder auch bei einer nur künftig wahrscheinlichen Form mit diesem Schutzhindernis rechnen, während die fehlende Unterscheidungskraft nach Nr. 1 schon durch eine erheblich über dem aktuell üblichen Formenschatz liegende Gestaltung überwunden wird. Dazu muss der Prüfer in der Beanstandung konkret anhand tatsächlicher Anhaltspunkte erläutern, warum auf Grund des aktuell branchenüblichen Formenschatzes vernünftigerweise künftig eine beschreibende Verwendung dieser Form zu erwarten ist. Aber auch § 8 Abs. 2 Nr. 2 hindert die Eintragung umso weniger, je weiter eine Form vom **branchenüblichen Formenschatz** entfernt ist.[164]

216 **(7) Farbmarken.** Auch diesen steht § 8 Abs. 2 Nr. 2 entgegen, wenn die Farbe das konkrete Produkt beschreiben kann wie spezifische Farben der Ware oder deren Verpackung als Beschaffenheitsangaben wie weiß, braun und schwarz bei Schokolade und verschiedene Farben für Obstsäfte, aber auch symbolhafte Farben für bestimmte Produkte wie

---

[163] EuGH GRUR 2003, 514 ff. – *Linde* (Waschmittelflasche), *Winward* (Gabelstapler), *Rado* (Uhrenform).
[164] Bei weiterem Interesse wird die Entscheidung BPatG MarkenR 2005, 238 ff. – *Gabelstapler III* empfohlen.

B. Materielle Anforderungen an die Eintragung einer Marke

grün für ökologisch, schwarz für Bestattungswesen, blau für Frische und Reinheit bei Reinigungsmitteln oder Edelmetallfarben für Wertvolles. Für Produkte, deren Wesen mit durch Farben ausgemacht wird, wie Mode, Dekoration, Kosmetik und Malereibedarf sind alle Farbnuancen streng freihaltebedürftig.

c) Beseitigung der Erfüllung des § 8 Abs. 2 Nr. 2 durch Beschränkung des Verzeichnisses (Disclaimer)

Wird dem Markenzeichen § 8 Abs. 2 Nr. 2 für alle oder einige Produkte entgegengehalten und kann der Anmelder dies inhaltlich (für einige Produkte) nicht entkräften, sollte er versuchen, das **Schutzhindernis** durch Einschränkungen des Verzeichnisses der Waren und Dienstleistungen gemäß § 39 Abs. 1 2. Alternative zu beseitigen[165]. Unproblematisch und wirksam ist es, die durch das Markenzeichen sachlich beschriebenen Produkte aus dem Verzeichnis zu streichen. Daneben sollen auch die eigentlichen Disclaimer durch Herausnahme der beschriebenen Produkte aus Oberbegriffen möglich sein, wenn sie die Beschränkung wirtschaftlich ohne weiteres nachvollziehbar und rechtlich eindeutig abgrenzbar machen, weil sie sonst Oberbegriffe nicht sinnvoll zu „anderen", nicht beschriebenen Waren machen.

217

Beispiele: Wurde dem Wort „Herr" für „Seife" § 8 Abs. 2 Nr. 2 unter dem Aspekt der Zweckbestimmungsangabe („für Herren") entgegengehalten, wird diese nicht dadurch beseitigt, dass die Ware im Verzeichnis mit dem Zusatz „ausgenommen für Männer" versehen wird, weil dies den rechtlichen und wirtschaftlichen Charakter als Seife nicht verändert und sie nicht zu einer anderen Ware macht. Hingegen wird die Beschreibungseignung der Wortkombination „New Train" im Sinne von „neuer Zug" für Marketing, Marktforschung und betriebswirtschaftliche Beratung durch den Zusatz „alle Dienstleistungen nicht im Zusammenhang mit Schienenfahrzeugen, Lastzügen und Transportwesen" ausgeräumt.

Disclaimer, die insoweit ausreichend konkret sind, lassen die Marke allerdings oft täuschend gemäß § 8 Abs. 2 Nr. 4 werden, weil das Markenzeichen für die Produkte dann nur noch täuschend verwendbar ist. Das Dilemma, dass die Beschränkung entweder nicht konkret genug ist und § 8 Abs. 2 Nr. 2 erfüllt bleibt oder eine **Täuschungsgefahr** nach Nr. 4 entsteht, ist häufig unlösbar[166]. Weil solche Disclaimer aber teilweise trotzdem anerkannt werden und das Schutzhindernis überwinden und die **Eintragbarkeit** begründen können, sollten weniger erfahrene

218

---

[165] Dies ermöglicht das deutsche Markenrecht als einzige Ausnahme von dem Grundsatz, dass die Anmeldung ab dem Anmeldetag eine untrennbare und unveränderliche Einheit ist, wie BPatG GRUR 1996, 410 – *Color Collection* feststellte. Die im angloamerikanischen oder Gemeinschaftsmarkensystem zulässigen Beschränkungen des Schutzbereichs des Markenzeichens durch die Erklärung, dass an bestimmten Markenzeichenelementen kein ausschließliches Recht geltend gemacht wird, sind in Deutschland nicht möglich.

[166] BPatG 30 W (pat) 170/00 Beschl. v. 23.7.2001 – *Internet* schnell & einfach wird durch eine Beschränkung um alle Produkte mit Bezug zu Internet täuschen.

Teil 3. Das Markenregistrierungsverfahren vor dem DPMA

Anmelder mögliche Disclaimer telefonisch mit dem Prüfer besprechen. Keinesfalls sollten sie voreilig schriftlich Einschränkungen vornehmen, weil diese auch dann unwiderruflich sind, wenn sie das Schutzhindernis nicht beseitigen konnten. Hier nun einige Beispiele von Disclaimern, die anerkannt wurden:

Beispiele aus der Rechtsprechung:
BPatG 33 W (pat) 345/02 Beschl. v. 11.5.2004 – **New Train** für Marketing, Marktforschung, Verkaufsförderung. Der beschreibungsgeeignete Gehalt im Sinne von § 8 Abs. 2 Nr. 2 wird durch den in das Dienstleistungsverzeichnis aufgenommenen Disclaimer „alle vorgenannten Dienstleistungen nicht in Zusammenhang mit Schienenfahrzeugen, Lastzügen und Transportwesen" aufgehoben. Diese begründet für diese Dienstleistungen auch keine Täuschungsgefahr gemäß § 8 Abs. 2 Nr. 4, weil das Markenwort hier kein naheliegendes Merkmal der Dienstleistungen mehr beschreibt, sondern allenfalls eine originelle Bedeutung im übertragenen Sinne entfaltet.

BPatG 33 W (pat) 232/02 Beschl. v. 14.3.2006 – **RDB** für mit Programmen versehene Datenträger und Software beschreibungsgeeignete Angabe gemäß § 8 Abs. 2 Nr. 2 und 1 im Sinne der fachbegrifflichen Abkürzung „rare disease database". Diese wird durch den Disclaimer „alle vorgenannten Waren mit Ausnahme von relationalen Datenbanken und rare-disease Datenbanken" ausgeschlossen. Dieser begründet auch keine täuschende Angabe gemäß § 8 Abs. 2 Nr. 4, weil das Kürzel nicht nur täuschend verwendbar ist, weil es noch andere ausgeschriebene Bedeutungen aufweist.

3. § 8 Abs. 2 Nr. 3 MarkenG Übliche Bezeichnungen

219 Er schließt Marken von der Eintragung aus, die ausschließlich aus Zeichen oder Angaben bestehen, die im allgemeinen Verkehr oder in den redlichen oder ständigen Verkehrsgepflogenheiten zur Bezeichnung der Waren oder Dienstleistungen üblich geworden (oder schon immer gewesen) sind. Die Ausführungen beschränken sich wegen seiner geringen praktischen Bedeutung neben § 8 Abs. 2 Nr. 1 und 2 auf das Wesentlichste. Aktuell[167] wird er auf Angaben angewendet, die Eigenschaften oder Merkmale der Produkte unmittelbar beschreiben oder sonst für diese üblich sind. Praktisch fallen hierunter die weniger relevanten **Gattungsbezeichnungen** und sonstige **übliche Bezeichnungen**.

220 **Gattungsbezeichnungen** sind allgemein gebräuchliche, verkehrsübliche Bezeichnungen für die Produkte, die fast alle beteiligte Verkehrskreise nur noch als Hinweis auf das Produkt, nicht mehr den Anbieter sehen[168]. Weil dies aufwändige, in einem Registerverfahren kaum mögliche Feststellungen erfordert, haben Anmelder den Einwand dieses Schutzhindernisses nur bei offensichtlichen Gattungsbezeichnungen zu befürchten, die sie auch selbst kennen, nicht „überraschend". Sonstige übliche Bezeichnungen für die Produkte können allgemeine verkehrsübliche Hin-

---

[167] Das aktuelle Verständnis dieses Schutzhindernisses resultiert aus der Entscheidung des EuGH GRUR 2001, 1148 ff. – *Bravo,* die einen langjährigen Streit zwischen BGH und BPatG um dessen Auslegung vermittelnd klärte.
[168] BPatG GRUR 1998, 722 ff. – *Gilsonite.*

B. Materielle Anforderungen an die Eintragung einer Marke

weise, wie allgemeine Qualitätshinweise und Werbeschlagworte (Super, Billig, Rabatt, Selbstbedienung), gängige Kaufaufforderungen (Zugreifen, für Sie, Einmalige Gelegenheit), gängige Bildelemente, Waren- und Verpackungsformen und bei den modernen Hör- und Farbmarken einfache Tonfolgen, übliche Melodien, Farben sein.

Beispiele aus der Rechtsprechung:
BPatG PMZ 2003, 219 – **BRAVO** für Schreibwaren steht § 8 Abs. 2 Nr. 3 nicht entgegen, weil „Bravo" zwar in vielen europäischen Sprachen als Beifallskundgebung „gut, schön" und auch in Deutschland in der Werbung verwendet wird, aber eben gerade nicht für Schreibwaren.
BPatG GRUR 2004, 61 ff. – **BVerwGE** für juristische Entscheidungssammlungen § 8 Abs. 2 Nr. 3 erfüllt, weil es sich dafür zu einer sprachüblichen Bezeichnung entwickelt hat.

Wird dies dem Anmelder entgegengehalten, sollte er darauf drängen, dass die Prüfungsstelle die Üblichkeit der Angabe ausreichend darlegt, nicht nur behauptet. **221**

4. Maßgeblicher Zeitpunkt für die Prüfung der Schutzhindernisse

Für die Eintragung einer Marke dürfen die relevantesten Schutzhindernisse § 8 Abs. 2 Nr. 1, 2 und 3 weder am Anmeldetag noch im Zeitpunkt der Entscheidung über die Eintragung vorliegen. Bestehen diese Schutzhindernisse am **Anmeldetag** und entfallen sie während des Verfahrens (durch Überwindung nach § 8 Abs. 3 oder Veränderung der Tatsachen), kann die Marke also unter Verschiebung ihres Zeitranges mit Einverständnis des Anmelders eingetragen werden. Entstehen sie während des Verfahrens, wird die Anmeldung zurückgewiesen. Erscheint es dem Anmelder möglich, dass sich sein (noch) ungewöhnliches Markenzeichen[169] bis zur Entscheidung vor allem durch die rasante mulimediale Kommunikation fachbegrifflich etabliert haben könnte, sollte er einen Beschleunigungsantrag nach § 38 stellen. **222**

5. Überwindung der § 8 Abs. 2 Nr. 1-3 durch Verkehrsdurchsetzung gemäß § 8 Abs. 3 MarkenG

§ 8 Abs. 3 sieht vor, dass die **Schutzhindernisse** des § 8 Abs. 2 Nr. 1 bis 3 **überwunden** werden können, wenn sich die Angabe für die beanspruchten Produkte im Verkehr als Hinweis auf einen Anbieter durchgesetzt hat. Dies beruht darauf, dass diese das Allgemeininteresse an freier Verwendung einer Angabe nicht mehr sichern müssen, wenn der angesprochene Verkehr ihr faktisch einen Hinweis auf einen Anbieter entnimmt. **223**

---

[169] Ein Beispiel dafür war die Wortkombination „Sonnenaktie" für Geldanlagen aus dem Bereich der erneuerbaren Energien, die sich während des Verfahrens durch deren Boom fachbegrifflich etablierte.

Teil 3. Das Markenregistrierungsverfahren vor dem DPMA

Beispiele von Marken, die ein Schutzhindernis durch Verkehrsdurchsetzung überwunden haben und auf Grund dessen eingetragen sind:
„Das Telefonbuch" in magenta-grauem Schriftzug für einschlägige Produkte für die deutsche Telekom, Schriftzug „Gothaer" für Versicherungswesen für die Gothaer Versicherung, Schriftzug „test" auf rotem Grund für die Stiftung Warentest, „Kuschelrock" für Datenträger für Sony, „Kinder Schokolade" für Schokolade und die Farbe „rot" für Koffer für Profibohrmaschinen von Hilti.

224 Weil eine **Verkehrsdurchsetzung** erst angenommen wird, wenn 70% (!) des vom konkreten Produkt angesprochenen Verkehrs diese Angabe als Herkunftshinweis auf einen bestimmten Anbieter auffassen, kommt die Überwindung eines Schutzhindernisses auf Grund dessen nur sehr selten in Betracht. Zudem ist auch das Verfahren für ihren Nachweis vor dem DPMA sehr aufwändig, weil der Anmelder diese Verkehrsdurchsetzung erst dem DPMA glaubhaft machen und in einem zweiten Schritt nachweisen muss. Dieser Nachweis erfordert bei Produkten, die sich an den allgemeinen Verkehr richten, ein demoskopisches Gutachten von einem anerkannten Meinungsforschungsinstitut und bei Produkten für Fachkreise eine Umfrage durch den deutschen Industrie- und Handelskammertag bei seinen Mitgliedern.

225 Anmelder sollten ein **Verkehrsdurchsetzungsverfahren** schon wegen des finanziellen Aufwandes von meist mehreren Zehntausend Euro und der Schwierigkeit der Konzeption des Fragenkataloges für die Umfrage nicht ohne Unterstützung eines spezialisierten Anwaltes durchführen. Weil eine Verkehrsdurchsetzung nie für neu kreierte Marken, sondern nur bei der Anmeldung von Marken in Betracht kommt, die ihr Anmelder schon länger markenmäßig nutzt oder gegen deren Eintragung ein Löschungsverfahren läuft, sollten die Anwaltskosten nicht gescheut werden.

226 | **Tipp:** Entgegen verbreitetem Irrtum kann eine Verkehrsdurchsetzung nicht darauf gestützt werden, dass diese Angabe in einem Ort oder einer Stadt markenmäßig auf einen bestimmten Anbieter hinweist, sondern nur darauf, dass sie dies in Großteilen von Deutschland tut.

6. § 8 Abs. 2 Nr. 4 MarkenG Täuschungsgefahr

227 Diese Art 3 Abs. 1 Buchst g MRRL umsetzende Vorschrift soll zusammen mit § 37 Abs. 3 die Eintragung ersichtlich täuschender Marken verhindern.[170] Eine relevante Täuschungsgefahr erfordert eine Unrichtigkeit des Markenzeichens für die Produkte und seine Eignung, den beteiligten Verkehr in seinen wirtschaftlichen Entschlüssen (positiv) zu beeinflussen.

---

[170] Für ihre Auslegung wird das allgemeine Wettbewerbsrecht und insbesondere die Rechtsprechung zu § 5 UWG herangezogen, soweit sie für das auf Ersichtlichkeit angelegte Registerverfahren passt.

B. Materielle Anforderungen an die Eintragung einer Marke

Die Aussage eines Markenzeichens ist für den Verkehr an sich für das konkrete Produkt irreführend, wenn allein die Betrachtung von Markenzeichen und Produkt dies ergibt, ohne Berücksichtigung der Modalitäten der erfolgten oder zu erwartenden Markenbenutzung möglicherweise mit klarstellenden Zusätzen oder des tatsächlichen Eintretens von Täuschungen. **228**

Täuschend ist eine Marke, wenn ein nicht unbeachtlicher (d.h. auch kleinerer!) Teil des vom Produkt angesprochenen normal informierten, angemessen aufmerksamen und verständigen Verkehrs[171] (allgemeiner Verkehr, Fachkreise oder beides) auf Grund ihrer einer Täuschung über die Produkte unterliegen kann. Den verständigen Verbraucher können nur objektiv unrichtige Angaben täuschen. Er muss aber auch vor Täuschungen geschützt werden, die bei größter Aufmerksamkeit bemerkt würden, wenn situationsgemäß nur eine flüchtige Aufmerksamkeit erwartet werden kann wie bei täglichen Konsumartikeln.[172] Weil § 8 Abs. 2 Nr. 4 erfordert, dass das Markenzeichen in jedem denkbaren Fall für das Produkt eine unrichtige Angabe darstellt[173], entfällt er schon, wenn für das Produkt die theoretische Möglichkeit einer rechtmäßigen Verwendung besteht. **229**

Beispiel: Ist das Wort „Peach" für „Äpfel, Computer, Obst, Pfirsiche, Schönheitspflegemittel" angemeldet, würde so vorgegangen: Für „Pfirsiche" ist es glatt beschreibend und gemäß § 8 Abs. 2 Nr. 2 ausgeschlossen. Für „Äpfel" kann es nur täuschend verwendet werden und ist gemäß § 8 Abs. 2 Nr. 4 ausgeschlossen. Weil für „Obst" eine nicht täuschende Verwendung möglich ist, greift § 8 Abs. 2 Nr. 4 nicht, aber Nr. 2 und 1, weil auch Pfirsiche umfasst sind. Für „Computer" ist sie schutzfähig und auch für Schönheitspflegemittel, weil der Bezug zur Bekämpfung von Pfirsichhaut zu fern läge.

Weiter muss diese unrichtige Angabe einen erheblichen Teil des vom Produkt angesprochenen Verkehrs in seinen wirtschaftlichen Entschlüssen beeinflussen können, also einen mitbestimmenden Umstand für dessen Konsum betreffen. Dies ist bei werblichen Anpreisungen ohne echten Glaubwürdigkeitsgehalt nicht mehr anzunehmen. Diese Beeinflussung muss weder die Absicht des Anmelders sein, noch müssen Täuschungen eingetreten sein. Darüberhinaus dürfen nur Angaben mit **ersichtlicher Täuschungseignung** zurückgewiesen werden, die mit Fachwissen und üblichen Informationsquellen ohne weiteres erkennbar ist. Weil die Täuschungsgefahr konkret für jedes Produkt beurteilt wird, sind Marken meist für einige Produkte täuschend und für andere nicht. **230**

---

[171] Weil dieser Maßstab des verständigen Verbrauchers erst seit etwa 2000 gilt, darf der Anmelder sich zur Prognose einer Täuschungsgefahr seiner Marke nicht an alter Rechtsprechung orientieren, weil diese dort auf Grund des Leitbildes des flüchtigen Verbrauchers schneller bejaht wurde.

[172] EuGH GRUR 2003, 422 ff. – *Arthur/Arthur et Félicie;* BGH GRUR 2002, 550 ff. – *Elternbriefe.*

[173] BPatGE 39, 1 ff. PGI und BPatGE 45, 1 ff. – *Kombucha.*

Teil 3. Das Markenregistrierungsverfahren vor dem DPMA

231 **Typische Anwendungsfälle** sind nach dem Wortlaut täuschende Angaben über die Art und Beschaffenheit[174] und die geografische Herkunft der Produkte.

Täuschungen über die geografische Herkunft werden nur erfasst, wenn der Verkehr dem Ort irgendeine relevante Bedeutung für das Produkt zumisst und das Produkt in keinem Fall einen Bezug zu diesem Ort haben kann. Weil Produkte mittlerweile fast überall hergestellt werden und diesbezügliche Fehlvorstellungen des Verkehrs sein Kaufverhalten nur selten beeinflussen, sind diese nur noch selten täuschend[175]. Einen täuschenden Charakter kann der Anmelder durch einen Exportvermerk im Verzeichnis („ausschließlich für den Export bestimmt") ausschließen, der die Täuschung beseitigt und zugleich einer rechtswirksamen Benutzung im Inland und für inländische Waren nicht entgegensteht.

232 Angaben betreffend besondere Umstände für die Produkte (wie etwa Beteiligung eines besonderen Würdenträgers an der Herstellung etc.) mit wesentlicher Bedeutung für den Verkehr und seine Entscheidung sind wegen der Unabhängigkeit der Marke vom Geschäftsbetrieb und ihrer freien Übertragbarkeit kaum noch täuschend, weil eine rechtmäßige Verwendung der Marke (ggf. durch einen Verkauf der Marke an einen solchen Würdenträger) auszuschließen sein wird. Eine ausschließlich täuschende Verwendung ist hier nur bei Umständen betreffend die Produkte denkbar[176], die in der – unveränderbaren – Vergangenheit liegen wie Hinweise auf Prämierungen, Qualitätskontrollen, Gütesiegel, sonstige neutral und objektiv geprüft wirkende Aussagen, Medaillen oder Bestehen von Schutzrechten (patentiert etc.).

Beispiele: Hinweise auf objektiv anmutende Bio-Qualität, Plaketten mit Prüfcharakter, fremde Namen von Begründern bestimmter Therapieformen im Gesundheitsbereich oder frühes Gründungsjahr von Unternehmen in Branchen, in denen Tradition schick wirkt und die Produkte hochwertig erscheinen lässt wie etwa Schuhe.

233 Wird dem Anmelder ein täuschender Gehalt entgegengehalten, muss und sollte er im eigenen Interesse die Richtigkeit der relevanten Angaben durch Belege nachweisen. Lassen die als täuschend beanstandeten Angaben für die konkreten Produkte auch eine rechtmäßige Verwendung zu, sind sie für den Verkehr für die Produkte nicht entscheidungserheblich oder werden sie von ihm nicht ernstgenommen, sollte der Anmelder dies gegen den täuschenden Charakter vorbringen.

---

[174] Vor allem infolge von Disclaimern zur Beseitigung der Beschreibungseignung.
[175] Nicht mehr ausgeschlossen sind daher geografische Phantasiebezeichnungen („Made in Paradise") und fremdsprachige Bezeichnungen für Produkte nicht aus diesem Sprachraum.
[176] Nicht mehr akademische Grade oder Diplome der Leistungserbringer und allgemeine Alleinstellungsangaben wie „bestes, größtes … Unternehmen" und (Adels)namen.

B. *Materielle Anforderungen an die Eintragung einer Marke*

7. § 8 Abs. 2 Nr. 5 MarkenG Verstoß gegen öffentliche Ordnung und gute Sitten

Dieses Art 3 Buchst f MRRL umsetzende Schutzhindernis schließt 234
Markenzeichen aus, die einen Verstoß gegen die öffentliche Ordnung und die guten Sitten darstellen. Weil dies im Registerverfahren nur in eindeutigen Fällen feststellbar ist, greift es nur selten und erfasst nur vom **Markenzeichen** selbst ausgehende Verstöße, nicht mögliche sittenwidrige Begleitumstände der Benutzung und Bedenken gegen die Art der Produkte.

Ein **Verstoß gegen die öffentliche Ordnung** liegt nur selten bei 235
Verstößen gegen gesetzliche Benutzungsverbote der Kennzeichnung für die konkreten Produkte vor, nicht bei jeder Gesetzesverletzung.

Den praxisrelevanteren **Verstoß gegen die guten Sitten** stellen 236
Marken dar, die das Empfinden eines beachtlichen Teiles des beteiligten Verkehrs durch sittliche, politische oder religiöse Anstößigkeit verletzen können oder eine grobe Geschmacksverletzung enthalten. Dazu wird prognostiziert, wie der angesprochene normal informierte, aufmerksame und verständige, weder laxe noch feinfühlige **Durchschnittsverkehr** dieser Produkte die Marke in ihrer Gesamtheit auffassen wird. Dabei ist die permanente Wandelung des Begriffes der guten Sitten und seine tendenziell ständige Liberalisierung zu berücksichtigen, wie Talkshow-Themen und Werbung erkennen lassen.[177] Massiv diskriminierende, die **Menschenwürde** beeinträchtigende sexuelle und sonstige Aussagen sind aber weiter erfasst, weil diese nicht durch ein staatliches Monopol goutiert werden sollen.

Beispiele aus der Rechtsprechung:
Sittliche Anstößigkeit gemäß § 8 Abs. 2 Nr. 5 **bejaht:**
BPatG 26 W (pat) 107/97 Beschl. v. 26.11.1997 – **Schenkelspreizer** für alkoholische Getränke.
BPatG 24 W (pat) 132/00 Beschl. v. 16.10.2001 – **PUSSYTIME** für diverse Produkte erfüllt § 8 Abs. 2 Nr. 5, weil es einem nicht unerheblichen Verkehrsteil, v. a. den pornografisch Interessierten ohne weiteres als „Zeit für die Muschi" verständlich ist und trotz der Liberalisierung des Schamgefühls diskriminierend wirkt, weil es Frauen als beliebig verfügbares Sexsymbol darstellt oder dies suggeriert.

Sittliche Anstößigkeit und § 8 Abs. 2 Nr. 5 **verneint:**
BPatG 26 W (pat) 244/02 Beschl. v. 21.9.2005 – **Ficke** für Bekleidung und Getränke fällt nicht unter § 8 Abs. 2 Nr. 5, weil die Aufforderung zwar wenig geschmackvoll, aber infolge veränderter Sprachgewohnheiten nicht massiv diskriminierend und/oder die Menschenwürde beeinträchtigend ist, weil sie geschlechtsneutral ist.

---

[177] Infolgedessen ist die ältere Rechtsprechung überwiegend zu streng und unzeitgemäß, wie etwa DPA PMZ 1956, 151– *Gefesselter Storch.*

Teil 3. Das Markenregistrierungsverfahren vor dem DPMA

237 Auch Markenzeichen mit religiösen Aspekten erfasst § 8 Abs. 2 Nr. 5 nur selten, weil sich das religiöse Empfinden stark gelockert hat und zugleich das Wissen um das Religiöse schwindet. Gerade wegen der aktuellen Probleme mit (fehlender) religiöser Toleranz erfasst er aber trotzdem alle Markenzeichen, die das Empfinden des Verkehrs betreffend Achtung und Toleranz der (auch fremden) **Religionen** verletzen, was auch allein durch bloße Verwendung religiöser Begriffe für kommerzielle Produkte möglich ist.

Religiöse Anstößigkeit und § 8 Abs. 2 Nr. 5 **verneint:**
Wertneutrale Darstellungen von Heiligen als eher symbolische Figuren.

Religiöse Anstößigkeit und § 8 Abs. 2 Nr. 5 **bejaht:**
BPatG 25 W (pat) 152/01 Beschl. v. 3.4.2003 – **urbi et orbi** für Produkte der elektronischen Kommunikation erfüllt § 8 Abs. 2 Nr. 5, weil diese bekannte Segensformel des Papstes als kommerzielle Produktkennzeichnung anstößig ist.
BPatG PMZ 2003, 219 ff. – **Dalailama** für Wasch- und Schädlingsvertilgungsmittel erfüllt § 8 Abs. 2 Nr. 5, weil die kommerzielle Nutzung des Namens des „Dalai-Lama" als höchstem geistigen Würdenträger des Lamaismus mit sehr großer, auch humanitärer Bedeutung an sich dem religiösen Empfinden maßgeblicher inländischer Verkehrsteile widerspricht und zwar wegen der starken Toleranz anderer Religionen nicht nur der Lamaisten, sondern auch vieler Christen und Anhänger anderer Religionen.
DJesus für Produkte aus dem Musikbereich.

238 Gesellschaftlich, insbesondere politisch anstößig sind Marken sehr selten, etwa bei einem verfassungswidrigem, insbesondere rechtsradikalem Gehalt, nicht aber bei jedem Verstoß gegen Straf-/oder sonstige Gesetze. Grob geschmacklos sind nur Marken, die die Grenzen des Anstandes betreffend die konkreten Produkte unerträglich überschreiten, nicht bloß nicht dem guten Geschmack entsprechende.

Beispiele für politisch anstößige Marken aus der Praxis des DPMA:
Tag der deutschen Reinheit für Druckschriften erfüllt § 8 Abs. 2 Nr. 5 als Inhaltsangabe mit möglicherweise rechtsradikal anmutendem Gehalt. Für Reinigungsmittel nicht, weil insoweit hinreichend witzige Assoziation an Frühlingsputz/Tag der deutschen Einheit.
bingeladen für diverse Produkte kurz nach dem 11.9.2001
Grobe Geschmacklosigkeit und § 8 Abs. 2 Nr. 5 **verneint:**
BPatG 26 W (pat) 192/99 Beschl. v. 28.3.2002 – **SCHWARZ** gebrannt für Spirituosen, weil dies nicht mehr als provokative Bezeichnung für eine unter Gesetzesverstößen hergestellte Spirituose, sondern scherzhaft aufgefasst wird.

8. §§ 8 Abs. 2 Nr. 6, 7, 8, Abs. 4 MarkenG Hoheits- und Gewährzeichen und andere

239 Diese Art 3 Abs. 1 Buchst h MRRL umsetzenden Schutzhindernisse sollen den **Missbrauch aktueller öffentlicher Hoheits- und Gewährzeichen** für kommerzielle Zwecke als Monopol einzelner verhindern. Um dies möglichst umfassend zu gewährleisten, schließen sie – an-

B. Materielle Anforderungen an die Eintragung einer Marke

ders als die anderen Schutzhindernisse – nicht nur Markenzeichen ausschließlich aus Hoheitszeichen aus, sondern auch die, die ein solches „nur" enthalten, wenn es so deutlich in Erscheinung tritt, dass es diese negative Wirkung haben kann. Weiter erfassen sie über § 8 Abs. 4 Satz 1 in engen Grenzen auch Nachahmungen von Hoheitszeichen, die die charakteristisch heraldischen Merkmale stilisiert oder als Einzelteile aufweisen, außer wenn diese –wie bei Wappen oft – generell häufige Motive sind. Auf eine befugte Zeichenführung gemäß § 8 Abs. 4 Satz 2 wird sich ein Anmelder praktisch fast nie berufen können, weil solche Befugnisse die Führung des Zeichens in einer monopolistischen Marke meist nicht umfassen.[178]

Beispiel aus der Rechtsprechung:
BPatG 29 W (pat) 85/94 Beschl. v. 23.10.1996 – **Eurokapital Aktiengesellschaft** für Verwaltung fremder Geschäftsinteressen, Vermögensverwaltung eintragbar, weil das Markenzeichen wegen des größenmäßig hervorgehobenen und grafisch gestalteten Anfangsbuchstaben „E" nicht vom Hoheitszeichen der EU, des „E" oder des Sternenkranzes des Europarates Gebrauch macht.

Wegen der unüberschaubaren Zahl denkbarer bekannter und unbekannter Hoheitszeichen kann der Anmelder das Risiko nur minimieren, indem er vor Anmeldung eines Markenzeichens, das solche Symbole enthalten könnte, die Datenbank der WIPO für Flaggen, Wappen und anderer Hoheitszeichen der Mitgliedsstaaten der PVÜ und der WHO durchsieht.[179] Das verbleibende – nicht ganz geringe – Restrisiko ist unvermeidbar. Zu den einzelnen Fällen:

§ 8 Abs. 2 Nr. 6: Staatswappen, Wappen der Bundesländer
Gemäß seinem Wortlaut „die Staatswappen, Staatsflaggen oder andere staatliche Hoheitszeichen oder Wappen eines inländischen Ortes oder eines inländischen Gemeinde- oder weiteren Kommunalverbandes enthalten" umfasst er vor allem in- und ausländische Staatswappen, Wappen der deutschen Bundesländer, in- und ausländische Staatsflaggen, Dienstflaggen und nach dem erweiterten Flaggenbegriff auch Fahnen, Standarten, Stander, Wimpel. Nicht dazu gehören die Landesfarben an sich, wenn sie wegen der Art ihrer Verwendung nur geografisch oder schmückend, nicht hoheitlich wirken[180].

Beispiele aus der Rechtsprechung:
BPatG GRUR 2005, 679 ff. – **D-Info** für elektronische Produkte und Telekommunikation erfüllt § 8 Abs. 2 Nr. 6 nicht, weil die Marke

---

[178] Siehe dazu im einzelnen *Ströbele/Hacker* § 8 Rn. 628 ff.
[179] Siehe dazu unter www.wipo.int/idpl/en/search/6ter/search-struct.jsp.
[180] Insoweit kann diesen aber fehlende Unterscheidungskraft gemäß § 8 Abs. 2 Nr. 1 entgegenstehen.

Teil 3. Das Markenregistrierungsverfahren vor dem DPMA

weder exakt die Bundesflagge wiedergibt noch sie charakteristisch heraldisch nachahmt, was eine rechteckige Tuchform voraussetzen würde, sondern eher dekorativ erscheint.

BPatG 32 W (pat) 11/01 Beschl. v. 30.5.2001 – **Bodensee-Arena** für diverse Dienstleistungen erfüllt § 8 Abs. 2 Nr. 6 nicht, weil das Element einer Flagge unähnlich ist, sondern bloß dekorative Verwendung einer Landesfarbe ist.

242 **Andere staatliche Hoheitszeichen** sind solche, die ein in- oder ausländischer Staat öffentlich als Hinweis auf die Staatsgewalt verwendet wie z.b. Staatssiegel, Abzeichen, Orden und Ehrenzeichen, aktuelle Münzen und gesetzliche Zahlungsmittel sowie die Nationalhymne, nicht aber bloße Nationalsymbole wie die Landesfarben, wörtliche Benennung von Hoheitszeichen, Verkehrszeichen, Posthorn sowie ausländische und Privatwappen. Für diese Abgrenzung können Anmelder sich an der Rechtsprechung zum Strafrecht und OWiG orientieren.[181] Obwohl sich die Prüfer grundsätzlich nur allgemein zugänglicher Quellen bedienen, können deren Wissen und Erfahrung Ergebnisse ergeben, die den Anmelder oft selbst überraschen können.

243 Bei als Wappen inländischer Orte, Gemeinden oder Kommunalverbände in Betracht kommenden Zeichen muss der Anmelder dem DPMA auf Verlangen auf Grund seiner **Mitwirkungspflicht** eine formelle Wappenerklärung abgeben, dass dieses Element nach seinem besten Wissen und Gewissen kein solches Wappen ist.

§ 8 Abs. 2 Nr. 7 In- und ausländische Prüf- oder Gewährzeichen

244 Dieses **Schutzhindernis** schließt amtlich vorgeschriebene und vom Bundesjustizministerium bekannt gemachte Angaben und Zeichen für diese oder ähnliche Produkte aus, die bestimmte Eigenschaften bestimmter Produkte belegen sollen, wie Eichstempel, Legierungsangaben, wenn er zu deren Führung nicht befugt ist (Abs. 4 Satz 3 und 2).

§ 8 Abs. 2 Nr. 8 Zeichen internationaler zwischenstaatlicher Organisationen

245 Dieser schließt Wappen, Flaggen oder andere Kennzeichen oder Bezeichnungen internationaler zwischenstaatlicher Organisationen aus, die nach einer Bekanntmachung BMJ von der Eintragung als Marke ausgeschlossen sind[182], wenn die Marke den unzutreffenden Eindruck einer Verbindung mit dieser Organisation hervorrufen kann, wie etwa das Zeichen des Europarates, der Kranz mit 12 Sternen.

---

[181] Diese finden sich im Taschenbuch des gewerblichen Rechtsschutzes, Heymanns Verlag unter Nr. 218.
[182] Diese finden sich ebenfalls in der bereits genannten Datenbank der WIPO, vgl. oben.

B. Materielle Anforderungen an die Eintragung einer Marke

9. § 8 Abs. 2 Nr. 9 MarkenG Sonstige Benutzungsverbote

Dieses auf Art 3 Abs. 2 Buchst a MRRL beruhende Schutzhindernis schließt Marken aus, deren Benutzung als Marke an sich für die Produkte in jedem Fall gesetzeswidrig und ersichtlich aus sonstigen Vorschriften im öffentlichen Interesse untersagt ist. Diese Prüfung orientiert sich an der jeweiligen gesetzlichen Vorschrift, wie vor allem nationale Gesetze mit kennzeichenrechtlichem Inhalt v.a. für Lebens- und Genussmittel, das Betäubungsmittelgesetz, Gesetz zum Schutz des Bernsteins, behördliche Benutzungsverbote, europäische Kennzeichnungsvorschriften, wie etwa die Verordnung im Bereich alkoholischer Getränke sowie zweiseitige Abkommen über den Schutz von Herkunftsangaben. **246**

10. § 8 Abs. 2 Nr. 10 MarkenG Ersichtlich bösgläubige Marken

Bösgläubig angemeldete Marken unterliegen seit 2004 einem **absoluten Schutzhindernis,** nachdem sie vorher nur nach Eintragung einem **Löschungsgrund** unterlagen. Er setzt Art 3 Abs. 2 Buchst d MRRL um und soll Marken, denen schon im Anmeldeverfahren erkennbar Anzeichen einer Bösgläubigkeit anhaften, sofort vom Monopol-Schutz auszuschließen, um so eine Behinderung des Wettbewerbes von Anfang an und nicht erst später durch Löschungsverfahren zu verhindern, wenn oft schon Schaden bei Dritten durch Abmahnungen usw. eingetreten ist. Weil das summarische Registerverfahren schon mangels Beweiserhebungen keine umfassende Erforschung der Motive des Anmelders für seine Anmeldung erlaubt, ist dieser Zurückweisungsgrund gemäß § 37 Abs. 3 auf **ersichtliche Fälle von Bösgläubigkeit** beschränkt. **247**

Typischerweise wird er Marken entgegenstehen, die sich im Zeitpunkt ihrer Anmeldung[183] als rechtsmissbräuchlich oder sittenwidrig darstellen. Die Fallgruppen der Bösgläubigkeit entsprechen zwar theoretisch denen beim Löschungsgrund. Sie wirken sich aber hier, wo die Marke erst angemeldet und am Markt meist noch nicht verwendet ist, nur teilweise aus. **248**

Eine typische und vom Anmelder leicht zu vermeidende Fallgruppe bilden Marken, die sich an andere bekannte Marken unberechtigt anhängen, indem sie sie für „Registerlücken" von diesen nicht beanspruchter Produkte anmelden oder sie nur unwesentlich abwandeln („Immobilienaldi"). Einen weiteren Fall bildet z.B. die Anmeldung von Namen anderer berühmter Personen. Da die Prüfer neben ihrem Fachwissen und Prüfungs- und Recherchematerial vor allem standardmäßig **249**

---

[183] Anders als bei den anderen Schutzhindernissen, für die es nur auf den Eintragungszeitpunkt ankommt.

Teil 3. Das Markenregistrierungsverfahren vor dem DPMA

das Internet nutzen, ist die Chance bzw. Gefahr, dass diese Art bösgläubiger Anmeldungen als solche identifiziert wird recht hoch.

250 Darüber hinaus ist eine Marke als **Spekulationsmarke** theoretisch von der Eintragung ausgeschlossen, wenn ihr Anmelder generell keinen Benutzungswillen für sie als Marke hat und durch sie nur gutgläubige Dritte unter Druck gesetzt werden sollen. Weil dies im summarischen Eintragungsverfahren nur schwer angenommen werden kann, ist die praktische Bedeutung dieser Fallgruppe gering:

251 Das generelle **Fehlen eines Benutzungswillens** kann der Prüfer nur bei einem darauf hinweisenden Gesamtverhalten des Anmelders annehmen, weil die Anmeldung einer Marke, die keinen Geschäftsbetrieb mehr erfordert, grundsätzlich die Vermutung des Benutzungswillens durch den Anmelder oder einen Dritten in sich trägt. Obwohl die Anmeldung vieler Marken für völlig verschiedene Produkte bis zu deren Horten mit dem Ziel der Abmahnung Dritter und fehlende Planung für die Benutzung ein Indiz für fehlenden Benutzungswillen bilden kann, wird der Anmelder dies in diesem Stadium unter Berufung darauf widerlegen können, dass es ihm nicht verwehrt ist, sich einen Markenvorrat für mögliche wirtschaftliche Entwicklungen anzulegen. Auch die **pauschale Behinderungsabsicht** Dritter als wesentliches Motiv der Anmeldung, die sich aus der Lebenserfahrung aufdrängen muss, ist seitens des DPMA mit den aktuellen Mitteln schwer zu bejahen.

Teil 4. Ablauf des Verfahrens beim DPMA und allgemeine Tipps

Übersicht
                                                                Rdnr.
A. Der Ablauf des Anmeldeverfahrens...................   2
B. Das Erinnerungsverfahren gegen einen Zurückweisungs-
   beschluss.. 13
C. Das Beschwerdeverfahren zum BPatG 16
D. Inhaltliche Argumente zur Schutzfähigkeit einer Marke...... 17
     I. Sinnvolle Argumente gegen den Einwand fehlender
      Unterscheidungskraft gemäß § 8 Abs. 2 Nr. 1 MarkenG . 18
    II. Sinnvolle Argumente gegen den Einwand eines Freihalte-
      bedürfnisses gemäß § 8 Abs. 2 Nr. 1 MarkenG 21
   III. Sinnvolle Argumente gegen den Einwand einer üblichen
      Angabe gemäß § 8 Abs. 2 Nr. 3 MarkenG............ 23
   IV. Sinnvolle Argumente gegen den Einwand einer täuschen-
      den Angabe gemäß § 8 Abs. 2 Nr. 4 MarkenG 24

Dieser Abschnitt erläutert die Abläufe des Anmeldeverfahrens, Basis- und Hintergrundinformationen und liefert praktische Tipps sowie Vorschläge für Erwiderungen auf eine Beanstandung der Marke durch das DPMA wegen absoluter Schutzhindernisse. Einen ersten Überblick gibt das Ablaufdiagramm auf der Homepage des DPMA.[1]   1

A. Der Ablauf des Anmeldeverfahrens

Nachdem der Anmelder seine Markenanmeldung eingereicht hat[2], wird sie – je nach Leitklasse – in einer Markenabteilung in München oder Jena geprüft. Wenige Wochen später erhält der Anmelder eine Empfangsbestätigung, in dem ihm die fälligen **Gebühren** und das **Aktenzeichen** seiner Marke mitgeteilt werden. Diese Gebühren sollte er rasch bezahlen und das Aktenzeichen im Interesse schneller und eindeutiger Kommunikation bei jedem Schreiben angeben.   2

Wirft seine Anmeldung bei der Prüfung durch den Bearbeiter keine Probleme auf, hört er erst mit der Bescheinigung über die Eintragung   3

---

[1] Siehe unter www.dpma.de Formulare Merkblätter Marken Richtlinie für die Prüfung von Markenanmeldungen.
[2] Bei einer der Annahmestellen, also dem DPMA in München oder Jena, im technischen Informationszentrum in Berlin oder einem Patentinformationszentrum.

Teil 4. Ablauf des Verfahrens beim DPMA und allgemeine Tipps

seiner Marke in das Register wieder vom DPMA.[3] Dieser Optimalfall dauert je nach Arbeitsbelastung des Prüfers zwischen zwei und etwa sieben Monaten. Diese **Bearbeitungsdauer** ist Folge der hohen Auslastung des Markenamts mit jährlich etwa 80.000 Markenanmeldungen. Die bei bevorzugt behandelten Anmeldungen mit **Beschleunigungsantrag** (und Vorliegen der Voraussetzungen) zwingende Eintragung innerhalb von 6 Monaten kann, muss aber nicht auch im normalen Verfahren erreicht werden.[4]

4   Selbstverständlich kann sich jeder Anmelder jederzeit beim zuständigen Prüfer nach dem Stand seines Verfahrens erkundigen oder ihm die besondere **Eilbedürftigkeit** nahe bringen. Er sollte aber bedenken, dass jeder Prüfer ohnehin um eine möglichst zügige Bearbeitung bemüht ist, die durch (zu) viele Anfragen insgesamt behindert wird.

5   Weist die Anmeldung **formelle und/oder materielle (Schutzfähigkeits-)Probleme** auf, erhält der Anmelder – je nach Schnelligkeit des Zahlungseingangs – innerhalb von etwa 3 Monaten ab Eingang eine Beanstandung, die ihm die Mängel aufzeigt. Diese sollte er in seinem Interesse möglichst schnell schriftlich beheben. Ist ihm die Beanstandung unklar oder weiß er nicht, wie er die Mängel beheben kann, sollte er im Eigeninteresse mit dem zuständigen Bearbeiter telefonisch Kontakt aufnehmen. Dieser wird ihn gerne bei der Behebung der Mängel unterstützen. Insbesondere Unklarheiten mit oder im Verzeichnis der Waren und/oder Dienstleistungen lassen sich so oft pragmatisch und schnell lösen. Dabei kann es hilfreich sein, wenn der Anmelder dem Prüfer im DPMA auch den wirtschaftlichen Hintergrund seiner Anmeldung schildert, weil dieser ihn dann bei der passenden Konkretisierung seiner Waren- und Dienstleistungsbegriffe besser unterstützen kann.

6   Hält die **Beanstandung** der Anmeldung **materielle Schutzhindernisse** entgegen, sollte der Anmelder davon ausgehend anhand der Ausführungen zur Schutzfähigkeit einer Marke[5] selbstkritisch überlegen, ob und was er der Beanstandung sinnvollerweise entgegensetzen kann und sollte. Da er die Gebühr schon bezahlt hat und ohnehin nicht zurückerstattet bekommt, sollte er abgesehen von beinahe zwingenden Begründungen der Schutzunfähigkeit wie dem Nachweis einer schon beschreibenden Verwendung für alle beanspruchte Produkte o.ä. um seine Marke kämpfen. Die Zuziehung eines spezialisierten Anwaltes in die-

---

[3] Die Eintragung seiner Marke im Register sollte er auf der Homepage des DPMA unter www.dpma.de E-Dienstleistungen/Veröffentlichungen DPMAPublikationen in der jeweiligen Ausgabe des Markenblattes und in DPInfo im eigenen Interesse auf Richtigkeit aller Angaben überprüfen und Fehler dem DPMA melden. Ggf. erfolgt dann eine Neuveröffentlichung.

[4] Weil diese § 38-Akten nach einer Übung im DPMA häufig auch direkt von einem Prüfer des höheren Dienstes behandelt werden, kann die nächste Instanz für die Überprüfung eines Zurückweisungsbeschlusses das BPatG sein und nicht wie sonst ein Erinnerungsprüfer des höheren Dienstes im DPMA.

[5] Siehe dazu Teil 3 B insgesamt und insbesondere Teil 4 D.

A. Der Ablauf des Anmeldeverfahrens

sem Stadium nach Beanstandung sollte er davon abhängig machen, wie überzeugend die Argumente des Prüfers erscheinen und wie bedeutsam die Marke für ihn ist. Grundsätzlich besteht durchaus eine realistische Chance, dass eine Beanstandung wegen absoluter Schutzhindernisse (teilweise zumindest für einige Produkte) aufgehoben und die Marke eingetragen wird. Auch weil die Prüfer auf Grund ihres Auftrages umfassender und sorgfältiger Prüfung häufig vorsichtshalber und umfassend für alle beanspruchten Produkte beanstanden, werden statistisch etwa 30 % der Beanstandungen nach Erwiderung des Anmelders fallengelassen. Eine gründliche Argumentation kann sich hier also durchaus lohnen.[6]

Sieht der Anmelder in diesem Stadium wenig Chancen für seine Erwiderung und möchte er möglichst schnell in eine **höhere Instanz** (in der Regel die Erinnerung als „zweite Amtsinstanz"), sollte er auf eine rein materielle Beanstandung nicht erwidern. Weil die Beschlüsse, die unter reiner Bezugnahme auf die Beanstandung erfolgen, wenig Aufwand verursachen, ergehen sie in der Regel schneller und eröffnen schneller den Weg in die nächste Instanz. Stammt der **Erstbeschluss** von einem Prüfer des gehobenen Dienstes, ist dies die Erinnerung im DPMA, stammt er von einem Mitarbeiter des höheren Dienstes, ist es die Beschwerde zum BPatG. 7

Entscheidet er sich für eine Erwiderung auf die Beanstandung, gibt es verschiedene Taktiken: Er kann nach dem Prinzip „Masse statt Klasse" sämtliche nur im entferntesten greifbaren Argumente aufgreifen und entgegenhalten. Dies hat den Vorteil, dass vielleicht eines greift, birgt aber die Gefahr, dass die treffenden Argumente in den Hintergrund treten und weniger ernstgenommen werden. Andererseits kann er nach dem Prinzip „Klasse statt Masse" nur die wirklich überzeugenden Argumente auswählen und ausführen. 8

Überzeugt die Erwiderung des Anmelders den Prüfer, lässt er die Beanstandung fallen und trägt die Marke ein, und der Anmelder ist an seinem Ziel. Diese Entscheidung geht meist relativ schnell, also innerhalb einiger Wochen oder weniger Monate. 9

Hält er die Marke auf Grund dessen – wie in etwa der Hälfte der Fälle – teilweise nur noch für einige Waren/Dienstleistungen für **schutzunfähig,** weist er die Marke dafür durch Beschluss zurück. Weil der Beschluss wesentlich aufwändiger ist als eine Eintragung und weil erhebliche Beschlussrückstände bestehen, kann dies mehrere Monate bis zu einem Jahr dauern. Bei sehr langer Dauer kann der Anmelder schriftlich oder telefonisch eine **Sachstandsanfrage** unter Angabe des Aktenzeichens an den zuständigen Prüfer richten, um sich in Erinnerung zu rufen. 10

---

[6] Siehe zu den sinnvollen und weniger sinnvollen Argumenten sogleich Teil 4D.

Teil 4. Ablauf des Verfahrens beim DPMA und allgemeine Tipps

11　Wurde eine Marke nur teilweise beanstandet/zurückgewiesen, kann es sinnvoll sein, die Teilung der Markenanmeldung zu beantragen[7]. Dies hat für den Anmelder den Vorteil, dass die Marke für die schutzfähigen Produkte rasch eingetragen wird und er sie schneller gesichert nutzen kann. Bleibt die Markenanmeldung ungeteilt, kann die Eintragung erst nach Endgültigkeit des zurückweisenden Teils erfolgen, was diese auf Grund der längeren Dauer bis zu einem Beschluss deutlich verzögert. Diese Entscheidung ist eine Kosten-/Nutzenfrage, wo der Anmelder die Kosten von ab 300 € gegen die Bedeutung der schnelleren Eintragung der Marke für die schutzfähigen Produkte abwägen muss. Bevor er sich dafür entscheidet, sollte er den zuständigen Prüfer (am besten telefonisch) kontaktieren, um das Vorgehen abzusprechen.

12　Hat der Anmelder einen Beschluss über die (teilweise) Zurückweisung seiner Marke erhalten, kann er dies entweder akzeptieren mit der Folge, dass der Beschluss und die Zurückweisung der Marke rechtskräftig, also endgültig ist. Alternativ kann er gegen einen **Zurückweisungsbeschluss** vorgehen.

B. Das Erinnerungsverfahren gegen einen Zurückweisungsbeschluss

13　Stammt der erste Beschluss über eine Markenanmeldung von einem Erstprüfer des gehobenen Dienstes, nennt die Rechtsmittelbelehrung als Rechtsbehelf die **Erinnerung**. Diese führt dazu, dass die Schutzfähigkeit der Marke nochmals von einem **Erinnerungsprüfer** im DPMA – in der Regel einem Juristen – überprüft wird. Auch in diesem Stadium stellt sich wieder die Frage, ob der Anmelder einen Anwalt beauftragt oder es weiter selbst versucht.

14　Die Erinnerung unterliegt folgenden Voraussetzungen:
Sie muss innerhalb einer Frist von 1 Monat ab dem Tag, an dem der Zurückweisungsbeschluss zugestellt wurde, eingelegt sein – formloses Schreiben, am besten wieder schriftlich und per Fax genügt – und innerhalb dieser Frist die Erinnerungsgebühr von 200 € bezahlt sein. Zudem sollte der Erinnerungsführer sie innerhalb eines weiteren Monats begründen. Für diese Begründung gilt dasselbe wie für die Erwiderung auf die Beanstandung und sie sollte sich zusätzlich mit der Begründung des Erstbeschlusses auseinandersetzen.

15　Weil über die Erinnerung in jedem Fall – wenn der Erstbeschluss (teilweise) aufgehoben und die Marke danach (teilweise) eingetragen wird und auch wenn er bestätigt wird – durch Beschluss entschieden

---

[7] Das DPMA stellt dafür unter www.dpma.de Formulare/Merkblätter Marken das Formular W 7009 zur Verfügung.

D. Inhaltliche Argumente zur Schutzfähigkeit einer Marke

wird, dauert dies infolge der Arbeitsbelastung in der Regel ebenfalls bis zu einem Jahr. Der Anmelder und Erinnerungsführer kann jedoch gemäß § 66 Abs. 3 einen Antrag auf Entscheidung stellen, wenn über seine Erinnerung nicht innerhalb von 6 Monaten ab Einlegung entschieden wurde. Wenn daraufhin nicht innerhalb von 2 Monaten ab Eingang dieses Antrages über die Erinnerung entschieden wurde, kann der Anmelder direkt Beschwerde zum BPatG einlegen.

C. Das Beschwerdeverfahren zum BPatG

Einen **Erinnerungsbeschluss** kann der Anmelder ebenfalls akzeptieren oder mit dem Rechtsmittel der Beschwerde anfechten. Auf diese hin überprüft der zuständige Senat des Bundespatentgerichtes, besetzt mit drei Richtern den Fall erneut. Obwohl zwar auch beim BPatG grundsätzlich **kein Anwaltszwang** besteht, sollte der Anmelder angesichts des bis dann schon entstandenen finanziellen Aufwandes ernsthaft die Hinzuziehung eines Anwaltes erwägen. Die Voraussetzungen dieser Beschwerde finden sich wieder in der Rechtsmittelbelehrung des Beschlusses und entsprechen bis auf die abweichende Gebühr von 200 € denen der Erinnerung.

Wurde schon der erste Beschluss von einem Juristen des höheren Dienstes verfasst, ist sofort Beschwerde zum Bundespatentgericht möglich. Ob der Erstbeschluss von einem Prüfer des gehobenen Dienstes oder einem Juristen des höheren Dienstes getroffen wird, hängt überwiegend von internen Organisationsfragen ab. Wegen einer gewissen Übung im DPMA, Anmeldungen mit Beschleunigungsantrag sofort von einem Mitarbeiter des höheren Dienstes zu bearbeiten, beinhaltet das Stellen eines Beschleunigungsantrag eine höhere Chance auf einen Erstbeschluss eines Juristen und direkte Beschwerdemöglichkeit, aber weder Garantie noch Anspruch darauf.

16

D. Inhaltliche Argumente zur Schutzfähigkeit einer Marke

Im Folgenden wird dargelegt, welche Argumente der Anmelder auf eine Beanstandung seiner Marke wegen häufig vorkommender **absoluter Schutzhindernisse** tendenziell mit Aussicht auf Erfolg anführen kann und welche eher nicht. Zusammengestellt wurden die wichtigsten Argumente gegen die häufigsten Schutzhindernisse, geordnet nach den einzelnen absoluten Schutzhindernissen und weitgehend ergänzt um entsprechende zitierfähige Entscheidungen. Diese können natürlich nur Anhaltspunkte geben, passen aber nicht unbedingt für jeden Fall. Der

17

Teil 4. Ablauf des Verfahrens beim DPMA und allgemeine Tipps

Anmelder, dem vom DPMA eine materielle Beanstandung entgegengehalten wird, sollte aber zusätzlich nochmals die Passagen zum jeweiligen Schutzhindernis studieren, um sich zu weiteren Argumenten für seinen konkreten Fall inspirieren zu lassen.[8]

I. Sinnvolle Argumente gegen den Einwand fehlender Unterscheidungskraft gemäß § 8 Abs. 2 Nr. 1

Auf Grund im Vordergrund stehenden beschreibenden Gehaltes

18
- Mangelnde Verständlichkeit der Angabe für einen erheblichen Teil des vom konkreten Produkt angesprochenen Verkehrs (Unterschiedliche Verständnishorizonte!), insbesondere wegen pauschal unterstellter differenzierter Englischkenntnisse beim allgemeinen Verkehr[9], die durch die Umfrage betreffend die Slogans widerlegt sind.
- Sprachregelwidrige und daher phantasievoll und originell anmutende Kombination.
- Diffuser oder paradoxer, in sich widersprüchlicher oder sonst zum Nachdenken anregender Aussagegehalt.
- Kein hinreichend konkret dargelegter beschreibender Gehalt der Angabe.
- Beschreibender Gehalt erst durch Analyse, Zwischenschritte oder Hinzudenken von Elementen erreichbar[10].
- Unmittelbarer Bezug[11] des beschreibenden Gehaltes zu jeder einzelnen Produktart nicht oder nicht überzeugend erläutert (aussichtsreich wegen der oft pauschalen Beanstandungen und des Wertungsspielraumes, was noch unmittelbar ist).
- Bei Wortneuschöpfungen oder -kombination ein unterscheidungskräftiges Mehr der Gesamtkombination über die Summe der beschreibenden Einzelelemente hinaus.
- Bei Zahlen- oder Buchstabenkürzeln fehlender tatsächlicher Nachweis des Prüfers der Üblichkeit solcher Kürzel als beschreibende Angabe in dieser Branche[12] oder besondere Branchenübung für ihr Verständnis als Herkunftshinweis beim Großteil des Verkehrs.
- Sachangaben darf nicht mehr generell unterstellt werden, dass sie als Inhaltsangabe für Medien und Datenträger jeder Art wirken, sondern neuerdings nur noch dann[13], wenn die Behandlung des Themas in der

---

[8] Siehe insgesamt unter Teil 3 II B.
[9] Diese sind durch die Ergebnisse der Umfrage der Endmark AG zur Verständlichkeit englischer Slogans widerlegt, zu finden über Google durch Eingabe der Stichwortkombination „englische Slogans verständlich" oder unter www.slogans.de.
[10] BPatG GRUR 203, 347 ff. – *Buchstabe E* und BPatG GRUR 2002, 64 ff. – *Individuelle*.
[11] BPatG 29 W (pat) 206/03 Beschl. v. 5.4.2006 – *Rätsel total*.
[12] Siehe BGH I ZB 16/99 Beschl. v. 14.3.2002 – *B-2 Alloy*.
[13] BPatG 27 W (pat) 65/02 Beschl. v. 27.8.2002 – *Captain Nemo* und Ströbele/Hacker § 8 Rn. 118.

D. Inhaltliche Argumente zur Schutzfähigkeit einer Marke

fraglichen Form und unter diesem Titel auch branchenüblich ist und tatsächlich nahe liegt, also nur bei eindeutig inhaltsbeschreibenden, nicht bei Phantasietiteln.
* Besondere grafische Gestaltung über das werbeübliche Maß der konkreten Branche hinaus.

als allgemeines Wort der deutschen oder verständlicher Sprache
* Strenge Anforderungen an die Allgemeinüblichkeit und Verständlichkeit des Wortes nicht beachtet, weil doch unübliches/unverständliches Wort. 19

sonstige Fälle fehlender Unterscheidungskraft
* Mangelnde allgemeine Akzeptanz dieser Fallgruppe in der Rechtsprechung.
* Eng begrenzter Ausnahmefall, der besonderer Begründung bedarf.

In allen 3 Fallgruppen
* Großzügigkeit in der Bewertung der sorgfältig ermittelten Voraussetzungen.
* Geringste Unterscheidungskraft genügt zur Überwindung dieses absoluten Schutzhindernisses[14].

Nicht sinnvolle Argumente:
* Großzügigkeit der Prüfung im Sinne einer ungenauen Prüfung der Voraussetzungen des § 8 Abs. 2 Nr. 1, weil diese gerade sorgfältig und umfassend sein muss. 20
* Der beschreibende Gehalt einer Kombination aus verständlichen beschreibenden Elementen sei auf Grund unzulässiger Analyse ermittelt worden (Greift nicht, weil die natürliche Herangehensweise gerade darin besteht, neue Wortkombinationen erst zu zerlegen und dann die Bedeutungsgehalte zu kombinieren).
* Bloßer Umstand einer Wortneuschöpfung/-kombination (Greift nicht, weil ständige, auch sachbeschreibende Neukombinationen für Sprache charakteristisch sind).
* Erfindung des Markenzeichen durch den Anmelder oder seine sonstige Neuheit (weil es nur darauf ankommt, ob der Verkehr es als unterscheidungskräftig auffasst).
* Erfindung des zugrundeliegenden Produktkonzepts durch den Anmelder[15].

---

[14] Dieses Dogma soll nach *Ströbele/Hacker* § 8 Rn. 75 zwar nicht mehr mit der neuesten Rechtsprechung vereinbar sein, sollte aber trotzdem angeführt werden.
[15] Siehe BPatG 25 W (pat) 191/03 Beschl. v. 14.11.2005 – *Internetkanzlei*.

Teil 4. Ablauf des Verfahrens beim DPMA und allgemeine Tipps

- Voreintragungen entsprechender Marken im Ausland wegen Maßgeblichkeit der Auffassung des inländischen Verkehrs.
- Faktische Benutzung dieses Markenzeichens, regionale Bekanntheit oder Monopolstellung in der konkreten Branche[16] (alles nur relevant bei Erfüllung der Anforderungen an eine Verkehrsdurchsetzung gemäß § 8 Abs. 3).
- Innehabung der entsprechenden Domain.

II. Sinnvolle Argumente gegen den Einwand eines Freihaltebedürfnisses gemäß § 8 Abs. 2 Nr. 2

Auf Grund Verständnisses des sachbeschreibenden Gehaltes im angesprochenen Verkehr

21
- Alle Argumente gegen einen im Vordergrund stehenden beschreibenden Gehalt bei fehlender Unterscheidungskraft.
- Das Markenzeichen weist neben beschreibenden Elementen weitere, nicht beschreibende Elemente auf[17].
- Künftige Beschreibungseignung einer Angabe, entsprechende Entwicklung und hinreichende Wahrscheinlichkeit dessen vom Prüfer nicht konkret für die einzelnen Produkte belegt[18], sondern nur unzureichend pauschal behauptet.
- Bei Bestimmungsangaben keine ausreichend unmittelbar naheliegende, sondern mehrstufig entfernte Bestimmung[19].
- Beim nur ausnahmsweise als geografische Angabe freihaltebedürftigen Vertriebsort von Waren, weil er meist vielfältige Aussagen über die Waren beinhaltet, vom Prüfer keine speziellen branchenbezogenen Gründe dargelegt.[20]

Auf Grund des Bedürfnisses der Mitbewerber für Im-/Export
- Fehlende Handelsbeziehungen zum entsprechenden muttersprachlichen Land.
- Angabe nicht im Profisinne hinreichend unmittelbar, konkret und präzise beschreibungsgeeignet.
- Voreintragung dieser Marke im entsprechend fremdsprachigen Ausland, weil sie indiziell für Schutzfähigkeit sprechen kann.

---

[16] Siehe BGH I ZB 14/05 Beschl. v. 3.11.2005 – *Casino Bremen*.
[17] BPatG GRUR 2003, 245 ff. – *Zahnbürste mit Zahnpastastrang*.
[18] Als Beleg dafür bietet sich die Entscheidung BGH GRUR 2002, 261 ff. – *AC* an.
[19] Siehe dazu BGH PMZ 2001, 316 ff. – *Genescan*.
[20] BPatG GRUR 2005, 677 ff. – *Newcastle* zur branchenspezifischen Wertschätzung von Tee aus englischen Vertriebsstätten.

D. Inhaltliche Argumente zur Schutzfähigkeit einer Marke

Nicht sinnvolle Argumente:
- Bloßer Umstand einer Wortneuschöpfung/-kombination oder fehlende Nachweisbarkeit (Greift nicht, weil ständige, auch sachbeschreibende Neukombinationen für Sprache charakteristisch sind). **22**
- Erfindung des Markenzeichen durch den Anmelder oder seine sonstige Neuheit (weil es nur darauf ankommt, ob der Verkehr es als unterscheidungskräftig auffasst).
- Der beschreibende Gehalt einer Kombination aus verständlichen beschreibenden Elementen sei auf Grund unzulässiger Analyse ermittelt worden (Greift nicht, weil die natürliche Herangehensweise gerade darin besteht, neue Wortkombinationen erst zu zerlegen und dann die Bedeutungsgehalte zu kombinieren).
- Mehrdeutigkeit des Markenzeichens (weil „beschreiben können" für § 8 Abs. 2 Nr. 2 genügt).
- Erfindung des zugrundeliegenden Produktkonzepts durch den Anmelder[21].
- Bloße längere unbeanstandete markenmäßige Verwendung der beschreibenden Angabe oder ihre Bekanntheit in lokalem Gebiet unterhalb der (hohen) Hürde deren Verkehrsdurchsetzung gemäß § 8 Abs. 3.
- Interessen der Allgemeinheit an der Freihaltebedürftigkeit könne später durch Anwendung des § 23 Nr. 2 Rechnung getragen werden[22] (weil § 8 Abs. 2 Nr. 2 denselben Zweck eben von Anfang an verfolgt).

III. Sinnvolle Argumente gegen den Einwand einer üblichen Angabe gemäß § 8 Abs. 2 Nr. 3

Kein tatsächlicher Nachweis deren Üblichkeit durch den Prüfer. **23**

IV. Sinnvolle Argumente gegen den Einwand einer täuschenden Angabe gemäß § 8 Abs. 2 Nr. 4

- Nachweis der Richtigkeit der relevanten Angaben durch Belege seitens des Anmelders. **24**
- Die als täuschend beanstandete Angabe lässt für die konkreten Produkte auch eine rechtmäßige Verwendung zu, ist für den Verkehr für die Produkte nicht entscheidungserheblich oder wird von ihm nicht ernstgenommen

---

[21] Siehe BPatG 25 W (pat) 191/03 Beschl. v. 14.11.2005 – *Internetkanzlei*.
[22] Siehe *Ströbele/Hacker* § 8 Rn. 188.

Teil 5. Die Verwechslungsgefahr zwischen Marken

Übersicht

	Rdnr.
A. Arten der Verwechslungsgefahr	4
I. Unmittelbare Verwechslungsgefahr – Grundsätze und Elemente	12
1. Allgemeine Grundsätze für die Beurteilung der Verwechslungsgefahr	15
2. Die drei Faktoren – Grundsätzliches, Prüfung und „Berechnung"	16
a) Faktor 1 Die Ähnlichkeit der Waren und Dienstleistungen	16
aa) Die Ähnlichkeit von Waren untereinander	27
bb) Ähnlichkeit von Dienstleistungen zueinander	31
cc) Ähnlichkeit von Waren und Dienstleistungen	32
b) Faktor 2 Kennzeichnungskraft der älteren Registermarke	34
c) Faktor 3 Die Ähnlichkeit der Markenzeichen	46
aa) Allgemeine Beurteilungsgrundsätze	47
bb) Arten der Ähnlichkeit von Markenzeichen	48
cc) Die Ähnlichkeiten einzelner Markenformen	51
(1) Ähnlichkeiten von Marken in ihrer Gesamtheit	52
(α) Die Ähnlichkeiten von Wortmarken	52
(β) Die Ähnlichkeit von reinen Bildmarken	58
(χ) Ähnlichkeit von Wort- und Bild-/dreidimensionalen Marken	61
(δ) Ähnlichkeiten moderner Markenformen untereinander/mit anderen	62
(2) Ähnlichkeit von Marken auf Grund (prägender) Elemente – Prägetheorie	63
(3) Ähnlichkeit der Markenzeichen infolge Abspaltung bei einteiligen Marken	84
II. Verwechslungsgefahr durch gedankliche Verbindung (§ 9 Abs. 1 Nr. 2 letzter Halbsatz)	85
1. Mittelbare Verwechslungsgefahr oder Serienzeichen	86
2. Verwechslungsgefahr im weiteren Sinne	89
3. Sonstige Verwechslungsfälle	90
III. Entgegenstehende notorisch bekannte Marke mit älterem Zeitrang nach §§ 10 i.V.m. 9 Abs. 1 Nr. 1 oder 2	91
B. Praktisch relevante Situationen für die Berücksichtigung einer Verwechslungsgefahr	93
I. Recherche auf verwechselbare ältere Marken vor Anmeldung einer Marke	93
1. Ältere eingetragene Registermarken	97

Teil 5. Die Verwechslungsgefahr zwischen Marken

    2. Ältere nicht eingetragene Benutzungsmarken und
       andere Kennzeichenrechte 109
  II. Die Einlegung eines Widerspruches- der Markeninhaber
      als Widersprechender.......................... 110
    1. Allgemeines zum Widerspruchsverfahren 114
    2. Voraussetzungen eines zulässigen Widerspruchs
       §§ 42–44 MarkenG, 29 ff MarkenV und DPMAV 116
      a) Erhebung des Widerspruchs.................. 117
      b) Widerspruchsgrund § 42 Abs. 1, 2 MarkenG...... 121
      c) Widerspruchsfrist § 42 Abs. 1 MarkenG 122
      d) Widerspruchsgebühr....................... 123
      e) Widerspruchsberechtigter 124
    3. Sonstige Verfahrensfragen...................... 125
      a) Fristverlängerungsgesuche 125
      b) Übersendung von Eingaben/Rechtliches Gehör ... 126
      c) Die Aussetzung von Widerspruchsverfahren 127
      d) Wirkungen von Insolvenz oder Tod eines Beteiligten..................................... 128
    4. Begründetheit des Widerspruches §§ 42 Abs. 2, 9 ff.
      MarkenG 129
    5. Sonstiges, insbesondere Kosten 139
  III. Der Markeninhaber in der Rolle des Inhabers der angegriffenen Marke............................... 140

1   Wie bereits dargelegt, erfolgt die Eintragung einer Marke zwar – abgesehen von Extremfällen – ohne Berücksichtigung anderer Registermarken. Vorbehaltlich anderer Auseinandersetzungen vor ordentlichen Gerichten[1], ist sie als **Registerrecht** erst gesichert, wenn innerhalb von 3 Monaten ab ihrer Veröffentlichung kein Inhaber einer älteren **Registermarke** einen erfolgreichen Widerspruch gegen sie einlegt. Ein Widerspruch hat gemäß §§ 43 Abs. 2, 42, 9 ff. Erfolg bei Bestehen einer markenrechtlichen Verwechslungsgefahr, weil der angesprochene Verkehr beide Marken verwechselt, indem die eine für die andere hält oder sie sonst gedanklich miteinander verbindet. Dies soll vermieden werden, weil eine solche Verwechslung den Sinn der Marke zunichte machen würde, auf einen bestimmten Anbieter hinzuweisen.

2   Die Kenntnis von wesentlichem Ablauf und Inhalt dieser Kollisionsprüfung ist für einen Markenanmelder in zwei konträren Situationen sehr wichtig:
- Zunächst sollte er vor einer Markenanmeldung seine Recherche auf konkurrierende ältere Marken strukturell und inhaltlich grob[2] an der

---

[1] Siehe dazu Teil 10.
[2] Mehr als eine Grobabschätzung ist nicht bzw. jedenfalls nicht wirtschaftlich möglich, weil selbst eine sehr detaillierte, kostenintensive Ähnlichkeitsrecherche nie lückenlos ist, weil nie alle möglichen Ähnlichkeiten antizipierbar sind. Zudem wäre selbst dann nicht absehbar, ob jeder potentiell erfolgreich aus einer älteren Marke Widersprechende tatsächlich Widerspruch einlegt. Daher sollte nach der Grobrecherche eher eine Anmeldung riskiert werden und ggfs. bei

A. Arten der Verwechslungsgefahr

materiellen Prüfung der markenrechtlichen Verwechslungsgefahr des Widerspruchsverfahrens orientieren, wie sie der Prüfer im DPMA im Falle eines Widerspruchs durchführen würde. Denn die älteren identischen oder ähnlichen Marken naher Branchen, die seine Marke gefährden können, sind eben jene, die Widerspruch gegen seine Marke erheben könnten.

- Ist seine Marke eingetragen, sollte ihr Inhaber permanent prüfen, ob ihr eine jüngere neu eingetragene Marke in Markenzeichen und Produkten zu nahe kommt und so die „Kreise seiner Marke" stört. Ist dies nach überschlägiger Prüfung – die sich als „private Widerspruchsprüfung" an der des DPMA orientieren sollte – der Fall, sollte Widerspruch gegen die jüngere Marke eingelegt werden.

Abgesehen von Zulässigkeitsvoraussetzungen und weiteren Aspekten eines **Widerspruchsverfahrens**[3] liegt beiden Situationen die materielle Prüfung einer Verwechslungsgefahr beider Marken für den angesprochenen Verkehr zu Grunde. Einmal aus der Warte desjenigen, der eine neue Marke anmelden möchte und prüft, ob er damit eine ältere stört und einmal aus der des Inhabers einer älteren Marke, deren Terrain er sichern möchte, indem er die (teilweise) Löschung der jüngeren Registermarke betreibt. 3

A. Arten der Verwechslungsgefahr

Einen ersten Anhaltspunkt, wann zwischen zwei Marken eine markenrechtliche Verwechslungsgefahr[4] besteht, gibt der Wortlaut des § 9 Abs. 1 Nr. 2: 4

„Die Eintragung einer Marke kann gelöscht werden, wenn wegen ihrer Identität oder Ähnlichkeit mit einer angemeldeten oder eingetragenen Marke mit älterem Zeitrang und der Identität oder Ähnlichkeit der durch die beiden Marken erfassten Waren oder Dienstleistungen für das Publikum die Gefahr von Verwechslungen besteht einschließlich der Gefahr, dass die Marken gedanklich miteinander in Verbindung gebracht werden".

Die Verwechslungsgefahr wird aus der Wechselwirkung der Ähnlichkeit der beiderseitigen Waren und Dienstleistungen, der Ähnlichkeit der beiden Markenzeichen und der Kennzeichnungskraft der älteren Marke 5

---

einem aussichtsreichen Widerspruch auf die Marke verzichtet werden, als in kostspielige umfangreiche, aber nie lückenlose Recherchen zu investieren.

[3] Siehe die formellen Voraussetzungen des Widerspruchsverfahrens, Verfahrenshinweise und Tipps unter B II.

[4] Weiter ist eine Marke gemäß § 9 Abs. 1 Nr. 1 auch ohne Prüfung der Verwechslungsgefahr beim Verkehr zu löschen, wenn beide Marken und die Verzeichnisse der Waren und Dienstleistungen identisch sind. Weil dieser Fall praktisch kaum vorkommt und bei Recherchen des Anmelders wesentlich stärker auffallen wird, wird er nicht eigens behandelt.

Teil 5. Die Verwechslungsgefahr zwischen Marken

beurteilt.[5] Dabei kann ein Weniger eines Faktors durch ein Mehr eines anderen ausgeglichen werden, solange kein Faktor Null ist.

6 Diese Prüfung erfolgt auf der Basis der Registerlage der beiden Marken und orientiert sich inhaltlich und argumentativ an der Lebensrealität, weil sie die Frage beantworten soll, ob die mit beiden Markenzeichen auf den damit gekennzeichneten Produkten konfrontierten Menschen diese verwechseln oder irgendwie verknüpfen und daher annehmen, dass die mit den beiden Markenzeichen gekennzeichneten Produkte der Verantwortung eines Unternehmens entstammen. Die Beurteilung der Verwechslungsgefahr ist im Stadium des **Widerspruchsverfahrens,** wo die Marken sich auf dem Markt häufig noch gar nicht begegnen, weil die angegriffene Marke meist vor Markteinführung der mit ihr zu kennzeichnenden Produkte angemeldet wird, eine rein **prognostische Entscheidung** auf der Basis der rechtlichen Bewertung der festgestellten Tatsachen. Sie erfordert keine tatsächlich eingetretenen Verwechslungen, infolge der der Verkehr das Produkt gekauft hat. Sie darf aber auch nicht bloß vermutet werden, sondern es muss ihre Gefahr objektiv festgestellt werden.

7 Dies soll die Grundfunktion der Marke sichern, einen **Herkunftshinweis** für die mit ihr gekennzeichneten Produkte auf einen bestimmten Anbieter zu bilden, indem Marken aus dem Register gelöscht werden, die den Eindruck erwecken können, die mit ihr gekennzeichneten Produkte eines anderen Unternehmens stammten vom Inhaber der älteren Marke. Damit definiert die Verwechslungsprüfung für den konkreten Fall den von einer jüngeren Marke einzuhaltenden Abstand zu einer älteren.

8 Auch bei der **Prognose der Verwechslungsgefahr** zweier Marken sollte man sich immer wieder in den Abnehmer der konkreten Produkte versetzen und sich fragen, ob dieser in der konkreten Situation der konkreten Branche beide Marken verwechseln würde. Um so besser dies gelingt, desto mehr spiegelt die Prognose die Verkehrsauffassung bei Begegnungen mit diesen Marken wider. Das dem zu Grunde zu legende „Gefühl" bzw. die Auffassung des durchschnittlich informierten, aufmerksamen verständigen Abnehmers der konkreten Produkte[6] muss an manchen Stellen um rechtliche „Profi-Erwägungen" ergänzt werden.

9 Von den beiden Arten der Verwechslungsgefahr des § 9 Abs. 1 Nr. 2 ist vor allem die erste Variante praxisrelevant. Bei dieser **unmittelbaren Verwechslungsgefahr** hält der Verkehr die eine Marke irrtümlich für die andere, weil sie identisch sind oder nur so geringe Unterschiede auf-

---

[5] So einhellig seit EuGH GRUR 1998, 387 ff. – *Sabel/Puma,* zuletzt BGH GRUR 2005, 326 – *il Padrone/il Portone.*

[6] Also die Auffassung eines durchschnittlichen Maschinenbauprofis bei Maschinenbau-Produkten oder – wie meist – die eines Durchschnittsverbrauchers von Brot, Taschentüchern etc.

A. Arten der Verwechslungsgefahr

weisen, dass er sie nicht bemerkt. Ob eine unmittelbare Verwechslungsgefahr besteht, wird nach den im Folgenden dargestellten Kriterien beurteilt. Ihr Verständnis ermöglicht dem Anmelder einer Marke schon vorab zumindest die grobe Prognose, ob seine Marke älteren Registermarken zu nahe kommt und dem Inhaber einer Marke diejenige, ob ein Widerspruch gegen eine jüngere Marke erfolgreich sein kann.

Bei der Verwechslungsgefahr auf Grund **gedanklichen Inverbindungbringens** gemäß § 9 Abs. 1 Nr. 2 letztem Halbsatz hält der Verkehr nicht die eine Marke für die andere, sondern verbindet beide gedanklich. Diese infolge von Konzernverflechtungen und Bildung von Markenfamilien/-architekturen[7] etc. zunehmende, aber immer noch seltenere Variante hat nur weniger fassbare Konturen und ist daher auch für Markenrechtsprofis nur schwer vorhersehbar. Dies macht für Einzelanmelder die Prognose, ob ihre Marke auf Grund einer solchen gelöscht werden würde, erst recht schwierig. Typische, leicht vermeidbare Fälle sind aber die, wo die jüngere Marke ein Element eines (in der konkreten Branche) bekannten Unternehmens enthält oder aufgreift, sich in die Markenserie eines anderen einreiht (wie die Serie T-... der Telekom) oder sonst versucht, von bekannten Marken zu profitieren. Weil diese Fälle sich häufig mit einer Rufausbeutung nach den Regeln des unlauteren Wettbewerbes (UWG) überschneiden und auch insoweit Schwierigkeiten machen – insbesondere bei Marktmacht des Inhabers der älteren Marke – sollten sie unbedingt vermieden werden. Daher sollten vor einer Anmeldung nicht nur die komplette Marke, sondern auch die Einzelelemente in dieser und verwandten Branchen im Internet und in den Markenregistern recherchiert werden. 10

Beispiel: In einem Fall aus der Praxis war für einen Einzelanmelder das Markenzeichen „M8" für Fahrzeuge eingetragen und wurde auf Widerspruch der BMW AG gelöscht, weil diese mit „3er", „5er", „7er", „Z1", „Z3", „Z8" sowie „M3", „M5" etc. über eine Markenserie verfügte, in die diese sich „eingeschlichen" hat, was rein objektiv beurteilt wird, unabhängig davon, ob der Anmelder das wollte oder nicht.

Bei der Prognose des Markeninhabers der Erfolgsaussichten eines **Widerspruches** aus seiner Marke gegen eine jüngere Registermarke spielt die Gefahr des gedanklichen Inverbindungbringens faktisch nur eine untergeordnete Rolle. Weil dies meist nur bei bekannten Widerspruchsmarken greift, sind deren Inhaber schon wegen des großen Markenwertes meist – spezialisiert – anwaltlich vertreten. In den selteneren Fällen, wo der Markeninhaber unter diesem Aspekt aus einer weniger bekannten Marke Widerspruch einlegen könnte, weil etwa eine jüngere Marke seine ältere Marke unter Hinzufügung eines Internetkürzels ver- 11

---

[7] Wie etwa die von BMW mit 1er, 3er, 5er, 7er, 8er, dazu dann M3, M5 bzw. jeweils noch „i", „d" und „x" etc.

Teil 5. Die Verwechslungsgefahr zwischen Marken

wendet, sollte er sich (spezialisiert) anwaltlich vertreten lassen. Denn die Tatsachen, die diese Verwechslungsgefahr begründen können, werden nicht (wie die „normalen" Voraussetzungen einer unmittelbaren Verwechslungsgefahr) vom DPMA durch Amtsermittlung festgestellt, sondern sind vom Widerspruchsführer darzulegen. Das ist für einen Laien sehr schwierig.

I. Unmittelbare Verwechslungsgefahr – Grundsätze und Elemente

12   Es wird nun dargestellt, wann zwischen zwei Marken eine **unmittelbare Verwechslungsgefahr** besteht. Diese Verwechslungsgefahr wird unter Berücksichtigung aller relevanten Umstände des Einzelfalles umfassend beurteilt. Dabei besteht eine Wechselwirkung zwischen den relevanten Faktoren, es kann also ein geringerer Grad der Ähnlichkeit der Waren und Dienstleistungen (zusammen: Produkte) durch einen höheren Grad der Markenähnlichkeit oder erhöhte Kennzeichnungskraft ausgeglichen werden und umgekehrt.[8]
- Ähnlichkeit (oder Identität) der beiderseitigen Waren/Dienstleistungen
- Ähnlichkeit (oder Identität) der beiden Markenzeichen
- Grad der Kennzeichnungskraft der Widerspruchsmarke

13   Dabei wird erst das Ausmaß jedes Faktors unabhängig von den anderen Faktoren beurteilt. Ist ein Faktor Null, weil die beiderseitigen Produkte oder Markenzeichen absolut unähnlich sind, ist die Prüfung (wie beim Multiplizieren) beendet mit dem Ergebnis, dass keine Verwechslungsgefahr besteht. Ist jeder Faktor zumindest geringfügig gegeben, wird als nächster Schritt prognostisch geprüft, ob die Wechselwirkung der drei Faktoren dazu führen wird, dass der angesprochene Verkehr die eine Marke im undeutlichen Erinnerungsbild (nicht notwendig im direkten Vergleich) mit der anderen verwechseln wird. Diese Prüfung entspricht eher einem Aufsummieren der Faktoren und sieht etwa – wie auf der nächsten Seite dargestellt – aus:

14   Man kann sich die drei Faktoren wie Säulen vorstellen, die je nach Stärke unterschiedlich hoch sind. Während die Faktoren Ähnlichkeit der Produkte und Ähnlichkeit der Markenzeichen auch gleich Null sein können – bei keiner Ähnlichkeit – ist bei der Kennzeichnungskraft immer wenigstens ein Minimum anzunehmen. Die **Kennzeichnungskraft der Widerspruchsmarke** darf also nach unten allenfalls als sehr gering bewertet werden, aber nie als Null, weil dies einer Registermarke

---

[8] Ständige Rechtsprechung etwa EuGH GRUR 1998, 387 ff. – *SABEL/PUMA*; BGH GRUR 2000, 506 ff. – *Attache/Tisserand*; BGH GRUR 2002, 626 ff. – *IMS*; BPatG GRUR 2003, 530 ff. – *Waldschlösschen*, weitere Beispiele bei *Ingerl/Rohnke* § 14 Rn. 167: BGH GRUR 2002, 1067 f. – *DKV/OKV*; BGH GRUR 2001, 507 f. – *EVIAN/REVIAN*.

A. Arten der Verwechslungsgefahr

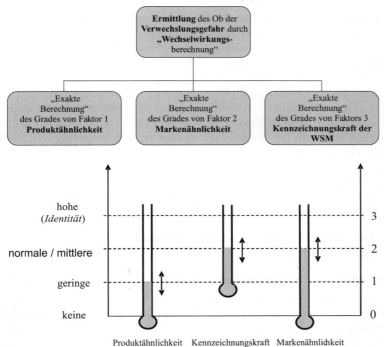

die Kennzeichnungskraft gänzlich entgegen der Eintragung aberkennen würde, die gerade jedenfalls geringfügigste Unterscheidungskraft bestätigte. Dies ist aber dem Löschungsverfahren wegen absoluter Schutzhindernisse vorbehalten. Bei der Beurteilung von Wechselwirkung und Verwechslungsgefahr wird die Höhe der drei Säulen aufsummiert. Ein grober Anhaltspunkt kann sein, dass die „Summe" der drei Faktoren insgesamt höchstens fünf von neun möglichen Punkten betragen darf, um eine Verwechslung zwischen zwei Marken ausschließen zu können.

1. Allgemeine Grundsätze für die Beurteilung der Verwechslungsgefahr

Die allgemeinen Grundsätze für die Beurteilung der Verwechslungsgefahr sind:
- Die Prüfung der Verwechslungsgefahr hat umfassend unter Berücksichtigung aller Umstände des Einzelfalles zu erfolgen. Das bedeutet theoretisch, dass eine flexible Betrachtung und Zurückhaltung bei der schematischen Anwendung von Erfahrungssätzen geboten ist und sich die Situation je nach Einzelfall verschieden darstellen kann. Praktisch macht dies das Ergebnis der Verwechslungsgefahrprüfung nur schwer vorhersehbar.

Teil 5. Die Verwechslungsgefahr zwischen Marken

- Beurteilung und Prognose der Verwechslungsgefahr und jedes Einzelfaktors erfolgen aus dem Blickwinkel des Abnehmer der konkreten Produkte nach der Registerlage. Dabei ist nach dem europäischen Verbraucherleitbild der aufmerksame, verständige, durchschnittlich informierte Verbraucher zugrunde zu legen, der je nach Produktart unterschiedlich aufmerksam[9], im Extremfall sogar flüchtig sein kann[10].

- Der von den konkreten Produkten mit den Markenzeichen darauf angesprochene Verkehr vergleicht beide Markenzeichen nicht unmittelbar miteinander, sondern im undeutlichen Erinnerungsbild, weil sie ihm nicht gleichzeitig begegnen. Seine Situation, in der Regel die eine Marke einige Zeit zuvor gesehen oder von ihr gehört zu haben und sich nun bei Konfrontation mit der anderen Marke zu fragen, ob sie nun die eine ist, muss für die Verwechslungsgefahrprüfung zweier Marken gedanklich simuliert werden.

2. Die drei Faktoren – Grundsätzliches, Prüfung und „Berechnung"

a) Faktor 1 Die Ähnlichkeit der Waren und Dienstleistungen

16   Bei der Prüfung der Ähnlichkeit der von beiden Markenzeichen beanspruchten Waren und Dienstleistungen wird die **Branchennähe der Produkte,** auf denen die beiden Markenzeichen angebracht sein werden, festgestellt. Wie wichtig dies für die Verwechslungsgefahr beider Marken durch den Verkehr ist, sieht man, wenn man sich vorstellt, dass man selbst als Verbraucher etwa bei Konfrontation mit der Marke „Dellmaier" im Lebensmittelbereich stark an „Dallmayer" aus München erinnert wäre, auf dem Kosmetiksektor viel weniger und bei Gartengeräten gar nicht mehr.

17   Die **Ähnlichkeitsprüfung** der Produkte orientiert sich grundsätzlich[11] an der Registerlage der eingetragenen Waren und Dienstleistungen (§§ 32 Abs. 2 Nr. 3 MarkenG, 14 MarkenVO) im Zeitpunkt der Entscheidung über den Widerspruch. Weil es auf die tatsächliche Verwendung der Marke am Markt und anderes nicht ankommt, sind die häufigen Einwände von Inhabern von angegriffenen Marken, sie würden ihre Marke doch gar nicht für diese Produkte verwenden o.ä. irrelevant, solange sie nicht durch einen Verzicht auf diese registermäßig umgesetzt sind.

18   Für die **Ähnlichkeitsprognose** der Produkte der prioritätsälteren und daher (potentiell) „angreifenden" Marke zu denen der (geplanten)

---

[9] BGH GRUR 2001, 158 f. – *Drei-Streifen-Kennzeichnung.* Er wird also bei billigen Waren des täglichen Bedarfes (Kaugummi oder Verbrauchsbriefmarken) weniger aufmerksam sein als etwa bei sehr teuren Investitionsgütern, sicherheitsrelevanten Dingen oder allem, was die Gesundheit betrifft.
[10] BGH GRUR 2000, 619 ff. – *Orient-Teppichmuster.*
[11] Siehe zur Ausnahme davon bei erfolgreicher Einrede der Nichtbenutzung des Inhabers der angegriffenen Marke im Widerspruchsverfahren unter Teil 5 B II 4 und III.

A. Arten der Verwechslungsgefahr

jüngeren Marke wird am besten ausgehend vom Verzeichnis der jüngeren Marke für jede Ware und Dienstleistung einzeln die größte Ähnlichkeit zu einem Produkt der (potentiellen) Widerspruchsmarke (WSM) gesucht.[12] Nur dies ist sinnvoll, weil die jüngere Marke mit ihrem Verzeichnis in einem Widerspruchsverfahrens das „Angriffsobjekt" wäre, das für möglichst viele Waren und Dienstleistungen gelöscht werden soll.

Beispiel: Enthält das Verzeichnis der jüngeren (geplanten) Marke „Rechtsberatung, Teddybären, Schuhe" und das der (potentiellen) WSM „Versicherungswesen, Bekleidung, Schuhe, Rechtsberatung" würde man so vorgehen: „Rechtsberatung" findet sich im Verzeichnis der WSM identisch (ob „Versicherungswesen" auch ähnlich wäre, ist irrelevant), „Schuhe" sind identisch, für „Teddybären" wären allenfalls entferntere Berührungspunkte mit Schuhwaren (Hausschuhe in Tierform) denkbar. Alles andere ist irrelevant!

Für Auslegung und Umfang der Begriffe im Verzeichnis gelten folgende Grundsätze:

Oberbegriffe (weite Formulierungen wie „Getränke, Bekleidung") umfassen alle darunter fallende Produktarten und können daher auch wesentlich weitere Übereinstimmungen mit anderen Verzeichnissen verursachen als engere Formulierungen. Im Verzeichnis der (relativ) älteren Marke hat dies zunächst nur Vorteile, weil der Ähnlichkeitsbereich größer ist. Im Verzeichnis der (relativ) jüngeren Marke hat es den gravierenden Nachteil, dass der Oberbegriff auf Grund der Möglichkeit gelöscht wird, dass unter ihn Produkte fallen können, die denen der älteren Marke ähnlich sind. Dazu ein Beispiel:

Verzeichnis der WSM	Verzeichnis der Anmeldemarke (aM)	Ähnlichkeitswertung
Spielwaren	Teddybären	Da der engere Begriff der aM vom Oberbegriff der WSM voll umfasst ist → Identität
Teddybären	Spielwaren	Weil der Oberbegriff der aM die Waren der WSM vollständig enthält, sind die Waren hochgradig ähnlich/potentiell identisch und die aM könnte komplett gelöscht werden, wenn der Inhaber der aM das Verzeichnis nicht einschränkt.
Teddybären	Spielwaren, nämlich Chemiebaukästen	Obwohl beide unter den Oberbegriff Spielwaren fallen, sind sie wegen völlig unterschiedlicher Beschaffenheit allenfalls mittelgradig ähnlich.

---

[12] Für die praktische Umsetzung bei großen und/oder mehreren zu vergleichenden Verzeichnissen empfehlen sich verschiedenfarbige Textmarker.

Teil 5. Die Verwechslungsgefahr zwischen Marken

20 **Die Verkehrskreisüberschneidung.** Weil jede Verwechslungsgefahr voraussetzt, dass die mit diesen Markenzeichen gekennzeichneten Produkten sich überhaupt an dieselben Verkehrskreise richten, weil sonst niemand beide Marken verwechseln kann, setzt die Ähnlichkeitsprüfung der beiderseitigen Produkte eigentlich eine Schnittmenge der Abnehmerkreise voraus. Dazu kann es genügen, dass auch die allgemeinen Endabnehmer entfernt von Spezialprodukten angesprochen sind.

Beispiel: So können Patienten beim Zahnarzt zahnärztliche Instrumente sehen und denken, dass dieser Spezialhersteller unter Nutzung seiner Fachkunde auch eine „Endabnehmerserie" anbietet.

21 Weil dies nicht immer sorgfältig festgestellt wird, sollten Inhaber angegriffener Marken auf deren Fehlen hinweisen, um die Bejahung von Produktähnlichkeit und Verwechslungsgefahr durch die entscheidende Stelle trotz fehlender Schnittmenge zu verhindern. Richtet sich das Produkt der einen Marke an Fachleute und Endabnehmer und das der anderen nur an Fachleute, bilden die Schnittmenge nur Fachleute.

22 Richtet sich das eine Produkt an Fachleute, das andere nur an Endabnehmer, fehlt die Schnittmenge und damit die Verwechslungsgefahr:

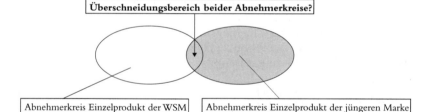

23 **Mögliche Ergebnisse einer Ähnlichkeitsprüfung.** Die Prüfung der Produkte beider Marken auf Ähnlichkeit kann und wird häufig für jedes „angegriffene" Produkt (zum jeweils ähnlichsten Produkt der WSM) verschiedene Grade von absoluter Unähnlichkeit, geringer, mittel- oder hochgradiger Ähnlichkeit bis zu Identität ergeben.[13] Diese Ähnlichkeit(en) sollten von den Produkten der jüngeren Marke aus gesehen nach Graden sortiert für die spätere Prognose der Verwechslungsgefahr anhand der drei Faktoren festgehalten werden. Dies kann später auch die Strategie für Anmeldung oder Umfang der Widerspruchseinlegung mitbestimmen.

24 **Unterschiedliche Ähnlichkeiten** für die einzelnen Produkte der jüngeren (geplanten) Marke haben Konsequenzen für den Maßstab und die Feststellung der Wechselwirkung. So verschärft **Produktidentität**

---

[13] Für diese Ähnlichkeitsgrade gibt es keine ganz einheitliche Terminologie.

A. Arten der Verwechslungsgefahr

und hohe Ähnlichkeit den Maßstab, während entferntere Ähnlichkeit ihn entschärft. Weil die Widerspruchsmarke zudem auch für verschiedene Produkte eine unterschiedliche Kennzeichnungskraft haben kann, bewirkt die Kombination der Abweichung der Faktoren ein unterschiedliches Ergebnis der Wechselwirkung und Verwechslungsgefahr für einzelne Produkte.

Beispiel: Aus der Marke „Apple" für „Computer, Gummibärchen" wird Widerspruch gegen die jüngere Marke „Eppler" für „Computer, Stofftiere, Telekommunikation, Schokolade" erhoben.
Für „Computer" besteht Warenidentität, für „Telekommunikation" hochgradige Ähnlichkeit, mittelgradige Ähnlichkeit der „Schokolade" zu „Gummibärchen" und zu „Stofftieren" absolute Unähnlichkeit.
Die Kennzeichnungskraft der Widerspruchsmarke ist für „Computer" kraft Benutzung sehr groß, für „Gummibärchen" geschwächt wegen beschreibenden Anklanges an Apfelgeschmack.
Dies ergibt einen sehr strengen Maßstab an die Markenzeichenähnlichkeit für „Computer", einen durchschnittlich strengen für „Telekommunikation", einen wenig strengen für „Schokolade" usw.

Die Ähnlichkeit von Waren und Dienstleistungen. Im folgenden wird erläutert, wann Waren und Dienstleistungen als ähnlich angesehen werden und wie der Grad ihrer Ähnlichkeit ermittelt wird. Mangels gesetzlicher Definition dieser Ähnlichkeit nahm die Rechtsprechung diese vor. Zunächst sind drei Konstellationen zu unterscheiden, die Ähnlichkeit von Waren zueinander, die Ähnlichkeit von Dienstleistungen zueinander und die Ähnlichkeit zwischen Waren und Dienstleistungen. 25

Tipp: Dem Anmelder, der ein Gespür dafür entwickeln möchte, welche Produkte als ähnlich angesehen werden und welche nicht, wird eine Durchsicht einiger aktueller Kollisionsentscheidungen auf der Homepage des BPatG empfohlen[14]. 26

aa) Die Ähnlichkeit von Waren untereinander. Die Praxis bejaht eine Ähnlichkeit von Waren nach der **Generalformel**[15], wenn diese in Berücksichtigung aller erheblicher Faktoren, die ihr Verhältnis zueinander kennzeichnen, insbesondere ihrer Beschaffenheit, ihrer regelmäßigen betrieblichen Herkunft, ihrer regelmäßigen Vertriebs- oder Erbringungsart, ihrem Verwendungszweck und ihrer Nutzung, ihrer wirtschaftlichen Bedeutung, ihrer Eigenart als miteinander konkur- 27

---

[14] Siehe unter www.bpatg.de unter Entscheidungen, am besten durch Eingabe des Suchbegriffes „Verwechslungsgefahr". Einen systematischen Überblick bietet die Entscheidungssammlung von *Richter/Stoppel*, Die Ähnlichkeit von Waren und Dienstleistungen als einzige umfassende Entscheidungssammlung zu Produktähnlichkeiten. Dieses Werk findet sich auch in (Uni-)Bibliotheken.
[15] Aus der Grundsatzentscheidung des EuGH GRUR 1998, 922 f. – *Canon* und später in die deutsche Rechtsprechung übernommen, so etwa BGH GRUR 2004, 241 ff. – *GeDIOS*.

Teil 5. Die Verwechslungsgefahr zwischen Marken

rierender oder einander ergänzender Produkte und Leistungen oder anderer für die Beurteilung der Verwechslungsgefahr wesentlicher Gründe so enge Berührungspunkte aufweisen, dass die beteiligten Verkehrskreise der Meinung sein können, sie stammten aus denselben oder wirtschaftlich miteinander verbundenen Unternehmen. Dabei bezieht sich die Vorstellung der gemeinsamen betrieblichen Herkunft weniger auf örtlich identische Betriebsstätten, sondern vielmehr auf die Zugehörigkeit zu einem betrieblichen Verantwortungsbereich. Der zu Grunde liegende Gedanke der Ursprungsidentität der gekennzeichneten Waren soll den Verkehr sicher erwarten lassen, dass die beiderseitigen Waren unter der Kontrolle desselben Unternehmens hergestellt oder vertrieben werden, das für ihre Qualität verantwortlich ist.[16]

28 In diese Beurteilung werden folgende Faktoren tendenziell in dieser Wertigkeitsfolge einbezogen. Sie können ineinander übergehen und zu widersprüchlichen Ergebnissen führen. Die regelmäßige betriebliche Herkunft begründet grundsätzlich Ähnlichkeit, während die anderen Faktoren zusätzlich gegeneinander abzuwägen sind. Die Kriterien sind nicht starr, sondern nur ein Schema für den Regelfall, während die Wertung der Erfüllung oder Nichterfüllung der einzelnen Kriterien stets Einzelfallfrage bleibt.

- Regelmäßige betriebliche Herkunft

Sie hat wegen der Hauptfunktion der Marke als Herkunftshinweis stärkstes Gewicht, weil sie am deutlichsten den Gedanken an eine regelmäßige betriebliche Herkunft nahe legt. Dabei zielt diese Vorstellung des Verkehrs weniger auf örtliche Identität der Herkunftsstätten ab, sondern auf die Herstellung der beiderseitigen Produkte unter der Kontrolle desselben Herstellers, der ihre Qualität verantwortet[17]. Diese Erwartung des Verkehrs wird maßgeblich durch die tatsächlichen Marktverhältnisse, vor allem die Branchenübung bei vielen mittleren, kleineren, größeren Betrieben und Anbietern geprägt. Sie entsteht nicht allein daraus, dass wenige „Konzernriesen" (wie Nestle, Unilever) beide Waren anbieten, weil diese – häufig gerade als Kombination branchenverschiedener Betriebe – vieles parallel herstellen. Dann und wenn selbst Fachleute bei sehr arbeitsteiligen Produktionsverhältnissen nicht mehr wissen, welche Waren Unternehmen selbst herstellen und welche sie zukaufen, wird das Kriterium der Funktion der Ware wichtiger.[18]

- Regelmäßige Vertriebs- und Erbringungsstätten

Der gemeinsame Vertrieb der gegenüberstehenden Waren in Spezialgeschäften oder in einer Fachabteilung oder in Regalnähe größerer Ge-

---

[16] So EuGH GRUR 1998, 922 ff. – *CANON* und zuletzt erneut EuGH GRUR 2005, 1042 ff. – *Thomson Life*.
[17] Vgl. BGH GRUR 1999, 496 – *Tiffany*, BGH GRUR 1999, 731 ff. – *CANON II*.
[18] BPatGE 41, 29 ff. – *DORMA*.

A. Arten der Verwechslungsgefahr

schäfte kann eine Ähnlichkeit begründen, nicht aber der in Großmärkten, weil diese fast alle Waren von Wurst bis zum Handy anbieten.[19]

- Funktionelle Zusammenhänge

Dieses zunehmend wichtige Kriterium kann die Ähnlichkeit von Waren trotz unterschiedlicher Beschaffenheit und Vertriebswege begründen, wenn diese so miteinander konkurrieren (Austauschverhältnis wie Butter/Margarine oder Zucker/Süßstoff), sich ergänzen oder sonst funktionell so nahe stehen, dass der Verkehr auf einen gemeinsamen betrieblichen Verantwortungsbereich schließt, mag dies auch nicht stimmen.[20] Dazu genügt aber nicht jede Ergänzung, weil dies zu weitreichende Ähnlichkeiten und Verwechslungsgefahren[21] begründen würde.

Beispiele aus der Rechtsprechung für eine Ähnlichkeit infolgedessen:
BGH GRUR 1999, 494 ff. – *Tiffany* für Tabakerzeugnisse und Raucherartikel
BGH GRUR 2001, 507 ff. – *Evian/Revian* für Wein und Mineralwasser
BPatGE 38, 1 ff. – *Banesto* für Fahrräder und Fahrradbekleidung
BPatGE 38, 254 ff. – *HIRO/Miro* für Unterhaltungselektronik und Datenverarbeitungsgeräte, repräsentativ für den stark zusammengewachsenen Elektronikbereich.
BGH GRUR 1999, 731 ff. – *CANON II:* Videocassetten und Aufzeichnungsgeräte
BPatG GRUR 2006, 60 ff. – *coccodrillo* für Bekleidung und Schuhe

Beispiel aus der Rechtsprechung für unter diesem Aspekt fehlende Ähnlichkeit:
BGH 1999, 158 f. – *Garibaldi* Getränke und Teigwaren trotz deren Ergänzung zu einem Snack

- Art und Beschaffenheit der Waren

Eine dem Verkehr bekannte ähnliche stoffliche und technische Beschaffenheit von Waren kann den Eindruck naher Kontrollverantwortung hervorrufen.

Praktische Beispiele: „Joghurt" und „Pudding" wegen übereinstimmender Ingredienzien. Auf Grund der Art ihrer Verpackung wird Nähe angenommen, wenn etwa Lebensmittel im Kühlregal im Format und Art von Butter verpackt sind.

- Verwendungszweck/Produktnutzung

Die betreffend den Zweck der (gesuchten) Ware meist sehr klare Vorstellung des Verkehrs kann als sehr wichtiges Kriterium vorrangig vor den tatsächlichen Herstellerverhältnissen sein.[22] Auch hier kann aber eine bloß zufällig zeitliche Parallelnutzung beider keine Ähnlichkeit begründen.

---

[19] BGH GRUR 1999, 164 ff. – *JOHN LOBB*, BPatG GRUR 1996, 204 ff. – *SWING*.
[20] EuGH CANON a.a.O.; BGH GRUR 1999, 995 ff. – *HONKA*: Fertighäuser aus Holz und Baumaterialien nicht aus Metall als einander ergänzende Waren.
[21] So warnend auch BPatG GRUR 2002, 245 ff. – *ASTRO BOY/Boy*.
[22] So BGH GRUR 2001, 507 ff. – *EVIAN/REVIAN* für Mineralwasser und Wein.

Teil 5. Die Verwechslungsgefahr zwischen Marken

BPatG 32 W (pat) 41/01 Beschl. v. 7.11.2001 – **Salatfix-Fuchs Salatfix:** Gewürze, Gewürzsoßen in trockener einerseits und flüssiger Form andererseits sehr ähnlich, da der unterschiedliche Aggregatszustand von der Identität auf Grund gleichen Kundenkreises, Zwecks, Vertriebsweges und Inhaltsstoffen kaum wegführt. Die sonstige Beurteilung von Vor- und Fertigprodukten ansonst als nicht ähnlich beruht auf ihren verschiedenen Kundenkreisen und daher anderen Vertriebswegen und Zwecken, die hier nicht zutreffen.

29 Nicht ähnlichkeitsbegründend wirken
- nicht aus dem Register ersichtliche Aspekte der tatsächlichen Markennutzung (wie unterschiedliche Preissegmente einer Warenart)
- übereinstimmende Assoziationen (gehobener Lebensart, Jugendlichkeit, Modernität)
- Begegnung in Marketingstrategien (Vergabe als Werbegeschenke zu etwas)
- Branchenübergreifendes Merchandising durch Lizenzvergabe (Parfum und Mode werden nicht deshalb ähnlich, weil viele Modehersteller ihre Marke für Parfums lizenzieren)
- Sponsoring

30 Zusätzliche Maßgaben für Einzelfragen
- Sachgesamtheiten sind ihren Teilen grundsätzlich nicht ähnlich wegen unterschiedlicher Abnehmerkreise, Hersteller, Zweckbestimmung und Vertriebswege.
Sie können ausnahmsweise ähnlich sein, wenn die Einzelteile für das Wesen der Sachgesamtheit wesensbestimmend sind (PKW und Motor, Sportwagen und Bremse, nicht Schraube), wenn die Einzelteile als eigenständige Waren des Herstellers der Sachgesamtheit erscheinen oder wenn der Abnehmer wegen der großen Bedeutung des Einzelteils für das Endprodukt die einheitliche Kontrollverantwortung annimmt.
- Haupt- und Hilfsware wie Verpackungen (Kartons, Flaschen etc.) oder Werbemittel (Prospekte, Plakate) sind grundsätzlich unähnlich, da Verbraucher um ihren Zukauf wissen.
- Bloße Zubehöreigenschaft alleine wirkt nicht ähnlichkeitsbegründend.
- Waren verschiedener Fertigungsstufen wie Rohstoffe, Halb- und Fertigfabrikate sind grundsätzlich schon wegen anderer Abnehmerkreise nicht ähnlich. Anders kann es sein, wenn die Fertigware relativ einfach ohne andere Substanzen aus dem Rohstoff zu gewinnen ist oder dieser Eigenschaften und Wertschätzung[23] der aus ihm gefertigten

---

[23] Diese Wertschätzung kommt oft daher, dass die Marke des Vorproduktes als begleitende Marke auch auf dem Endprodukt angebracht wird, wie etwa bei Anzügen, die innen das Etikett des Stoffherstellers, das des Anzugherstellers „Boss" und das des Herrenausstatters tragen oder bei Funktionsbekleidung die Marke der verwendeten Faser „Goretex" oder bei Strumpfhosen „Dupont". Restriktiver noch BGH GRUR 2000, 886 – *Bayer/BeiChem*.

A. *Arten der Verwechslungsgefahr*

Produkte maßgeblich bestimmt (etwa bei edlen Tuchen und daraus gefertigter Bekleidung oder Leder und Ledertaschen)[24].

bb) Ähnlichkeit von Dienstleistungen zueinander. Die Ähnlichkeitsgrundsätze für Waren gelten hier entsprechend[25] mit der Modifikation, dass es mehr auf den Nutzen der Dienstleistungen für den Dienstleistungsnehmer und branchenmäßige Nähe[26] und weniger auf die regelmäßige betriebliche Herkunft ankommt. Dies liegt daran, dass diese wegen der **Unkörperlichkeit von Dienstleistungen** häufig nicht so offenbar wird – ein Büro für Finanzdienstleistungen wirkt nur wenig anders als das einer Detektei. Daher ist maßgeblich, ob der Verkehr angesichts objektiver Kriterien wie Art, Erbringung, Einsatzzweck, Inanspruchnahme und wirtschaftlicher Bedeutung annehmen wird, dass beide Dienstleistungen üblicherweise von denselben Anbietern bzw. unter deren Verantwortung erbracht werden. Bloße räumliche und zeitliche Überschneidungen der Erbringung genügen bei von Hause aus völlig unterschiedlichen Dienstleistern nicht. In diese Beurteilung ist immer einzubeziehen, dass Dienstleistungen häufig weder Beschaffenheit noch Produktionsstätte haben, sondern unkörperlich als Beratung im Gespräch, über Telefon oder Internet auftreten. Weil Dienstleistung immer Erbringung von Diensten für Dritte ist, begründet etwa der Umstand, dass jeder Dienstleister auch Werbung für sich macht keine Ähnlichkeit mit der Dienstleistung „Werbung" („für Dritte", also als Werbeagentur).

31

Beispiele aus der Rechtsprechung:
Ähnliche Dienstleistungen:
BPatGE 40, 192 ff. – *AIG* **Finanzdienstleistungen** und **Versicherungswesen** hochgradig ähnlich.
BGH GRUR 2002, 544 ff. – *Bank 24* **Finanzwesen** und **Betrieb einer Datenbank im Immobilienbereich** hochgradig ähnlich.
BPatG 24 W (pat) 182/03 Beschl. v. 21.12.2004 – *Aura-Care/Aura* **Ärztliche Versorgung** und **Betrieb eines Fitnesscenters** hochgradig ähnlich wegen ihrer Verknüpfung über den Wellnessbereich.
BPatG 24 W (pat) 60/02 Beschl. v. 21.1.2003 – *Mediline:* **Versicherungswesen** und **Kreditberatung**, Nachforschung in Geldangelegenheiten sind hochgradig ähnlich, weil sie oft von ähnlichen Unternehmen angeboten werden. So bieten Versicherungsunternehmen i.R.d. Absicherung bzw. Kreditfinanzierung durch (Kapital-)Lebensversicherungen auch Kreditberatung an bzw. stehen Nachforschung in Geldangelegenheiten von Versicherungsunternehmen im Kontext mit Auszahlung oder Risikobewertung von Versicherungen. Auch ähnlich sind medizinische

---

[24] BGH GRUR 2000, 886 ff. – *Bayer/BeiChem* für Gummiersatzstoffe und Schläuche aus Gummi; BPatG GRUR 1998, 725 ff. – *Plantapret/Plantaren* für Tenside mit Seifen und Mitteln zur Körper- und Schönheitspflege, aber unähnlich mit ätherischen Ölen, Zahnputzmitteln wegen deutlicherer Trennung.
[25] EuGH GRUR 1998, 922 ff. – *CANON*; BGH GRUR 2002, 626 ff. – *IMS*, BGH WRP 2002, 537 ff. – *BANK 24*.
[26] BGH GRUR 2001, 164 ff. – *Wintergarten*.

Teil 5. Die Verwechslungsgefahr zwischen Marken

Dienstleistungen mit Aufstellen von Statistiken, Sammeln und Liefern von Nachrichten, weil der weite Oberbegriff ersterer auch Forschung und Gutachtenerstellung erfassen und thematischer Gegenstand der Statistiken auch Medizin sein kann.

Unähnliche Dienstleistungen:
BPatG 29 W (pat) 75/97 Beschl. v. 17.6.1998 – *Universa/Universa* **Bauplanung und -betreuung** zu **Versicherungswesen** nicht ähnlich.

Sonderproblem:
Die Ähnlichkeit der DL im Internetbereich in technischer und inhaltlicher Hinsicht, etwa „Zurverfügungstellen von Speicherraum" und „Verbreiten von Daten via Internet" ist danach zu entscheiden, inwieweit die VK sich überschneiden und Technik und Inhalt differenzieren.

32   cc) **Ähnlichkeit von Waren und Dienstleistungen.** Obwohl ihre Ähnlichkeit wegen des grundlegenden Unterschiedes der Erbringung einer unkörperlichen Dienstleistung und Herstellung/Vertrieb einer körperlichen Ware ferner liegt, können die Kriterien für die **Warenähnlichkeit**[27] unter Berücksichtigung dieses deutlichen Unterschiedes herangezogen werden. Eine Ähnlichkeit kann bestehen, wenn bei der gebotenen **generalisierenden Betrachtungsweise** unter Beachtung der objektiven Branchenverhältnisse der verständige Verkehr in erheblichem Umfang den Eindruck bekommt, Ware und Dienstleistung unterliegen der Kontrolle desselben Unternehmens, weil der Dienstleister sich wirtschaftlich selbständig auch mit Herstellung oder Vertrieb der Waren beschäftigt oder der Warenanbieter auch wirtschaftlich selbständig die Dienstleistung anbietet. Dazu muss jedes Produkt auch selbständig Gegenstand des anderen Geschäftsbetriebes und keine bloße Nebenleistung sein, weil nur dann eine unzutreffende Vorstellung über deren betriebliche Zuordnung entsteht.[28] Ein Indiz dafür ist, ob der Anbieter jede Leistung einzeln gegenüber jedermann ohne Inanspruchnahme der anderen anbietet. Nicht ausreichend für eine Ähnlichkeit ist, dass beide Produkte lediglich irgendwie miteinander in Berührung kommen, wie bei der bloßen Verwendung von Waren anlässlich einer Dienstleistung (Papier für Rechtsberatung, EDV bei jeder Dienstleistung) oder dass der Verkehr diffuse Fehlvorstellungen über irgendwelche wirtschaftliche oder organisatorische Zusammenhänge hat. Ähnlichkeit ist weder eine sehr seltene Ausnahme, noch sind Dienstleistungen generell mit den zu ihrer Erbringung verwendeten Waren und Hilfsmitteln oder den durch sie erzeugten Erzeugnissen ähnlich[29]. Zur Verdeutlichung wieder einige Beispiele:

---

[27] Insbesondere diejenigen aus der Entscheidung EuGH GRUR 1998, 922 – *CANON*.
[28] BGH GRUR 1986, 380 ff. – *RE-WA-MAT*.
[29] So BGH GRUR 2000, 883 f. – *PAPAGALLO*, BGH GRUR 1999, 731 f. – *CANON II*.

A. Arten der Verwechslungsgefahr

Beispiele aus der Rechtsprechung:
Ähnlichkeit bejaht:
BGH GRUR 1999, 586 ff. – *WHITE LION* **Verpflegung von Gästen** und **Lebens- und Genussmittel,** die die Hersteller zum unmittelbaren Verzehr anbieten oder Lokalen im Straßenverkauf vertreiben.
BPatG 25 W (pat) 35/02 Beschl. v. 11.9.2003 – *RAB/Raabe:* **Datenverarbeitungsgeräte** und **Erstellung von Computerprogrammen, Installation/Wartung von EDV-Hard- und Software** sind mittelgradig bis eng ähnlich, weil einander ergänzend bzw. eng aufeinander abgestimmt.
BPatG Mitt 2000, 338 – *mikado/MICADO* **Zeitschriften** und **Erstellung von EDV-Programmen.**
EuG GRUR Int 2003, 237 – *ILS/ELS* **Lehrbücher** und **Korrespondenzkurse.**
BPatG Mitt 1984, 77 – *Knipping* Angebotene **Waren** und entsprechende **Montage- und Reparaturarbeiten.**
BPatG 25 W (pat) 211/01 Beschl. v. 26.4.2004 – *Focusvital/Focus* **Gesundheits- und Schönheitspflege** mit Kosmetik hochgradig ähnlich.
BPatG 29 W (pat) 104/02 Beschl. v. 23.6.2004 – *PIN – Präsenz im Netz/PINE* **Telekommunikation** und **Computer** stark ähnlich, da Telekommunikationsunternehmen bekanntermaßen zunehmend neben ihrem Kerngeschäft auch Computer anbieten.

Ähnlichkeit verneint:
BPatG 29 W (pat) 104/02 Beschl. v. 23.6.2004 *PIN – Präsenz im Netz/PINE:* **Werbung** und **Computer,** weil trotz des Einsatzes von Computern bei der Dienstleistungserbringung die Werbebotschaft im Vordergrund steht, so dass der Verkehr den Computer als reines Hilfsmittel auffasst.
BPatGE 29, 137 ff. – *RE-WA-MAT* **Waschmittel** und **Wäschereidienstleistungen,** weil erstere dort üblicherweise nicht eigens angeboten werden.
BPatG GRUR 1985, 49 ff. – *DEUS* **Maschinen** und **Dienstleistungen der Beförderung.**
BGH GRUR 2004, 241 ff. – *GeDIOS* **EDV** nicht zu **allen Dienstleistungen** ähnlich, die sich ihrer bedienen, sondern nur wenn Anbieter oft beides erbringen wie Telekommunikation und Telekommunikationsgeräte.

Das Ergebnis der Beurteilung anhand dieser Kriterien ist der Ähnlichkeitsgrad für jedes Produkt der (geplanten) jüngeren Marke im Verhältnis zum ähnlichsten der älteren Marke. Er fällt oft von Produkt zu Produkt verschieden aus. Weil der jeweilige Ähnlichkeitsgrad als einer der drei Faktoren später in die Wechselwirkung einfließt, sollte man ihn festhalten[30] (Höhe der Säule im Diagramm). Für Produkte der jüngeren Marke ohne jegliche Berührungspunkte zu denen der älteren Marke im Sinne absoluter Unähnlichkeit kann keine Verwechslungsgefahr bestehen und ist die Prüfung hier beendet.

33

---

[30] Etwa: Die Waren a, b der jüngeren Marke sind den Waren ... der älteren identisch, die Waren c, d, e sind hochgradig mit ... ähnlich, die Dienstleistungen g, h sind ... entfernt ähnlich und die DL m, n absolut unähnlich mit allen ...".

Teil 5. Die Verwechslungsgefahr zwischen Marken

b) Faktor 2 Kennzeichnungskraft der älteren Registermarke

34   Die Kennzeichnungskraft der älteren Marke (nicht der jüngeren!) ist der zweite – von § 9 Abs. 1 Nr. 2 nicht genannte – Faktor der Verwechslungsgefahr[31]. Diese Kennzeichnungskraft der Marke in ihrer **Gesamtheit aller Elemente**[32] betrifft den Grad ihrer Eignung, sich dem angesprochenen verständigen Durchschnittsverkehr der konkreten Produkte durch ihre Eigenart und ggf. Bekanntheit infolge Benutzung einzuprägen und daher als Herkunftshinweis für die Produkte zu wirken. Bildlich ausgedrückt geht es um die Bestimmung der Größe des „Grundstücks einer Marke" und welchen Abstand eine andere Marke dementsprechend zu ihr einhalten muss.

35   Dabei kommt einer bekannten Marke ein größerer Schutzumfang als Ausdruck der unternehmerischen Leistung, ein größeres Grundstück und damit mehr Schutz vor Verwechslungen zu[33], obwohl der Verkehr sie tatsächlich gerade wegen der Bekanntheit möglicherweise weniger stark verwechseln wird. Umgekehrt hat ein Markenzeichen mit stark beschreibenden Anklängen rechtlich nur einen so geringen Schutzumfang, dass auch eine tatsächlich große Verwechselbarkeit keine Verwechslungsgefahr im Rechtssinn begründet.[34]

36   Die Kennzeichnungskraft hat große **Überschneidungen mit der Unterscheidungskraft** nach § 8 Abs. 2 Nr. 1. Anders als diese wird sie aber nicht nur originär und theoretisch anhand der Zusammensetzung des Markenzeichens beurteilt, sondern kann auch durch tatsächliche Umstände nach der Eintragung, vor allem die Benutzung beeinflusst werden. Zudem geht es hier anders als bei der Unterscheidungskraft im Eintragungsverfahren nicht darum, ob die Marke die Schwelle geringfügigster Unterscheidungskraft noch übersteigt, sondern um die genauere Bestimmung des Grades ihrer Kennzeichnungskraft. Es wird also geprüft, wie stark die ältere Marke für die beanspruchten Produkte auf den konkreten Anbieter hinweist und so von Produkten anderer Anbieter unterscheidet.[35]

37   Auch für diese Beurteilung kommt es grundsätzlich auf den Zeitpunkt der Entscheidung an, nur die erhöhte Kennzeichnungskraft der älteren Marke muss schon im Zeitpunkt der Anmeldung (**Priorität**) der jüngeren Marke vorgelegen haben.[36]

---

[31] BPatG GRUR 2000, 807 f. – *LIOR/DIOR*.
[32] Streng zu trennen von der bei der Markenähnlichkeit zu erörternden Frage, ob einzelne Elemente innerhalb beider Marken besonders kennzeichnungsstark sind und daher prägend wirken.
[33] EuGH GRUR 1998, 387 ff. – *SABEL/PUMA* und EuGH GRUR 2006, 237 ff. – *PICAROPicasso* und BGH GRUR 2004, 779 ff. – *Zwilling/Zweibrüder* sowie BPatG GRUR 2000, 807 ff. – *LIOR/DIOR*. Teilweise wird dies auch empirisch damit begründet, dass dem Verkehr besonders bekannte Zeichen besser in Erinnerung bleiben und ihn daher andere leichter daran erinnern; vgl. etwa BPatG GRUR 2002, 171 ff. – *Marlboro-Dach* und BGH GRUR 2001, 158 ff. – *Drei Streifen*.
[34] BGH GRUR 2003, 963 ff. – *AntiVir/AntiVirus*.
[35] EuGH WRP 1999, 806 – *LLOYD*.
[36] BGH GRUR 2002, 1067 ff. – *DKV/OKV*; BGH WRP 2002, 537 ff. – *Bank 24*.

A. Arten der Verwechslungsgefahr

Komponenten der Kennzeichnungskraft. Die Kennzeichnungs- 38
kraft setzt sich aus originärer und erworbener Kennzeichnungskraft zusammen: Die **originäre Kennzeichnungskraft** kommt einer Marke von Hause aus, also theoretisch ohne Berücksichtigung ihres tatsächlichen Auftrittes am Markt zu. Sie bemisst sich tendenziell nach den Kriterien der § 8 Abs. 2 Nr. 1, 2, 3, wie zur absoluten Schutzfähigkeit erörtert und ist meist für einige Produkte stärker, für andere schwächer, vor allem je nach beschreibendem Gehalt. Die **erworbene Kennzeichnungskraft** resultiert aus der Bekanntheit einer Marke beim Verkehr infolge ihrer Verwendung für die Produkte. Die Kennzeichnungskraft durch Verkehrsgeltung ist variabel, kann sich erhöhen und wieder verringern (wenn Unternehmen „Marktanteile" und damit Verkehrsgeltung verlieren). Maßgebliche Umstände dafür sind insbesondere Marktanteil, Intensität und Dauer der Benutzung. Auch sie ist häufig für die Produkte des Kerngeschäftes eines Anbieters stärker, für nahe Produkte etwas gestärkt und im übrigen normal. Diese beiden Komponenten zusammen ergeben einen – für verschiedene Produkte oft unterschiedlichen – Grad an Kennzeichnungskraft.

Beispiel: So ist die Kennzeichnungskraft des Wortes „Apple" für Obst, Schokolade oder Computer originär teils sehr gering, teils normal und die erworbene für Computer durch Benutzung stark erhöht.

Grade der Kennzeichnungskraft. Die Kennzeichnungskraft (Säule 2 der Grafik) kennt folgende Grade:
- Schwache oder verminderte Kennzeichnungskraft
- Normale oder durchschnittliche Kennzeichnungskraft
- Starke oder erhöhte Kennzeichnungskraft

Normale oder durchschnittliche Kennzeichnungskraft als Re- 39
gelfall haben alle Marken, die uneingeschränkt zur Unterscheidung von Produkten dienen können, aber auch noch nicht in besonders großem Umfang hervorgetreten sind. Anders als bei der absoluten Schutzfähigkeit, wo schon geringste Unterscheidungskraft genügt, muss diese hier höher sein. Fehlende Benutzung der Marke hindert normale Kennzeichnungskraft nicht. Auch eine über Verkehrsdurchsetzung nach § 8 Abs. 3 eingetragene Marke hat in der Regel normale, keine erhöhte Kennzeichnungskraft, weil die Verkehrsdurchsetzung das Zeichen nur (ggf. knapp) über die Schwelle originärer Schutzfähigkeit hob.[37] Insgesamt wird also immer durchschnittliche Kennzeichnungskraft angenommen, wenn besonders evidente oder überzeugend vorgetragene Anhaltspunkte für eine Schwächung oder Steigerung fehlen.[38]

Gesteigerte Kennzeichnungskraft entsteht nicht schon durch be- 40
sondere Eigenart und Einprägsamkeit des Markenzeichens, die gerade

---
[37] BGH GRUR 2003, 1040 ff. – *Kinder.*
[38] BGH GRUR 2000, 1031, 1032 – *Carl Link* und GRUR 2000, 1028 ff. – *Ballermann.*

Teil 5. Die Verwechslungsgefahr zwischen Marken

nur normale Kennzeichnungskraft begründen. Sie erfordert vielmehr eine gesteigerte Verkehrsbekanntheit durch intensive, nicht nur kurzfristige Benutzung als Marke. Die Feststellung einer besonders starken Eignung der Marke als herkunftshinweisende Kennzeichnung muss alle relevanten Umstände berücksichtigen. Dazu gehören neben ihren originären Eigenschaften (wie beschreibende Anklänge für die Produkte), ihr Marktanteil für die konkreten Produkte, Intensität, Verbreitung und Verwendungsdauer, Umsatzzahlen, Werbeaufwand inklusive Investitionsumfangs des Unternehmens zur Förderung der Marke und die dadurch erreichte Bekanntheit beim angesprochenen Verkehr.[39] Wichtige Hilfsmittel für ihre Ermittlung sind Statistiken, demoskopische Befragungen[40] und andere Erkenntnisse. Eine erhöhte Kennzeichnungskraft gilt zwar grundsätzlich nur für die Produkte, für die sie vorgetragen wurde und kann auf eng verwandte Produkte ausstrahlen[41], was aber mit zunehmender Entfernung immer weiter abnimmt.

Beispiele aus der Rechtsprechung für erhöhte Kennzeichnungskraft:
BGH WRP 2002, 537 ff. – **Bank 24** für Finanzwesen Stärkung durch hohen Werbeaufwand, der schnell zu 49% Bekanntheit führte.
OLG Hamburg GRUR RR 2002, 345 ff. – **SAP** für Software stark gesteigert durch Bekanntheit von 49%.

41 Die oft vom Inhaber der jüngeren Marke gegen die Verwechslungsgefahr eingewendete verminderte Kennzeichnungskraft bzw. **Kennzeichnungsschwäche** ist sehr häufig. Dies kommt daher, dass infolge des großzügigen Maßstabes viele nur knapp schutzfähige Marken mit geringer Unterscheidungskraft eingetragen wurden, weil man diese in späteren Kollisionsverfahren durch sachgerechte Handhabung der Verwechslungsgefahr berücksichtigen kann. Die Kennzeichnungskraft der älteren Marke kann gegen Null gehen, aber nie Null werden, weil ihr durch die Entscheidung für Eintragung jedenfalls minimale Schutzfähigkeit zuerkannt wurde. Die Bindung des DPMA an diese Eintragung solange, wie sie nicht durch einen erfolgreichen Löschungsantrag wegen absoluter Schutzhindernisse beseitigt ist, wäre unzulässig umgangen, wenn ihr in einem Verfahren betreffend die (relative) Verwechslungsgefahr zweier Marken die Kennzeichnungskraft aberkannt und sie so mittelbar beseitigt würde.

42 **Geschwächte Kennzeichnungskraft** kann der Marke originär anhaften oder durch Drittzeichen begründet sein. Die originäre Schwächung kann daraus resultieren, dass das Markenzeichen wegen seiner beschreibenden Anklänge oder aus sonstigen Gründen, etwa als allgemeine oder abgegriffene Angabe für das Produkt nur wenig herkunftshinwei-

---

[39] BGH GRUR 2003, 1040 ff. – *Kinder.*
[40] BPatGE 44, 1 ff. – *Korodin.*
[41] BPatG GRUR 2000, 807 ff. – *LIOR/DIOR,* BPatG PMZ 2001, 101 ff. – *Ayk.../AOK.*

A. Arten der Verwechslungsgefahr

send wirkt (entsprechend den Aspekten bei den absoluten Schutzhindernissen § 8 Abs. 2 Nr. 2, 1 und 3). Dies ist nicht bei jedem sprechenden, normal kennzeichnungskräftigen Markenzeichen als Ziel jeder Markenkreation der Fall, sondern häufig in den Fällen, wo ein(e) Wort(kombination) die Eintragung über eine grafische Gestaltung erreichte o.ä. Weil die sachgerechte Handhabung dieser Marken im Kollisionsfall ihre Beschränkung genau auf ihre schutzbegründende geringe Eigenprägung gebietet[42], ist ihre Kennzeichnungskraft entsprechend sehr gering. Für die Ermittlung der schutzbegründenden Eigenart können Ausführungen und Rechtsprechung zur Eintragungsfähigkeit herangezogen werden. Zur Veranschaulichung ein typisches Beispiel der problematischen Konstellation:

Beispiel: Bestehen ältere und jüngere Marke aus dem schutzunfähigen Wort „PC-Fit", das (zu Recht oder zu Unrecht) kraft grafischer Ausgestaltung eingetragen wurde, und sind beide für identische Produkte „Computer, Softwaredesign" geschützt, läuft die Prüfung der Verwechslungsgefahr anhand der Wechselwirkung der drei Faktoren folgendermaßen ab: Weil die Produkte identisch sind und die Kennzeichnungskraft der älteren Marke äußerst gering ist, ihr aber im Widerspruchsverfahren die Schutzfähigkeit nicht aberkannt werden darf, ist der Maßstab für die Beurteilung der Markenähnlichkeit durchschnittlich. Visuell unterscheiden sich die Markenzeichen hinreichend durch die (schutzbegründende) grafische Ausgestaltung. Problematisch ist die klangliche Ähnlichkeit. Nimmt man nach allgemeinen Regeln an, dass grafische Gestaltungen aus Praktikabilitätsgründen nicht artikuliert werden, ergibt sich klangliche Identität. Weil die daraus resultierende Verwechslung dem Grundsatz widerspräche, dass aus schutzunfähigen Angaben keine Rechte hergeleitet werden dürfen, muss sie aus Rechtsgründen verneint werden.[43] **BGH** I ZR 130/01 Urt. v. 25.3.2004 – **EURO 2000** Es standen sich zwei Marken mit dem Wortelement EURO 2000 in unterschiedlicher grafischer Gestaltung für identische Waren gegenüber. Die Verwechslungsgefahr wurde verneint, weil der Schutzumfang einer Kombinationsmarke sich, wenn einem Teil ein beschreibender Gehalt zukommt, auf die anderen Elemente beschränkt.

Eine **Schwächung des Markenzeichens** durch benutzte Drittmarken ken für einen Produktbereich kann daraus resultieren, dass in dieser oder einer nahen Branche eine beachtliche Zahl davon (ab etwa 5 Marken[44]) von verschiedenen Unternehmen verwendet werden und dem Verkehr bekannt sind, weil dieser einem solchen Markenzeichen dann keinen ein-

43

---

[42] BGH GRUR 2003, 963 ff. – *AntiVir/AntiVirus*.
[43] Dieses Ergebnis wäre neben fehlender Verwechslungsgefahr aus Rechtsgründen auch tatsächlich damit begründbar, dass der Verkehr bei der Benennung von Markenzeichen aus schutzunfähigen Elementen doch die Grafik miterwähnt (etwa „Telefonanbieter mit der Blume") oder dass die rein klanglichen Wahrnahmen durch Internetnutzung deutlich nachgelassen haben.
[44] Nach BGH GRUR 1971, 277 f. – *Raupentin* sollen 3 Marken noch nicht genügen, ausnahmsweise soll nach BGH GRUR 1982, 611 ff. – *Prodent* eine genügen können. Dabei sollte wohl auch die Zahl der Anbieter auf dem jeweiligen Produktsektor insgesamt berücksichtigt werden, so dass auf dem fast unübersehbaren Kosmetiksektor eine größere Anzahl erforderlich sein wird als in der überschaubaren Spielautomaten- oder Flugzeugbaubranche.

Teil 5. Die Verwechslungsgefahr zwischen Marken

deutigen Hinweis auf einen bestimmten Anbieter mehr entnimmt und deshalb aufmerksamer auf Unterschiede der Markenzeichen achtet. Dafür genügt bloße Existenz einiger Drittmarken im Register nicht, weil sie die Wahrnehmung des Verkehrs nicht verändert, der nicht ins Register sieht. Eine sehr große Anzahl davon kann aber unter dem Aspekt der Originalitätsschwäche zu geringer Kennzeichnungskraft führen.

44 Daraus lässt sich insgesamt etwa die Stärke der Kennzeichnungskraft der älteren Marke für die einzelnen Waren und Dienstleistungen ermitteln. Diese wird meist für verschiedene Produkte verschieden stark sein.

45 Nach Bestimmung von zwei Faktoren liegt zudem der Maßstab für den dritten Faktor fest. Weil jeder Faktor für jedes Produkt verschieden stark sein kann, ist auch der Maßstab häufig für jedes Produkt unterschiedlich.

c) Faktor 3 Die Ähnlichkeit der Markenzeichen

46 Bei diesem Faktor geht es darum, ob der Verkehr das eine Markenzeichen mit dem anderen klanglich, visuell, begrifflich oder sonst in Verbindung bringt. Die Markenähnlichkeit kann von **absolut unähnlich bis identisch** reichen. Weil die Ähnlichkeit von Markenzeichen im Rechtssinne im Einzelfall von so vielen Faktoren abhängt, dass eine sichere Prognose unmöglich ist, werden die Beurteilungsgrundsätze für diese als Anhaltspunkte dargestellt. Nachdem weder MRRL noch MarkenG sie definieren, bildete die Praxis Grundsätze und Maßstäbe für die Beurteilung der Markenähnlichkeit heraus. Es werden zuerst die allgemeinen Beurteilungsgrundsätze für alle Fälle vorgestellt, dann speziellere für einzelne Markenformen und schließlich Sonderfälle.

aa) Allgemeine Beurteilungsgrundsätze

47 • Die Marken sind grundsätzlich in ihrer registrierten Form gegenüberzustellen[45], die tatsächliche Benutzung ist unerheblich. Bei farbig eingetragenen Marken beschränkt sich der Schutz darauf, schwarzweiß eingetragene Marken umfassen grundsätzlich alle farbigen Gestaltungen, außer sie begründen eine besondere andere Bildwirkung. Nur bei Wortmarken sind neben der beispielhaften Druckschrift alle anderen verkehrsüblichen Wiedergabeformen zu berücksichtigen, wie Groß- und Kleinschreibung, gebräuchliche Schrifttypen[46] und farbige Wiedergaben, eher nicht mehr handschriftliche und nicht eine auf dem Kopf stehende Schrift.
• Für den markenrechtlichen Vergleich ist der Gesamteindruck[47] der beiden Markenzeichen maßgeblich, den sie im undeutlichen Erinne-

---

[45] BGH GRUR 2005, 325 ff. – *il Padrone/il Portone* sowie BPatG GRUR 2000, 897 ff. – *CC 1000/Cec* zu tolerablen Abweichungen bei der Benutzung.
[46] BPatG GRUR 2005, 777 f. – *NATALLA/Nutella*.
[47] EuGH GRUR 1998, 387 ff. – *Sabel/Puma* sowie BGH GRUR 2004, 240 ff. – *MIDAS/MedAS* und 779 ff. – *Zwilling/Zweibrüder*.

A. Arten der Verwechslungsgefahr

rungsbild des von den konkreten Produkten angesprochenen Verkehrs hinterlassen. Er kann der Gesamtheit des Markenzeichens mit allen Elementen entsprechen, kann aber auch durch einzelne besonders signifikante Elemente bestimmt werden (infolge Prägung).

- Der Verkehr nimmt Marken in der Regel unbefangen so auf, wie sie ihm entgegentreten, ohne sie auf mögliche Begriffsgehalte zu analysieren[48].
- Maßgeblich ist der Eindruck bei einem erheblichen Teil des angesprochenen Verkehrs der konkreten Produkte. Bei diesem kommt es wieder auf den durchschnittlich informierten, aufmerksamen und verständigen Durchschnittsverbraucher an. Weil der Verkehr seine Aufmerksamkeit gegenüber Markenzeichen der Art und Bedeutung des Produktes sowie Häufigkeit der Inanspruchnahme anpasst, kann er bei Produkten des täglichen Bedarfes flüchtig und bei teuren Produkten mit intensiver Information inklusive Markenvergleichen im Vorfeld oder wichtigen Produkten (Gesundheit[49]) besonders aufmerksam sein.[50] Auch wenn mit einem Markenzeichen auf Grund der Produkte nur Fachleute konfrontiert sind, die die Markenzeichen ihres Gebietes besser kennen und aufmerksamer sind, kann diesen keine generell erhöhte Aufmerksamkeit unterstellt werden, weil auch sie nicht gegen Fehlwahrnehmungen gefeit sind und auch (unqualifizierte) Hilfspersonen mit den Marken konfrontiert sein können.[51]
- Bei der maßgeblichen Wahrnehmung von Marken im undeutlichen Erinnerungsbild, weil die Markenzeichen meist nicht direkt miteinander verglichen werden[52], bleiben Übereinstimmungen besser in Erinnerung[53].

bb) Arten der Ähnlichkeit von Markenzeichen. Zwischen Markenzeichen können grundsätzlich **klangliche, visuelle und/oder begriffliche Ähnlichkeiten** bestehen. Diese drei Ähnlichkeiten werden getrennt untersucht und haben oft unterschiedliche Ergebnisse. Für eine markenrechtliche Ähnlichkeit genügt grundsätzlich eine Ähnlichkeit in ausreichendem Ausmaß[54], mehrere können sie unter quantitativen

---

[48] BGH GRUR 2000, 605 f. – *Comtes/Comtel*, tendenziell vom EuGH bestätigt, indem er sagt, dass der Durchschnittsverbraucher Marken regelmäßig als Ganzes wahrnehme und nicht auf die verschiedenen Einzelheiten achte, EuGH WRP 1999, 806 – *Lloyd*. Aber auch dies gilt nicht immer, wie die Rechtsprechung auf der Suche nach begrifflichen Deutungen zeigt, vgl. beispielhaft BGH GRUR 2002, 1067 ff. – *DKV/OKV*.
[49] BPatG GRUR 2004, 950 ff. – *ACELAT/Acesal*.
[50] EuGH GRUR 2006, 237 ff. – *PICARO/Picasso*.
[51] BGH GRUR 2004, 240 ff. – *MIDAS/MedAS*.
[52] EuGH GRUR Int 1999, 734 ff. – *Lloyd* und BGH RUR 2005, 264 ff. – *Das Telefon Sparbuch*.
[53] BGH GRUR 1995, 50 ff. – *Indorektal/Indohexal* und EuGH GRUR 2006, 237 ff. – *PICARO/Picasso*.
[54] EuGH GRUR 1998, 387 ff. – *Sabel/Puma*, BGH GRUR 2005, 326 ff. – *il Padrone/Il Portone* und BGH GRUR 2006, 60 ff. – *Coccodrillo*.

Teil 5. Die Verwechslungsgefahr zwischen Marken

Aspekten weiter verstärken. Einzeln nicht ausreichende Ähnlichkeiten können nur ausnahmsweise zu einer komplexen Ähnlichkeit aufsummiert werden.

49 Praktisch kommt der **klanglichen Ähnlichkeit** die größte Bedeutung[55] zu, weil visuellen Wahrnahmen oft mündliche Empfehlungen („mein Ski von XY ist prima") oder telefonische Nachfragen vorangehen und Werbung oft akustisch ist. Weiter beeinflusst der akustische Eindruck auch die optische Wahrnehmung des Markenzeichens, indem er unausgesprochen mitwirkt und dabei Erinnerungen an andere Markenzeichen auslöst.

50 Die möglichen Ähnlichkeiten sind je nach zu vergleichenden Markenformen unterschiedlich. So können Wort- und Wort-/Bildmarken zueinander jede der Ähnlichkeiten aufweisen, Bildmarken zueinander nur visuelle und begriffliche Ähnlichkeiten und dreidimensionale Marken Ähnlichkeiten in Form- und Sinngehalt.

51 **cc) Die Ähnlichkeiten einzelner Markenformen.** Zuerst werden Ähnlichkeiten verschiedener Markenformen in der Gesamtheit ihrer Elemente erörtert. In der Gesamtheit ähnliche – möglicherweise konkurrierende – **Drittmarken** können vor einer Markenanmeldung zumindest partiell durch geschickte Recherchen festgestellt werden. Die danach dargestellten Ähnlichkeiten mehrteiliger Marken auf Grund einzelner (prägender) Elemente sind wesentlich schwerer vorab recherchier- und prognostizierbar.

(1) Ähnlichkeiten von Marken in ihrer Gesamtheit

52 **(α) Die Ähnlichkeiten von Wortmarken.** Auch diese beurteilt die Rechtsprechung nicht nach starren „Rezepten", sondern einzelfallbezogen anhand von Erfahrungssätzen, die aber teilweise in gegensätzliche Richtungen weisen. Dies macht die Prognose der Ähnlichkeit schwierig. Daher werden zuerst die allgemeinen Erfahrungssätze für die klangliche und visuelle Wahrnahme und dann spezifische für die klangliche und visuelle Ähnlichkeit vorgestellt.

Allgemeine Grundsätze:
- Wortanfänge werden in der Regel stärker beachtet als Wortenden[56] und diese mehr als das Wortinnere, vor allem bei wenig einprägsamen Enden[57]. Dies hindert aber andere Bewertungen nicht zwingend.[58]
- Je länger bzw. unübersichtlicher Markenworte sind, um so weniger werden kleinere Abweichungen bemerkt. Je kürzer sie sind, um so besser und gleichmäßiger bleiben sie insgesamt in Erinnerung und

---

[55] BGH GRUR 2005, 326 ff. – *il Padrone/il Portone*.
[56] BGH GRUR 2002, 1067 ff. – *DKV/OKV.*
[57] Wie das als Genitiv-„S" verstandene Mehr- „S" oder typische Endungen bei Medikamenten wie -ol oder -san. Siehe so etwa bei BGH GRUR 1998, 924 f. – *Salvent/Salventerol.*
[58] So etwa für Übereinstimmungen im Wortende BGH GRUR 2001, 507 ff. – *EVIAN/REVIAN*, BGH GRUR 1998, 925 ff. – *BISOTHERM/ISOTHERM*, BPatGE 38, 254 ff. – *HIRO/MIRO.*

A. Arten der Verwechslungsgefahr

werden Abweichungen in einem Laut bemerkt und hindern starke Ähnlichkeiten[59]. Obwohl Kurzworte[60] besser erinnert werden und Abweichungen in einem Laut die Ähnlichkeit schon ausschließen[61], gilt dies nicht pauschal.

Grundsätze für die klangliche Ähnlichkeit. Für die praxisrele- 53 vante klangliche Ähnlichkeit gelten zusätzlich folgende Grundsätze:
• Die Aussprache von Worten
Der Betrachtung werden nur sprachgefühlkonforme, wahrscheinliche Möglichkeiten unter realitätsnahen normalen Übermittlungsbedingungen und Beachtung der allgemeinen Ausspracheregeln[62] zugrundegelegt. Ob Neuschöpfungen deutsch oder fremdsprachig interpretiert und artikuliert werden, wird nach dem Sprachgefühl und der durch die jeweilige Produktbranche nahegelegten Sprache beurteilt[63]. Auch der Sinngehalt (etwa „Sanfte Fee") kann die Aussprache mitbestimmen. Bei deutschen Worten wird grundsätzlich die hochsprachliche Aussprache zugrunde gelegt, eine fehlerhafte Artikulation oder eine solche im Dialekt nur ausnahmsweise. Bei Fremdworten sind die sprachregelgemäße und die der Schreibweise entsprechende (fehlerhafte) Aussprache nach deutschen Sprachregeln einzubeziehen, wenn sie für den Durchschnittsverbraucher der konkreten Produkte naheliegen[64]. Den Grundwortschatz gängiger Fremdsprachen soll inzwischen auch der Durchschnittsverbraucher weitgehend richtig artikulieren.[65] Bei Kunstworten sind die wahrscheinlichsten Varianten nach allgemeinen Ausspracheregeln ähnlicher Worte zu berücksichtigen. Wirkt es fremdsprachig, ist auch diese Artikulation zu berücksichtigen.
• Die Betonung
Die – wahrscheinliche – Betonung kann zwar für die Markenähnlichkeit sehr bedeutend sein, ist aber sehr oft unklar, vor allem bei Fantasiebegriffen.
• Silbenzahl und -gliederung und insbesondere Vokalfolge[66]
• Umstellung von Markenteilen hindert große Ähnlichkeit vor allem bei anagrammatischer Klangrotation nicht, weil der Verkehr in

---

[59] So grundsätzlich BGH GRUR 2002, 167 ff. – *Bit/bud.*
[60] Keine Kurzworte sind sicher solche mit mehr als 2 Silben oder 5 Buchstaben, wie BPatG Mitt 1971, 50 ff. – *Crenin/Kreon* bestätigt.
[61] BPatG Mitt 1989, 243 – *MONA/Moras.*
[62] Wie etwa, dass der Buchstabe „c" abhängig vom Folgebuchstaben unterschiedlich gesprochen wird.
[63] So liegt etwa bei Elektronik englische Artikulation nahe, bei Käse eher französische. Dazu BPatGE 43, 108 ff. – *Ostex/Ostarix* zur Ungebräuchlichkeit englischer Artikulation bei pharmazeutischen Produkten und BGH GRUR 2004, 240 ff. – *MIDAS/MedAS.*
[64] BPatG GRUR 1997, 652 ff. – *IMMUNINE,* BPatG GRUR 1996, 879 ff. – *PATRIC LION/LIONS.*
[65] Siehe BGH GRUR 1998, 938 ff. – *RACOON/DRAGON.*
[66] Ausführlich dazu BPatGE 44, 1 ff. *Korodin,* BPatG GRUR 2001, 61 ff. – *ATLAVIT C / Addivit.*

Teil 5. Die Verwechslungsgefahr zwischen Marken

der undeutlichen Erinnerung die andere Marke zu erkennen glaubt[67].

54 **Grundsätze für die schriftbildliche Markenähnlichkeit.** Eine schriftbildliche Ähnlichkeit nimmt die Praxis bei Wortmarken nur unter erhöhten Voraussetzungen an, weil der Verkehr das Schriftbild von Markenzeichen meist genauer wahrnimmt und – anders als verhallende Worte – länger und/oder wiederholt betrachteten kann[68], was selbst das **undeutliche visuelle Erinnerungsbild** genauer ausfallen lässt als das klangliche. Die Betrachtung der bei Wortmarken zu berücksichtigenden wahrscheinlichen Wiedergabeformen, wie Groß- und Kleinschreibung, übliche Computerschriften (von verschnörkelt bis sachlich)[69] kann unterschiedliche Ergebnisse für die Ähnlichkeit ergeben, vor allem für Darstellung in Groß- oder Groß- und Kleinbuchstaben[70] wegen der Ober- und Unterlängen.

55 **Grundsätze für die begriffliche Markenähnlichkeit.** Begriffliche Ähnlichkeit[71] greift erst nachrangig zu den beiden anderen und sehr selten vor allem bei (annähernden) Synonymen. Dazu müssen beide Marken einen dem angesprochenen Verkehr verständlichen Sinngehalt haben, er muss übereinstimmen und darf keine schutzunfähige Angabe sein, weil diese aus Rechtsgründen nicht Grundlage einer verwechslungsrelevanten Ähnlichkeit sein darf[72]. Bei zwei deutschen Worten muss die Übereinstimmung (fast) vollständig sein[73], während begriffliche Assoziationen nicht genügen. Bei einem deutschen und einem fremdsprachigen Wort ist dies nur bei ohne weiteres übersetzbaren geläufigen Worten gängiger Fremdsprachen möglich[74], bei zwei fremdsprachigen zusätzlich nur bei völlig identischem Sinngehalt oder unerkannten Un-

---

[67] Dies bejahte BPatG Mitt 1980, 115 f. – *FIXIDENT/Dentofixin* und BPatG 33 W (pat) 120/97 Beschl. v. 17.10.1997 – *E-DIN/DIN EN*, einschränkend jedoch BPatGE 36, 123 ff. – *babalu/BALUBA*.
[68] BPatGE 43, 108 ff. – *Ostex/OSTARIX* und BPatG GRUR 2004, 950 ff. – *ACELAT/Acesal*.
[69] Hingegen dürfte die insbesondere im Medizinbereich wegen der handschriftlichen Rezepte lange berücksichtigte Handschrift infolge zunehmender Computerisierung langsam entfallen, vgl. BPatGE 43, 108 ff. *Ostex/OSTARIX*.
[70] Ein besonders signifikantes Beispiel bildet BPatG GRUR 2005, 777 – *NATALLA/nutella*, wo sich beide Marken bei Kleinschreibung der ersteren plötzlich sehr ähnlich werden.
[71] Von dieser selbständigen Ähnlichkeitskategorie streng zu unterscheiden ist der Umstand, dass abweichende Begriffsgehalte die visuelle oder klangliche Ähnlichkeit eher mindern, weil der Verkehr sich Worte mit Bedeutung eher merken und auseinanderhalten kann als Fantasiebegriffe, dazu sogleich.
[72] BPatG GRUR 2002, 68 ff. – *COMFORT HOTEL*.
[73] Dafür genügte bei BGH Mitt 1968, 196 – *Jägerfürst/Jägermeister* als Anmutung höhergestellter Person, BPatGE 39, 208 – *Rebenfreund/Traubenfreund*, nicht BGH GRUR 2004, 229 ff. – *Zwilling/Zweibrüder*.
[74] Dies wurde bejaht in BPatG Mitt. 1967, 233 – *Ambassador/Botschafter* und BPatG Mitt. 1986, 76 ff. – *Spring Garden/Frühlingsgarten*, verneint in BPatG Mitt 1997, 111 ff. – *Gemini/Zwilling* und BPatG Mitt 1970, 74 – *Apache/Winnetou*.

A. *Arten der Verwechslungsgefahr*

terschieden.[75] Noch zurückhaltender wird der Sonderfall begrifflicher Ähnlichkeit im Flair bejaht.[76]

Die komplexe Markenähnlichkeit. Diese sehr seltene Ähnlichkeit 56 kommt in Betracht, wenn die Übereinstimmungen in Klang, Bild und Sinn jeweils für sich nicht, aber in ihrer Summe genügen[77]. Sie ist kaum prognostizierbar und sehr selten, weil sonst die Gefahr der Umgehung der Voraussetzungen der einzelnen „klassischen" Ähnlichkeiten besteht.

Die Bedeutung von Begriffsgehalten von Markenworten. 57 Neben ihrer Bedeutung als eigene Ähnlichkeitskategorie beeinflusst der Begriffsgehalt von Markenzeichen auch den Grad ihrer klanglichen und visuellen Ähnlichkeit mit anderen. Denn der Verkehr – vorausgesetzt, er verhört oder versieht sich bei sehr ähnlichen Markenzeichen nicht – erkennt und erinnert visuelle oder klangliche Unterschiede zwischen Markenzeichen besser, wenn mindestens ein Markenzeichen einen ausgeprägten, ihm sofort und unmittelbar zugänglichen und verständlichen Sinngehalt[78] vermittelt. Ein solcher begrifflicher Gehalt einer der Marken und noch mehr ein solcher – abweichender – beider Marken verringert eine visuelle oder klangliche Ähnlichkeit und es kommt weniger leicht zu Verwechslungen.

(β) **Die Ähnlichkeit von reinen Bildmarken.** Dieser Fall ist sel- 58 ten, weil sich häufiger Wort-/Bildmarken als reine Bildmarken gegenüberstehen[79]. Für die dann vor allem relevante visuelle Ähnlichkeit der Gestaltung oder gleiche Benennung wegen übereinstimmenden Sinngehaltes gilt zusätzlich zu den allgemeinen Ähnlichkeitsgrundsätzen Folgendes:

In die Prüfung einer **übereinstimmenden Bildwirkung** ist zu- 59 nächst einzubeziehen, dass dem Verkehr bei Bildmarken nicht alle Details, sondern nur das ungefähre Bild im Gedächtnis bleiben. Im Übrigen ist zu differenzieren: Verbrauchte Motive wie Sterne, Herzen, Engel, Dreiecke usw. oder Motive mit Sachbezug zum konkreten Produkt sind schon bei leicht abweichender Ausgestaltung nicht mehr ähnlich im Rechtssinn. Normal kennzeichnungskräftige Motive sind um so leichter zu unterscheiden, je weniger verfremdende Phantasie sie aufweisen[80], die aber eher nicht aus unerheblichem Beiwerk wie Rahmen, Unterstreichungen oder Größen- oder Farbunterschiede resultieren kann.[81]

---

[75] Bejaht in BPatG Mitt 1984, 56 – *Rancher/Farmer* und verneint von BPatG Mitt 1973, 16 – *Ventura/Fortune* und BPatGE 21, 147 ff. – *Hombre/Homme*.
[76] BPatG PMZ 1996, 417 ff. – *Queen's Club/Queen's Garden* wegen britischen Flairs.
[77] Dies wurde etwa bejaht von BPatGE 34, 76 – *Calimbo/Calypso*.
[78] BGH GRUR 2004, 240 ff. – *MIDAS/MedAS*, BGH GRUR 2005, 326 ff. – *il Padrone/il Portone*.
[79] Siehe dazu später im Rahmen der Prägung.
[80] EuGH GRUR 1998, 389 ff. – *Sabel/Puma*.
[81] BGH GRUR 1964, 71 ff. – *Personifizierte Kaffeekanne*.

Teil 5. Die Verwechslungsgefahr zwischen Marken

60 Die Ähnlichkeit auf Grund Benennung mit dem gleichen Begriff unterliegt den Anforderungen an die begriffliche Ähnlichkeit von Wortmarken, jedoch nochmals gesteigert wegen der Vagheit der Benennung von Bildern. Daher genügt die bloße Möglichkeit, dass in zwei bildlich verschiedenen Abbildungen u.U. dasselbe Motiv erkannt wird und die Marken danach benannt werden nicht. Bildmarken werden tendenziell um so weniger begrifflich ähnlich sein, **je allgemeiner ein gemeinsamer Sinngehalt** gefasst werden müsste. Auch hier genügt weder Übereinstimmung in einem beschreibenden Motiv für die konkreten Produkte, dessen Schutz auf die konkrete schutzbegründende Ausgestaltung beschränkt ist[82], noch in einem verbrauchten Motiv.

61 (χ) **Ähnlichkeit von Wort- und Bild-/dreidimensionalen Marken.** Zwischen diesen Markenformen ist nur eine begriffliche Ähnlichkeit möglich, weil Wort und Bild/Form sich nur begrifflich begegnen können. Dazu muss der Verkehr die Wortbedeutung im Bild wiederfinden und/oder beim Anblick des Bildes an das Wort erinnert werden. Dazu muss das Wort die naheliegende, ungezwungene und erschöpfende Benennung des Bildes sein, während die bloße Möglichkeit der Benennung des Bildes auch mit diesem Wort nicht genügt.[83] Dies geht meist nur bei deutschen Worten und in seltenen Ausnahmefällen bei Worten gängiger Fremdsprachen.

> **Beispiele, in denen die Rechtsprechung dies bejahte:**
> BGH GRUR 1999, 990 ff. – *Bildmarke* **Schlüssel auf Wappenschild** und Wort-/Bildmarke „**Original Schlüssel obergärig**".
> BGH GRUR 1971, 251 ff. – *Wortmarke* „**Oldtimer**" und Oldtimerabbildung auf Herrenkosmetika.

62 (δ) **Ähnlichkeiten moderner Markenformen untereinander/ mit anderen.** Die Zulassung moderner Markenformen wird noch nicht absehbare Ähnlichkeiten nach sich ziehen. Obwohl sich bei den modernen Markenformen[84] die Abbildung im Register nicht mit der späteren Erscheinung decken muss, wird ihrer Prüfung auf Ähnlichkeit im Registerverfahren nur das dem Register Entnehmbare zugrundegelegt. Grundsätzlich wendet die Rechtsprechung auch hier die allgemeinen Grundsätze an.[85] Weil mangels hinreichend vieler solcher Fälle eine gefestigte Praxis dazu fehlt und diese Fälle – wie schon zu deren Schutzfähigkeit dargelegt – schon wegen der hohen Anforderungen an ihre Konzeption und Benutzung spezialisierter anwaltlicher Betreuung bedürfen, wird hier auf eine Darstellung verzichtet.

---

[82] So etwa BGH GRUR 1989, 425 ff. – *Herzsymbol*.
[83] BGH GRUR 1975, 487 ff. – *WMF Mondmännchen*.
[84] Man denke insoweit nur an die Farbmarke, die Positionsmarke etc.
[85] In diesem Sinne BGH GRUR 2003, 332 ff. – *Abschlussstück*, BGH GRUR 2004, 151 ff. – *Farbmarkenverletzung* II.

A. Arten der Verwechslungsgefahr

(2) Ähnlichkeit von Marken auf Grund (prägender) Elemente 63
– Prägetheorie. Wesentlich häufiger als Markenähnlichkeiten in der Gesamtheit sind die Fälle, wo beide Marken in ihrer Gesamtheit deutlich verschieden sind, aber ihre Übereinstimmung in einzelnen Elementen im Gesamteindruck eine relevante Ähnlichkeit begründet. Dieses Herausdestillieren einzelner Elemente macht aber nur Sinn, wenn die gegenüberstehenden Marken in einem/mehreren Element(en) übereinstimmen.

Beispiel: Lautet die ältere Marke „SUMA Fruchtmarkt AG" und die jüngere „SIMA Gemüse GmbH" ist nur eine Prüfung bzgl. „SIMA" und „SUMA" sinnvoll.

Die folgenden Ausführungen sollen dem Markenanmelder für die 64 schwierige Abschätzung, ob ältere Registermarken seiner geplanten Marke entgegenstehen und dem Markeninhaber für die Prognose der Aussichten eines geplanten Widerspruches gegen eine jüngere Marke gewisse Anhaltspunkte geben:

Bei mehrteiligen Marken können unter besonderen Umständen ein- 65 zelne übereinstimmende Elemente eine **Markenähnlichkeit im Gesamteindruck** begründen und damit zur Grundlage einer Verwechslungsgefahr werden. Dazu müssen die gegenüberstehenden Markenzeichen in einem Element (identisch oder ähnlich) übereinstimmen und dieses (jeweils) innerhalb des mehrteiligen Markenzeichens bei wertender Betrachtung prägenden Charakter haben, der dessen isolierten Vergleich rechtfertigt. Diese Ähnlichkeit im Gesamteindruck nach Prägung ist in der Praxis der häufigste Grund für Ähnlichkeit und Bejahung der Verwechslungsgefahr.

Diese **Prägeprüfung** lässt sich am besten wie eine Reduktion des 66 Markenzeichens zu einem Konzentrat wie ein Einkochvorgang vorstellen. Dieser kann in klanglicher und visueller Hinsicht zu einem unterschiedlichen Ergebnis führen (s. Schaubild auf der nächsten Seite).

Diese Prägeprüfung zur Ermittlung eines möglicherweise von der 67 Gesamtheit abweichenden Gesamteindruckes eines Markenzeichens (bzw. beider) stellt eine Wertung der Elemente innerhalb des Markenzeichens dar. Dabei werden einzelne seiner Elemente als klanglich oder visuell (das Ergebnis kann je nach **Wahrnehmungskategorie** unterschiedlich ausfallen) vorherrschender als andere bewertet und dann die vorherrschenden Elemente auf ihre Ähnlichkeit zum anderen Markenzeichen (bzw. einzelner ebenso ermittelter Elemente aus diesem) beurteilt.

Die dazu vom BGH für die deutsche Rechtsprechung entwickelte 68 und vom EuGH zumindest nicht abgelehnte **Prägetheorie**[86] stellt Beurteilungsgrundsätze dafür auf, wann einzelne Elemente den Gesamt-

---

[86] Siehe so *Ströbele/Hacker* § 9 Rn. 264 unter Verweis auf etwa EuGH GRUR 2006, 1042 ff. – *Thomson Life.*

165

Teil 5. Die Verwechslungsgefahr zwischen Marken

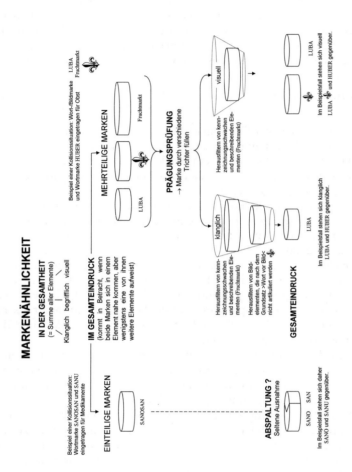

A. Arten der Verwechslungsgefahr

eindruck des Markenzeichens prägen und es auf Grund dieser zu einem anderen ähnlich sein kann. Dabei erfolgt also – anders als im Eintragungsverfahren, wo das Markenzeichen in der Gesamtheit aller Elemente auf Schutzfähigkeit geprüft wird – eine nachgeholte Prüfung der Schutzfähigkeit und Kennzeichnungsstärke der einzelnen Elemente. Denn nur so lässt sich feststellen, welche(s) Element(e) in einer Marke stärker und welche schwächer herkunftshinweisend wirken. Auch die relativ zu den anderen stärkeren Elemente können aber nur prägend wirken, wenn sie auch absolut stark genug sind.

Es werden zunächst die Voraussetzungen für die Anwendung der Prägetheorie, dann die Beurteilungsgrundsätze und Erfahrungssätze für einzelne Konstellationen dargestellt. **69**

Voraussetzungen für die Anwendung der Prägetheorie: Die Prägetheorie setzt eine mehrteilige Marke voraus, weil nur aus einer solchen Einzelelemente herausgelöst und isoliert verglichen werden können. **Mehrteilig** sind alle Markenzeichen, die mehrere getrennte Elemente aufweisen (mehrere Worte oder Bilder, Wort und Bild, Form und Wort und/oder Bild, Wort und Farbe) oder sonst mehrgliedrig wirken, etwa wegen der grafischen Gestaltung (Absetzung von Worten durch Schriftänderung, Bindestriche)[87]o.ä. Einen Grenzfall bilden Fälle mit Binnengroßschreibung, während zusammengeschriebene Wortmarken in Normalschrift nicht mehr als mehrteilig gelten.[88] **70**

Rechtsgrundsätze der Prägetheorie – grober Ablauf und Formeln. Mangels einer positiven Formel dafür, welche Elemente ein Markenzeichen selbstständig kollisionsbegründend prägen, läuft die Prüfung eher auf die **negative Feststellung** hinaus, welche Elemente nicht prägen und daher nicht isoliert Grundlage einer Ähnlichkeit sein können. Dies ist naturgemäß eine Entscheidung unter flexibler Berücksichtigung der besonderen Umstände des Einzelfalles, die früheren Entscheidungen nicht folgen muss und von einer veränderlichen Rechtsprechung beherrscht ist. **71**

- Erster Grundsatz und Ausgangspunkt ist die Maßgeblichkeit des Gesamteindruckes beider Marken in der Wahrnehmung des angesprochenen Verkehrs.[89] Dieser kann in visueller, klanglicher und begrifflicher Hinsicht verschieden sein.

---

[87] So etwa BPatG GRUR 1996, 126 ff. – *Berger/BERGERLAHR*.
[88] Andernfalls würden über die Anwendung der Prägetheorie die – strengeren – Voraussetzungen der Abspaltung von Elementen aus einheitlichen Markenzeichen umgangen. So auch BPatG GRUR 2002, 438 ff. – *WISCHMAX/Max,* bedenklich daher BGH GRUR 1999, 735 – *MONOFLAM/POLYFLAM*.
[89] Etwa BGH GRUR 2002, 1067 ff. – *OKV/DKV*; BGH GRUR 2002, 342 ff. – *ASTRA/ASTRA-PUREN*.

Teil 5. Die Verwechslungsgefahr zwischen Marken

BGH GRUR 2002, 167 ff. – **Bit/Bud:** Die Marken „Bit" und das „American Bud"– Etikett werden visuell nicht durch „Bud" geprägt, klanglich hingegen schon.
BGH GRUR 2002, 1067 ff. – **OKV/DKV:** „OKV-Ostdeutsche Kommunalversicherung a.G." als Kombination einer beschreibenden Geschäftsbezeichnung und einer Buchstabenfolge als deren Abkürzung wird im schriftbildlichen Gesamteindruck nicht allein durch die Abkürzung geprägt. Klanglich wäre dies wegen der größeren Wahrscheinlichkeit deren isolierter Verwendung im mündlichen Geschäftsverkehr zwar denkbar, es besteht dort aber keine Ähnlichkeit.

- Der Elementschutz eines aus einem mehrteiligen Markenzeichen herausgelösten Elementes ist dem Markenschutz grundsätzlich fremd[90], weil Durchschnittsverbraucher Marken regelmäßig so wahrnehmen, wie sie ihnen entgegentreten, ohne auf die einzelnen Elemente zu achten[91]. Weil die Eintragung einer Marke keinen Schutz für jedes einzelne Element beinhaltet, wirkt nicht grundsätzlich jedes Element isoliert ähnlichkeitsbegründend.
- Trotzdem können unter bestimmten Umständen einzelne Elemente das Markenzeichen besonders kennzeichnend prägen und bei Übereinstimmung mit einem anderen darin die Ähnlichkeit der Markenzeichen im Gesamteindruck begründen. Diese Extrahierung des markenmäßigen Schwerpunktes bedeutet keine Verkürzung um Elemente[92].
- Die Prägung durch ein Element ist die begründungsbedürftige Ausnahme vom Grundsatz der Maßgeblichkeit der registrierten Marke mit allen Elementen und davon, dass einige Verkehrsteile auch immer diese Gesamtheit wahrnehmen[93]. Der durch das Gefühl der Prägung immer auch ausgelöste – unterbewusste – Denkvorgang kann sich auch ähnlichkeitsmindernd auswirken, indem er auch Unterschiede stärker bewusst macht.
- Die Voraussetzungen der prägenden Wirkung eines Elementes veränderten sich permanent und wurden tendenziell strenger[94]. Prägende Wirkung wird nun angenommen, wenn Anhaltspunkte aus der allgemeinen Lebenserfahrung die Annahme rechtfertigen, der angesprochene Verkehr werde andere Elemente bei der Wahrnehmung der Marke vernachlässigen[95] und einem Element die maßgebliche kenn-

---

[90] So etwa BGH GRUR 1999, 583 ff. – *LORA DI RECOARO*; BGH GRUR 1999, 52 ff. – *EKKO BLEIFREI*.
[91] BGH GRUR 2000, 506 ff. – *ATTACHE TISSERAND/TISSERAND* und EuGH GRUR 1998, 387 ff. – *SABEL*.
[92] So etwa BGH GRUR 1996, 198 ff. – *Springende Raubkatze*; BGH GRUR 1996, 404 ff. – *Blendax Pep*.
[93] So etwa BPatG GRUR 1996, 61 ff. – *Divan/Tiffany*; BGH GRUR 2002, 171 ff. – *Marlboro-Dach*.
[94] Nachdem zunächst nur Wachrufen einer Erinnerung an die ältere Marke, dann wesentliche Mitbestimmung des Gesamteindruckes durch ein Element für Prägung genügte, wurde das Ausreichen des „(Mit-)Prägens" aufgegeben und alleiniges „Prägen" verlangt, vgl. BGH GRUR 2000, 233 ff. – *Rausch Elfie/Rauch*.
[95] BGH GRUR 2002, 167 ff. – *Bit/Bud*, BGH GRUR 2000, 1031 ff. – *Carl Link*.

A. Arten der Verwechslungsgefahr

zeichnende Bedeutung beimessen.[96] Dafür genügt es nicht, dass es gleichgewichtig mit den anderen oder das größte ist.[97]
- Das Ergebnis der Prägeprüfung hängt von der Gegenmarke ab, weil immer ein konkreter Fall entschieden wird[98].

Tatsächliche Erfahrungssätze. Darüber hinaus entwickelte der BGH Erfahrungssätze als Rechtsanwendungshilfen auf der Basis der **allgemeinen Lebenserfahrung**[99]. Diese Faustregeln betreffen teilweise Allgemeines, überwiegend aber spezielle Konstellationen. Die grundsätzlich nebeneinander anwendbaren Erfahrungssätze können für unterschiedliche Ergebnisse sprechen[100] und müssen dann zu einem wertenden Ausgleich gebracht werden, der je nach Branche unterschiedlich ausfallen kann.

Allgemeine Erfahrungssätze.
- Maßgebliche Durchschnittsverbraucher
Es kommt auf die objektivierte Wahrnehmung des durchschnittlich informierten, aufmerksamen und verständigen Verbrauchers der konkreten Produkte an. Ergänzend können von den Beteiligten plausibel vorgetragene besondere Branchenbesonderheiten berücksichtigt werden.[101]
- Neigung des Verkehrs zu Verkürzungen
Die Neigung des Verkehrs zur merkbarkeits- und aussprechbarkeitserleichternden Verkürzung von Markenzeichen[102] muss im Einzelfall gegen seine regelmäßige Wahrnahme von Marken in ihrer registrierten Form ohne Zergliederung und Analyse – auch branchenspezifisch[103] – abgewogen werden.[104] Die Verkürzungsneigung beschränkt sich eher auf mündliche Benennung[105] und klangliche Ähnlichkeit und ist besonders relevant für längere Mehrwortzeichen. Sie greift um so weniger, je kürzer und prägnanter eine Wortverbindung ist.[106]
- Keine Prägung bei Integration zu Gesamtbegriffen
Verschmilzt ein Element mit den anderen zu einem einheitlichen Gesamtbegriff, kommt ihm im Markenzeichen eher keine allein prägende

---

[96] BGH GRUR 2000, 1028 ff. – *Ballermann*.
[97] BPatG GRUR 2004, 433 ff. – *Omega/Omega Life*, BGH GRUR 2004, 778 ff. – *Urlaub direkt*.
[98] BGH GRUR 2003, 880 ff. *City Plus*.
[99] Über diese kann er die Ausführungen der unteren Instanzen auch auf tatsächlichem Gebiet ersetzen oder ergänzen, was er sonst als reine Rechtsinstanz, die grundsätzlich nur Gesetze und Logik überprüft, eigentlich nicht könnte, wie etwa BGH GRUR 1996, 406 ff. – *JUWEL*, GRUR 2002, 167 ff. – *Bit/Bud*.
[100] Wie etwa die, dass grundsätzlich der Gesamteindruck zählt und der Verkehr zu Verkürzungen neigt.
[101] Wie etwa ein besonders ausgeprägtes Markenbewusstsein bei Jugendlichen bei bestimmten Produkten entgegen anerkannten Grundsätzen.
[102] BGH GRUR 1991, 475 ff. – *Caren Pfleger*; die Beschränkung auf mündlichen Gebrauch erschien erstmals in BGH GRUR 2002, 1067 ff. – *OKV/DKV*.
[103] BGH GRUR 2002, 342 ff. – *Astra/Estra-Puren*.
[104] EuGH GRUR 1998, 387 ff. – *Sabel/Puma*.
[105] So etwa BGH GRUR 2002, 626 ff. – *IMS*.
[106] BGH GRUR 1995, 507 ff. – *City Hotel*.

Teil 5. Die Verwechslungsgefahr zwischen Marken

Wirkung zu[107], weil der Verkehr dann eher keine Veranlassung für eine isolierte Orientierung an ihm und sein Herausreißen hat[108]. Diese Verschmelzung einer mehrteiligen Marke zu einer Einheit kann bei mehreren Worten durch die Genitivform eines Elementes[109], Bindestriche zwischen den Worten[110], besondere grafische Gestaltung[111] sowie durch räumliche Anordnung entstehen[112] oder durch starke räumliche Abgesetztheit gehindert[113] werden. Zu Gesamtbegriffen können auch beschreibende oder sonst kennzeichnungsschwache Elemente mitverschmelzen, die nicht prägen und aus denen keine isolierten Rechte hergeleitet werden könnten[114].

- Bedeutung der Kennzeichnungsstärke der Elemente

Tendenziell können Elemente ein Markenzeichen um so eher und stärker prägen, je kennzeichnungskräftiger sie absolut (für sich) und relativ (im Verhältnis zu den anderen Markenelementen) sind. Für die Bewertung der Kennzeichnungsstärke eines Elementes gelten dieselben Grundsätze wie für die der Gesamtmarke. Es kommt also einerseits auf seine absolute Kennzeichnungskraft an (je beschreibender es für das Produkt oder je verbrauchter es ist, um so geringer ist sie), die durch Verkehrsgeltung infolge Benutzung erhöht sein kann. Andererseits kommt es auf den Grad seiner relativ kennzeichnenden Stellung im Markenzeichen an, ggf. auch in unterschiedlichem Ausmaß für die klangliche oder visuelle Wahrnehmung. So kann ein äußerst kennzeichnungsstarkes originelles Element (als eines von drei Worten) wegen seiner relativ zu den anderen sehr geringen Größe in der Marke nicht prägend wirken[115] oder ein durchschnittlich kennzeichnungsstarkes wegen seiner herausgehobenen Stellung und ganz ausnahmsweise (!) ein kennzeichnungsschwaches Element bei besonders markenmäßig herausgehobener Stellung prägen.

- Keine Prägung durch (absolut) schutzunfähige Elemente, weil diese unabhängig von ihrer tatsächlichen Verwechslung aus Rechtsgründen keine Ähnlichkeit und Verwechslungsgefahr begründen dürfen.[116]

---

[107] Weil die Prägetheorie nur auf mehrteilige Marken anwendbar ist, kommen bis zu diesem Punkt nur aus irgendeinem Grund als mehrteilig charakterisierte Marken.
[108] BGH GRUR 2004, 598 ff. *Kleiner Feigling*, BPatG GRUR 2005, 772 ff. – *Public Nation/PUBLIC*, BGH GRUR 1998, 932 ff. – *Meisterbrand* und GRUR 1999, 586 ff. – *White Lion*.
[109] So BGH Mitt 1981, 60 – *Toni's Hüttenglühwein*.
[110] BGH GRUR 2002, 342 ff. – *ASTRA /ESTRA–PUREN*, BPatG GRUR 2003, 70 ff. – *T-INNOVA/Innova*.
[111] BGH GRUR 2000, 883 ff. – *Pappagallo* verwobene Buchstaben verbinden zweieiliges Wortzeichen.
[112] Wie beispielsweise durch eine Eingeschlossenheit zweier Worte durch einen Kreis.
[113] Vgl. BGH GRUR 2002, 172 ff. – *Marlboro-Dach*.
[114] So BGH GRUR 1998, 932 ff. – *Meisterbrand*, BGH GRUR 2004, 783 ff. – *NEURO-VI-BOLEX/NEURO-FIBRAFLEX*.
[115] Vgl. BPatG GRUR 1997, 647 ff. – *BARBEIDOS/VITA MED Badedas*.
[116] So etwa BGH GRUR 1979, 470 ff. – *RBB/RBT*.

A. Arten der Verwechslungsgefahr

Speziellere Erfahrungssätze
Unternehmenskennzeichen oder Stammbestandteile. Der prägende Charakter von Unternehmenskennzeichen (Firmennamen, -elementen, -abkürzungen o.ä.) oder häufig verwendeten Stammbestandteilen[117] in einer mehrteiligen Marke wird von der Praxis unterschiedlich beurteilt und ist **schwer prognostizierbar.** Die Frage wird relevant, wenn zwei Marken in einem Element (weitgehend) übereinstimmen und eines (oder beide) zusätzlich ein abweichendes bekanntes Unternehmenskennzeichen enthalten, weil beide Marken dann nur als sehr ähnlich (und ggf. verwechselbar) bewertet werden können, wenn das Unternehmenskennzeichen als zurücktretend und das andere Element als prägend bewertet wird.

Beispiel: Stehen sich die Markenzeichen „NIVEA Baldinino" und „Baldinino" gegenüber, hängt ihre Ähnlichkeit davon ab, ob aus der mehrteiligen Marke „NIVEA baldinini" das Unternehmenskennzeichen „Nivea" zurücktritt und so „Baldinino" prägt oder nicht.

Das andere Element kann – muss aber nicht – unter folgenden Voraussetzungen prägen:

- Zunächst muss das Unternehmenskennzeichen dem angesprochenen Verkehr als solches bekannt[118] oder erkennbar[119] sein, weil sich die Produkte nur an fachkundige Abnehmer richten[120], die auch die Marken kennen oder die Art der Markenbildung[121] oder sonstiges dies nahelegt. Denn nur dann kann sich der prägende Charakter auf das/die andere(n) Element(e) verlagern, weil der Verkehr diese als eigentliche Produktkennzeichnung auffasst. Andernfalls wird der Fall nach den allgemeinen Prägegrundsätzen gelöst, weil der Verkehr nur berücksichtigen kann, was er weiß.
- Zudem muss sich der Verkehr für den Herkunftshinweis für das Produkt nicht am Herstellernamen, sondern am anderen Element orientieren, das weder schutzunfähig noch kennzeichnungsschwach (beschreibend oder sonst verbraucht) sein darf[122] und sich der prägende Charakter so darauf verlagern.

---

[117] BGH GRUR 1996, 977 ff. *Drano.* Bei diesen ist die Annahme prägender Wirkung des anderen Elementes besonders problematisch, weil sie im Wertungswiderspruch zur Haltung der Rechtsprechung zu Stammbestandteilen bei der mittelbaren Verwechslungsgefahr steht, wo die Rechtsprechung genau diese als sehr kennzeichnungsstark ansieht und zur Grundlage einer Verwechslungsgefahr macht. Siehe später A II 1.
[118] Vgl. BGH GRUR 1996, 404 ff. – *Blendax Pep.*
[119] So BGH GRUR 2002, 342 ff. – *ASTRA/ESTRA-PUREN,* BGH GRUR 2003, 882 ff. – *City Plus.*
[120] So etwa BGH GRUR 1997, 897 ff. – *IONOFIL,* BGH GRUR 1998, 925 ff. – *BISOTHERM.*
[121] Etwa wegen Kombinationen mit „von, by", siehe BGH GRUR 2004, 865 ff. – *Mustang.*
[122] Die zentralen Entscheidungen für entgegengesetzte Ergebnisse sind einerseits BGH GRUR 1996, 404 ff. – *BLENDAX PEP/PEP,* wo der bekannte Herstellername „Blendax" zurücktritt und der Verkehr sich am anderen nicht völlig kennzeichnungsschwachen Element

Teil 5. Die Verwechslungsgefahr zwischen Marken

76 Unternehmenskennzeichen treten aber keinesfalls immer hinter den anderen Elementen eines Markenzeichens zurück, was auch im Hinblick auf ihre häufig gerade starke **Herkunftshinweisfunktion** aufgrund ihrer besonderen Stärke, Alters oder Bekanntheit unvertretbar wäre. Maßgeblich sind die Umstände des Einzelfalles[123], in die auch – auf Anregung der Verfahrensbeteiligten – besondere **Branchenverhältnisse** einbezogen werden[124].

77 **Markenzeichen mit Vor- und Familiennamen.** Die Frage nach der Prägung bei den zahlreichen Marken aus Vor- und Familiennamen (Hugo Boss, Caren Pfleger, Boris Becker) bedarf ebenfalls gesonderter Betrachtung.

Beispiel: Stehen sich die Markenzeichen „Gerd Bohnenberger" und „Bohnenberger" jeweils für Finanzberatung oder „Renata" und „Renata Schneider" jeweils für Kosmetikdienstleistungen gegenüber, stellt sich bei der Markenähnlichkeit die Frage, welches Element jeweils prägt.

78 Die neuere Rechtsprechung nimmt an, dass der Verkehr sich in der Regel am Gesamtnamen aus Vor- und Nachnamen orientiert[125], weil dieser auch durch den Vornamen wesentlich individualisiert wird. Bei besonderen Umständen wie erhöhter Kennzeichnungskraft eines Elementes ist auch anderes möglich.[126] Ein erkennbarer Vorname prägt aber grundsätzlich nicht, wenn er nicht ausnahmsweise isoliert zur Identifizierung einer bestimmten Person verwendet wird und nur so verstanden wird[127]. Weil diese Rechtsprechung **Schutzumfang und Abwehrpotential** dieses wegen der Nähe zu den firmenrechtlich notwendigen Bezeichnungen beliebten Markentyps deutlich schmälert, sollten Anmel-

---

orientiert und anderseits BGH GRUR 1996, 406 ff. – *Juwel/Juwel von Klingel,* wo wegen der Orientierung des Verkehrs jedenfalls auch am Firmenbestandteil gleichmäßige Prägung angenommen wurde.

[123] Insoweit bestätigte auch der EuGH GRUR 205, 1042 ff. – *Thomson Life* die deutsche Rechtsprechung.

[124] So erachtete die deutsche Rechtsprechung bisher ein Zurücktreten des Unternehmenskennzeichens für naheliegend auf dem Pharmasektor, wo dessen Hinzufügung üblich sei. Nicht naheliegend sei dies bei Bekleidung und Brauereiwesen, weil der Verkehr dort besonders mit auf die Herstellerbezeichnung achte, wie BGH GRUR 2004, 865 ff. – *Mustang,* GRUR 1996, 774 ff. – *falke-run/Le run* und BGH GRUR 2002, 167 f. *Bit/Bud* dargelegte. Ebenso sah dies BGH GRUR 2003, 70 ff. – *T-INNOVA/Innova* für Telekommunikation und Unterhaltungselektronik. Ob dies nach EuGH GRUR 2006, 1042 ff. – *Thomson Life* noch haltbar ist, wird sich erweisen.

[125] So die neuere deutsche Rechtsprechung seit BGH GRUR 2000, 233 ff. – *Rausch/Elfi Rauch* und insbesondere BGH GRUR 2000, 1031 ff. – *Carl Link* sowie BGH GRUR 2005, 514 ff. – *MEY/Ella May.* Infolgedessen ist die ältere Rechtsprechung, die Dominanz des Familiennamens annahm, nicht mehr verwertbar.

[126] So etwa BGH GRUR 2005, 514 ff. – *MEY/Ella May.*

[127] Dies wird allenfalls bei Künstlern, Sportlern oder anderen Personen der scheinbar vertrauten Glamourwelt der Fall sein. Siehe BPatG GRUR 1998, 1027 ff. – *Boris/Boris Becker,* die m.E. auch aus der besonderen Konstellation besonderer Bekanntheit unter diesem Vornamen und daraus resultiert, dass es kein deutscher Allerweltsname ist.

A. Arten der Verwechslungsgefahr

der zur Sicherheit möglichst Vor- und Nachnamen einzeln und kombiniert schützen lassen.

Kombinierte Wort-/Bildzeichen. Kombinierte Wort-/Bildzeichen sind häufig und entsprechend oft in Kollisionen verwickelt. Dort sind sie ein **Hauptanwendungsfall der Prägetheorie,** weil sich immer die Frage stellt, ob sie nur vom Wortelement oder auch vom Bildelement mitgeprägt werden. 79

Beispiel: Besteht das eine Markenzeichen aus der sachbeschreibenden Wortkombination Click'n Fix in dieser grafischen Ausgestaltung, auf Grund derer es für „Fußböden und Dielen" eingetragen wurde und das andere aus den Worten „click and fix" für dieselben Waren in einer anderen grafischen Gestaltung für ähnliche Waren, stellt sich die Frage, ob in beiden Markenzeichen jeweils die – kennzeichnungsschwache, weil schutzunfähige Wortkombination – prägt (und beide verwechselbar wären) oder die – deutlich verschiedene – Grafik oder beides.

Markeninhaber und -anmelder sollten diese Fälle und ihre Bewertung im Kollisionsfall kennen, um die Risiken der Anmeldung einer Wort-/Bildmarke mit schutzbegründendem Bildelement einschätzen zu können. Über die Regeln für mehrteilige Wortzeichen hinaus[128] gelten hier folgende wichtige Regeln: 80

- Ihr visueller Eindruck wird in der Regel von den Wort- und Grafikelementen gleichermaßen geprägt, weil der Grundsatz „Wort vor Bild" sich hier nicht auswirken kann, da der Verkehr bei der visuellen Wahrnahme meist das Grafikelement auch mit in seine Erinnerung aufnimmt[129].
- Für die klangliche Benennung muss differenziert werden: Markenzeichen aus Worten in einer grafischen Ausgestaltung in Farbe, besonderer Schrift, mit Rahmen etc. sind faktisch klanglich ohnehin nur mittels der Wortelemente artikulierbar[130]. Nach dem Grundsatz „Wort vor Bild"[131], wonach der Verkehr dem Wort als einfachster und kürzester Bezeichnungsform prägende Bedeutung zumisst, entfallen die grafischen Elemente quasi für den klanglichen Vergleich und sind beide Markenzeichen dann auf Grund ihres übereinstimmenden oder ähnlichen Wortelementes klanglich ähnlich. Ist dieses Wortelement kennzeichnungsunfähig oder -schwach, darf aber trotz der faktischen Ähnlichkeit aus Rechtsgründen nicht auf Grund dessen verwechselt werden[132]. Deswegen müssen Anmelder/Inhaber solcher Marken bei ihren Recherchen vorrangig auf die Wortelemente anderer Marken

---

[128] Siehe dazu den Überblick unter Rdnr. 52 ff.
[129] BGH GRUR 2002, 167 ff. – *Bit/bud,* BGH RUR 2002, 1067 ff. – *DKV/OKV.*
[130] Man sagt nicht: „Das ist eine Hose von Coolhouse mit dem grünen Rahmen".
[131] Ständige Rechtsprechung BGH GRUR 1996, 198 ff. – *Springende Raubkatze,* BGH GRUR 2006, 60 ff. – *Coccodrillo.*
[132] So etwa BGH GRUR 2004, 775 ff. – *EURO 2000* und BGH GRUR 2004, 778 ff. – *Urlaub Direkt.*

Teil 5. Die Verwechslungsgefahr zwischen Marken

achten. Markenzeichen aus Wort(en) und eigens benennbarem Bild werden meist durch das Wort allein, auch wenn es größenmäßig hinter dem Bild zurücktritt[133], oder mit Wort und Bild benannt. Nur in den äußerst seltenen Fällen, wo das Bildelement durch seinen (Größen-)Anteil und seine kennzeichnende Wirkung die Marke so stark beherrscht, dass das Wort kaum noch beachtet wird[134], benennt es der Verkehr möglicherweise allein damit.[135]

81 **Dreidimensionale Marken.** Für Ähnlichkeitsvergleich und Prägeprüfung dreidimensionaler Marken ist zu differenzieren: Bei abstrakten, nicht mit der Warenform übereinstimmenden Formmarken gelten dieselben Grundsätze wie für Bildmarken.[136] Bei Waren(verpackungs)formmarken muss zunächst festgestellt werden, ob der Verkehr die Form an sich – ohne faktisch eventuell zusätzlich angebrachte Kennzeichnungen – überhaupt als den **Herkunftshinweis** auffasst. Ist dem so, wird unter Berücksichtigung der Formenvielfalt auf dem konkreten Sektor und der Abweichung von der Normform die Entfernung beider Marken anhand der Grundsätze für verbrauchte Motive[137] festgestellt.

82 **Markenzeichen aus moderner Markenform und Wort-/Bildelement.** Bei den seltenen Kollisionen mit Beteiligung eines Markenzeichens, das Elemente einer modernen Markenform und Wort- oder Bildelemente enthält[138], ist die Feststellung der prägenden Elemente schwierig. Es wäre denkbar, dass bei einer dreidimensionalen Form auch der dreidimensionale Anteil prägen muss oder dass der Verkehr die Marke trotzdem anhand der (klassischen) Wortelemente benennen wird. Die Rechtsprechung stellt darauf ab, worin der Verkehr den markenmässigen Schwerpunkt sieht. Dies werden – traditionell[139] – eher (noch) nicht Farbe oder Form der Ware selbst, die er eher als Ästhetik oder Funktion der Ware auffassen wird[140], sondern andere „klassische" Markenelemente wie Worte sein.

---

[133] So BGH GRUR 2004, 240 ff. – *MIDAS/MedAS* „die grafische Ausgestaltung steht nicht mehr vor Augen".
[134] So BPatG GRUR 1994, 124 ff. – *Billy the Kid*.
[135] Verkörpern Wort- und Bildelement einer Marke den gleichen Begriffsgehalt, wie etwa das Wort „FunnyBear" und ein lachender Bär, kann die Marke je nach Fall von diesen beiden verschmolzenen Elementen gemeinsam geprägt werden (so angenommen von BGH GRUR 1998, 934 ff. – *Wunderbaum*) oder nur vom Wort, weil es vom Bild nur illustriert wird (so bei BGH GRUR 1999, 241 ff. – *Lions*).
[136] Siehe dazu weiter oben.
[137] Siehe dazu Rdnr. 58 ff.
[138] Wie bei einer Mineralwasserflasche als Warenformmarke mit einer Aufschrift im Glas.
[139] Abgesehen von Fällen, wo der Verkehr durch Gewöhnung respektive Verkehrsdurchsetzung an den Herkunftshinweis durch die Form gewöhnt ist.
[140] In diesem Sinne etwa BGH GRUR 2004, 151 ff. – *Farbmarkenverletzung* I und 154 ff. – *Farbmarkenverletzung II*, BGH GRUR 2003 – *Abschlußstück* sowie GRUR 2005, 414 ff. – *Russisches Schaumgebäck*.

A. *Arten der Verwechslungsgefahr*

Moderne Farb- und Hörmarken. Für die Behandlung von Kollsionen dieser an sich schon seltenen Markenformen fehlt bisher sowohl Relevanz wie gefestigte Praxis.[141]

(3) Ähnlichkeit der Markenzeichen infolge Abspaltung bei einteiligen Marken. Aus einteiligen Marken, wie insbesondere zusammengeschriebenen Wortkombinationen, können einzelne Elemente nur unter strengeren Voraussetzungen als bei der **Prägetheorie** für mehrteilige Marken herausgelöst und isoliert mit anderen Marken verglichen werden. Dies entspricht auch der Wahrnehmung des Verkehrs, der aus einheitlichen Worten eben grundsätzlich nichts „weglässt". Ein isolierter Vergleich ist nach der Rechtsprechung des BPatG[142] nur ausnahmsweise unter den engen Voraussetzungen der Abspaltung (begriffliche Mehrteiligkeit) bei einem glatt beschreibenden Element möglich, das in der einteiligen Marke überhaupt nicht als Herkunftshinweis wirkt und deshalb die (große) Ähnlichkeit zu Marken mit sonst identischen Wortelementen nicht hindert. Typische Beispiele sind die glatt beschreibenden Angaben „extra, forte, retard, aktiv, Saft" in der Arzneimittelbranche. Wegen ihres Widerspruchs zu vielen Grundsätzen und Umgehung der strengen Voraussetzungen der mittelbaren Verwechslungsgefahr wird die Abspaltung sehr zurückhaltend nur angewandt, wenn die abzuspaltende Angabe glatt beschreibend ist und deren Weglassen in der konkreten Branche üblich ist.

83

84

II. Verwechslungsgefahr durch gedankliche Verbindung (§ 9 Abs. 1 Nr. 2 letzter Halbsatz)

§ 9 Abs. 1 Nr. 2[143] sieht neben der unmittelbaren Verwechslungsgefahr auch den Fall vor, dass beide Marken gedanklich miteinander in Verbindung gebracht werden. Trotz ihrer uneinheitlichen Bezeichnung[144] genügt auch hier nur eine **markenrechtliche Verwechslungsgefahr,** nicht das Hervorrufen irgendeiner allgemeinen Assozation oder vagen Verbindung zum anderen Zeichen durch bloß verwässernde oder rufausbeutende Handlungen, die nicht zwingend die Zuordnung des Produktes durch den Verkehr zu einer anderen Anbieterverantwortung nahelegen. Die Anwendungsfälle dieser erstmals im MarkenG vorgesehenen Regelung entsprechen denen der zum WZG

85

---

[141] Für die Ähnlichkeitsprüfung von Farbmarken bieten gewisse Anhaltspunkte HABM R0194/00-3 Beschl. v. 3.7.2002 – *Colour Green National Car* und BGH I ZR 023/01 Beschl. v. 9.3.2004 – *magenta*.

[142] Zu diesem Fall der unmittelbaren Ähnlichkeit und Verwechslungsgefahr, nicht der mittelbaren BPatGE 10, 93 ff. – *EXTRAVERLA*, BPatG GRUR 1994, 122 ff. – *BIONAPLUS*. Der BGH hat sich bisher nicht eindeutig dazu geäußert, tendiert aber wohl eher dagegen vgl. BGH GRUR 1999, 735 ff. – *MONOFLAM/POLYFLAM*.

[143] Auch diese Norm setzt die europäische MRRL, dort Art. 5 Abs. 1 lit. b und § 4 Abs. 1 lit. b um.

Teil 5. Die Verwechslungsgefahr zwischen Marken

entwickelten mittelbaren Verwechslungsgefahr und Verwechslungsgefahr im weiteren Sinne. Sie werden nur bei fehlender unmittelbarer Verwechslungsgefahr und sehr zurückhaltend angewandt.

1. Mittelbare Verwechslungsgefahr oder Serienzeichen

86 Bei der mittelbaren Verwechslungsgefahr[145] hält der angesprochene Verkehr nicht das eine Markenzeichen für das andere. Vielmehr sieht er ein in beiden **übereinstimmendes Element** als den Stamm mehrerer Markenzeichen eines Anbieters an und ordnet auf Grund dessen nachfolgende Markenzeichen mit diesem oder wesensgleichem Stamm und einem anderen Element diesem zu[146]. Diese Vermutung einer Zeichenabwandlung desselben Anbieters trotz erkannter Unterschiede resultiert aus der Gewöhnung des Verkehrs daran, dass viele Anbieter einen Stammbestandteil für alle ihre Produkte wählen, den sie dann als erkennbaren Stamm mit verschiedenen Sortimentsbezeichnungen kombinieren.[147]

Beispiel: Die Telekom verfügt über eine Serie von Marken jeweils aus dem Element „T" (meist in einer spezifischen magentafarbigen Schrift) und einem mittels Bindestrich verbundenen Begriff, wie etwa
T-System
T-Mobile   jeweils T + irgendetwas
T-...
Telly
Würde jemand auf dem Telekommunikationssektor die Marken „T-Babyphone" und „T-Saurus" anmelden, stellt sich die Frage, wie der Verkehr dies auffasst.

87 Sie erfordert neben einem auch über die einschlägigen Markenzeichen[148] informierten Verkehrskreis folgende Voraussetzungen:
• Übereinstimmendes oder wesensgleiches Element in beiden Marken
  Das als Stammbestandteil in Betracht kommende Element muss identisch sein oder nur geringfügig abweichen, indem es unbemerkt bleibt oder für einen Druck- oder Hörfehler gehalten wird. Dabei ist jede Abweichung um so relevanter, um so kennzeichnungsschwächer das Element ist.

---

[144] Sie wird unter anderem als assoziative oder mittelbare Verwechslungsgefahr bezeichnet.
[145] Diese Rechtsfigur war schon unter dem WZG anerkannt und wurde vom BGH ins neue Recht übernommen. BGH GRUR 1998, 927 ff. – *COMPO-SANA* und BGH WRP 2002, 37 ff. – *Bank 24*.
[146] *Ströbele/Hacker* § 9 Rn. 318.
[147] BGH GRUR 2002, 537 ff. – *Bank 24*.
[148] So BPatG GRUR 2001, 513 ff. – *Cefabrause/CEFASEL*, allerdings nicht immer konsequent, da etwa BGH GRUR 2000, 886 ff. auch den Durchschnittsverkehr mit entsprechender Aufmerksamkeit genügen ließ.

A. Arten der Verwechslungsgefahr

- Eigenständigkeit des Elementes
Der mögliche Stammbestandteil muss als eigenständiger Wortstamm hervortreten und darf nicht durch Verschmelzung mit anderen oder Verschwinden in Worten unkenntlich werden[149].

   Beispiel: So ist im Beispiel sehr fragwürdig, ob der Buchstabe „T" im Wort „Thesaurus" eigenständig wäre.

- Hinweischarakter dieses Elementes auf den Inhaber der älteren Marke, weil
   - der Markeninhaber es schon als Ausgangsstammelement einer entsprechend gebildeten Serie verwendet[150] und dies vorgetragen und nicht bestritten oder amtsbekannt, also liquide ist. Wird die Serie bereits für den Verkehr erkennbar benutzt[151] und hat er sich daran gewöhnt, ist selbst starke Kennzeichnungsschwäche des Stammelementes unschädlich[152].
   - es besonders charakteristisch hervorsticht
   - es bekanntermaßen als Firmenkennzeichnung verwendet wird oder sonst erhöhte Verkehrsgeltung hat
   - sonstige Umstände wie Art oder geringe Kennzeichnungskraft[153] des abweichenden Elementes oder eine grafische Gestaltung dies nahelegen.

   Kennzeichnungsschwache Elemente eignen sich nicht als Stammbestandteil, weil aus diesen isoliert keine Rechte hergeleitet werden dürfen.

- Auswirkungen abweichender Elemente
Die relative Kennzeichnungsschwäche abweichender Elemente oder die Lenkung der Aufmerksamkeit durch eine besondere Zeichenbildungsart auf ein Element kann seine Eignung als Stammbestandteil erhöhen. Ihre Verschmelzung mit ihm spricht eher gegen seinen Stammbestandteilcharakter.

- Einander entsprechender Aufbau der Marken
Der Verkehr wird auf Grund seiner Gewöhnung an eine auf eine bestimmte Weise gebildete Markenserie nur annehmen, dass die neue Marke sich in diese hineinschleicht, wenn das Stammelement darin genau wie in der Serie eingebaut ist.

---

[149] Diese Eigenständigkeit fehlte in den Fällen BPatG 30 W (pat) 120/96 Beschl. v. 22.9.1997 – EUKRATON/Craton dem Element „Craton" innerhalb von „Eukraton" sowie in BPatGE 9, 116 ff. Panache/Pan dem Element „Pan" innerhalb von „Panache".
[150] BGH GRUR 2002, 544 ff. – *Bank 24* und BPatG GRUR 2002, 345 ff. – *ASTRO BOY/Boy*. Unter den strengen Voraussetzungen kann auch eine erstmalige Verwendung genügen, wenn der Verkehr das Element als geeigneten Ausgangspunkt einer (künftigen) Serie ansieht, wie BPatG GRUR 2002, 438 ff. – *Wischmax/Max* feststellte.
[151] BGH WRP 2002, 537 ff. *Bank 24* sowie GRUR 2002, 345 – *ASTRO BOY/Boy*.
[152] So etwa BGH WRP 2002, 537 ff. – *BIG*.
[153] BPatG GRUR 2002, 438 ff. – *WISCHMAX/Max*.

Teil 5. Die Verwechslungsgefahr zwischen Marken

Beispiel: Bei der Neueintragung der Marke „Be Boss" für Bekleidung stellt sich die Frage, ob sie mit den Marken der Firma Boss „BOSS", „Hugo Boss", „BOSS Woman", „BOSS HUGO BOSS" mittelbar verwechselbar ist. In deren Serie von Marken aus jeweils zwei Substantiven, die zudem meist hinten angehängt sind, fügt sich diese Marke aus dem Imperativ oder Infinitiv „Be" vor „Boss" mangels entsprechenden Aufbaus nicht ein.

88   Weil die jüngere Marke auch hier nur auf Grund einer markenrechtlichen Verwechslungsgefahr, nicht nur einer – nicht monopolisierbaren – ähnlichen Zeichenbildungsart gelöscht werden darf, sind auch Produkt- und Markenähnlichkeit sowie Kennzeichnungskraft erforderlich. Die großzügigere Handhabung der Produktähnlichkeit hier führt aber trotzdem nicht zu einer Einbeziehung sehr entfernter Produkte (wie Kaugummi zu Finanzwesen) in die Verwechslungsgefahr.[154]

2. Verwechslungsgefahr im weiteren Sinne

89   Diese ursprünglich firmenrechtliche Rechtsfigur betrifft Fälle, in denen der Verkehr zwar beide Zeichen als unterschiedlich und von verschiedenen Anbietern stammend auffasst, aber trotzdem auf Grund besonderer Umstände auf geschäftliche, wirtschaftliche oder organisatorische Beziehungen beider Anbieter schließt[155]. Weil der **Schluss auf gemeinsame Herstellerverantwortung**[156] besondere Umstände wie branchenmäßige Üblichkeit solcher Verflechtungen und Bekanntheit der älteren Marke als Unternehmenskennzeichen beim Verkehr erfordert, die in einem Registerverfahren kaum feststellbar sind, ist diese Verwechslungsgefahr selten[157].

3. Sonstige Verwechslungsfälle

90   Anerkanntermaßen gibt es noch weitere Fälle markenrechtlich verhinderungswürdiger Annäherungen von Marken[158], die aber nicht klar positiv abgegrenzt sind. Sie dürfen weder die Voraussetzungen der anderen Fallgruppen verwässern noch der keinesfalls ausreichenden bloß assoziativen Verknüpfung zu nahe kommen. Auch deren vage Anforderungen laufen letztlich darauf hinaus, dass beide Marken aus irgendwelchen Gründen auf die Ursprungsidentität der Produkte oder sonstige wirtschaftliche oder organisatorische Verbindungen ihrer Anbieter schließen lassen, etwa wegen ähnlichen Markenaufbaus oder einer Kombination klanglicher, schriftbildlicher oder begrifflicher Übereinstimmungen. Abgesehen vom

---

[154] So BGH GRUR 2000, 886 ff. – *Bayer/BeiChem*.
[155] So etwa BGH GRUR 2002, 344 ff. – *DB Immobilienfonds* und BGH GRUR 2006, 60 ff. – *Coccodrillo*.
[156] So BPatG GRUR 1978, 50 ff. – *Farina/Farissima*.
[157] Diese wurde bejaht von BPatG 29 W (pat) 69/02 Beschl. v. 22.9.2004 – *Innova/Inovatel*.
[158] Siehe in diesem Sinne *Ströbele/Hacker*, MarkenG § 9 Rn. 341 und eher skeptisch *Ingerl/Rohnke* § 14 Rn. 758 ff.

A. *Arten der Verwechslungsgefahr*

häufigen und vermeidbaren Fall, dass die eine Marke die Anmutung des Internetauftritts einer anderen hat[159], sind diese Fälle so unspezifisch, dass sie vorab kaum bewußt vermeidbar sind.

III. Entgegenstehende notorisch bekannte Marke mit älterem Zeitrang nach §§ 10 i.V.m. 9 Abs. 1 Nr. 1 oder 2

Gemäß § 42 Abs. 2 Nr. 2[160] kann eine jüngere Marke auch wegen **Doppelidentität** oder **Verwechslungsgefahr** mit einer notorisch bekannten Marke mit älterem Zeitrang nach § 10 gelöscht werden. Dieser wenig praxisrelevante Fall erfordert entweder Doppelidentität der gegenüberstehenden Markenzeichen und Produkte (§ 9 Abs. 1 Nr. 1) oder eine Verwechslungsgefahr gemäß § 9 Abs. 1 Nr. 2 entsprechend den erörterten Voraussetzungen mit der Abweichung, dass die zu Grunde gelegte ältere Marke keine Registermarke, sondern ein (zunächst von seinem Inhaber nur behauptetes) notorisches Recht ist. 91

Notorische Bekanntheit der Marke als Herkunftshinweis für die konkreten Produkte im Inland nach §§ 10, 4 Nr. 3 erfordert sehr hohe Anforderungen einer grundsätzlich gesteigerten Bekanntheit beim angesprochenen inländischen Verkehr von deutlich über 50%, besser 70%[161]. Weil diese Bekanntheit auf eine Marke als Herkunftshinweis bezogen ist, muss diese auch markenfähig und absolut schutzfähig sein und sich – möglicherweise unterschiedlich stark – auf hier grob zu konkretisierende Produkte beziehen. Diese Feststellungen entsprechen inhaltlich denen zur rechtserhaltenden Benutzung[162], sind aber graduell wesentlich strenger. Die Bekanntheit kann aus Benutzung im Inland oder aus im Inland bekannter Benutzung im Ausland resultieren. Der Zeitpunkt des Vorliegens dieser Notorietät bestimmt den Zeitrang dieser Marke nach § 6 Abs. 2 und damit die Frage, ob dieser gegenüber der jüngeren Marke besser ist. 92

B. Praktisch relevante Situationen für die Berücksichtigung einer Verwechslungsgefahr

I. Recherche auf verwechselbare ältere Marken vor Anmeldung einer Marke

Wie eingangs ausgeführt, sollte jeder Anmelder seine geplante Marke schon vor der Anmeldung, am besten schon während der Markenkonzeption darauf untersuchen, ob sie eine ältere Marke stören könnte. 93

---

[159] Wie etwa, wenn die ältere Marke „Profix" lautet und die jüngere „Profix.de".
[160] In Umsetzung von Art. 4 Buchst d MRRL.
[161] So etwa *Ingerl/Rohnke* § 4 Rn. 24.
[162] Siehe dazu unter Teil 6 B.

Teil 5. Die Verwechslungsgefahr zwischen Marken

Wann eine jüngere Marke eine ältere Marke stören kann, orientiert sich entsprechend der Verwechslungsgefahr an der Kombination von Markenzeichen- und Produktähnlichkeit sowie Kennzeichnungskraft der **älteren Marke**. Denn nur eine ältere Marke, mit der die jüngere nach diesen Kriterien verwechselbar ist, kann dieser später gefährlich werden.

94 Diese Recherche auf ältere Register- und Benutzungsrechte ist von zentraler Bedeutung, weil für Marken das **Prioritätsprinzip** „wer zuerst kommt, mahlt zuerst" gilt. Danach kann der, für den eine Marke in einem Gebiet zuerst geschützt war, grundsätzlich andere daran hindern, dieses oder ähnliche Markenzeichen in seiner oder verwandten Branchen in diesem Gebiet (bei einer deutschen Marke Deutschland, bei einer Gemeinschaftsmarke die EU) zu beanspruchen oder zu verwenden. Um kostspielige Streitigkeiten mit dem Inhaber des älteren Rechtes zu vermeiden, die neben den Verfahrenskosten vor allem die bis zur endgültigen Entscheidung getätigten (Fehl-)Investitionen in diese Marke durch Werbung, Prospekte, Gewöhnung der Kunden mit sich bringen, sollte der Anmelder ein in der Branche neues Markenzeichen anstreben.

95 Dabei sollten Markenamelder unbedingt jede Anlehnung an bekannte Marken ihrer Branche im weitesten Sinne vermeiden. Dies gilt nicht nur für Ähnlichkeiten in der Gesamtheit der Markenzeichen, sondern auch für den „Einbau" bekannter Markenzeichen in neue Kombinationen, weil bekannte Marken besonders starken Schutz genießen. Weil Inhaber bekannter Marken meist auch große Marktmacht und Finanzstärke haben, ist von ihnen – nachvollziehbarerweise – auch Ausschöpfung aller rechtlichen Möglichkeiten zu erwarten. Schon die bloße Verwicklung in solche Verfahren blockiert den Einzelanmelder unabhängig von ihrem Erfolg in der Verwendung seiner neu eingetragenen Marke und kostet Zeit und Geld. Ob eine (geplante) Marke in seiner Branche einer anderen bekannten Marke zu nahe kommt, weiß der Anmelder auf Grund seiner Branchenkenntnis oder ist durch Internet-Marktrecherchen ermittelbar[163].

96 Davon abgesehen können einer Registermarke grundsätzlich ältere Registermarken, nicht eingetragene Benutzungsmarken und andere Kennzeichnungen gefährlich werden.

1. Ältere eingetragene Registermarken

97 Plant der Anmelder seine Marke zur Eintragung in ein Register anzumelden, sollte zunächst recherchiert werden, ob im räumlichen Geltungsbereich dieses Registers nicht schon eine ältere ähnliche und potentiell verwechselbare Marke eingetragen ist.

---

[163] Siehe zur Durchführung dieser Internetrecherchen im Folgenden. Die Anmeldung einer solchen bekannten Marke oder deren Einbau in eine Neukombination birgt zudem die Gefahr, dass sie wegen Bösgläubigkeit gemäß § 8 Abs. 2 Nr. 10 zurückgewiesen wird und ihr Inhaber im Fall der Eintragung die Kosten des Widerspruchs des Inhabers der älteren bekannten Marke gegen diese tragen muss.

A. Arten der Verwechslungsgefahr

Für eine geplante Registrierung im deutschen Markenregister sollte **98** der Anmelder das deutsche Markenregister, das Register des Harmonisierungsamtes in Alicante (HABM) mit Geltungsbereich EU sowie das Register der Weltorganisation für Geistiges Eigentum in Genf (OMPI/WIPO) auf Marken mit Schutz für Deutschland recherchieren. Denn alle diese Marken haben (auch) Schutz für die Bundesrepublik Deutschland und aus diesen kann daher gegen eine jüngere deutsche Marke Widerspruch eingelegt werden, wenn diese der älteren zu nahe kommt. Die Überschneidung der räumlichen Geltungsbereiche veranschaulicht die folgende Grafik:

Alle diese Markenregister sind kostenlos online verfügbar und über **99** die **Homepage des DPMA** erreichbar[164]. Das dort ebenfalls verfügbare „Infoblatt zur Internetrecherche" bietet wertvolle Hilfe für deren Nutzung. Für nationale deutsche Marken bietet das DPMA die Recherchetools DPInfo und DPMA-Publikationen an: DPInfo enthält als elektronische Version des Registers alle eingetragenen, angemeldeten und zurückgewiesenen Marken, hat aber den Nachteil, dass seine wenigen Suchfelder dem Anmelder nur wenig Recherchekomfort bieten. Komfortabler ist das Recherchetool DPMAPublikationen, das alle eingetragenen nationalen Marken seit 1875 und Gemeinschaftsmarken (aber nicht die angemeldeten) enthält. Es bietet einen übersichtlichen Einsteiger- und einen empfehlenswerteren Expertenmodus mit vielen Recherchemöglichkeiten anhand verschiedener Kriterien. Letzterer hat den weiteren großen Vorteil, dass von ihm aus auf DPInfo zugegriffen werden kann, um auch angemeldete und damit im Fall der Eintragung auch prioritätsältere Marken als die eigene geplante Marke zu erfassen.

In diesen **Registern**[165] sollte der Anmelder nach älteren eingetragenen **100** oder angemeldeten Marken suchen (lassen), die seine geplante Marke durch einen (erfolgreichen) Widerspruch nach Eintragung wieder zu Fall bringen könnten. Dazu muss er die Register quasi entsprechend den Faktoren der Verwechslungsgefahr auf identische und ähnliche Markenzeichen für identische und ähnliche Produkte durchsuchen (lassen). Dazu sollte zuerst nach

---

[164] Siehe unter www.dpma.de unter Suche/Recherche Marken.
[165] Eine Internetrecherche bringt insoweit wenig, weil (bloß) eingetragene Registermarken nicht unbedingt benutzt werden und daher nicht unbedingt im Internet erscheinen.

Teil 5. Die Verwechslungsgefahr zwischen Marken

Markenzeichen recherchiert werden, die seinem geplanten Markenzeichen in ihrer Gesamtheit klanglich, visuell oder begrifflich zu nahe kommen oder die mit ihm in einem prägenden Element identisch oder ähnlich übereinstimmen. Die so gefundenen Treffer werden dann darauf untersucht, ob sie identische oder zu verwandte Branchen beanspruchen.

Beispiel: Plant der Anmelder die Anmeldung der Wortmarke „Poolio clean" für „Schwimmbeckendesinfektionsmittel", müsste er nicht nur nach der identischen Kombination „Poolio clean" recherchieren, sondern auch auf identische und ähnliche zum wohl prägenden, weil kennzeichnungskräftigen Element „poolio" wie klanglich „pulio, puulio, boolio, buulio, polio" und visuell „Paalio, Baalio, Poolia". Ergibt dies eine ältere Wortmarke „Pulio" für „Bekleidung", wäre dies wegen der großen Entfernung der Branchen unschädlich, während diese für „Geräte zum Reinigen von Schwimmbädern" eventuell und für „Schwimmbadchemikalien" bestimmt schädlich wäre.

101 Wie das Beispiel und das an mehreren Stellen eingeklammerte Wort „lassen" andeuten, sollte der sicherheitsorientierte Anmelder diese Recherche für jedes geplante Markenzeichen, für das seine − einfachere − Recherche auf identische Zeichen keine Ergebnisse ergab, von einem **professionellen Markenrechercheur**[166] durchführen lassen. Eine Recherche nach ähnlichen Markenzeichen ist schon bei den insoweit noch unkomplizierten Wortmarken sehr schwierig, weil der Laie schon kaum abstrakt alle Worte „erdenken" kann, die seinem geplanten Markenwort insgesamt oder in Teilen visuell, klanglich oder begrifflich zu nahe kommen können. Noch schwieriger wird dies bei Markenzeichen aus oder mit Bildern, weil die Recherche nach Bildern bzw. Motiven ohne Spezialprogramm kaum möglich ist. Deren Suche mittels Stichworten wurde zwar durch die Erfassung und Recherchierbarkeit der Bilder durch die Wiener Bildklassifikation (WBK)[167], die sie nach Kriterien und Stichworten einteilt, verbessert, bleibt aber wegen der starken Interpretationsfähigkeit von Bildern trotzdem sehr problematisch.

 Beispiel: Soll dieses Motiv für diverse Produkte angemeldet werden, wäre die Bestimmung der zielführenden Suchbegriffe sehr schwierig, weil unsicher ist, ob das Motiv am besten mit „Frau", „Figur" „Kopf", „Herz, Kopf" erfasst wird.

102 Zudem kann ein Laie kaum abschätzen, welche dieser ähnlichen Markenzeichen Klassen beanspruchen, die seinen geplanten Klassen branchenmäßig zu nahe kommen.

---

[166] Solche Rechercheanbieter sind über eine Metasuchmaschine im Internet unter dem Stichwort „Markenrecherchen" zu finden. Außerdem führen die Patentinformationszentren in vielen deutschen Städten solche Recherchen gegen Entgelt durch (ab etwa 100 €). Anmelder sollten sich vor Beauftragung eines Rechercheurs über die verschiedenen Angebote und deren genauen Angebotsumfang informieren.

[167] Zu finden unter www.dpma E-Dienstleistungen/Veröffentlichungen DPMAPublikationen.

A. Arten der Verwechslungsgefahr

Weil jede Recherche immer nur so gut sein kann, wie die Fähigkeit des Rechercheurs zur Prognose möglicher Ähnlichkeiten, bietet sich ein professioneller Rechercheur an, der diese Risiken durch Erfahrung und **Ähnlichkeitsrechercheprogramme** minimieren kann. Auch dann sind Lücken aber nicht auszuschließen, weil nie alle Ähnlichkeiten betreffend Markenzeichen und Produktklassen voraussehbar sind, zumal ihre Bewertung in der Rechtsprechung – wie gezeigt – keinesfalls eindeutig ist. 103

Scheut der Anmelder die Kosten der professionellen Ähnlichkeitsrecherche, hat er im wesentlichen zwei Möglichkeiten: 104

Er kann nach einer eigenen Grobrecherche auf identische Marken in identischen Klassen die Marke einfach beim DPMA anmelden und abwarten, ob sich während des Anmeldeverfahrens oder nach der Eintragung ein Konkurrent mit identischen oder ähnlichen Produkten meldet, dem sie zu nahe kommt. Geschieht dies oder erhebt der Inhaber einer älteren Registermarke Widerspruch[168], kann der Markeninhaber, wenn er dies für berechtigt hält, immer noch mit diesem in Verhandlungen über eine Abgrenzung zur Koexistenz treten oder (teilweise für sehr ähnliche Produkte) auf seine Marke verzichten oder das DPMA über den Widerspruch entscheiden lassen. Dies hat den Vorteil, dass er die Kosten einer Recherche spart, die selbst bei professionellster Durchführung das Risiko – für das weder Anwalt noch Rechercheur haften – immer nur (mehr oder weniger) miniert. Zugleich bekommt er für die Anmeldekosten (maximale) Sicherheit. Das Risiko auf Grund des drohenden/sich realisierenden Widerspruches ist finanziell ebenfalls überschaubar, weil die **Kosten des Widerspruchsverfahrens** grundsätzlich jeder Beteiligte selbst trägt und der Inhaber der jüngeren Marke bis dahin zunächst keine Kosten hat. Die ausnahmsweise mögliche Auferlegung der Verfahrens- und Anwaltskosten des Gegners auf ihn kann er vermeiden, indem er bei Offenbarwerden einer Verwechslungsgefahr möglichst rasch auf seine Marke verzichtet.

Alternativ kann er die Recherche trotzdem selbst in folgenden Schritten durchführen: 105

- Zunächst sollte er ausgehend vom **geplanten Markenzeichen** auf identische und ähnliche Markenzeichen recherchieren. Dabei muss er nicht nur auf Markenzeichen, die seinem insgesamt identisch oder ähnlich sind, recherchieren, sondern auch auf solche, die dessen prägenden Elementen identisch oder ähnlich sein können.
Bei einer geplanten Wortmarke sollte er erst nach dieser in ihrer genauen Gesamtheit und dann nach allen visuell oder klanglich ähnlichen Varianten recherchieren. Zudem muss er – als Art Präge-

---

[168] Statistisch wird etwa gegen 25% der Markeneintragungen Widerspruch eingelegt, von denen etwa 20 % erfolgreich sind und zu einer (Teil-)löschung der Marke führen.

Teil 5. Die Verwechslungsgefahr zwischen Marken

prüfungssimulation – auch alle kennzeichnenden Elemente seines Markenzeichens recherchieren, die isoliert Ähnlichkeit und Verwechslungsgefahr begründen könnten. Keinesfalls sollte er eine Marke anmelden, die eine bekannte Marke seiner oder einer nahen Branche enthält oder nur geringfügig abwandelt, weil dies in der Wechselwirkung mit deren großer Kennzeichnungskraft infolge Bekanntheit seine Marke häufig durch einen erfolgreichen Widerspruch zu Fall bringen wird.

106 Bei **Wort-/Bild- und reinen Bildmarkenzeichen** ist dies viel schwieriger, weil Bilder und Übereinstimmungen kaum verlässlich recherchierbar sind. Bei Wort-/Bildzeichen sollte er basierend auf den Wortelementen wie bei einer Wortmarke vorgehen. Weil diese aber im Register nicht immer mit dem Wortelement erfasst sind, bleibt diese Recherche lückenhaft und unsicher. Bei Bildmarken sollte er im Expertenmodus des Recherchetools DPMAPublikationen die Wiener Bildklassifikation nutzen. Fast unmöglich ist dies bei anderen, vor allem modernen Markenformen, die schon mangels verlässlich recherchierbarer Verstichwortung im Register kaum ermittelbar sind.

- Als nächstes sollte er die Markenzeichen-„Treffer" darauf untersuchen, ob sie seiner geplanten Marke branchenmäßig nach den Kriterien der Produktähnlichkeit begegnen. Dazu sollte er ausgehend von seinen geplanten Klassen die Bereiche grob abstecken und das Verzeichnis jedes Treffers darauf untersuchen, wie ähnlich dessen Produkte seinen sind.
- Danach sollte er die Treffer auf ihre Kennzeichnungskraft untersuchen, insbesondere ob sie bekannte Marken mit besonders großem Schutzumfang sind.
- Schließlich sollte er aus der Wechselwirkung dieser Faktoren prognostizieren, ob zwischen den Marken eine Verwechslungsgefahr bestehen würde.

Konsequenzen aus dem Ergebnis der Recherche:
- Verlief die Recherche ergebnislos, kann das Anmeldeverfahren eingeleitet werden.
- Ergab die Recherche entgegenstehende Registerrechte, gibt es folgende Möglichkeiten:

107 Erwägt der Anmelder **alternative Markenzeichen,** sollte er diese recherchieren.

Möchte er an diesem Markenzeichen festhalten, sollte er zunächst recherchieren, ob die ermittelte ältere Marke tatsächlich zur Kennzeichnung von Produkten im wirtschaftlichen Verkehr vom Inhaber oder einem berechtigten Dritten benutzt wird. Wurde sie ununterbrochen 5 Jahre nicht benutzt, kann er beim DPMA einen Antrag nach § 49 auf Verfall wegen Nichtbenutzung stellen. Dies soll zu viele „Karteileichen" im Register vermeiden, die die Markenwahl der Allgemeinheit blo-

A. Arten der Verwechslungsgefahr

ckiert. Bei Erfolg des Antrags wird sie gelöscht und er kann die Marke (möglichst schnell) selbst anmelden.

Ist dies nicht so oder scheint es dem Anmelder günstiger, Rechte an der älteren Marke mit früherem Zeitrang zu erwerben, kann er mit deren Inhaber über eine Einigung verhandeln[169]. Diese kann darin bestehen, dass er sich von diesem gegen Bezahlung die Nutzungsrechte an der Marke durch Lizenzvertrag[170] einräumen lässt oder die Marke durch Kaufvertrag mit Übereignung erwirbt.[171] Falls sich beide Marken zwar branchenmäßig thematisch berühren, aber nicht behindern, kann er alternativ eine Abgrenzungsvereinbarung mit Verzicht der Beteiligten auf rechtliche Schritte gegeneinander anstreben.

Beispiel: Wenn eine Recherche zwar eine branchenmäßige Nähe ergab, weil beide Parteien im Obsthandel tätig sind, sich dann allerdings herausstellt, dass der eine sich als Großhändler nur an Wiederverkäufer richtet und der andere als Einzelhändler an Endabnehmer oder einer nur in Nord-, der andere nur in Süddeutschland tätig ist, dann kann eine Abgrenzungsvereinbarung getroffen werden.

Hier sollten möglichst rechtlich klare Situationen geschaffen werden **108** wie Alleineigentum an der Marke oder eindeutige Abgrenzungsvereinbarungen, weil andere Konstellationen mit einer Mehrheit von Beteiligten grundsätzlich streitanfällig sind.

2. Ältere nicht eingetragene Benutzungsmarken und andere Kennzeichenrechte

Einer geplanten Registermarke können auch ältere Benutzungsmarken gemäß § 4 Nr. 2 und sonstige Kennzeichenrechte entgegenstehen. Weil ihr Entstehungsgrund ihrer erheblichen Verwendung im Geschäftsverkehr sich regelmäßig auch in Präsenz im Internet niederschlägt, bietet sich eine Internetrecherche an. Um dies möglichst umfassend abzuklären, sollte der Anmelder sein **geplantes Markenwort** komplett und abgewandelt sowie die voraussichtlich prägenden Elemente und deren Abwandlungen in eine **Metasuchmaschine** wie Google eingeben, die Treffer auf den branchenmäßigen Tätigkeitsbereich untersuchen und dessen Ähnlichkeit mit den eigenen geplanten Produkten abschätzen. Wie bei den Registerrecherchen kann auch hier das Ergebnis nur so gut sein wie die Rechercheanfrage und Fantasie und Intuition bei der Eingabe von Stichworten. Diese findet aber ihre Grenzen an der beschränkten Vorstellungskraft der Laien betreffend mögliche **109**

---

[169] DPInfo, DPMAPublikationen und professionelle Rechercheergebnisse beinhalten Namen und Ort des Markeninhabers, die es ermöglichen, mit diesem in Kontakt zu treten.
[170] Details zu solchen Verträgen und Musterverträge finden sich bei Michael Fammler, Der Markenlizenzvertrag, Verlag C.H. Beck. Auch diverse Online-Anbieter bieten Musterverträge gegen Downloadgebühr an.
[171] Derartige Verträge zum kostenpflichtigen Download finden sich im Internet über eine Metasuchmaschine unter dem Stichwort „Markenkaufvertrag".

Teil 5. Die Verwechslungsgefahr zwischen Marken

ähnliche Kennzeichen und mögliche Ähnlichkeitsbereiche. Dies gilt aus den geschilderten Gründen erst recht für Wort-/Bildmarken und Bildmarken. Daher kann auch hier nur ein professioneller Rechercheur beauftragt und/oder das Risiko eingegangen werden.

II. Die Einlegung eines Widerspruches – der Markeninhaber als Widersprechender

110 Der Inhaber einer eingetragenen Marke sieht die Verwechslungsgefahr aus der Warte desjenigen, der verhindern möchte, dass neu eingetragene Marken seiner Marke zu nahe kommen. Deshalb sollte er beim DPMA Widerspruch gegen die jüngere Marke einlegen, wenn er eine Verwechslungsgefahr mit seiner Marke befürchtet. Denn sonst riskiert er, dass rangschlechtere Marken, die mit seiner verwechselbar sind, eingetragen bleiben und so den **Herkunftshinweis** seiner Marke auf ihn als Anbieter schwächen.

111 Um möglichst umfassend von potentiell verwechselbaren Neueintragungen zu erfahren, muss er sich so regelmäßig über die neu eingetragenen **nationalen Marken** im Register des DPMA und Gemeinschaftsmarken mit Schutz für Deutschland informieren, dass er stets rechtzeitig innerhalb von 3 Monaten gegen eine solche Marke Widerspruch einlegen könnte. Dies ist für diese nationalen Marken leicht über den kostenlosen Dienst DPMA Kurier[172] möglich, der nach kostenloser Registrierung das Markenblatt mit den neu veröffentlichten Marken elektronisch zusendet. Für die veröffentlichten Gemeinschaftsmarken und IR-Marken muss er dies selbst auf der Homepage von HABM bzw. WIPO[173] recherchieren.

112 Diese Recherche ist insofern etwas einfacher als die nach älteren konkurrierenden Zeichen, weil er bei Durchsicht der Klassen, die denen seiner Marke nahe kommen, auf die Markenzeichen gestoßen wird, die zu nahe erscheinen. Trotzdessen bleibt aber auch sie lückenhaft und unwägbar, weil weder der Bereich der visuellen, akustischen und begrifflichen **Markenzeichenähnlichkeit** noch der der **Produktähnlichkeit** sicher abschätzbar ist. Weil diese permanente Durchsicht der Registermarken neben ständiger Aufmerksamkeit auch erhebliches Know-How erfordert, sollte sie an einen professionellen, kostenpflichtigen Markenüberwachungsdienst outgesourct werden, der die optimierten Ergebnisse möglicherweise zu nahe kommender Marken regelmäßig mitteilt.

113 Erscheint dem Markeninhaber eine so ermittelte neu eingetragene Marke mit seiner verwechselbar, kann er ihren Inhaber kontaktieren und

---

[172] Informationen dazu und zu seiner Abbonierung finden sich unter www.dpma.de E-Dienstleistungen und Veröffentlichungen unter DPMA-Kurier.

[173] Die Internetadressen, Informationen und einen Überblick bietet die Homepage des DPMA unter Suche/Recherche Marken Informationen zur Internetrecherche.

A. Arten der Verwechslungsgefahr

vor Ablauf der **Widerspruchsfrist** eine Einigung durch (teilweisen) Verzicht des anderen auf seine Marke oder durch eine Abgrenzungsvereinbarung suchen. Alternativ kann er auch sofort einen kostenpflichtigen, aber mit 120 € preiswerten Widerspruch beim DPMA gegen diese Marke einlegen und klären lassen, ob sie seiner Marke zu nahe kommt. Mit diesem Widerspruch nach §§ 42 ff. verteidigt er seine ältere Marke gegen die jüngere mit dem Ziel deren (Teil-)Löschung, während der Inhaber der jüngeren Marke sein Interesse an (möglichst weitgehendem) Erhalt seiner Marke verfolgt. Auch während des Widerspruchsverfahrens kann er jederzeit mit dem Gegner über eine außeramtliche Einigung verhandeln und ggf. seinen Widerspruch zurücknehmen.

1. Allgemeines zum Widerspruchsverfahren

Das Widerspruchsverfahren vor dem DPMA ist für Laien einfacher selbst zu bewältigen als ein ordentliches Gerichtsverfahren, weil für das Registerverfahren nach § 59 Abs. 1 der Amtsermittlungsgrundsatz gilt. Dabei erforscht das DPMA den Sachverhalt von Amts wegen und prüft die Verwechslungsgefahr weitgehend ohne Zutun der Parteien. Weil es dabei nicht an den Vortrag der Beteiligten gebunden ist und auch bei fehlendem Vortrag alles aus der Registerlage Ersichtliche prüft, entsteht dem nicht vertretenen Laien hier noch der geringste Nachteil. Gleichwohl sollte er sich bei großer Relevanz seiner Marke für seine Aktivitäten spezialisiert anwaltlich vertreten lassen. Stehen gesteigerte Kennzeichnungskraft und Benutzung der Widerspruchsmarke (Erhebung der Einrede und Reaktion) sowie Verwechslungsgefahr durch gedankliches Verbinden im Raum, gilt der **Beibringungsgrundsatz**. Dementsprechend muss muss – wie im ordentlichen Gerichtsverfahren – der, der sich auf etwas zu seinen Gunsten beruft, die dies begründenden Fakten vortragen, soweit sie außerhalb der dem DPMA einsichtigen Sphäre liegen. Weil dieser Vortrag solide Kenntnisse des materiellen und Prozessrechtes erfordert, sollte bei Berührung dieser Fragen spezialisierte anwaltliche Hilfe gesucht werden. 114

Weil das Widerspruchsverfahren wegen der Beteiligung zweier Parteien auch kontradiktorisch ist, ist das DPMA den Parteien gegenüber zur Neutralität verpflichtet und darf keine einseitig bevorzugende und damit zugleich den anderen benachteiligende Hinweise geben (wie auf Fristablauf, Mängel bei Benutzungsunterlagen etc.). 115

2. Voraussetzungen eines zulässigen Widerspruchs §§ 42–44 MarkenG, 29 ff. MarkenV und DPMAV

Für die zulässige Erhebung eines Widerspruches sollte der Markeninhaber folgendes beachten: 116

Teil 5. Die Verwechslungsgefahr zwischen Marken

a) Erhebung des Widerspruchs

117 Der Widerspruch muss schriftlich, also im Original oder per Fax erhoben werden. Aus Beweisgründen sollte (auch) ein Fax gesendet und der Sendebericht aufbewahrt werden. Es sollte das **Widerspruchsformular**[174] verwendet werden, weil es den notwendigen Mindestinhalt gemäß § 30 Abs. 1 und die fakultativen Angaben gemäß § 30 Abs. 2 MarkenV bündelt.[175] Er muss gemäß § 10 DPMAV eigenhändig unterschrieben sein[176]. Für jede Widerspruchsmarke ist ein eigener Widerspruch erforderlich, die aber bei einem Widersprechenden in einem Schriftsatz zusammengefasst werden kann (§ 29 Abs. 1 Satz 1, 2 MarkenV). Inhaltlich muss die Erklärung gemäß §§ 42, 65 Abs. 1 Nr. 4 MarkenG, 30 Abs. 1, 2 MarkenV einen Widerspruch darstellen. Der Widersprechende muss den Widerspruch nicht begründen, die Nennung eines Widerspruchsgrundes des § 42 beschränkt aber die Prüfung darauf.

118 Der Widersprechende bestimmt den Umfang seines Widerspruches, indem er festlegt, welche Waren und Dienstleistungen der angegriffenen Marke er angreift und auf welche Produkte seiner Marke er ihn stützt. Die manchmal vorgenommene Beschränkung des Angriffsobjektes auf einige Produkte der jüngeren Marke gemäß § 30 Abs. 2 Nr. 9 MarkenV, weil den Widersprechenden die Marke für die anderen Produkte nicht stört oder weil diese seinen Produkten nicht ähnlich sind, ist aber wenig sinnvoll, weil sie ihm abgesehen von einer möglicherweise insoweit vermiedenen Niederlage keinen Vorteil bietet. Zudem nimmt sie ihm „**Kompromissmasse**" für eine mögliche außeramtliche Einigung. Bei Fehlen von Angaben zum Angriffsumfang richtet sich der Widerspruch gegen alle Produkte. Die Beschränkung auf nur einige Produkte der „angreifenden" Widerspruchsmarke schränkt die Basis für Ähnlichkeiten zu den Produkten der angegriffenen Marke unnötig ein.

119 Ein Widerspruch kann jederzeit während des Verfahrens bis zur rechtskräftigen (unanfechtbaren) Entscheidung zurückgenommen oder eingeschränkt werden. Er kann jedoch nach Ablauf der **Widerspruchsfrist** nicht ausgedehnt und eine einmal erfolgte Einschränkung nicht widerrufen werden. Diese Erklärungen müssen schriftlich gegenüber DPMA oder BPatG erfolgen, wo der Widerspruch gerade anhängig ist, sind weder anfechtbar noch widerruflich und können nicht unter Bedingungen erfolgen oder von einem erwarteten Verhalten des Gegners abhängig gemacht werden.

---

[174] Siehe unter www.dpma.de unter Formulare/Merkblätter Marken Formular W 7220.

[175] Neuerdings kann er nach § 12 DPMAV auch elektronisch erhoben werden, wenn der Antragsteller eine qualifizierte elektronische Signatur nach dem Signaturgesetz hat, siehe weitere Hinweise unter www.dpma.de unter Suche/Recherche/Suche in den DPMA Webseiten durch Eingabe des Stichwortes „signatur".

[176] Ein Stempel mit maschinengeschriebener Unterschrift genügt nicht.

A. Arten der Verwechslungsgefahr

Nimmt der Widersprechende den Widerspruch zurück, können ihm 120 abweichend vom Grundsatz, dass jeder seine Kosten selbst trägt (§§ 63 Abs. 1 Satz 3, 71 Abs. 1 Satz 2, 90 Abs. 1 Satz 3) ausnahmsweise bei willkürlicher Rechtsverfolgung die Kosten des Verfahrens auferlegt werden (§§ 63 Abs. 1 Satz 2, 71 Abs. 4, 90 Abs. 1 Satz 2).

b) Widerspruchsgrund § 42 Abs. 1, 2 MarkenG

Die **Widerspruchsmarke** bildet eine angemeldete oder eingetrage- 121 ne Marke mit älterem Zeitrang gemäß § 6 Abs. 2. Dies sind meist nationale Marken, können aber auch Gemeinschaftsmarken (über § 125 b Nr. 1) und IR-Marken mit Schutz für die BRD (über §§ 107, 114) sein.[177]

c) Widerspruchsfrist § 42 Abs. 1 MarkenG

Der Widersprechende muss seinen Widerspruch innerhalb von 3 122 Monaten nach der elektronischen Veröffentlichung der Eintragung der jüngeren Marke gemäß § 41 erheben. Dies dient dem Interessensausgleich der **Inhaber älterer Rechte,** die „bedrohliche" jüngere Rechte erst erkennen und ihre Schritte dagegen abwägen können sollen und dem der Inhaber neu eingetragener Marken an **Rechtssicherheit.** Diese gesetzliche **Ausschlussfrist** muss exakt eingehalten werden, weil sie nicht verlängerbar ist und keine Wiedereinsetzung ermöglicht. Weil der Antragsteller sich die Nichtauffindbarkeit von Schriftstücken im DPMA anlasten lassen muss, sollte er fristwahrende Schreiben wie dieses faxen und die Sendeprotokolle aufbewahren. Die Widerspruchsfrist beginnt nach § 187 Abs. 1 BGB einen Tag nach dem Ereignis der Veröffentlichung[178], dauert 3 Monate und endet grundsätzlich gemäß § 188 Abs. 2 BGB um 24 Uhr des Tages des dritten Monats, der dem Tag vorangeht, der durch seine Zahl dem Veröffentlichungstag entspricht. Würde die Frist so an einem Sonn- oder Feiertag[179] enden, verschiebt sich das Fristende gemäß § 193 BGB auf den nächsten Werktag.

d) Widerspruchsgebühr

Mit Eingang des Widerspruches beim DPMA wird gemäß §§ 64 a 123 MarkenG, 6 Abs. 1 PatKostG eine Gebühr von derzeit 120 € pro Widerspruch fällig, die innerhalb der dreimonatigen Widerspruchsfrist beim DPMA eingehen muss. Für die fristwahrende Zahlung ist § 2 PatkostZV

---

[177] Daneben kommen gemäß §§ 42 Abs. 1, 2 Nr. 2 und 3 in Verbindung mit §§ 10 und 11 auch die sehr seltenen notorisch bekannten Marken und Agentenmarken in Betracht.

[178] Bei einem Widerspruch gegen eine IR-Marke orientiert sich die Frist an § 114 Abs. 2, läuft also ab Veröffentlichung der WIPO. Sie beginnt am 1. Tag des Monats, der dem Veröffentlichungsmonat folgt.

[179] Weil sich das Vorliegen eines solchen nach dem Recht des Ortes der annahmeberechtigten Dienststellen des DPMA richtet, kann dies durchaus abweichen und der Widersprechende dies nutzen.

Teil 5. Die Verwechslungsgefahr zwischen Marken

maßgeblich. Geht die Gebühr nicht (vollständig) ein, gilt der Widerspruch gemäß § 6 Abs. 2 PatKostG als nicht erhoben und die Zahlung ist nicht nachholbar. Verspätet oder nur teilweise gezahlte Gebühren erstattet das DPMA aus Billigkeitsgründen abzüglich einer Bearbeitungsgebühr von 5 €.

e) Widerspruchsberechtigter

124   Widerspruchsberechtigt ist nach § 42 Abs. 1 der Inhaber einer Marke mit älterem Zeitrang. Dies wird meist der tatsächliche Markeninhaber sein. Im übrigen vermutet § 28 Abs. 1 zur Vermeidung komplizierter Feststellungen[180], dass der im Register Eingetragene materieller Markeninhaber und widerspruchsberechtigt ist. Wird dies bestritten, überprüft das DPMA dies, wenn der Mangel der **Rechtsinhaberschaft** (nach oft komplizierten Übertragungen wie Fusionen etc.) offensichtlich oder sonst abschließend klärbar ist und belässt es im übrigen bei der Vermutungswirkung.

Nach materiellen Rechtsübergängen der Marke, die dem DPMA nicht immer angezeigt und registermäßig umgesetzt werden, bleibt bis zum Umschreibeantrag nur der eingetragene Rechtsvorgänger nach § 28 Abs. 1 legitimiert. Wird die Umschreibung in der Widerspruchsfrist beantragt, begründet § 28 Abs. 2 die Legitimation des Rechtsnachfolgers, der dann seine materielle Rechtsinhaberschaft glaubhaft machen muss. Bis dahin kann auch der Rechtsvorgänger widerspruchsberechtigt sein.

3. Sonstige Verfahrensfragen

a) Fristverlängerungsgesuche

125   Die Beteiligten eines Widerspruchsverfahrens können schriftlich Verlängerung der ihnen gesetzten Fristen beantragen. Weil die **Standardfrist** gemäß §18 DPMAV nur einen Monat beträgt, wird häufig eine Fristverlängerung, jedenfalls bei aufwändigeren Vorgängen wie Widerspruchsbegründung oder Zusammenstellung von Unterlagen zum Benutzungsnachweis erforderlich. Dementsprechend kann diese Frist nach § 74 Abs. 2 Satz 1 bei Angabe ausreichender Gründe verdoppelt werden. Weitere Fristverlängerungen über 2 Monate hinaus werden zwar gemäß § 74 Abs. 3 grundsätzlich nur bei Glaubhaftmachung eines berechtigten Interesses und im Interesse aller Beteiligten mit Einverständnis des Gegners (typischerweise wegen Vergleichsverhandlungen) gewährt. Weil dies in der Praxis eher weniger streng gehandhabt wird, sind großzügigere Fristverlängerungen nicht ausgeschlossen.

---

[180] Weil das DPMA von privatrechtlichen Markenübertragungen häufig nichts erfährt und deren Erforschung das Registerverfahren sprengen würde.

A. Arten der Verwechslungsgefahr

b) Übersendung von Eingaben/Rechtliches Gehör

Jeder Beteiligte eines Widerspruchsverfahrens hat auf Grund des 126 rechtstaatlichen Gebotes rechtlichen Gehörs – das in § 59 Abs. 2 anklingt – das Recht auf vorherige Übersendung sämtlicher Umstände, auf die eine Entscheidung gestützt wird. Dies umfasst auch die unverzügliche Übersendung von Schriftsätzen der Gegenseite, wenn sie neues tatsächliches Vorbringen enthalten.

c) Die Aussetzung von Widerspruchsverfahren

Die Aussetzung von Widersprüchen soll aus verfahrensökonomi- 127 schen Gründen Entscheidungen vermeiden, die wegen ihrer Abhängigkeit von anderen Entscheidungen noch nicht anstehen oder nicht ergebnisrelevant sind. Dieses Interesse muss die Entscheidung über eine Aussetzung mit der Verfahrensverzögerung **abwägen**. § 43 Abs. 3 ermöglicht die Aussetzung eines von mehreren Widersprüchen, wenn (und soweit) die angegriffene Marke ohnehin wegen mindestens eines weiteren Widerspruchs zu löschen ist. Dies entscheidet der Prüfer fallweise nach **Verfahrensökonomie** (vgl. § 65 Abs. 1 Nr. 4 i.V.m. 28 MarkenV).

d) Wirkungen von Insolvenz oder Tod eines Beteiligten

Bei Insolvenz eines Beteiligten wird mit der Eröffnung des Insolvenz- 128 verfahrens das Widerspruchsverfahren nach § 240 ZPO unterbrochen. Dies bedeutet – anders als bei der Verfahrenshemmung –, dass laufende Fristen nach Ende der Unterbrechung mit der Aufnahme des Verfahrens durch den Insolvenzverwalter oder dessen Beendigung durch Gerichtsbeschluss gemäß § 249 ZPO neu zu laufen beginnen. In dieser Phase trotzdem ergehende Beschlüsse sind wirksam, aber anfechtbar. Auch der Tod eines Beteiligten bewirkt eine solche **Verfahrensunterbrechung,** die mit der Aufnahme des Verfahren durch den Rechtsnachfolger (§ 239 Abs. 1 ZPO) endet.

4. Begründetheit des Widerspruches §§ 42 Abs. 2, 9 ff. MarkenG

Auf den zulässigen Widerspruch hin prüft der Prüfer im DPMA des- 129 sen Begründetheit und entscheidet per Beschluss, ob die angegriffene Marke im **Beschlusszeitpunkt** mit der Widerspruchsmarke nach den dargestellten Grundsätzen (teilweise) verwechselbar ist und daher gemäß § 43 Abs. 1 Satz 2 (teilweise) gelöscht wird.

Obwohl der Widersprechende seinen Widerspruch nicht begründen 130 muss, weil das DPMA auf Grund des **Amtsermittlungsgrundsatzes** die Verwechslungsgefahr weitgehend selbstständig prüft, sollte er einige Punkte in einer Begründung ausführen. Der zuständige Prüfer prüft die

Teil 5. Die Verwechslungsgefahr zwischen Marken

Verwechslungsgefahr zweier Marken grundsätzlich auf Grund der Registerlage unter Berücksichtigung der Rechts- und Erfahrungssätze und Rechtsprechung, Recherchen sowie seiner Erfahrung.

131 Meint der Widersprechende aber irgendwelche für die Verwechslungsgefahr sprechende Umstände aus seiner speziellen Branchenkenntnis o.ä. selbst besonders gut zu kennen, sollte er sie vortragen, weil der Prüfer zwar über eine große Beurteilungspraxis, aber nicht über jedes **Brancheninsiderwissen** verfügt. So sollte der Widersprechende etwa besondere Gründe für die Ähnlichkeit der gegenüberstehenden Produkte, für besondere Aufmerksamkeit der Kunden Marken gegenüber, für eine schwerpunktmäßige visuelle[181] oder klangliche Wahrnahme von Produkten und/oder Marken, für sonstige besondere Branchengewohnheiten sowie für Schutzunfähigkeit oder Kennzeichnungsschwäche einzelner Markenelemente selbst vortragen, soweit dies nach den Prägungsgrundsätzen für ihn günstig ist. Auch bei möglichen Anhaltspunkten für eine gesteigerte Kennzeichnungskraft seiner Marke infolge starker Benutzung sollte er die entsprechenden Umstände wie Dauer, Gebiet, Umsätze für beanspruchte Produkte im Ähnlichkeitsbereich als ihm günstige Abweichung vom Grundsatz normaler Kennzeichnungskraft vortragen und möglichst umfassend belegen.[182] Ebenso muss er die Voraussetzungen einer Verwechslungsgefahr durch gedankliche Verbindung vortragen, wie Kennzeichnungsstärke des Stammbestandteiles, Innehabung einer Markenserie oder andere besondere Umstände dafür.

132 **Reaktion auf eine zulässige Einrede mangelnder Benutzung.** Erhebt der Inhaber der angegriffenen Marke im Widerspruchsverfahren zulässig die **Einrede mangelnder Benutzung**[183] gemäß § 43 Abs. 1, muss der Widersprechende auf die Aufforderung des DPMA die rechtserhaltende Benutzung seiner Marke für die eingetragenen Waren und Dienstleistungen nachweisen. Tut er dies nicht oder gelingt es ihm nicht ausreichend, werden seinem Widerspruch gemäß § 43 Abs. 1 Satz 3 keine Produkte zu Grunde gelegt und dieser ohne weitere Prüfung der Verwechslungsgefahr zurückgewiesen. Weil dieser Nachweis der rechtserhaltenden Benutzung in der Praxis häufig nicht an tatsächlich mangelnder Benutzung der Marke, sondern an deren unzureichendem Vortrag scheitert, werden Anforderungen und die häufigsten Fehler dargestellt:

133 **Zeitlich** muss er die rechtserhaltende Benutzung seiner Marke auf die Einrede nach § 43 Abs. 1 Satz 1 für die 5 Jahre vor der Veröffentli-

---

[181] Insoweit sollte er insbesondere vortragen, wenn in seiner Branche für einen Großteil des Verkehrs die visuelle Wahrnahme mit allen, auch grafischen Elementen etwa aufgrund der Produktauswahl im Internet besonders wichtig ist, wenn dies für ihn günstig ist, weil eine Markenähnlichkeit nur bei Einbeziehung der visuellen Elemente nahe liegt.
[182] *Ströbele/Hacker* § 9 Rn. 192.
[183] Siehe dazu im Detail unter B III.

A. Arten der Verwechslungsgefahr

chung der Eintragung der angegriffenen Marke und auf die Einrede nach Satz 2 für die letzten 5 Jahre vor der Entscheidung über den Widerspruch glaubhaft machen. Weil der zweite Zeitraum wegen seiner Abhängigkeit vom (unklaren) Zeitpunkt der Entscheidung des DPMA wandert, muss der Widersprechende ihn selbständig – immer wieder – mit Benutzungsnachweisen ausfüllen. Wurden – wie meist – beide Einreden erhoben, muss er die Benutzung für beide Zeiträume nachweisen.

Inhaltlich muss der Widersprechende unverzüglich nach Übermittlung der Einrede durch das DPMA alle erforderlichen Unterlagen für die Glaubhaftmachung vorlegen. Weil die Benutzung dem Beibringungsgrundsatz unterliegt, muss er sie von sich aus vortragen und glaubhaft machen, wird er vom DPMA nicht auf Mängel hingewiesen, die alle zu seinen Lasten gehen. Die Glaubhaftmachung als Beweisart gemäß § 294 ZPO erfordert die Beibringung von Unterlagen, die die Verwendung seiner Marke nach Zeit, Art und Umfang für die beanspruchten Waren und Dienstleistungen belegen. 134

Dazu muss er anhand einer **eidesstattlichen Versicherung** einer Person, die in seinem Unternehmen über die Nutzung der Marke informiert ist und entsprechender Unterlagen wie Preislisten, Prospekte, Screenshots von der Homepage), Etiketten, Rechnungskopien detailliert erklären, dass er selbst oder durch einen Berechtigten 135
- dieses Markenzeichen (oder ein gemäß § 26 Abs. 3 nur geringfügig abgewandeltes oder modernisiertes)
- in dem oder den maßgeblichen Zeiträumen (oder zumindest größeren Zeitspannen währenddessen)
- für die im Register beanspruchten Waren oder Dienstleistungen
- mit diesen verbunden (erfordert grundsätzlich datierte Abbildungen aus Prospekten etc. der Waren mit dem Markenzeichen darauf oder bei Dienstleistungen Kopien von Prospekten, Rechnungen, Geschäftspapieren, Berufskleidung oder Fotos des Geschäftslokals, die die Verwendung des Markenzeichens für die Dienstleistung erkennen lassen)
- in ausreichendem Umfang (möglichst große Umsätze, Stückzahlen etc.)
- im Inland
als Markenzeichen als Hinweis auf sich als Anbieter verwendet hat.

Dabei sollte er auf Folgendes achten: Die notwendige eidesstattliche Versicherung muss von einer natürlichen Person in deren eigenem Namen[184] stammen und im Original (keine Kopie) eingereicht werden. Der Erklärende muss in ihr die aufgezählten notwendigen Fakten versichern (also: Der Anbieter A machte im Zeitraum von … bis … in Deutschland unter dem Markenzeichen … für die Waren … Umsätze von … €, für die Dienstleistungen … von … €) und dies wird durch die 136

---

[184] Nicht firmenmäßig, weil es um die Wahrnehmung einer natürlichen Person geht.

Teil 5. Die Verwechslungsgefahr zwischen Marken

beigefügten Anlagen (Prospekte mit Abbildungen der Marke auf den einzelnen Produkten, Rechnungen betreffend die einzelnen Produkte, Umsatzzahlen) belegt. Dabei sollte er die genannten Umsatzzahlen penibel konkret auf die einzelnen beanspruchten Produkte beziehen und aufschlüsseln sowie auf konkrete Zeiträume beziehen, weil sonst unklar bleibt, für welche Produkte benutzt wurde.

Beispiel: Muss der Widersprechende die Benutzung seiner Marke „Tausendschönchen" für „Accessoires" und „Dienstleistungen einer Änderungsschneiderei" nachweisen, muss er detailliert darlegen, welche Umsätze in welchem Jahr unter dieser Marke auf Accessoires und welche auf die Dienstleistungen einer Änderungsschneiderei entfielen. Gibt er nur an, dass er im Jahr xy Umsätze von … € gemacht hat, könnte es entweder sein, dass er sie nur mit dem einen oder nur mit dem anderen gemacht hat, so dass die Benutzung für kein Produkt nachgewiesen ist.

137   Bloße Einschätzungen des Erklärenden („die Marke wurde rechtserhaltend benutzt") sind nutzlos. Zudem müssen die eingereichten Prospekte und sonstigen Nachweise für die Aufbringung der Marke auf den Produkten datiert sein, weil sie sonst keine Benutzung in einem maßgeblichen Zeitraum belegen können. Hier zahlt es sich aus, wenn der Markeninhaber – wie in Kapitel 7 empfohlen – kontinuierlich Prospekte und sonstige Verwendungsnachweise für seine Marke möglichst lückenlos archiviert hat.

138   Auf diese Stellungnahme des Widersprechenden hin erkennt der Inhaber der angegriffenen Marke die Benutzung entweder an und lässt die Einrede fallen, und der Prüfer entscheidet über die Verwechslungsgefahr oder sie bleibt aufrechterhalten und der Prüfer entscheidet über ausreichende Benutzung und Verwechslungsgefahr. Selbst wenn der Prüfer im DPMA in diesem Verfahrensstadium die Benutzungsnachweise als nicht ausreichend erachtet, kann der Widersprechende in der nächsten Instanz – dann unter Berücksichtigung der Äußerungen des Prüfers im Beschluss dazu, warum die Nachweise nicht ausreichen – verbesserte Benutzungsunterlagen vorlegen.

5. Sonstiges, insbesondere Kosten

139   Im **Widerspruchsverfahren** trägt grundsätzlich und meist jeder Beteiligte seine Kosten (Widerspruchsgebühr, Anwaltskosten etc.) gemäß § 61 Abs. 1 Satz 3 selbst, es sei denn der Prüfer erlegt ausnahmsweise gemäß Satz 1 einem Beteiligten die Kosten ganz oder teils (gequotelt) auf.[185] Strebt ein Beteiligter die Kostenauferlegung auf den anderen an, sollte er während des Widerspruchsverfahrens vor dem Beschluss einen schriftlichen frei formulierten Antrag darauf stellen. Über diesen ent-

---

[185] Diese Entscheidung betrifft als Kostengrundentscheidung das „Ob" der Kostentragung, während die Festsetzung der summenmäßig zu erstattenden Kosten dem folgenden Kostenfestsetzungsverfahren überlassen ist.

A. Arten der Verwechslungsgefahr

scheidet der Prüfer dann mit der Sachentscheidung. Einseitige(re) Kostenauferlegung auf einen Beteiligten ist als Ausnahme nur aus besonderen Gründen möglich, wenn dieser Beteiligte sich prozessual sorgfaltspflichtwidrig verhalten hat, etwa indem er in einer anerkanntermaßen (beinahe) aussichtslosen Situation sein Interesse an Erhalt oder Erlöschen der Marke durchgesetzt hat. Sein bloßes Unterliegen genügt dazu nicht, das als Normalrisiko vom Grundsatz erfasst wird, dass jeder seine Kosten selbst trägt. Beim Widersprechenden kann ausreichen die Erhebung eines Widerspruchs trotz erkennbar fehlender Produktähnlichkeit oder aus einer mehrgliedrigen Widerspruchsmarke, die nur in einem schutzunfähigen Element mit der jüngeren übereinstimmt oder die Weiterführung des Widerspruchsverfahrens nach zulässiger Nichtbenutzungseinrede ohne ernsthaften Versuch der Glaubhaftmachung. Beim Inhaber der angegriffenen Marke kann die Anmeldung einer identischen Marke auf identischen Sektoren (in Behinderungsabsicht) und auf beiden Seiten mehrmaliges Unterliegen in vergleichbaren Verfahren genügen.

III. Der Markeninhaber in der Rolle des Inhabers der angegriffenen Marke

Der Inhaber der angegriffenen Marke ist anders als der Widersprechende nicht Herr des Verfahrens, sondern wurde in dieses verwickelt und kann dessen prozessualen Fortgang dementsprechend wenig beeinflussen. Wird ihm der Widerspruch mitgeteilt und merkt er, dass seine Marke tatsächlich einer älteren Marke (für alle oder einige Produkte) zu nahe kommt, kann er auf seine Marke ganz oder für einige Produkte verzichten. Dazu kann es vor allem infolge von Recherchelücken vor seiner Markenanmeldung kommen. Abgesehen von ganz eindeutigen Fällen mit Identität von Produkten und Markenzeichen sollte er sich aber vor einem unwiderruflichen Verzicht auf die Marke um eine **Abgrenzungsvereinbarung** mit dem Widersprechenden bemühen. Soweit er in weniger eindeutigen Fällen oder aus Prinzip[186] vom DPMA über den Widerspruch entscheiden lassen möchte, sollte er folgendes beachten: 140

Zunächst muss bei Widerspruchsverfahren im **Erstverfahren**[187] mit einer Verfahrensdauer von bis zu eineinhalb Jahren ab der abschließenden Äußerung aller Beteiligten gerechnet werden. Weil an dessen Ende die Löschung seiner Marke stehen kann, sollte er solange möglichst wenig in Aufbau und Bekanntmachung dieser Marke investieren. Er sollte also seine Produkte noch nicht unter dieser Marke vermarkten, keine Etiketten und Prospekte auf sie aufbauen, die Kunden nicht daran gewöhnen etc.; 141

---

[186] Dann aber möglicherweise mit dem Risiko der Kostentragung für ihn, siehe näher unter B II 5.
[187] Siehe dazu unter B II 5.

Teil 5. Die Verwechslungsgefahr zwischen Marken

weil alle diese Investitionen dann hinfällig sein könnten. Dies kann für eine möglichst frühzeitige Abgrenzungsvereinbarung mit dem Gegner sprechen.

142 Auch der Inhaber der angegriffenen Marke muss nicht begründen, warum er den Widerspruch gegen seine Marke für unbegründet hält, weil der neutrale Prüfer dies wegen des Amtsermittlungsgrundsatzes auf Grund der Registerlage prüft. Liegt dem Inhaber der angegriffenen Marke viel an dieser – eine primär wirtschaftliche Entscheidung – sollte er einen spezialisierten Anwalt mit der Erwiderung auf den Widerspruch beauftragen. Andernfalls kann er selbst anhand der Ausführungen zur Verwechslungsgefahr argumentieren oder die Sache ohne Stellungnahme der Beurteilung des DPMA überlassen. Eigene Ausführungen sind aber dort sinnvoll – wie bereits spiegelbildlich für den Widersprechenden ausgeführt – wo er besondere branchenspezifische Kenntnisse zu haben glaubt, die gegen eine Verwechslungsgefahr sprechen. Zudem ist er für eine – vom zu Grunde gelegten Regelfall normaler Kennzeichnungskraft abweichende – geschwächte Kennzeichnungskraft der Widerspruchsmarke darlegungspflichtig.

143 | **Tipp:** Eine einfache und effektive Erwiderung auf einen Widerspruch, die jeder Inhaber einer angegriffenen Marke erwägen sollte, ist die Einrede mangelnder Benutzung gemäß § 43 Abs. 1. Weil auch für diese nicht der Amtsermittlungs-, sondern der Beibringungsgrundsatz gilt, muss er dies selbst vortragen. Mit dieser Einrede hält der Inhaber der angegriffenen Marke dem Widerspruch entgegen, dass die angreifende Marke nicht ausreichend als Marke am Markt benutzt wurde. Denn obwohl schutzfähige Marken für jedermann und jedes Produkt eintragbar sind, sieht §§ 43 Abs. 1 Satz 1, 2 i.V.m. 26 im Interesse der Wettbewerbsfreiheit und der Vermeidung einer Blockade des Registers durch Formalrechte vor, dass die Benutzung einer Marke innerhalb von 5 Jahren nach ihrer Eintragung aufgenommen werden und auch kontinuierlich weitergeführt werden muss.

144 Darauf, dass dies nicht passiert ist, kann sich der Inhaber der angegriffenen Marke gemäß §§ 43 Abs. 1 Satz 1und 2 durch die Einrede mangelnder Benutzung berufen. Ist die Einrede erfolgreich, weil der Inhaber der Widerspruchsmarke nach Aufforderung durch das DPMA nicht nachweist, dass er seine Marke für die beanspruchten Produkte ausreichend benutzt hat, können der **Verwechslungsgefahrprüfung** auf der Seite der Widerspruchsmarke gemäß § 26 Abs. 1 Satz 3 keine Produkte zu Grunde gelegt werden. Dann wird der Widerspruch schon deshalb zurückgewiesen. Weil dies für den Inhaber der angegriffenen Marke sehr einfach und bei Erfolg sehr effizient ist, werden die Voraussetzungen kurz dargestellt:

145 Die Einrede mangelnder Benutzung gemäß § 43 Abs. 1 Satz 1 ist zulässig, wenn die Widerspruchsmarke[188] im Zeitpunkt der Veröffentli-

---

[188] Ist die Widerspruchsmarke eine IR-Marke, gelten die in §§ 115 Abs. 2, 116, 124 bestimmten Zeitpunkte.

A. Arten der Verwechslungsgefahr

chung der Eintragung der angegriffenen Marke schon länger als fünf Jahre im Register eingetragen ist[189]. Die gleichzeitig mögliche Einrede mangelnder Benutzung gemäß § 43 Abs. 1 Satz 2 ist zulässig, wenn die Widerspruchsmarke im Zeitpunkt der Erhebung der Einrede schon länger als fünf Jahre im Register eingetragen ist.[190] Weil diese Zeitpunkte und Fristen für den Inhaber einer angegriffenen Marke nicht leicht genau bestimmbar sind, sollte dieser sich nicht mit dem Risiko einer falschen Fristberechnung belasten, sondern diese Einrede vorsichtshalber immer dann erheben, wenn die Widerspruchmarke in diesen zeitlichen Bereich gerät. Ist sie noch nicht zulässig, teilt das DPMA ihm dies – nach Überprüfung – ohne weitere Konsequenzen lediglich mit, und die Einrede kann jederzeit wieder erhoben werden. Um die Einrede zu erheben, schickt (und faxt) er unter Angabe des Aktenzeichens seiner Marke ein Schreiben des Wortlautes „Hiermit erhebe ich gegen die Widerspruchsmarke Aktenzeichen ... die Einrede mangelnder Benutzung". Diese pauschale Formulierung umfasst dann beide Einreden nach § 43 Abs. 1 Satz 1 und 2.

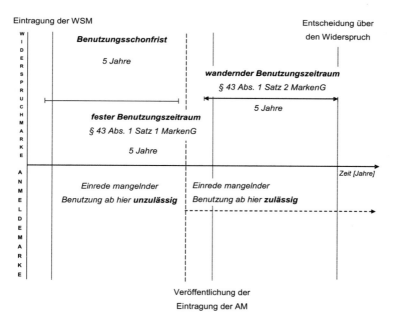

---

[189] War gegen die Widerspruchsmarke ein Widerspruchsverfahren anhängig, beginnt die Fünfjahresfrist erst mit Abschluss des Widerspruchsverfahrens zu laufen (§ 26 Abs. 5).
[190] Die entsprechenden Daten sind auf der Homepage des DPMA Veröffentlichungen/E-Dienstleistungen mittels der Recherchetools DPMAPublikationen und DPInfo recherchierbar.

Teil 5. Die Verwechslungsgefahr zwischen Marken

146 Nach zulässiger Einrede mangelnder Benutzung fordert das DPMA den Widersprechenden zur Stellungnahme auf. Bringt dieser daraufhin – wie nicht selten – keine Unterlagen für die rechtserhaltende Benutzung bei, wird der Widerspruch schon deswegen ohne weitere Prüfung der Verwechslungsgefahr zurückgewiesen. Bringt er für alle oder einige eingetragene Produkte Nachweise bei, werden diese dem Inhaber der angegriffenen Marke übermittelt. Möchte dieser auch in diesem Verfahrensstadium keinen Anwalt hinzuziehen, sollte er aber daraufhin jedenfalls seine Einrede mangelnder Benutzung aufrechterhalten und keine Benutzungshandlungen anerkennen. Denn dann entscheidet das DPMA in der Sache mit der „Chance" für ihn, dass die Unterlagen eine rechtserhaltende Benutzung nicht ausreichend belegen und der Widerspruch auf Grund dessen zurückgewiesen wird.

Teil 6. Die Pflege einer eingetragenen Marke

Übersicht

	Rdnr.
A. Überwachung der Register auf verwechselbare Marken	2
B. Benutzungszwang betreffend die Marke	4
I. Inhaltliche Anforderungen an eine rechtserhaltende Benutzung	7
II. Benutzungszwang und Benutzungsschonfrist	14
C. Vermeidung und Verfolgung beschreibender Verwendungen der Marke	15
I. Konsequente Verwendung der Marke als solche durch ihren Inhaber	15
II. Ergreifen von Maßnahmen gegen die beschreibende Verwendung seiner Marke durch Dritte	18

Wurde für den Anmelder seine Wunschmarke eingetragen, ist das der 1 wichtige erste Schritt. Damit ist aber bei weitem noch nicht alles getan, um diese Marke auch auf Dauer erfolgreich als Herkunftshinweis für die eigenen wirtschaftlichen Aktivitäten in Abgrenzung zu denen anderer aufrechtzuerhalten. Vielmehr muss eine Marke nach ihrer Eintragung in verschiedener Hinsicht gepflegt werden:

A. Überwachung der Register auf verwechselbare Marken

Zunächst kann eine Marke ihren Zweck, auf einen bestimmten Anbieter im Gegensatz zu anderen hinzuweisen, auf Dauer nur erfüllen, wenn der angesprochene Verkehr sie nicht mit anderen Marken verwechselt. Hinsichtlich später angemeldeter Registermarken sollte der Markeninhaber dies zu verhindern versuchen, indem er deutsches und Gemeinschaftsmarkenregister sowie das Register der WIPO auf Marken mit Schutz für Deutschland regelmäßig auf neu eingetragene Marken recherchiert, die seiner zu nahe kommen können und gegen diese Widerspruch erhebt, um „das Grundstück seiner Marke frei zu halten". Eine andere Marke kommt der eigenen zu nahe, wenn der angesprochene Verkehr beide verwechseln wird und deshalb die Produkte einem falschen Anbieter zuordnet. Diese Verwechslungsgefahr bemisst sich anhand der Wechselwirkung der drei Faktoren **Markenzeichen-** und **Produktähnlichkeit** (Branchennähe) sowie **Kennzeichnungsstärke** der älteren Marke.[1] 2

---

[1] Siehe dazu ausführlich Teil 4.

Teil 6. Die Pflege einer eingetragenen Marke

Beispiel: Hat ein Markeninhaber die Wortmarke „Chilly" für „Schreibwaren, Betrieb einer Bar" und findet er auf der Homepage des DPMA die Neueintragung „Chelly" für „Betrieb einer Bar, Kalender, Hundezucht", müsste er folgendermaßen überlegen, ob er innerhalb von 3 Monaten Widerspruch gegen diese Marke einlegen soll: Weil der Widerspruch gegen die Eintragung einer jüngeren Marke verhindern soll, dass der Verkehr seine Marke mit dieser verwechseln und einer ihn schädigenden Anbieterherkunftstäuschung unterliegt, muss er prognostizieren, ob der angesprochene Verkehr die eine Marke für die andere halten wird. Dies hängt von der Marken- und Produktähnlichkeit sowie Kennzeichnungskraft der Widerspruchsmarke ab. Die „Gastronomiedienstleistungen" der jüngeren Marke umfassen „Betrieb einer Bar" und sind identisch, „Kalendern" sind „Schreibwaren" sehr ähnlich. „Hundezucht" ist zu keinem Produkt der älteren Marke ähnlich. Die Kennzeichnungskraft der Widerspruchsmarke ist normal, nur für „Gastronomiedienstleistungen" wegen des Anklanges an „chillig" im Sinne von „entspannen" etwas geschwächt. Die akustische Ähnlichkeit der Marken ist sehr hoch. Weil der Verkehr daher für „Schreibwaren" einer Herkunftstäuschung unterliegen kann, für „Gastronomiedienstleistungen" möglicherweise und für „Hundezucht" nicht, weil niemand denkt, dass der Anbieter der Produkte der älteren Marke auch Hunde anbietet, sollte er zumindest teilweise Widerspruch einlegen.

3 Diese Kontrolle der Neueintragungen sollte der Markeninhaber so regelmäßig durchführen, dass er die 3-Monats-Frist für den Widerspruch gegen eine solche Marke ab deren Veröffentlichung auch einschließlich der notwendigen Überlegungen und Recherchen einhalten könnte. Angesichts der Komplexität[2] solcher Recherchen sollte ab Markeneintragung ein **professioneller Markenüberwachungsdienst** beauftragt werden, der dies je nach Wunsch und Kosten pauschaler und ohne Auswertung oder mit differenzierterer Auswertung kontinuierlich recherchiert. Ist dies dem Inhaber (relativ zum Wert der Marke) zu aufwändig, muss er damit rechnen, dass seine Marke infolge an sie heranrückender Registermarken zu einer zunehmend wertloseren Formalposition verkümmert.

B. Benutzungszwang betreffend die Marke

4 Der Markeninhaber muss seine Registermarke grundsätzlich auch benutzen, sie also in bestimmten Zeiträumen im Wirtschaftsleben zur Kennzeichnung der Produkte aus seinem Waren- und Dienstleistungsverzeichnis als von ihm stammend verwenden. Weil dies eine wirtschaftlich unnötige Beschränkung von Wettbewerb und Mitbewerbern durch Registermarken als Monopol-„Karteileichen" verhindern soll, orientieren sich die Anforderungen an die Benutzung – wie auch an die Schutzfähigkeit von Marken – am gerechten Ausgleich dieser beiden Interessen. Dieser Benutzungszwang der Marke bedingt dann trotz des nicht

---

[2] Siehe dazu in Teil 5 B II.

B. Benutzungszwang betreffend die Marke

mehr erforderlichen Geschäftsbetriebes für die Anmeldung doch eine „Verpflichtung" zur Produktion der beanspruchten Produkte: Denn wer etwa keine Maschinenfabrik hat, kann dem Benutzungszwang einer Marke für Maschinen nicht genügen, weil er keine Maschinen mit seiner Marke kennzeichnen kann.

Tut der Markeninhaber dies nicht, hat dies zunächst zwar unmittelbar 5 keine Konsequenzen. Nach Ablauf jedes Zeitraumes von 5 Jahren ununterbrochener Nichtbenutzung können Dritte aber einen **Antrag auf Löschung** seiner Marke **wegen Verfalls** gemäß § 49 stellen. Weiter kann dies einen Widerspruch des Markeninhabers aus dieser – nicht ausreichend benutzten – Marke gegen eine später eingetragene Marke[3] zu Fall bringen. Zudem kann er auch in markenrechtlichen Auseinandersetzungen vor ordentlichen Gerichten auf der Basis des § 14 aus einer deswegen löschungsreifen Marke keine Rechte gegen Dritte herleiten, wenn dies eingewendet wird.

Weil eine nicht ausreichend benutzte Registermarke also nur ein **la-** 6 **biles Formalrecht** ist, das faktisch wenig Verteidigungsmöglichkeit gegen andere Marken bietet und keinem Angriff standhält, sollte der Anmelder die inhaltlichen Anforderungen an die rechtserhaltende Benutzung kennen und wissen, wann und wie die entsprechenden Handlungen erfolgen müssen und wann und wie er sie ggf. nachweisen muss.

I. Inhaltliche Anforderungen an eine rechtserhaltende Benutzung

Die inhaltlichen Anforderungen an eine rechtserhaltende Benutzung 7 regelt die Vorschrift § 26. Sie erfordert eine ernsthafte Benutzung als **betrieblicher Herkunftshinweis** im Wettbewerb (öffentlich und außerhalb des Unternehmens) für die eingetragenen Produkte im Inland in Abgrenzung zu formalen Scheinbenutzungen zur Verhinderung der Geltendmachung von Rechten aus tatsächlich unbenutzten Formalrechten.

- Die ordnungsgemäße Art der Benutzung erfordert Verwendungen als 8 Markenzeichen in einem Zusammenhang mit dem einzelnen Produkt, auf Grund dessen der angesprochene Verkehr die Marke als Herkunftshinweis für das Produkt auf einen bestimmten Anbieter auffasst.
- Bei Warenmarken genügt regelmäßig nur die Verwendung der Marke 9 in körperlicher Anbringung auf der Ware oder ihrer Verpackung oder Umhüllung (etikettartig) im wirtschaftlichen Verkehr und ausnahmsweise bei Herstellung individueller Einzelstücke auf den Prototypen. Dies kann entweder durch (datierte) Abbildungen der Waren oder

---

[3] Siehe dazu im Detail Teil 5 unter Rdnr. 129 ff.

Teil 6. Die Pflege einer eingetragenen Marke

durch Kataloge mit Abbildungen der Waren mit den Markenzeichen darauf belegt werden oder durch Belege anderer Werbekampagnen (wie etwa Funkwerbung). Nicht ausreichend ist die bloße Verwendung in Geschäftspapieren, Katalogen, Preislisten oder Werbung jeder Art, die die mit der Marke versehene Ware nicht sichtbar abbilden oder im Geschäftslokal etwa an Schaufenstern, Regalaufklebern und allgemeinem Verpackungsmaterial wie Tüten und Papier. Ebenso nicht die bloß firmenmäßige Verwendung als Unternehmenskennzeichen, nicht als Unterscheidungsmittel für das konkrete Produkt sowie firmen- oder konzerninterne oder verbreitungsvorbereitende Handlungen wie Marktforschungen und bloßer Markenbesitz. Nur wenn die Anbringung des Markenzeichens auf der Ware wirtschaftlich unsinnig, unmöglich oder unzumutbar ist[4], kann ausnahmsweise die Verwendung auf Geschäftspapieren, Katalogen oder in anderen Medien genügen, wenn ein Bezug von Ware und Markenzeichen hergestellt wird.

Beispiele: Bei Waren wie Bekleidung werden die Markenzeichen in der Regel durch Etiketten auf der Ware angebracht, bei Schmuck kann dies durch – weniger sichtbar – eingeprägte Punzen erfolgen oder auch nur auf den Schmuckkästchen.

10   Für Dienstleistungsmarken gelten die Anforderungen für Warenmarken schon deshalb nicht, weil bei unkörperlichen Dienstleistungen gerade keine unmittelbare körperliche Verbindung verlangt werden kann. Deshalb genügen hier eine Verwendung in Werbemaßnahmen oder auf Prospekten, Preislisten, Rechnungen, Briefbögen, Geschäftspapier sowie die funktionsgemäße Anbringung des Markenzeichens als solchem auf bzw. in Geschäftsgebäuden, Berufskleidung oder bei der Leistungserbringung eingesetzten Gegenständen. Dies kann auch mit der Verwendung des Zeichens als Firmenname einhergehen, soweit die herkunftsmäßige Kennzeichnung von Dienstleistungen noch erkennbar bleibt.

11   • Weiter muss die Benutzung der Marke für die einzelnen Produkte einen Umfang haben, der sie ernsthaft im Gegensatz zur bloßen Scheinhandlung erscheinen lässt, weil nur dies das Monopol an der Marke rechtfertigen kann. Die Rechtsprechung fordert für diese objektiv üblichen und wirtschaftlich sinnvollen Verwendungen keine festgelegten Umsatzzahlen, sondern stellt auf den Einzelfall ab. Daher sollte der Markeninhaber – wenn er in einem Verfahren zur Benutzung vortragen muss – dem Entscheidungsgremium darlegen, dass seine Verwendung seines Markenzeichens für die einzelnen Produkte wirtschaftlich sinnvoll erscheint. Die notwendige Intensität ist eine Wechselwirkung von Ausmaß auf Grund von Umsätzen und Stück-

---

[4] Branchenspezifische Ausnahmen sind aber denkbar: So kann bei einem Markenzeichen für die Ware „Hunde" keine Anbringung auf den Welpen selbst, etwa durch Brandzeichen etc. verlangt werden, sondern genügt dann eben die Verwendung auf dem Geschäftspapier des Hundezüchters.

B. Benutzungszwang betreffend die Marke

zahlen, Dauer, Konstanz, Branchengegebenheiten, Produktart (je teurer und exklusiver, um so geringere Anzahlen sind erforderlich) und der Unternehmensgröße (je kleiner, um so geringere Umsätze können wirtschaftlich sinnvoll sein). Alle diese Fakten sollte der Markeninhaber so vortragen, dass sie seine Markenverwendung wirtschaftlich erscheinen lassen. Dabei ist keine wirtschaftlich sehr erfolgreiche Verwendung erforderlich.

- Die notwendige Form der Benutzung der Marke in der eingetragenen Form gemäß § 26 Abs. 3 erfordert grundsätzlich die Benutzung des Markenzeichens in der registrierten Form, also bei einer Wortmarke als Wort und bei einer Wort-/Bildmarke als genau diese grafische/farbige Gestaltung etc.. Daneben kann auch die Benutzung einer von der eingetragenen abweichenden Gestaltung genügen, wenn und soweit diese den kennzeichnenden Charakter nicht verändert. Weil die Frage der Veränderung des kennzeichnenden Charakters eine schwer zu prognostizierende Einzelfallfrage ist, sollten Anmelder die Marke am besten in der eingetragenen Form oder in geringfügig modernisierter Form verwenden bzw. sich nur möglichst wenig davon entfernen. Möchten sie dies doch tun, kann es ratsam sein, eine neue Marke im veränderten Design anzumelden, anstatt später in einem Verfahren die Benutzung wegen deren falscher Form nicht nachweisen zu können. Vom Weglassen oder Hinzufügen von Elementen des Markenzeichens wird generell eher abgeraten, weil dies leicht den kennzeichnenden Charakter verändern kann. Die häufigen Fälle, in denen der Markeninhaber das fragliche Markenzeichen zusammen mit einem zweiten Markenzeichen verwendet[5], sind solange unschädlich, wie das fragliche Zeichen noch als eigenständiger Herkunftshinweis aufgefasst wird. **12**

Beispiele: Ist das eingetragene Markenzeichen die Wortmarke „Handiot" für „Mobiltelefone" und wird sie dann in einer besonderen Schriftart verwendet, ist dies bei einer Wortmarke vom Schutzumfang umfasst und stellt eine Benutzung der Marke in der eingetragenen Form dar.
Wäre das Wort in blauer Schrift in einem grünen Kasten als Wort-/Bildmarke registriert und würde in gelber Schnörkelschrift in einem rosa Dreieck benutzt, wäre schon fraglich, ob dies eine rechtserhaltende abweichende Benutzung wäre.
Würde stattdessen die Wortkombination „Handiot Otto" benutzt, wäre dies keine rechtserhaltende Form der Benutzung mehr.

Diese Anforderungen an die Benutzung einer Marke lassen erahnen, dass der Nachweis solcher **Benutzungshandlungen** – wenn er in einem Verfahren nötig wird – im nachhinein teilweise für Jahre zurück rein faktisch sehr schwierig werden kann. Nicht selten scheitern Widersprüche daran, dass Markeninhaber die Benutzung ihrer Marke nicht **13**

---

[5] Wie beispielsweise die beiden Markenzeichen „Kinderschokolade" als Einzelproduktkennzeichen und „Ferrero" als Unternehmenszuordnung für alle Produkte.

Teil 6. Die Pflege einer eingetragenen Marke

nachweisen können, weil sie es versäumt haben, die entsprechenden Unterlagen wie Markenetiketten für die Waren, Fotos, Kataloge etc. von Anfang an konsequent zu archivieren. Um dies zu vermeiden, sollte jeder Markeninhaber ab der Eintragung seiner Marke einen chronologisch geordneten Ordner anlegen, in dem er datierte Belege aller Verwendungen seiner Marke, exemplarische Rechnungen für alle Produktarten, Produktbesprechungen seiner Marke sowie alle anderen relevanten Umstände seiner wirtschaftlichen Betätigungen für die eingetragenen Produkte sammelt und dokumentiert und zwar für jedes Jahr.

II. Benutzungszwang und Benutzungsschonfrist

14   Nachdem jede Marke ab Eintragung dem Benutzungszwang unterliegt, muss der Markeninhaber sie im Prinzip sofort und permanent für alle eingetragenen Waren und Dienstleistungen im Wirtschaftsverkehr nach Art einer Marke als **Herkunftshinweis** auf ihn als Anbieter benutzen. Weil dies wirtschaftlich unzumutbar wäre, weil Marken oft schon vor der Aufnahme einer geschäftlichen Tätigkeit angemeldet und eingetragen werden, um auf sie eine Marketingstrategie auszubauen, räumt § 26 Abs. 5 dem Inhaber eine 5-jährige **Benutzungsschonfrist** ein, damit er sich erst wirtschaftlich entfalten und seine Marke langsam erproben kann, ohne schon die ernsthafte Benutzung nachweisen zu müssen. Diese schließt aber nur aus, dass ihm in einem Widerspruchsverfahren, das er auf seine junge Marke stützt, die **Einrede** mangelnder Benutzung entgegengehalten wird, weil er 5 Jahre zur Vorbereitung und Aufnahme der Benutzung haben soll. Sie schützt ihn aber nicht davor, dass ihm die Einrede mangelnder Benutzung in einem Widerspruchsverfahren kurz nach Ablauf dieser 5 Jahre entgegengehalten wird und er dann für den Zeitraum von 5 Jahren zurück ab der Veröffentlichung der angegriffenen Marke die Benutzung nachweisen muss, was sich mit der Benutzungsschonfrist überschneiden kann. Die für die Verfahren vor dem DPMA und den ordentlichen (normalen) Gerichten geltende Benutzungsschonfrist ab dem Zeitpunkt der Veröffentlichung der Eintragung der Marke ist also für diesen Zeitraum eher ein „Nichtangriffspakt".

Beispiel: Hat der Markeninhaber aus seiner am 1.2.2000 eingetragenen Marke Widerspruch gegen die am 1.3.2003 veröffentlichte Eintragung der jüngere Marke eingelegt und erhebt dieser die Einrede mangelnder Benutzung, ist die Einrede gemäß § 43 Abs. 1 Satz 1 unzulässig, weil die Widerspruchsmarke am Tag der Veröffentlichung der jüngeren Marke noch keine 5 Jahre eingetragen war und sich in der Benutzungsschonfrist befindet.
Wurde die Eintragung einer jüngeren Marke aber erst am 3.3.2005 veröffentlicht und erhebt deren Inhaber die Einrede mangelnder Benutzung gemäß § 43 Abs. 1 Satz 1, ist diese zulässig und muss der Widersprechende die Benutzung für die letzten 5 Jahre vor dem 3.3.2005 (also bis 3/2000) glaubhaft machen.

C. Vermeidung und Verfolgung beschreibender Verwendungen der Marke

Beispiel: Hat ein Anmelder seine Marke am 4.3.2006 angemeldet und wurde diese dann nach einigem Schriftverkehr am 4.10.2006 veröffentlicht, endet die Benutzungsschonfrist Anfang Oktober 2011.

C. Vermeidung und Verfolgung beschreibender Verwendungen der Marke

Weil ein Markenzeichen ein Hinweis auf die Herkunft eines Produktes von einem bestimmten Anbieter ist, muss exakt dieser sein Charakter im Wirtschaftverkehr gewahrt werden. Deshalb sollten Markeninhaber selbst jede Verwendung ihrer Marke als produktbeschreibende oder bloß aufmerksamkeitserregende Angabe vermeiden und dasselbe auch seitens anderer zu verhindern versuchen. Andernfalls könnte ihr Markenzeichen zu einer **Gattungsbezeichnung** gemäß § 8 Abs. 2 Nr. 2 verkommen und später Anträgen auf **Löschung wegen Verfalls** (als Marke) gemäß § 49 Abs. 2 Nr. 2 ausgesetzt sein, weil es beim angesprochenen Verkehr nicht mehr als Herkunftshinweis auf einen Anbieter wirkt. Diese Gefahr besteht zwar wegen der meist verbalen Produktbeschreibungen vor allem bei Wortmarken, ist aber auch bei anderen Markenformen möglich und sollte daher im Auge behalten werden. 15

Beispiel: Infolge einer solchen Entwicklung zu einem Gattungsbegriff für tragbare Musikabspielgeräte wurde der Firma Sony in Österreich 2001 das Markenrecht am Wort „Walkman" aberkannt, weil sie zu wenig unternommen habe, um zu verhindern, dass sich ihr Markenwort allgemein zu einem Gattungs- und Fachbegriff entwickelte.

I. Konsequente Verwendung der Marke als solche durch ihren Inhaber

Zunächst sollte der Markeninhaber selbst die konsequente Verwendung seines Markenzeichens als **Herkunftshinweis** für seine Produkte auf ihn als Anbieter betreiben. Dazu sollte er auf seiner **Homepage,** in seinen Werbeprospekten und anderen Medien gegenüber (potentiellen) Kunden vor allem sein Markenzeichen stets als Herkunftshinweis auf ihn als Anbieter und nicht zur sachlichen Umschreibung seiner Produkte verwenden. Obwohl dies selbstverständlich klingt, zeigt die Praxis, dass häufig schon die Markenanmelder oder -inhaber selbst ihre eigenen Marken nach Art einer Gattungsbezeichnung verwenden. Ein leicht vermeidbarer Fehler. 16

Beispiel aus der Praxis: Nicht selten verwenden Markenanmelder ihr nahe an einem beschreibenden Sachbegriff platziertes Markenwort schon während des Anmeldeverfahrens und der Schutzfähigkeitsprüfung der Marke auf ihrer Homepage eher als beschreibenden Gattungsbegriff denn als markenmäßigen Hinweis auf sich

Teil 6. Die Pflege einer eingetragenen Marke

als – einzigen – Anbieter genau dieses Markenproduktes. Dadurch liefern sie bei Grenzfällen oft selbst Indizien gegen die Schutzfähigkeit als Marke, was bei Anmeldung wie auch später bei der Verwendung der eingetragenen Marke unbedingt zu vermeiden ist. So wären etwa bei der Wortmarke „Lustbar" für „Gastronomiedienstleistungen" beispielsweise beschreibende Formulierungen wie die folgenden zu vermeiden „in Lustbars wie der unseren wird Ihre Lust am Genießen neu geweckt", „eine Lustbar ist ein Ort, an dem man Lust an Neuem verspürt" o.ä., weil diese die „Lustbar" als eine Art von Bar, nicht aber als eine bestimmte individuelle Bar eines Anbieters erscheinen lassen.

Dies lässt sich vermeiden durch Verzicht auf Pluralbildungen des Markenwortes wie „Lustbars sind… ", unbestimmte Artikel „eine, einer" sowie zu sachlich erscheinende Definitionen und Beschreibungen.

Sinnvoll und geschickt ist Verwendung des Singulars und des bestimmten Artikels sowie am besten die Setzung des Markennamens in Anführungsstriche oder Verwendung von Fettdruck, um ihn aus dem Fließtext hervorzuheben.

17   Zudem sollte er versuchen, sein Markenzeichen in Onlineenzyklopädien wie Wikipedia als solches zu verzeichnen.

II. Ergreifen von Maßnahmen gegen die beschreibende Verwendung der eigenen Marke durch Dritte

18   Der Markeninhaber muss zudem darauf achten, dass Wettbewerber und Wörterbücher oder sonstige Nachschlagewerke (auch Onlineversionen oder Onlineenzyklopädien wie Wikipedia) sein Markenwort nicht gattungsbegrifflich verwenden, sondern es durch den Zusatz des ®**-Zeichens** als Markenzeichen kennzeichnen. Setzt er diesen Hinweisanspruch nach § 16 nicht konsequent um, läuft er Gefahr, dass sein Zeichen gerade durch sein Vorkommen in Wörterbüchern nur noch als Sachangabe verstanden wird. Dies ist für die Weiterexistenz als Marke ruinös, weil dem Markeninhaber bei **Löschungsanträgen wegen Verfalls** oder in von ihm selbst betriebenen Widerspruchsverfahren zunehmend positive Belege für markenmäßige Verwendung fehlen bzw. negative Indizien in Form von Belegen für gattungsbegriffsmäßige Verwendung zunehmen.

Teil 7. Das Löschungsverfahren vor dem DPMA

Übersicht

	Rdnr.
A. Voraussetzungen eines zulässigen Löschungsantrages	3
I. Löschungsantrag § 54 MarkenG	3
II. Löschungsgrund	4
III. Fristen	5
IV. Gebühr	6
B. Löschungsverfahren in inhaltlicher Hinsicht	7

Das Markengesetz bietet jeder Person die Möglichkeit, gegen eine eingetragene Registermarke einen **Löschungsantrag** wegen absoluter Schutzhindernisse beim DPMA zu stellen. Dieser Popularantrag dient der nochmaligen Überprüfung der Entscheidung über die Eintragung einer Marke mit der Möglichkeit ihrer Korrektur durch vollständige oder teilweise Löschung einer Marke. Diese Überprüfung bzw. Löschung ungerechtfertigter Markeneintragungen liegt auch im öffentlichen Interesse. Anders als beim Kollisionsverfahren geht es nicht um die Überprüfung, ob eine neu eingetragene Marke mit einer älteren Registermarke verwechselbar ist, sondern um eine erneute Prüfung deren **Marken- und Schutzfähigkeit** gemäß §§ 3 und 8, wie sie inhaltlich unter Teil 3 B ausführlich dargelegt wurde. 1

Fühlt sich dementsprechend jemand durch eine schutzunfähig erscheinende Registermarke gestört, sei es, dass ihr Inhaber Wettbewerber aus ihr wegen Verwendung der sachbeschreibenden Marke abmahnt oder dass sie ihrem Inhaber nicht zusteht, weil er sie bösgläubig wider besseres Wissen einem Wettbewerber, der sie schon markenmäßig verwendete, genommen hat und diesen nun abmahnt, kann er beim DPMA einen **Löschungsantrag** stellen. 2

A. Voraussetzungen eines zulässigen Löschungsantrages – §§ 54, 50 ff. MarkenG, 29 ff. MarkenV

Für einen zulässigen Löschungsantrag sollte der Antragsteller folgendes beachten:

I. Löschungsantrag § 54 MarkenG

Der Löschungsantrag muss schriftlich, also im Original oder per Fax beim DPMA gestellt werden (§ 54 Abs. 1 Satz 1). Aus **Beweisgründen** 3

Teil 7. Das Löschungsverfahren vor dem DPMA

sollte (auch) ein Fax gesendet und der Sendebericht aufbewahrt werden. Es sollte das entsprechende Formular des DPMA[1] verwendet werden, weil es den notwendigen Mindestinhalt bündelt[2]. Er muss gemäß § 10 DPMAV eigenhändig unterschrieben sein[3]. Der Antragsteller muss nach §§ 42, 41 II Nr. 3 zumindest einen **Löschungsgrund** angeben, nicht notwendigerweise mit Paragrafenangaben. Der Antragsteller bestimmt den Umfang seines Antrages durch Festlegung der angegriffenen Waren und Dienstleistungen der angegriffenen Marke. Bei Fehlen von Angaben zum Angriffsumfang ist er gegen alle Produkte gerichtet. Der Antrag kann jederzeit während des Verfahrens bis zur rechtskräftigen Entscheidung zurückgenommen oder eingeschränkt werden. Die Löschungsabteilung des DPMA kann den Antrag in den Fällen des § 50 Abs. 3 dann aber als **Amtslöschungsverfahren** fortführen. Er kann auch erweitert werden, wenn die Löschungsabteilung dies für sachdienlich hält oder der Markeninhaber einwilligt.

II. Löschungsgrund

4   Mögliche Löschungsgründe nach § 50 Abs. 1 sind die Schutzausschließungsgründe § 3 und 8 Abs. 1, mangelnde Fähigkeit zur Markeninhaberschaft gemäß § 7 und die absoluten Schutzhindernisse des § 8 Abs. 2, wie sie in Teil 4 B II ausgeführt wurden.[4]

III. Fristen

5   Soll der Antrag auf die Löschungsgründe § 8 Abs. 2 Nr. 1, 2 oder 3 gestützt werden, ist dies gemäß § 50 Abs. 2 Satz 2 nur innerhalb von 10 Jahren nach der Eintragung der anzugreifenden Marken möglich. Die anderen Löschungsgründe können zeitlich unbegrenzt vorgetragen werden. Weil der Antragsteller sich die Nichtauffindbarkeit von Schriftstücken im DPMA anlasten lassen muss, sollte er fristwahrende Schreiben wie dieses faxen und die Sendeprotokolle aufbewahren.

IV. Gebühr

6   Mit Eingang des Löschungsantrags beim DPMA wird gemäß §§ 64 a MarkenG, 6 Abs. 1, 2 Abs. 1 PatKostG eine Gebühr von 300 € fällig, die

---

[1] Siehe unter www.dpma.de unter Formulare/Merkblätter Marken Formular W 7442.
[2] Neuerdings kann er nach § 12 DPMAV auch elektronisch erhoben werden, wenn der Antragsteller eine qualifizierte elektronische Signatur nach dem Signaturgesetz hat, siehe weitere Hinweise unter www.dpma.de unter Suche/Recherche/Suche in den DPMA Webseiten durch Eingabe des Stichwortes „signatur".
[3] Stempel mit maschinengeschriebener Unterschrift genügt nicht.
[4] Daneben kommen gemäß §§ 42 Abs. 1, 2 Nr. 2 und 3 in Verbindung mit §§ 10 und 11 auch die sehr seltenen notorisch bekannten Marken und Agentenmarken in Betracht.

B. Das Löschungsverfahren in inhaltlicher Hinsicht

innerhalb der dreimonatigen Frist beim DPMA eingehen muss. Für die fristwahrende Zahlung ist § 2 PatkostZV maßgeblich. Geht die Gebühr nicht rechtzeitig ein, gilt der Antrag zwar als zurückgenommen, kann aber inhaltlich von der Löschungsabteilung als Anregung zu einem Amtslöschungsverfahren gemäß § 50 Abs. 3 aufgegriffen werden.

B. Das Löschungsverfahren in inhaltlicher Hinsicht

Die Marke wird auf Grund eines Löschungsantrags ganz oder teilweise für einige Produkte gelöscht, wenn ein ausreichend vorgetragener Löschungsgrund tatsächlich besteht. Dieses Bestehen eines Löschungsgrundes sollte der Antragsteller möglichst umfassend und detailliert vortragen. 7

Grundsätzlich muss er dafür vortragen, dass und warum das Eintragungshindernis im Zeitpunkt der Eintragung der Marke bestanden hat. Dieser Vortrag kann vor allem bei länger zurückliegenden Eintragungszeitpunkten Schwierigkeiten bereiten, weil dies datierte Nachweise für eine damalige beschreibende Verwendung, Verbrauchtheit etc. einer Angabe erfordert. Diese lassen sich am besten anhand alter Auflagen von Nachschlagewerken, Fachzeitschriften oder Internetrecherchen nach einer entsprechenden Verwendung finden. Dabei können vor allem sogenannte Wayback-Machines mit ihren Internetarchiven helfen[5]. Die **Löschungsgründe** des § 50 Abs. 1 i.V.m. §§ 3, 7 und 8 Abs. 2 Nr. 1–9 – also auch die häufigsten § 8 Abs. 2 Nr. 1 und 2 – müssen zusätzlich auch im Zeitpunkt über die **Löschungsentscheidung** vorliegen. Der Löschungsgrund der bösgläubigen Anmeldung nach § 8 Abs. 2 Nr. 10 muss wegen seiner subjektiven Ausrichtung nur im Zeitpunkt der Anmeldung vorgelegen haben. Die sachlichen Grundlagen und entsprechende Argumente lassen sich den Ausführungen zu den Schutzhindernissen in Teil 4 B II entnehmen. 8

Die **Löschungsabteilung** unterrichtet den Markeninhaber nach § 54 Abs. 2 Satz 1 über den Löschungsantrag und fordert ihn zur Mitteilung darüber auf, ob er dem Löschungsantrag widerspricht. **Widerspricht** er nicht und sind die vom Antragsteller vorgetragenen Argumente schlüssig und überzeugend, wird seine Marke ohne weitere Sachprüfung gelöscht. Widerspricht er dem Antrag (eventuell mit inhaltlichem Vortrag), entscheidet die Löschungsabteilung in Besetzung mit drei Juristen über die Löschung der Marke. Gegen diese Entscheidung ist Beschwerde zum BPatG möglich. 9

---

[5] Siehe beispielsweise die Wayback-Machine http://www.archive.org/web/web.php.

Teil 8. Die Nebenverfahren vor dem DPMA

Übersicht

	Rdnr.
A. Das Verlängerungsverfahren §§ 47 Abs. 2–4 MarkenG, 37 f MarkenV	2
I. Verlängerung mit unverändertem Schutzumfang	4
II. Verlängerung unter Einschränkung des Schutzumfanges	6
B. Verzicht auf eine Marke §§ 48 MarkenG, 39 MarkenV	7
C. Teilung einer Marke §§ 46 MarkenG, 36 MarkenV	10
D. Umschreibung einer Marke §§ 27 MarkenG	14
E. Eintragung von Beschränkungen der Marke § 29 MarkenG	16
I. Vertragliches Pfandrecht an der Marke § 29 Abs. 1 Nr. 1 MarkenG	17
II. Sonstiges dingliches Recht an der Marke § 29 Abs. 1 Nr. 1 MarkenG – Nießbrauch	18
III. Zwangsvollstreckung § 29 Abs. 1 Nr. 2 MarkenG	19

Die Nebenverfahren betreffend Registermarken sind weniger relevant und problematisch und werden daher nur kursorisch abgehandelt. **1**

A. Das Verlängerungsverfahren §§ 47 Abs. 2–4 MarkenG, 37 f MArkenV

Der mit der Eintragung einer Marke in das Register begründete **2** Schutz einer Marke gilt zunächst für 10 Jahre. Da diese 10 Jahre ab dem vom DPMA festgestellten Anmeldetag, nicht erst ab dem Tag der Eintragung zu laufen beginnen, kann es – wenn auch selten – passieren, dass dem Markeninhaber ab der Eintragung nur deutlich weniger aktive Nutzungszeit für seine Registermarke bleibt.

Beispiel: Hat ein Anmelder seine Marke mit Anmeldetag vom 1.2.2006 eingereicht und wurde sie auf Grund Klärungsbedarfes erst am 1.7.2007 eingetragen, so läuft die Schutzdauer schon ab 2.2.2006 und endet mit Ablauf des Monats, in dem auch der Anmeldetag fiel, hier also dem 28.2.2006, obwohl der Anmelder seine Marke erst ab dem Eintragungstag nutzen kann.

Gemäß § 47 Abs. 2–4 kann der Markeninhaber diese Schutzdauer **3** gegen Zahlung der **Verlängerungsgebühr** jeweils um zehn Jahre beliebig oft verlängern. Er sollte dann jeweils neu überdenken, ob er wirtschaftlich betrachtet tatsächlich alle beanspruchten Waren und Dienstleistungen benötigt oder künftig benötigen wird und andernfalls zur Gebührenersparnis auf die nicht mehr benötigten Klassen verzichten.

Teil 8. Die Nebenverfahren vor dem DPMA

I. Verlängerung mit unverändertem Schutzumfang

4   Möchte er seine Marke unverändert für alle bisher beanspruchten Produkte verlängern, geschieht dies gemäß § 47 Abs. 3 durch Einzahlung der Gebühren unter Angabe von Name, Registernummer der Marke und Verwendungszweck. Dazu sollte das Formular des DPMA[1] verwendet werden, das alle notwendigen Angaben bündelt. Die Gebühren betragen derzeit pauschal 750 € inklusive der ersten 3 Klassen zuzüglich 260 € für jede weitere Klasse[2]. Die im Vergleich zur Anmeldegebühr höhere Gebühr beruht auf der Annahme, dass derjenige, der seine Marke verlängert, mit ihr auch wirtschaftlich erfolgreich arbeitet und sich dies leisten kann und soll die Blockade nicht benötigter Markenrechte erschweren.

5   Die Gebühren sind innerhalb einer Frist von 2 Monaten zwischen dem Ende des Ablaufs der 10-jährigen Schutzdauer und bis zum Ablauf des zweiten darauf folgenden Monat zahlbar (§§ 64 a MarkenG i.V.m. 7 Abs. 1 Satz1 PatkostG). Sie können aber auch ein Jahr vor Ablauf der Schutzdauer gezahlt werden, wobei der Markeninhaber sich vergewissern sollte, dass die Gebühren bis zum **Fälligkeitszeitpunkt** nicht gestiegen sind. Weiter kann er sie gemäß §§ 64 a i.V.m. 7 Abs. 1 Satz 2 PatKostG mit **Verspätungszuschlag** von derzeit 50 € für die ersten 3 Klassen und 50 € für jede weitere Klasse auch noch innerhalb von 6 Monaten ab dem Ende der Schutzdauer nachzahlen. Hier erhält er meist eine formlose Erinnerung, auf die aber kein Anspruch besteht. Zur Vermeidung **ungewollter Rechtsverluste** sollte die Verlängerungsgebühr möglichst früh bezahlt werden, um etwaige Verzögerungen und Versehen noch revidieren zu können. Weiß der Anmelder schon vorher, dass er seine Marke verlängern möchte, sollte er[3] eine Dauereinzugsermächtigung zu diesem Aktenzeichen erteilen, weil dann fällige Gebühren automatisch eingezogen werden.

II. Verlängerung unter Einschränkung des Schutzumfanges

6   Nach § 47 Abs. 4 ist auch eine Verlängerung der Schutzdauer unter gleichzeitiger Beschränkung der eingetragenen Waren und Dienstleistungen möglich. Zwar kann der Markeninhaber auch während der Schutzdauer jederzeit auf einzelne Produkte verzichten. Bei der Verlängerung ist die Überlegung, für welche Produkte die Marke nach der zehnjährigen Erfahrung tatsächlich benötigt wird, aber besonders sinn-

---

[1] Siehe unter www.dpma.de unter Formulare Merkblätter Marken W 7413.
[2] Die aktuelle Höhe der Verlängerungsgebühren finden sich jeweils auf der Homepage des DPMA.
[3] Wie bereits in Teil 3 A 5 bei den Zahlungsmodalitäten erörtert.

B. Verzicht auf eine Marke §§ 48 MarkenG, 39 MarkenV

voll, weil sich so Verlängerungsgebühren über die dritte Klasse hinaus für nicht mehr benötigte Klassen sparen lassen. Unter **Kostenaspekten** macht die Aufgabe einzelner Produkte des Verzeichnisses nur Sinn, wenn deren Klasse ganz entfällt. Das Vorgehen entspricht dem unter I. dargestellten mit der Modifikation, dass hier nach § 38 Abs. 1 MarkenV wegen der Notwendigkeit der genauen Bestimmung der gewünschten Beschränkung ein ausdrücklicher Antrag des Markeninhabers erforderlich ist. Dies und weitere notwendige Angaben enthält das entsprechende Formular[4].

B. Verzicht auf eine Marke §§ 48 MarkenG, 39 MarkenV

Der Markeninhaber kann jederzeit auf seine Marke verzichten. Für einen vollständigen oder teilweisen Verzicht auf eine Marke gibt es verschiedenste Beweggründe wie **Kollisionsprobleme** mit Dritten, anhängige **Löschungsverfahren** gegen die Marke oder Wegfall des eigenen Interesses an ihr. Der Markeninhaber sollte aber vor ersatzlosem Verzicht auf die Marke in jedem Fall die Möglichkeit deren Übertragung gegen Zahlung eines Kaufpreises erwägen.[5] Für einen Verzicht stellt der Markeninhaber einen gebührenfreien Antrag mittels des entsprechenden Formulars[6].

7

Der vollständige Verzicht und der Verzicht auf einige komplette Bezeichnungen von Waren und/oder Dienstleistungen aus seinem Verzeichnis sind unproblematisch. Schwieriger wird die Herausnahme einzelner Waren oder Dienstleistungen aus beanspruchten Oberbegriffen, weil die dabei notwendig werdenden Neuformulierungen teilweise – unzulässige – Erweiterungen nach sich ziehen können. Ihr maximales Risiko besteht aber darin, mangels Wirksamkeit den ursprünglichen Zustand nicht zu verändern, weil das DPMA Umformulierungen, die eine unzulässige Erweiterung begründen, als unzulässig zurückweist. Im Interesse eindeutiger Erklärungen und unbeabsichtigter Einschränkungen durch – unwiderrufliche – Verzichtserklärungen empfiehlt sich vor deren Formulierung eine Rücksprache mit dem zuständigen Prüfer.

8

Beispiel: Möchte der Markeninhaber im Verzeichnis seiner Marke „Klasse 25: Bekleidung; Klasse 38: Telekommunikation; Klasse 41: Erziehung und Ausbildung" auf „Telekommunikation" verzichten, ist dies unproblematisch.
Möchte er auf Grund einer Abgrenzungsvereinbarung mit einem Konkurrenten nur auf T-Shirts verzichten, muss er sein Verzeichnis für Klasse 25 neu formulieren, etwa „Bekleidung mit Ausnahme von T-Shirts". Unzulässig wäre etwa die Formulierung

---

[4] Siehe unter www.dpma.de unter Formulare Merkblätter Marke W 7412.
[5] Bei einem solchen Vorhaben könne Markenhändler hilfreich sein, die im Internet über eine Suchmaschine unter dem Stichwort „Marken-Broker" auffindbar sind.
[6] Siehe unter www.dpma.de Formulare Merkblätter W 7437.

Teil 8. Die Nebenverfahren vor dem DPMA

„Bekleidung, nämlich Hosen und Kopfbedeckungen", weil dies bezüglich der Kopfbedeckungen eine unzulässige Erweiterung darstellt.

9   Die Wirkung des Verzichtes tritt mit dem Eingang der wirksamen Erklärung, nicht erst mit deren Realisierung im Register oder der entsprechenden Veröffentlichung ein.

C. Teilung einer Marke §§ 46 MarkenG, 36 MarkenV

10   Die Teilung einer Registermarke ermöglicht es, ein und dasselbe Markenzeichen für einige beanspruchte Waren und/oder Dienstleistungen abzutrennen und als eine oder mehrere weitere Marken unter einer anderen Registernummer weiterzuführen. Markenzeichen und räumlicher Geltungsbereich Deutschland sind hingegen unteilbar. Ergebnis sind zwei oder mehrere identische Markenzeichen mit einem **Prioritätstag** für verschiedene Produktverzeichnisse (§ 46 Abs. 1 Satz 2).

11   Die Voraussetzungen enthält das empfehlenswerte **Formular des DPMA**[7]. Der Markeninhaber muss insbesondere die Waren und Dienstleistungen anführen, die unter neuem Aktenzeichen als eigenständige Marke weiterbehandelt werden sollen. Bei der Formulierung dieses abzuspaltenden Teiles muss er beachten, dass die Summe von „neuem" und verbleibendem Produktverzeichnis deckungsgleich sein müssen, die Abtrennung von Produkten also weder zu einer Erweiterung der Gesamtprodukte noch zu einem Herausfallen von Produkten führt. Enthält das Ausgangsverzeichnis Oberbegriffe, die geteilt werden sollen, müssen diese in beiden Verzeichnissen verbleiben und jeweils überscheidungsfrei eingeschränkt werden.

Beispiel: Enthält das Verzeichnis „Klasse 25: Bekleidung" und sollen in der abgetrennten neuen Anmeldung die Pullover und in der Stammeintragung der Rest der Bekleidung verbleiben, muss das abgetrennte Verzeichnis als „Bekleidung, nämlich Pullover" und das der Stammeintragung als „Bekleidung mit Ausnahme von Pullovern" formuliert werden.

12   Weil die abzutrennende Anmeldung bis auf die Priorität einer Neuanmeldung gleicht, erfordert sie dieselben Unterlagen wie diese und innerhalb von 3 Monaten ab Eingang der Teilungserklärung Zahlung einer Teilungsgebühr von 300 € pro mit eigenem Aktenzeichen abgetrenntem Teil.

13   Durch die **rechtswirksame Teilungserklärung** entstehen unwiderruflich zwei oder mehrere nicht mehr verschmelzbare selbständige Markenrechte mit dem Zeitrang der ursprünglichen Eintragung. Wegen des identischen Zeitranges können diese – auch bei einem möglichen Auseinanderfallen ihrer Inhaber – keine Rechte gegeneinander herlei-

---

[7] Siehe www.dpma.de Formulare Merkblätter Marken Formular W 7009.

D. *Umschreibung einer Marke* §§ 27 MarkenG, 28 DPMAV

ten. Da die neue Marke abgesehen vom Verzeichnis ein Klon der Stammeintragung ist, teilt sie alle Rechte und Pflichten der **Stammmarke,** wie etwa einen aus ihr erhobenen Widerspruch. Während eines Widerspruchsverfahrens gegen die zu teilende Marke sollte der Markeninhaber diese nur teilen, wenn der Widerspruch sich gegen einen Teil der Waren und Dienstleistungen richtet und nur so, dass ein entstehender Teil dem Angriffsumfang entspricht, weil er sonst die Zurückweisung des Teilungsantrages unter Verlust der Gebühr riskiert.

D. Umschreibung einer Marke §§ 27 MarkenG

Der im Register eingetragene Inhaber einer Marke kann auf Antrag an das DPMA durch Umschreibung geändert werden. Dies soll Veränderungen in der Rechtsperson des Inhabers, wie Fusionen und Erbfolge oder eine erfolgte Übertragung des Markenrechtes zwischen ehemaligem und neuem Markeninhaber gemäß § 27 Abs. 1 registermäßig vollziehen. Dazu richtet ein Beteiligter einen Antrag auf dem entsprechenden Formular[8] unter Angabe von Aktenzeichen, eingetragenem Markeninhaber, Rechtsnachfolger und Nachweis des privatrechtlichen Rechtsüberganges (**Übertragungsvertrag**) nach § 28 Abs. 2 DPMAV an das DPMA. Diesen Antrag unterschreiben entweder beide oder der eine bringt eine Zustimmungserklärung des anderen oder den Übertragungsvertrag bei. Abgesehen von begründeten Zweifelsfällen wegen widersprüchlicher Anträge vollzieht das DPMA den Antrag, schreibt die Marke um und veröffentlicht dies. Weil die Registerrichtigkeit im öffentlichen Interesse liegt, ist der Antrag auf vollständige Umschreibung einer Marke kostenfrei. 14

Der von § 27 Abs. 3 ebenfalls vorgesehenen registermäßigen **Teilübertragung** einer Marke für einzelne Produkte liegt materiellrechtlich eine Teilung der Marke zu Grunde. Sie folgt mit Ausnahme von § 46 Abs. 2 und 3 Satz 1 und 2 den Regeln des § 47[9]. Von dieser unterscheidet sie sich darin, dass hier die einzelnen Teile auch unterschiedlichen Inhabern gehören. Der Grund einer Teilübertragung kann darin liegen, dass der Markeninhaber sein Markenzeichen für einzelne Produkte nicht nutzen will/kann. Bei der Aufteilung der Waren und Dienstleistungen sollte er bedenken, dass eine Teilung von zu ähnlichen Produkten (wie „Pullover" und die übrige Bekleidung aus dem dortigen Beispiel) die Gefahr birgt, dass der Inhaber der entstehenden Marke Produkte minderer Qualität oder mit völlig anderem Image vertreibt, 15

---

[8] Siehe unter www.dpma.de unter Formulare Merkblätter Marke Rechtsübergang W 7616.
[9] Siehe zu den Voraussetzungen und Problemen oben.

215

Teil 8. Die Nebenverfahren vor dem DPMA

die die Güte seines Markenimages stören und wegen der großen Produktnähe zu Verwechslungen führen können und dieser Zustand wegen identischer Priorität irreversibel ist. Daher kann die Vergabe einer Teillizenz an der Marke[10] unter Vereinbarung einer Qualitätskontrolle gemäß § 30 Abs. 1 sinnvoller sein.

Beispiel: Der Inhaber der Registerwortmarke „Schneeweißchen und Rosenrot" für „Dienstleistungen einer Bar, Dienstleistungen eines Friseurs, Bekleidung" möchte diese Marke teilweise an einen Freund übertragen, weil er meint, dass er mit seinem Friseursalon genug zu tun hat und nur noch die Farbe weiß mag. Eine Teilung der Wortkombination unter Aufgabe des „und Rosenrot" ist wegen der Unteilbarkeit des Markenzeichens nicht möglich. Er kann aber das Markenzeichen „Schneeweißchen und Rosenrot" für „Dienstleistungen einer Bar, Bekleidung" abtrennen und übertragen. Es existieren dann zwei wortidentische Marken mit zwei Aktenzeichen für verschiedene Produkte. Unter dem genannten Aspekt wäre es gefährlich, die Bekleidung als „Bekleidung, ausgenommen für Kinder" zu behalten und für „Bekleidung, nämlich für Kinder" abzugeben, weil dies die Gefahr eines unerwünschten (Negativ-)Imagetransfers begründet.

E. Eintragung von Beschränkungen der Marke § 29 MarkenG

16 Auch Marken können als selbstständige immaterielle Vermögensgegenstände auch **Gegenstand beschränkter dinglicher Rechte** wie Verpfändungen, Zwangsvollstreckungen und Maßnahmen im Rahmen von Insolvenzverfahren sein. Diese Rechte können auf kostenlosen Antrag eines Beteiligten auf dem entsprechenden Formular[11] in das Register eingetragen werden. Weil sie unabhängig von ihrer Eintragung entstehen, besagt das Fehlen einer Eintragung im Register nicht, dass keine Beschränkung besteht.

I. Vertragliches Pfandrecht an der Marke § 29 Abs. 1 Nr. 1 MarkenG

17 Ein Pfandrecht an der Marke entsteht, wenn ein Markeninhaber seine Marke[12] zur Sicherung anderer Forderungen gegen ihn als Sicherheit überträgt. Dieses beschränkte dingliche Recht nach §§ 1273 ff. BGB begründet für den Pfandrechtsinhaber **kein Benutzungsrecht** für die Marke, sondern **nur ein Sicherungsrecht**. Wird die dadurch gesicherte Forderung nicht innerhalb der vereinbarten Zeit erfüllt, tritt Pfandrei-

---

[10] Siehe zu Anwendungsbereich und Voraussetzungen der Lizenzierung einer Marke Teil 9 B.
[11] Siehe www.dpma.de unter Formulare Merkblätter Marken W 7022.
[12] Gegenstand eines Pfandrechtes kann aber auch schon die Markenanmeldung sein, bei der sich das Pfandrecht dann an der Eintragung fortsetzt.

E. Eintragung von Beschränkungen der Marke § 29 MarkenG

fe ein und der Pfandrechtsinhaber kann die Marke des Pfandrechtsgebers verwerten, um sich daraus zu befriedigen. Da er dazu einen vollstreckbaren Titel benötigt, dessen Erlangung aufwändig ist, ist das Pfandrecht an Marken für den Pfandrechtsnehmer wenig attraktiv.

II. Sonstiges dingliches Recht an der Marke § 29 Abs. 1 Nr. 1 MarkenG – Nießbrauch

Der Markeninhaber kann einem Dritten einen Nießbrauch an der Marke gemäß den Vorschriften des BGB (§§ 1068 ff.) einräumen, der dem Nießbrauchnehmer das Recht gibt, die Marke selbst oder durch Vergabe von Lizenzen an andere zu nutzen. 18

III. Zwangsvollstreckung § 29 Abs. 1 Nr. 2 MarkenG

Im Zuge von Maßnahmen der Zwangsvollstreckung gegen den Markeninhaber kann – wie auf andere Rechte wie Immobilien – auch auf die **Marke als geldwertes Gut** zugegriffen werden. Wie beim Vertragspfandrecht begründet auch das gesetzlich aus einer Zwangsvollstreckung resultierende Pfändungspfandrecht kein Benutzungs-, sondern nur ein Sicherungsrecht. Auch hier kann die spätere Verwertung der Marke durch Lizenzierung, Veräußerung oder Versteigerung Probleme machen, insbesondere auch, weil die Bewertung des Wertes einer Marke aufwändig ist.[13] 19

Die Marke im Insolvenzverfahren § 29 Abs. 1 Nr. 2 MarkenG i.V.m. der InsO. Wird über das Vermögen eines Markeninhabers ein Insolvenzverfahren (früher Konkurs) wegen Zahlungsschwierigkeiten eröffnet, fällt auch die Marke als Vermögensgegenstand in die **Insolvenzmasse** und ihr Inhaber verliert ab Eröffnung des Insolvenzverfahrens durch das Insolvenzgericht das **Verfügungs- und Verwaltungsrecht** über seine Marke, das dem Insolvenzverwalter zusteht. Weil auch diese Verfügungsbeschränkung gemäß § 29 Abs. 3 Satz 1 in das Register eingetragen werden kann, aber nicht sein muss, sollte der, der eine Marke erwerben möchte oder zu dessen Gunsten eine Marke belastet werden soll, stets nach anderen bereits bestehenden Rechten recherchieren. In Deutschland enthält das Register im Gegensatz zu den meisten europäischen Ländern bestehende Lizenzverträge nicht, so dass insbesondere bei Kauf einer Marke etc. aufgepasst werden muss, dass diese insoweit frei von Belastungen ist. 20

---

[13] Siehe zu den Möglichkeiten und Ansätzen für die Bewertung von Marken Teil 9.

Teil 9. Wirtschaftliche Transaktionen von Marken

Übersicht
Rdnr.
- A. Rechtsgeschäftliche Übertragung von Marken gemäß § 37 Abs. 1 i.V.m. 453, 413, 398ff. BGB 2
- B. Lizensierung von Marken 3
- C. Bewertung von Marken............................ 4

Marken sind wie materielle oder andere immaterielle Wirtschaftgüter **1** vermögenswerte Güter. Deshalb gibt es ein Bedürfnis für ihre rechtsgeschäftliche Übertragung und im Vorfeld dessen und im Zusammenhang mit Unternehmensbewertungen für ihre monetäre Bewertung. Diese Themenkomplexe werden im folgenden kurz dargestellt.[1]

A. Rechtsgeschäftliche Übertragung von Marken gemäß § 27 Abs. 1 i.V.m. 453, 413, 398 ff. BGB

Ein Markeninhaber kann aus verschiedenen Gründen ein Interesse **2** daran haben, sein Markenrecht an einen anderen zu übertragen, wie bereits an mehreren Stellen angedeutet. Eine solche **Markenübertragung** folgt gemäß §§ 27 ff. juristisch den Regeln für privatrechtliche Rechtsgeschäfte des BGB. Sie erfordert also einen **schuldrechtlichen Kauf- oder Schenkungsvertrag** zwischen beiden Parteien über die Verpflichtung zur Übertragung gemäß §§ 453 ff. BGB und eine vertragliche Einigung über die Erfüllung dieser Übertragung gemäß §§ 413, 398 ff. BGB. Aus Gründen der Rechtssicherheit und Nachweisbarkeit sollten beide Verträge schriftlich abgeschlossen werden[2]. Diese sich im Privatbereich des Markeninhabers wirksam vollziehenden Übertragungsakte werden erst durch die Umschreibung auf Antrag eines Beteiligten – häufig erst Jahre später vollzogen – im Register des DPMA nach außen sichtbar.

---

[1] Siehe insgesamt zu diesem Themenkomplex Repenn/Weidenhiller, Markenbewertung und Markenverwertung.

[2] Einen solchen Vertrag sollte ein juristischer Laie zur Vermeidung von Lücken und Risiken nicht selbst machen, sondern einen spezialisierten Anwalt einschalten oder vorformulierte Musterverträge von einem seriösen Anbieter verwenden. Solche Musterverträge lassen sich durch Eingabe der Stichworte „Mustervertrag Markenübertragung" in eine Metasuchmaschine wie Google finden.

Teil 9. Wirtschaftliche Transaktionen von Marken

B. Die Lizenzierung von Marken

3   Marken können nicht nur final übertragen werden, sondern – wie schon mehrfach erwähnt – auch durch einen Lizenzvertrag auf Zeit zur Nutzung übertragen werden. Eine solche Lizenzierung ähnelt einer Pacht und ist – je nach Interessenlage der Vertragsparteien – in verschiedensten Ausgestaltungen möglich. Ein Lizenzvertrag sollte am besten von einem erfahrenen Anwalt ausgearbeitet werden oder an entsprechenden Musterverträgen orientiert werden.[3]

C. Die Bewertung von Marken

4   Marken bilden einen **immateriellen Vermögenswert**. Diese Tatsache kommt immer dann zum Tragen, wenn Marken rechtsgeschäftlich übertragen oder lizenziert werden sollen, wenn ein gesamtes Unternehmen übertragen werden soll und der Wert der dazu gehörenden Marken ermittelt werden soll, aber auch in **Insolvenzsituationen** oder im Zusammenhang mit steuerlichen Fragen.

5   An dieser Stelle soll lediglich ein Bewusstsein dafür geschaffen werden, dass Marken einen Vermögenswert bilden, was immer noch wenig bekannt ist. Die näheren Einzelheiten zur Wertermittlung bei Marken sind ein eigenes weitläufiges Thema. Dazu existieren verschiedene Veröffentlichungen allgemeiner Art und zu verschiedenen Methoden der Wertermittlung.[4]

---

[3] Solche Musterverträge zum kostenpflichtigen Download finden sich über eine Metasuchmaschine im Internet durch Eingabe der Stichworte „Markenlizenz Mustervertrag" oder bei Fammler, Der Markenlizenzvertrag in der Reihe Beck'sche Musterverträge.

[4] Weitere Informationen und Veröffentlichungen finden sich über das Internet durch Eingabe der Stichworte „Markenwert Ermittlung". Empfehlenswert ist auch das Buch von Repenn/Weidenhiller, Markenbewertung und Markenverwertung, das zudem ausführliche Informationen zu Kauf und Verkauf sowie Sicherungsübereignung von Marken mit entsprechenden Musterverträgen enthält.

Teil 10. Außeramtliche (vor)gerichtliche Auseinandersetzungen mit anderen Kennzeichenrechten

Ein Markenrecht kann nicht nur in Verfahren vor dem DPMA verwickelt werden, sondern auch in andere zivilrechtliche Auseinandersetzungen. Ausgangspunkt können verschiedenste konkurrierende Rechte wie Unternehmenskennzeichen, Geschmacksmuster, Urheberrechte, Domains sowie registrierte und nicht registrierte Benutzungsmarken oder allgemeine wettbewerbsrechtliche Positionen sein. Ihnen ist gemeinsam, dass sie in der Regel vor den Landgerichten entschieden werden. 1

Bei diesen Verfahren geht es meist darum, dass ein Inhaber eines (behaupteten) älteren (Marken)rechtes einem anderen die Benutzung eines verwechslungsfähigen, rufausbeutenden oder sonst störenden Rechtes verbieten will, ggf. dessen **Löschung** und/oder **Schadensersatz** wegen dessen Verwendung verlangt. Einer solchen gerichtlichen Auseinandersetzung geht meist eine entsprechende Abmahnung voraus, die dem Betroffenen das Verlangen nach Unterlassung zur Kenntnis bringt. Bei Markenrechten gründet sich der zugrundeliegende Anspruch auf § 14 MarkenG, der dem Inhaber von registrierten und Benutzungsmarken unter anderem einen Anspruch auf **Unterlassung** der Verwendung verwechslungsfähiger Zeichen, Auskunft und Schadensersatz sowie einen Schutz vor Rufausbeutung, Verwässerung und Verunglimpfung gewährt.

Diese Verfahren werfen für den aktiv oder passiv beteiligten Markeninhaber das Problem auf, dass er sie ohne spezialisierte anwaltliche Hilfe weder inhaltlich noch formal selbständig durchführen kann, weil dafür stets Landgerichte mit Anwaltszwang zuständig sind. Zudem bergen sie – anders als die patentamtlichen Verfahren mit dem Grundsatz der Kostenteilung – ein nicht unerhebliches **Kostenrisiko**. 2

Dementsprechend hat der Markeninhaber, der mit einer Abmahnung (oft verbunden mit einer Forderung der schon entstandenen Anwaltsgebühren) eines anderen wegen Unterlassen der Störung dessen Kennzeichenrechte konfrontiert wird oder selbst von einem anderen Unterlassung der Verwendung eines verwechselbaren Zeichens (Marke, Firmenzeichen, Domain) verlangen möchte, nur folgende Möglichkeiten: Einerseits kann er dem Unterlassungsanspruch schon aufgrund der Abmahnung nachgeben bzw. ihn mit dem entsprechenden Risiko ignorieren oder als Verletzter auf die Verfolgung seiner Ansprüche verzich- 3

Teil 10. *Außeramtliche (vor)gerichtliche Auseinandersetzungen*

ten, was allerdings auf die Dauer dazu führen kann, dass er seine Rechte mangels Verteidigung verwirkt. Alternativ dazu muss er in beiden Fällen einen spezialisierten Anwalt beauftragen, der mögliche Ansprüche prüft, das Risiko für ihn abwägt und ggf. den anderen abmahnt bzw. den Prozess führt.

Teil 11. Checkliste

Checklistenartig zusammengefasst sollte der Anmelder einer Marke 1
und der Markeninhaber folgendes unbedingt gründlich erwägen/prüfen:

Bis zur Eintragung einer Registermarke: 2
- Ist eine Registermarke das richtige Schutzrecht für die konkrete wirtschaftliche Situation (Teil 1, dort vor allem B 2)
- Selbständige Durchführung der Anmeldung oder Inanspruchnahme eines Anwaltes und ggf. Wahl des passenden Anwaltes (siehe Teil 1 B 4)
- Auswahl und Kreation eines passenden Markenzeichens für die konkreten Produkte und Unternehmensimage (Teil 2)
  - Passende Markenform (Teil 2 C)
  - Herausstechendes, originelles und einprägsames Markenzeichen
  - Stichwort Harmonie Markenzeichen und Unternehmensimage (Teil 2 B)
- Festlegung des Waren- und Dienstleistungsverzeichnisses
- Prognose der Eintragungsfähigkeit der geplanten Marke aus der Perspektive eines Konkurrenten oder Konsumenten (Teil 3 B) insbesondere
  - ist sie keine beschreibende Angabe für die konkreten Produkte (Recherche durch Eingabe in Internet-Suchmaschinen oder Fachlexika)?
  - eignet sich das Markenzeichen als Herkunftshinweis für diese Produkte von einem bestimmten Anbieter (erweckt es beim Konsumenten den Eindruck, dass nur die Produkte eines Anbieters so heißen oder wirkt es allgemein, werbeanpreisend oder beschreibend)?
- Recherche auf ältere Kennzeichenrechte (Prioritätsprinzip!), denen die geplante Marke zu nahe kommen könnte mit der Folge von Widerspruchsverfahren oder zivilrechtlichen Auseinandersetzungen (das DPMA prüft dies im Eintragungsverfahren nicht!)
  - allgemeine Internetrecherche (kann entgegenstehende Benutzungsmarken. Unternehmenskennzeichen, Firmennamen, Domains etc. aufdecken)
  - Recherche in den Registern von DPMA, WIPO und HABM am besten durch einen professionellen Rechercheur (Teil 4 B I) orientiert an den Kriterien für die Verwechslungsgefahr zwischen Marken (Teil 5 B I und A I 1, 2, II)

Teil 11. Checkliste

- Durchführung des Anmeldeverfahrens unter Beachtung der Tipps (Teil 3 und 4 A)
- im Falle einer Beanstandung wegen Schutzhindernissen Erwiderung anhand entsprechender Argumente (Teil 4 D)

Ab Markenregistrierung: Pflege der eingetragenen Marke:
- Abwarten des Ablaufs der 3-monatigen Widerspruchsfrist gegen die Marke vor Investitionen in die Marke (Teil 4 B II)
- Im Fall eines Drittwiderspruches Entscheidung über die Weiterverfolgung der eigenen Marke (ggf. mit Anwalt) oder Verzicht auf diese
- Ansonsten regelmäßige Überwachung
  - der Register auf mögliche Neueintragungen verwechselbarer Registermarken (Teil 6 A)
  - von Internet und des kommerziellen Umfeldes auf andere jüngere verwechselbare Kennzeichenrechte
- Bei potentiell verwechselbaren Registerrechten Einlegung eines Widerspruchs sowie bei sonstigen störenden Kennzeichenrechten Konsultation eines Anwaltes und Entscheidung über Vorgehen dagegen (Teil 5 B II, Teil 6 A)
- Verwendung der Marke als Marke für Produkte unter Hinzufügen des ®-Zeichens, nicht als sachbeschreibende Angabe (Teil 6 C)
- Benutzung der Marke für die beanspruchten Produkte und Dokumentation durch Sammeln von Prospekten, Rechnungen etc., die das Markenzeichen möglichst auf der Ware darstellen oder bei Dienstleistungen Briefköpfe mit dem Markenzeichen darauf etc. (Teil 6 B)
- Nach 10 Jahren ab Eintragung Entscheidung über deren Verlängerung mit rechtzeitiger Gebührenzahlung (Teil 8 A)

Sachregister

Abgrenzungsvereinbarung Teil 5 Rn. 107 f., 113, 140 f., Teil 8 Rn. 8
Abkürzungen Teil 3 Rn. 188, Teil 5 Rn. 74
Abmahnung Teil 3 Rn. 49, 93, 247, 251, Teil 10 Rn. 1, 3
Abschreckungspotential Teil 3 Rn. 173
Abschreckungswirkung Teil 1 Rn. 11
Absolutes Verfahren Teil 3 Rn. 95
Abspaltung Teil 5 Rn. 70, 84
Abwandlung Teil 3 Rn. 148 f., 213, Teil 5 Rn. 86, 109
Adressaten Teil 2 Rn. 12, 38, Teil 3 Rn. 97
Ähnlichkeitsgrad Teil 5 Rn. 23, 33
Ähnlichkeitsprüfung Teil 5 Rn. 17, 20, 23
Allgemeininteresse Teil 3 Rn. 105, 118, 121, 182, 193, 201, 203, 205, 213, 223
Amtsermittlungsgrundsatz Teil 5 Rn. 114, 130, 142
Amtslöschungsverfahren Teil 7 Rn. 3, 6
Anmeldeformular Teil 2 Rn. 20, Teil 3 Rn. 2, 44, 109
Anmeldegebühr Teil 1 Rn. 6, Teil 3 Rn. 40, 58 ff., 68 f., Teil 8 Rn. 4
Anmeldergemeinschaft Teil 3 Rn. 8
Anmeldetag Teil 3 Rn. 5, 13, 46, 71, 75 ff., 88 f., 222, Teil 8 Rn. 2

Anmeldeverfahren Teil 2 Rn. 4 f., Teil 3 Rn. 119, 247, Teil 4 Rn. 1 f., Teil 5 Rn. 104, 106, Teil 11
Anwaltszwang Teil 1 Rn. 25, Teil 4 Rn. 16, Teil 10 Rn. 2
Argumente Teil 4 Rn. 17 ff., Teil 7 Rn. 8 f., Teil 11
Aussetzung Teil 5 Rn. 127
Aussprache Teil 5 Rn. 53
Ausstellungspriorität Teil 3 Rn. 86 f.

Beanstandung Teil 3 Rn. 58, 98, 119, 128, 138, 143, 152, 156, 183, 190, 206, 215, Teil 4 Rn. 1, 5 ff., 14, 17 .
Begriffliche Ähnlichkeit Teil 5 Rn. 48, 50, 55, 57, 60 f., 71, 112
Behinderungsabsicht Teil 3 Rn. 251, Teil 5 Rn. 139
Beibringungsgrundsatz Teil 5 Rn. 114, 134, 143
Benutzung Teil 5 Rn. 143, Teil 6 Rn. 4, 6 ff., 11 ff.
Benutzungshandlungen Teil 5 Rn. 146, Teil 6 Rn. 13
Benutzungsmarke Teil 1 Rn. 9, 11, Teil 2 Rn. 3 f., 32, Teil 4 Rn. 109, Teil 5 Rn. 96, 109, Teil 10 Rn. 1, Teil 11
Benutzungsrecht Teil 3 Rn. 92, Teil 8 Rn. 17
Benutzungsschonfrist Teil 3 Rn. 7, Teil 5 Rn. 145, Teil 6 Rn. 14
Benutzungsverbote Teil 3 Rn. 235, 246

225

Sachregister

Benutzungszwang Teil 3 Rn. 7, 35, Teil 6 Rn. 4, 14
Beschaffenheitsangaben Teil 3 Rn. 187, 198, 216
Beschleunigungsantrag Teil 3 Rn. 54, 71 f., 222, Teil 4 Rn. 3, 16
Beschleunigungsgebühr Teil 3 Rn. 72, 74
Beschränkungen Teil 8 Rn. 16 ff.
Beschreibungseignung Teil 3 Rn. 184, 188 f., 204, 209 ff., 217, 233, Teil 4 Rn. 21
Beschwerde Teil 3 Rn. 52, 64, Teil 4 Rn. 7, 15 f., Teil 7 Rn. 9
Bestimmungsangaben Teil 3 Rn. 190, Teil 4 Rn. 21
Betriebliche Herkunft Teil 5 Rn. 28, 31
Bewegungsmarke Teil 2 Rn. 17, 40, Teil 3 Rn. 29, 112, 115
Bewertung Teil 8 Rn. 19, Teil 9 Rn. 1
Bildmarke Teil 2 Rn. 16, 27, 29, Teil 3 Rn. 16, 79, 104, 110, 157, 164, 214, Teil 5 Rn. 50, 58 f., 60, 106, 109
Binnengroßschreibung Teil 3 Rn. 17, 158, 209, Teil 5 Rn. 70
Bösgläubig Teil 3 Rn. 247 ff., Teil 5 Rn. 95, Teil 7 Rn. 2, 8
Branchenbesonderheiten Teil 5 Rn. 73
Branchengewohnheiten Teil 3 Rn. 156, Teil 5 Rn. 131
Branchenrecherchen Teil 3 Rn. 171
Branding Teil 1 Rn. 5, Teil 3 Rn. 117
Buchstabe Teil 3 Rn. 152 f., 156, 158, 210, 212, Teil 4 Rn. 18

Checkliste Teil 11
Dauereinzugsermächtigung Teil 3 Rn. 62, 64 f., 67, 72, Teil 8 Rn. 5
Demoskopische Befragung Teil 3 Rn. 224, Teil 5 Rn. 40
Dienstleistungen Teil 1 Rn. 1 f., 4, Teil 2 Rn. 8, 13, Teil 3 Rn. 31, 33, 35 ff., 40 ff., 121, 176 f., 217, Teil 5 Rn. 12, 16 ff., 25 f., 31 f., 44, 132, 135, Teil 6 Rn. 10, Teil 11
Disclaimer Teil 3 Rn. 217 f.
Domain Teil 1 Rn. 21, Teil 3 Rn. 150 f., Teil 4 Rn. 20, Teil 10 Rn. 1, 3, Teil 11
Doppelidentität Teil 5 Rn. 91
Dreidimensionale Marke Teil 1 Rn. 18, Teil 2 Rn.17, 30, Teil 3 Rn. 18, 79 f., 110, 167, 173, 214, Teil 5 Rn. 50, 61, 81 f.
Drittzeichen Teil 1 Rn. 21, Teil 5 Rn. 42
Durchschnittsverbraucher Teil 3 Rn. 122, 128, Teil 5 Rn. 47, 53, 71, 73

Eidesstattliche Versicherung Teil 5 Rn. 135 f.
Eigentümlichkeit Teil 3 Rn. 122, 130, 137, 170
Eingetragene Marke Einführ. Rn. 2, Teil 1 Rn. 10, Teil 2 Rn. 3, 8, Teil 5 Rn. 2, 4, 47, 96 f., 99 f., 110, 113, 121, Teil 6 Rn. 2, Teil 11, s.a. unter Registermarke
Einmaleinzugsermächtigung Teil 3 Rn. 64
Einrede mangelnder Benutzung Teil 5 Rn. 132, 143 ff., Teil 6 Rn. 14,

Sachregister

Eintragungsverfahren Teil 1 Rn. 23, Teil 3 Rn. 80, 95, 250, Teil 5 Rn. 36, 68, Teil 11
Einzelanmelder Einführ. Rn. 1, 4, Teil 1 Rn. 10, Teil 3 Rn. 3, 7, 50, 86, 90, 140 f. 177 f., Teil 5 Rn. 10, 95
Einzelhandel Teil 3 Rn. 36 f.
Elementschutz Teil 5 Rn. 71
Empfangsbestätigung Teil 3 Rn. 61, 66 f., Teil 4 Rn. 2
Endabnehmer Teil 3 Rn. 97, 123, 143, Teil 5 Rn. 20 ff.
Entscheidungen Einführ. Rn. 5, Teil 4 Rn. 17, Teil 5 Rn. 26
Erinnerungsbild Teil 5 Rn. 13, 15, 47, 54
Erfahrungssätze Teil 5 Rn. 15, 52, 69, 72 ff., 130
Erfunden Teil 3 Rn. 162, 189, 205
Erinnerungsverfahren Teil 4 Rn. 7, 10, 13 ff., 16

Fachbegriff Teil 1 Rn. 23, Teil 3 Rn. 52, 136, 148, 189, 222, Teil 6 Rn. 15
Fachkreise Teil 3 Rn. 143, 184, 224, 229
Familienname Teil 3 Rn. 191, Teil 5 Rn. 77
Farbmarke Teil 2 Rn. 17, 34 f., Teil 3 Rn. 23, 79, 112, 176, 178, 216,
farbig Teil 3 Rn. 14, 16, 79, 131, 158, 160, 165, 208 f., Teil 5 Rn. 47, Teil 6 Rn. 12
Firmenname Teil 1 Rn. 15, 21, Teil 2 Rn. 8, Teil 3 Rn. 152, Teil 5 Rn. 74, Teil 11
Formmarke Teil 2 Rn. 30, Teil 3 Rn. 18, 104, 167 f., 169 f., 173, Teil 5 Rn. 81
Freihaltebedürfnis Teil 3 Rn. 181 f., Teil 4 Rn. 21

Fremdsprachenkenntnisse Teil 3 Rn. 142, 145, Teil 5 Rn. 53, 55, 61
Fremdsprachige Marken Teil 3 Rn. 142, 184, 200 ff., 204, Teil 4 Rn. 21, Teil 5 Rn. 53, 55
Fremdwort Teil 3 Rn. 142, Teil 5 Rn. 53
Fristverlängerung Teil 5 Rn. 125,

Gattungsbezeichnungen Teil 3 Rn. 219 f.
Gebrauchsmuster Teil 1 Rn. 19
Gebühren Teil 1 Rn. 6, Teil 3 Rn. 38, 52, 58 ff., 71, 74, Teil 4 Rn. 2, Teil 5 Rn. 123, Teil 8 Rn. 3 ff.
Gedankliches Inverbindungbringen Teil 5 Rn. 10 f., 85, 113 f., 131
Gegenmarke Teil 5 Rn. 71
Gemeinschaftsmarke Teil 1 Rn. 12 ff., Teil 3 Rn. 180, Teil 5 Rn. 94, 99, 111, 121, Teil 6 Rn. 2
Geografische Angabe Teil 3 Rn. 12, 181, 191 ff., 231, Teil 4 Rn. 21
Gerichtsverfahren Teil 5 Rn. 114
Geruchsmarke Teil 2 Rn. 17, 38, Teil 3 Rn. 27, 116
Gesamtbegriff Teil 5 Rn. 73
Gesamteindruck Teil 3 Rn. 157, 159, 163, 207, Teil 5 Rn. 47, 63, 65, 67, 71
Geschmacksmuster Teil 1 Rn. 18, Teil 2 Rn. 30, Teil 3 Rn. 105, Teil 10 Rn. 1
Gesetzestexte Einführ. Rn. 5
Grafische Darstellbarkeit Teil 3 Rn. 20, 24 f., 28, 78, 109 ff., 114
Glaubhaftmachung der Benutzung Teil 5 Rn. 134, 139

Sachregister

Gruppierungspflicht Teil 3 Rn. 44, 50
Gütemarke Teil 3 Rn. 12
Gute Sitten Teil 3 Rn. 234 ff.

Handelsregister Teil 1 Rn. 15, Teil 2 Rn. 8, 19
Harmonisierungsamt Teil 1 Rn. 13, Teil 5 Rn. 98
Herkunftshinweis Teil 1 Rn. 2, 31, 38 f., Teil 3 Rn. 101 f., 106, 123 ff., 151 ff., 163 ff., 171 ff., 182, 224, Teil 4 Rn. 18, Teil 5 Rn. 7, 28, 34, 40, 68, 75 f., 81, 84, 92, 110, Teil 6 Rn. 1, 7f., 12, 14 ff., Teil 11
Hinweisanspruch Teil 6 Rn. 18
Hörmarke Teil 2 Rn. 17, 32, Teil 3 Rn. 20, 116, 175, Teil 5 Rn. 83
Hoheitszeichen Teil 3 Rn. 239 ff.

Image Teil 1 Rn. 3, 5 f., Teil 2 Rn. 13 f., Teil 8 Rn. 15, Teil 11
Individualmarke Teil 3 Rn. 12
Inlandsvertreter Teil 3 Rn. 57
Insolvenz Teil 5 Rn. 128, Teil 8 Rn. 16, 20, Teil 9 Rn. 4
Internetrecherche Teil 3 Rn. 51 f., 210, Teil 5 Rn. 95, 99, 109, Teil 7 Rn. 8, Teil 11
IR-Marke Teil 1 Rn. 12 f., 14, Teil 5 Rn. 111, 121
Irreführend Teil 3 Rn. 228

Kaufaufforderung Teil 3 Rn. 131, 220
Kennfadenmarke Teil 2 Rn. 31, Teil 3 Rn. 21
Kennzeichnungskraft Teil 1 Rn. 23, Teil 3 Rn. 94, 118, Teil 5 Rn. 5, 12, 14, 24, 34 ff., 59, 73, 78, 87 f., 93, 106, 114, 131, 142, Teil 6 Rn. 2
Kennzeichnungsschwäche Teil 3 Rn. 98, Teil 5 Rn. 41, 87, 131
Klangliche Ähnlichkeit Teil 5 Rn. 42, 48 f., 52 ff., 57, 66, 71, 73
Klassenangabe Teil 3 Rn. 44, 46, 82
Klassengebühr Teil 3 Rn. 36, 41, 60, 69
Klassifikation Teil 3 Rn. 41 f., 46
Kollektivmarke Teil 3 Rn. 12, 60, 195 f.
Kollisionsverfahren Teil 3 Rn. 17, 95, 180, 208, Teil 5 Rn. 41, Teil 7 Rn. 1
Kombinationsmarke Teil 2 Rn. 34, Teil 3 Rn. 208, Teil 5 Rn. 42
Komplexe Markenähnlichkeit Teil 5 Rn. 48, 56,
Kostenauferlegung Teil 5 Rn. 139
Kostenmerkblatt Teil 3 Rn. 60
Kürzel Teil 3 Rn. 152 ff., 156, 188 f., 210, 218, Teil 4 Rn. 18

Leitklassenvorschlag Teil 3 Rn. 52, 54,
Lizenzierung Teil 8 Rn. 19, Teil 9 Rn. 3
Löschungsantrag Teil 7 Rn. 7, 9
Löschungsgrund Teil 7 Rn. 7 f.
Löschungsverfahren Teil 7 Rn. 7, Teil 8 Rn. 7

Markenabteilung Teil 3 Rn. 47, 71, Teil 4 Rn. 2
Markenähnlichkeit Teil 5 Rn. 12, 14, 46, 53 ff., 63 ff., 88
Markenähnlichkeitsrecherche Teil 3 Rn. 38, 49
Markenanmelder Teil 1 Rn. 21, Teil 3 Rn. 6, 70, 94, 118, 121,

Sachregister

150, Teil 5 Rn. 2, 64, Teil 6 Rn. 16
Markenanmeldung Teil 3 Rn. 75, 86, 88, 118, 181, Teil 4 Rn. 2 f., 11, 13, Teil 5 Rn. 2, 51, 140,
Markenblatt Teil 1 Rn. 23, Teil 3 Rn. 96, Teil 4 Rn. 3, Teil 5 Rn. 111
Markenbroker Teil 2 Rn. 5
Markendesigner Einf. Rn. 2, Teil 2 Rn. 15
Markenform Einf. Rn. 7, Teil 2 Rn. 7, Rn. 16 ff., Teil 3 Rn. 13, 78
Markenimage Teil 1 Rn. 3, 6, Teil 8 Rn. 15
Markeninhaber Teil 1 Rn. 2, 20, Teil 3 Rn. 8, 49, 61, 95, Teil 5 Rn. 11, 64, 80, 87, 104, 110, 113, 116, 124, 137, 140, Teil 6 Rn. 2 ff., 11 ff., 15 f., 18, Teil 7 Rn. 3 f., Teil 8 Rn. 2 f., 5 ff., 11, 13 ff., 17 ff., Teil 9 Rn. 2, Teil 10 Rn. 2 f., Teil 11
Markenkreation Teil 2 Rn. 3, 13, Teil 3 Rn. 149, Teil 5 Rn. 42
Markenpolitik Teil 1 Rn. 2
Markenrecherche Teil 3 Rn. 21, Teil 5 Rn. 101
Markenrechercheur Teil 5 Rn. 101
Markenstelle Teil 3 Rn. 52 f.
Markenübertragung Teil 5 Rn 124, Teil 9 Rn. 2
Markenüberwachungsdienst Teil 3 Rn. 49, Teil 5 Rn. 112, Teil 6 Rn. 3
Marktmacht Teil 1 Rn. 21, Teil 3 Rn. 177, Teil 5 Rn. 10, 95
Mehrdeutigkeit Teil 3 Rn. 140, 184, 188, Teil 4 Rn. 22
Mehrfarbmarke Teil 3 Rn. 23, 113, 176

Mengenangabe Teil 3 Rn. 155, 198, 211
Mitbewerber Teil 3 Rn. 48, 61, 162, 173, 181, 187, 191, 203, Teil 4 Rn. 21
Mittelbare Verwechslung Teil 5 Rn. 84 ff., 87
Modernisierung Teil 2 Rn. 9

Nachschlagwerke Teil 6 Rn. 18
Namensrecht Teil 1 Rn. 16
Nebenverfahren Einf. Rn. 9, Teil 8 Rn. 1
Neueintragung Teil 3 Rn. 49, 95, Teil 5 Rn. 111, Teil 6 Rn. 3, Teil 11
Neuheit Teil 1 Rn. 18, Teil 3 Rn. 137, Teil 4 Rn. 20, 22
Nießbrauch Teil 8 Rn. 18
Nizzaer Abkommen Teil 3 Rn. 36, 42
Notorisch bekannte Marke Teil 5 Rn. 91 f., Teil 7 Rn. 5

Oberbegriff Teil 3 Rn. 42, 47 f., 89, 126, 217, Teil 5 Rn. 19, 31, Teil 8 Rn. 8, 11
Öffentliche Ordnung Teil 3 Rn. 234 f.
Originalität Teil 3 Rn. 140, 147, 170, Teil 5 Rn. 43

Patent Teil 1 Rn. 19
Pfandrecht Teil 8 Rn. 16 ff.
Pflege der Marke Einf. Rn. 2, 9, Teil 3 Rn. 163, Teil 6 Rn. 1 ff., Teil 11
Piktogramme Teil 3 Rn. 164 ff., 209, 214,
Positionsmarke Teil 2 Rn. 17, 36, Teil 3 Rn. 25, 114, 179
Prägeprüfung Teil 5 Rn. 66 f., 71, 81

Sachregister

Prägetheorie Teil 5 Rn. 63, 68 ff., 79, 84
Prägung Teil 5 Rn. 47, 65, 71, 73, 77, 131
Priorität Teil 1 Rn. 5, Teil 3 Rn. 5, 13, 73, 75, 78, 85 ff., 88, Teil 5 Rn. 37
Prioritätsprinzip Teil 1 Rn. 21, Teil 2 Rn. 4, 21, Teil 5 Rn. 94, Teil 11
Produktähnlichkeit Teil 1 Rn. 23, Teil 5 Rn. 14, 21, 88, 93, 106, 112, 139, Teil 6 Rn. 2
Produkteigenschaften Teil 3 Rn. 187
Produktpiraterie Teil 2 Rn. 3
Publizitätsfunktion Teil 3 Rn. 84

Recherche Teil 3 Rn. 154, 171, 210, Teil 5 Rn. 2, 51, 80, 93 ff., 99, 101, 103 ff., 112, 130, 140, Teil 6 Rn. 3, Teil 11
Rechtliches Gehör Teil 3 Rn. 119, Teil 5 Rn. 126
Rechtserhaltende Benutzung Einf. Rn. 9, Teil 5 Rn. 132 f., 137, 146, Teil 6 Rn. 6 f., 12
Registerrecherche Teil 5 Rn. 109
Registrierungsverfahren Einf. Rn. 7, Teil Rn. 1 ff., s.a. unter Eintragungsverfahren
Registermarke Teil 5 Rn. 1, 3, 9, 11, 14, 34, 64, 91, 96, 104, 109, 112, teil 6 Rn. 2 ff., Teil 7 Rn. 1 f, Teil 8 Rn. 1 f., Teil 11, s.a. unter eingetragene Marke
Religiös Teil 3 Rn. 236 f.
Rückzahlung Teil 3 Rn. 59, 74

Sachstandsanfrage Teil 4 Rn. 10
Schadensersatz Teil 10 Rn. 1
Schrifttypen Teil 3 Rn. 158, Teil 5 Rn. 47

Schutzausschließungsgründe Teil 3 Rn. 92, 100, Teil 7 Rn. 4
Schutzbegründende Besonderheit Teil 3 Rn. 91, 144, 161, 207 ff., Teil 5 Rn. 42, 60, 80
Schutzdauer Teil 2 Rn. 30, Teil 8 Rn. 2 f., 5
Schutzfähigkeit Einf. Rn. 3, Teil 1 Rn. 15, Teil 2 Rn. 8, 15, 25 f., Teil 3 Rn. 31, 94, 97 f., 119, 161, 194, 204, Teil 4 Rn. 5 f., 13, 17, 21, Teil 5 Rn. 38 f., 68
Schutzgegenstand Teil 2 Rn. 19 f., Teil 3 Rn. 14, 78, 109
Schutzhindernis Teil 3 Rn. 118 f., 121 f., 130, 134, 181 ff., 215, 217 f., 220, 222 ff., 234, 239, 244, 246 f., Teil 4 Rn. 1, 6, 17, 19, Teil 7 Rn. 1, Teil 11
Schutzumfang Teil 2 Rn. 16, 20 f., Teil 3 Rn. 14, 16, 88, 150, 209, Teil 5 Rn. 35, 106,
Schutzunfähigkeit Teil 3 Rn. 73, 98, Teil 4 Rn. 6, Teil 5 Rn. 131
Schwächung Teil 5 Rn. 40, 42 f.
Serienzeichen Teil 5 Rn. 86
Slogan Teil 3 Rn. 140 f., 146, Teil 4 Rn. 18
Spekulationsmarke Teil 3 Rn. 150
Sprachregelwidrigkeit Teil 3 Rn. 127, 144 f., Teil 4 Rn. 18
Stammbestandteil Teil 5 Rn. 74, 86 f., 131

Täuschend Teil 3 Rn. 218, 227, 229 f., 231 f., 233, Teil 4 Rn. 24
Täuschungsgefahr Teil Rn. 218, 227, 230
Tastmarke Teil 2 Rn. 18, 39, Teil 3 Rn. 28, 116
Teillizenz Teil 8 Rn. 15
Teilung Teil 8 Rn. 10, 15

Sachregister

Teilungserklärung Teil 8 Rn. 12
Translitteration Teil 3 Rn. 13

Übertragung Teil 8 Rn. 7, 14 f.,
  Teil 9 Rn. 1 f.
Überwachung Teil 6 Rn. 2 f.,
  Teil 11
Überwachungskosten Teil 2
  Rn. 4, Teil 3 Rn. 49, Teil 5
  Rn. 112
Übliche Bezeichnungen Teil 3
  Rn. 219 f., Teil 4 Rn. 23
Umschreibung Teil 5 Rn. 124,
  Teil 6 Rn. 16, Teil 8 Rn. 14,
  Teil 9 Rn. 2
Unmittelbare Verwechslungsgefahr Teil 5 Rn. 9, 11 f., 32,
  85
Unternehmenskennzeichen Teil 1
  Rn. 15, Teil 5 Rn. 74 ff., 89,
  Teil 6 Rn. 9, Teil 10 Rn. 1,
  Teil 11
Unterscheidungseignung Teil 3
  Rn. 101
Unterscheidungsfunktion Teil 1
  Rn. 2, Teil 3 Rn. 101
Unterscheidungskraft Teil 2
  Rn. 24, Teil 3 Rn. 106, 121 ff.,
  125, 127, 129 ff., 132, 133 ff.,
  137, 140 ff., 144 f., 147 ff., 154,
  156, 158, 160 ff., 165, 168 f.,
  182, 184, 197, 199, 202, 210,
  Teil 4 Rn. 18 f., 21, Teil 5
  Rn. 36, 39, 41
Urheberrecht Teil 1 Rn. 17,
  Teil 10 Rn. 1
Ursprungsidentität Teil 5 Rn. 27,
  90

Verbietungsrecht Teil 3 Rn. 92
Verbraucherleitbild Teil 5 Rn. 15
Verbrauchte Motive Teil 3
  Rn. 157, 159, 175, Teil 5
  Rn. 59 f., 73, 75, 81

Verfahrenskostenhilfe Teil 3
  Rn. 69 f., Teil 5 Rn. 94
Verfall Teil 5 Rn. 107, Teil 6
  Rn. 5, 15, 18
Verkehrsauffassung Teil 3
  Rn. 180, Teil 5 Rn. 8
Verkehrsbekanntheit Teil 1 Rn. 9,
  Teil 5 Rn. 40
Verkehrsdurchsetzung Teil 3
  Rn. 177, 195, 223 ff., Teil 4
  Rn. 20, 22, Teil 5 Rn. 39
Verkehrsgeltung Teil 1 Rn. 9,
  Teil 5 Rn. 38, 73, 87
Verkehrskreis Teil 3 Rn. 123, 220,
  Teil 5 Rn. 20, 27, 87
Verkürzung Teil 5 Rn. 71, 73
Verlängerungsgebühr Teil 1
  Rn. 11, Teil 3 Rn. 61, Teil 8
  Rn. 3, 5 f.
Verlängerungsverfahren Teil 8
  Rn. 1 ff.
Verspätungszuschlag Teil 8 Rn. 5
Vertreter Teil 3 Rn. 55 ff.
Verzicht Teil 2 Rn. 4, Teil 3
  Rn. 26, 48, 88, Teil 5 Rn. 17,
  104, 113, 140, Teil 8 Rn. 7 f.,
  Teil 11
Verwechslungsgefahr Teil 3
  Rn. 54, Teil 5 Rn. 1 ff., 4 ff.,
  8 ff., 12 ff., 15 ff., 27, 33 ff., 65,
  85 f., 89, 91, 93, 100, 104 ff.,
  110, 114, 130 ff., 138
Verwechslungsgefahrprüfung
  Teil 5 Rn. 144
Verzeichnis der Waren und DL
  Teil 3 Rn. 31 f., 40, 45, 47 f.,
  50 ff., 58 f., 76, 82, 88, 97, 121,
  131, 152, 217, 231, Teil 4
  Rn. 5, Teil 5 Rn. 18 f., 106,
  Teil 6 Rn. 4, Teil 8 Rn. 11,
  Teil 11
Visuelle Ähnlichkeit Teil 5
  Rn. 49 f., 52, 54, 57 f., 66, 71,
  80, 112, 131

Sachregister

Vorname Teil 1 Rn. 4, Teil 5 Rn. 78,

Wappenerklärung Teil 3 Rn. 243
Waren Teil 1 Rn. 1 ff., 4, 8, Teil 3 Rn. 31 ff., 34 ff., 40 ff., 43, 45, 50, 54, 59 f., 76, 82, 88, 121, 181
Warenformmarke Teil 2 Rn. 30, Teil 3 Rn. 104, 168 f., 173, 176
Wechselwirkung Teil 5 Rn. 5, 12 f., 14, 24, 33, 42, Teil 6 Rn. 2
Welthandelssprache Teil 3 Rn. 143, 203
Werbesprache Teil 3 Rn. 137
Werbeschlagwort Teil 3 Rn. 131, 220
Wertangabe Teil 3 Rn. 198
Wertermittlung Teil 9 Rn. 5
Wettbewerbsrecht Teil 1 Rn. 1, 15, 20 f., Teil 10 Rn. 1
Widerspruch Einf. Rn. 9, Teil 1 Rn. 14, 23 f., Teil 3 Rn. 48, 96, Teil 5 Rn. 1 f., 9, 11, 17, 64, 98, 100, 104 f., 110 f., 113, 116 ff., 120, 122, 127, 129 f., 132 f., 139 f., 142 f., 144, 146, Teil 6 Rn. 2 f., Teil 11
Widerspruchsberechtiger Teil 5 Rn. 124
Widerspruchsgebühr Teil 5 Rn. 123, 139
Widerspruchsgrund Teil 5 Rn. 117, 121
Widerspruchsformular Teil 5 Rn. 117
Widerspruchsfrist Teil 3 Rn. 96, 113, 119, 122 ff., Teil 11

Widerspruchsverfahren Teil 1 Rn. 25, Teil 2 Rn. 4, Teil 3 Rn. 8, 95 f., Teil 5 Rn. 2 f., 6, 18, 25, 104, 113 ff., 125 ff., 128, 132, 139, 141, Teil 6 Rn. 14, 18, Teil 11
Wiedereinsetzung Teil 3 Rn. 68, Teil 5 Rn. 122
Wörterbücher Teil 6 Rn. 18
Wortkombination Teil 2 Rn. 8, Teil 8 Rn. 129, 136 f., 139, 142 f., 161, 163, 187, 189, 200, 205, Teil 4 Rn. 20, 22, Teil 5 Rn. 79, 84
Wortmarke Teil 2 Rn. 16, 19 f., 21 ff., 24, 28, Teil 3 Rn. 14, 17, 54, 129, 135, 138, 144, 150, 158 f., Teil 5 Rn. 47, 52, 54, 60, 101, 105 f., Teil 6 Rn. 12, 15 f.
Wortneubildung Teil 3 Rn. 205
Wortneuschöpfung Teil 3 Rn. 137, Teil 4 Rn. 18, 22
Wortneukombination Teil 3 Rn. 137, 190, 205 f.
Wort-/Bildmarke Teil 2 Rn. 16, 18 f., 20, 23, 25, Teil 3 Rn. 12, 16 f., 79, 110, 134, 159, 163, Teil 5 Rn. 50, 58, 61, 79 f., 82, 106, 109, Teil 6 Rn. 12,

Zahlen Teil 2 Rn. 19, 23 f., Teil 3 Rn. 101, 144, 152, 155 f., 198, 200, 210 ff., Teil 4 Rn. 18
Zeitangabe Teil 3 Rn. 197
Zeitrang Teil 1 Rn. 11, Teil 3 Rn. 71, 75, 85 ff., 222, Teil 5 Rn. 4, 121
Zurückweisungsbeschluss Teil 4 Rn. 12 f., 14
Zustellungsbevollmächtigte Teil 3 Rn. 8